EDUARD HLAWITSCHKA

VOM FRANKENREICH ZUR FORMIERUNG DER EUROPÄISCHEN STAATEN- UND VÖLKERGEMEINSCHAFT 840–1046

EDUARD HLAWITSCHKA

VOM FRANKENREICH ZUR FORMIERUNG DER EUROPÄISCHEN STAATEN- UND VÖLKERGEMEINSCHAFT 840–1046

Ein Studienbuch
zur Zeit der späten Karolinger,
der Ottonen und der frühen Salier
in der Geschichte Mitteleuropas

WISSENSCHAFTLICHE BUCHGESELLSCHAFT
DARMSTADT

Abbildungen auf der 1. Einbandseite:

Huldigende Provinzen (Roma, Gallia, Germania, Sclavinia) vor Kaiser Otto III. Reichenauer Schule um 1000.

Aus Clm 4453, fol. 23v–24r. – Mit freundlicher Genehmigung der Bayerischen Staatsbibliothek München.

CIP-Kurztitelaufnahme der Deutschen Bibliothek

Hlawitschka, Eduard:
Vom Frankenreich zur Formierung der europäischen Staaten- und Völkergemeinschaft 840–1046: e. Studienbuch z. Z. d. späten Karolinger, d. Ottonen u. d. frühen Salier in d. Geschichte Mitteleuropas / Eduard Hlawitschka. – Darmstadt: Wissenschaftliche Buchgesellschaft, 1986.
ISBN 3-534-03566-6

2345

Bestellnummer 3566-6

Satz: Maschinensetzerei Janß, Pfungstadt
Druck und Einband: Wissenschaftliche Buchgesellschaft, Darmstadt
Printed in Germany
Schrift: Linotype Garamond, 9/11

ISBN 3-534-03566-6

Für

EVA-MARIE

EKKEHARD und ERMENGARD

INHALT

Anhang

VORWORT

Der in diesem Band behandelte Ausschnitt aus dem Kontinuum Geschichte hält sich nicht an die üblichen Periodisierungsgrenzen: er lehnt sich weder an die gewohnte Dreiteilung der Geschichte des Mittelalters in ein Früh-, Hoch- und Spätmittelalter an, noch kommt er von der Sicht der Dynastiegeschichte her, die das historische Geschehen unter dem Gesichtswinkel der großen Herrscherfamilien gliedert; er sucht vielmehr die Anfänge unserer europäischen Staaten- und Völkergemeinschaft in den Mittelpunkt zu stellen und deren unmittelbare Vorgeschichte ebenso wie deren erste Konsolidierungsphase mitzuerfassen. Dieser Gliederungsansatz hat sich bereits im universitären Lehrbetrieb bewährt und ist von mir selbst in Vorlesungen über das Werden und die Konsolidierung des mittelalterlichen Reiches der Deutschen, das ja nach dem Zerfall des fränkischen Großreiches bald das bestimmende Kräftezentrum im neuen europäischen Ordnungsgefüge wurde, mehrfach erprobt worden. Besonders für Studenten, an der Weiterentwicklung der Geschichtswissenschaft orientierte Lehrer wie freilich auch gleichzeitig für einen breiteren, an geschichtlichen Fragestellungen interessierten Leserkreis ist denn auch dieses Buch verfaßt.

Den Wurzeln der einzelnen behandelten Entwicklungen bis in die ersten Anfänge – noch weiter über die Spätkarolingerzeit zurück – etwa bis in die Zeit Karls des Großen nachzugehen bzw. diese gar – z. B. für das Lehnswesen, die Grundherrschaft, den Gesellschaftsaufbau oder für die Grundlagen der Kirchenorganisation und für die eigentümliche Verschränktheit von 'Staat' und 'Kirche' etc. – bis in die Spätphase des merowingischen Frankenreichs zurückzuverfolgen, hätte den Plan, ein 'Studienbuch' für die Zeit der späten Karolinger, der Ottonen und der frühen Salier in der Geschichte Mitteleuropas zu schaffen und diese Zeit als Einheit darzustellen, zu stark ausgeweitet. Auch Reflexionen über die eigene Standortbestimmung, über die tieferen Anliegen und die historische Bedingtheit unserer Quellenüberlieferung, die bekanntlich ganze Lebensbereiche übergeht, oder über die möglichen Vorstellungen der damaligen Menschen vom letzten Sinn ihres Seins und zur daraus resultierenden anderen Lebensmentalität usw. mußten unterbleiben, da die gewisse Pragmatik, unter der die Konzeption des Buches steht, dafür keinen Raum läßt. Daß dieser Band in seiner handbuchartigen, Strukturen und Ereignisgeschichte gleichermaßen berührenden Darstellungsart und mit seinem an ausgewählten Kernfragen gewährten Einblick in die gegenwärtige Forschungssituation dennoch manchem nützlich sein mag, bleibt der Wunsch des Autors.

Für eine gewissenhafte Druckbetreuung habe ich Herrn H. Cürten von der Wissenschaftlichen Buchgesellschaft und für die Erstellung der Manuskript-Reinschrift Frau B. von Blittersdorff zu danken.

München, im Dezember 1985 Eduard Hlawitschka

A. EINLEITUNG

1. Konturen der Epoche

Die historische Zeitspanne von etwa 200 Jahren, die dieser Band behandelt – d. h. die Epoche, die vom Beginn der Auflösung des Großfränkischen Reiches unter Kaiser Ludwig dem Frommen bis zum Beginn des Reformpapsttums in den Regierungsjahren Kaiser Heinrichs III. reicht und die die Zeiten der Spätkarolinger, der Ottonen und der frühen Salier zusammenfaßt –, steht dem modernen Betrachter der Geschichte zumeist als eine ganz ferne und fremde Welt gegenüber. Was vor rund 1000 Jahren war und geschah, gehört bei vielen nicht nur automatisch zum oft geschmähten 'finsteren Mittelalter', sondern darin auch noch zu jenem Abschnitt, den selbst Fachhistoriker in mancher Hinsicht als wenig exakt durchleuchtbar und uninteressant – weil quellenarm – betrachten, als geistig unproduktiv und für die Entwicklung von Wissenschaft, Kultur und Kunst unergiebig halten –, da die gestählte Schwertklinge zumeist mehr gefragt war als die Schärfe des Ingeniums –, ja wegen der zeitweisen Verwilderung der Sitten – und das selbst auf dem Thron der höchsten moralischen Autorität, dem Papststuhl in Rom – als gewissermaßen 'obskur' ansehen. Dabei war aber andererseits diese Zeit so unüberschätzbar wichtig für das Entstehen der Grundzüge unserer bis heute andauernden europäischen Völker- und Staatenordnung, kurz gesagt: sie war entscheidend für die Formierung Europas. Es war die Zeit, in der die Europa kennzeichnenden staatlichen und völkischen Grundstrukturen entstanden und die zum ersten Mal in der Geschichte Deutsche, Franzosen, Italiener, Polen, Ungarn etc. aufwies. Wir schauen bei der Betrachtung dieser Zeit also auf unsere eigenen völkischen und staatlichen Anfänge. Ob sich die damals entstehenden Nationen ihren eigenen staatlichen Rahmen bewußt schufen – wie lange Zeit emphatisch gemeint wurde –, oder ob sich die Nationen eher unbewußt und nur allmählich innerhalb der (durch verschiedene politische Ereignisse entstandenen) staatlichen Komplexe entfalteten – was heute vielen als Resultat intensiver Quellenstudien plausibler erscheint –, mag dabei zunächst noch als offenes Problem gelten. Zudem gelangte in dieser Zeitspanne das aus dem Ostteil des zerfallenden fränkischen Großreichs der Karolinger hervorgegangene Reich der Ottonen und frühen Salier sogleich zu einer hegemonialen Stellung innerhalb der neuen Lebensordnungen und vermochte den höchsten irdischen Rang, die Kaiserwürde, zu gewinnen. Ja, noch mehr: in diesem Reich entwickelte sich – indem das Christentum unbestritten die einzige und alles beseelende Richtschnur des Lebens war – ein Zusammenwirken von Königtum und Kirche, eine auf geistig-religiösem wie herrscherlichem Synergismus beruhende, ganz einheitlich gedachte Weltsicht, die über die besondere Stellung des Reiches in Europa die gesamteuropäische Geschichte beeinflußte und für sie schwerwiegende Folgen haben sollte. Da in diesem Weltbild nämlich – seit Otto dem Großen – der Kaiser auch den Papst an Ansehen überrundet hatte und an der Spitze stand, mußte die Ottonen- und Frühsalierzeit doch für alle seit der Mitte des 11. Jahrhunderts sich klarer konturierenden und auf die Überordnung des Geistlichen über das Weltliche abzielenden neuen Entwicklungen, die dann freilich wegen der Unerreichbarkeit dieses Zieles zum sog. Investiturstreit und letztlich auf die Scheidung von kirchlichem Ordo und Laienwelt hindrängten und den dauernden Dualismus von Kirche und Welt provozierten, der selbstverständlich abzulehnende Kontrapunkt sein. Den darauf folgenden Zeiten konnte sie aber auch wiederum als Vorbild für ein konservativnatürliches, traditionsorientiertes Verhalten erscheinen. An ihr haben sich spätere Generationen – wie etwa die Staufer – gemessen und viele Menschen – bis hin zur deutschen Romantik – orientiert. Schon deshalb ist uns die Kenntnis dieser Epoche unentbehrlich. Was die einen seit der Mitte des 11. Jahrhunderts ablehnten – das Monolithische, Starre, Unreflektierte, Ganzheitliche – und als ungehörige Vermischung verschiedener Ordnungen ansahen, was man heute als 'archaisch' abzustempeln beliebt, wurde gerade von den anderen als ruhige Sicherheit, als Naturhaftigkeit und gottgewollte, rechte, organische Ordnung gewertet.

2. Distanz von unserer Zeit

Gesellschaft und Einzelperson. Die erwähnte Ferne und Fremdheit jener Zeit für unser heutiges Denken und Empfinden sind freilich verständlich. Muß man sich doch – will man sie verstehen – völlig von den Zeit-, Raum- und Wertvorstellungen, ja vom Menschenbild unserer Tage frei machen. Man muß unseren modernen Individualismus (d. h. das bewußte Sichabgrenzen des Individuums gegen die Gemeinschaft), unsere Vorstellungen von persönlicher Freiheit oder von Chancengleichheit und sonstigem Gleichheitsdenken, von ethischem bzw. auch religiösem Pluralismus, von unabdingbaren Menschenrechten, einem virulenten nationalen Bewußtsein, Volksgruppenrechten, gesellschaftlichen Klassen und Klassenantagonismen sowie unsere Fortschrittsgläubigkeit, das aufstiegsermöglichende Leistungs(prinzip)denken – um nur das Augenfälligste zu nennen – ebenso fallenlassen, wie man sich auch – was wohl wesentlich leichter ist – die modernen Möglichkeiten des Verkehrs, der Nachrichtenübermittlung, der Technik und der maschinellen Produktion im weitesten Sinne wegdenken muß. Schon ein hochspezialisiertes Handwerkertum hat im Bilde des 9.–11. Jahrhunderts keinen rechten Platz, wenngleich die Grundhandwerksberufe nicht gefehlt haben. Eine stärkere Rationalität und Logik, ein Denken in abstrakten Begriffen oder die Ermittlung, Beachtung und Nutzbarmachung naturwissenschaftlicher Gesetze und Erkenntnisse sind dieser Zeit so gut wie fremd. Eine empirisch-exakte Wirklichkeitserkenntnis ist gar nicht intendiert. Selbst die Vorstellung des Rechnens mit dem uns gewohnten arabischen Zahlensystem ist bei der Betrachtung dieser Zeit aufzugeben; man konnte nicht in der gleichen Weise wie heute multiplizieren oder dividieren und wegen des fehlenden einheitlichen Maß- und Gewichtssystems (wie ebenso aller uns heute geläufigen sonstigen Normen) auch keine exakten Größen- und Mengenvorstellungen vermitteln. Das Verhältnis vieler mittelalterlicher Menschen zur Zahl war ein ganz anderes als unser heutiges; es ging ihnen oftmals – freilich nicht immer – weniger um die objektive Richtigkeit einer Zahlenangabe als um deren (uns meist gar nicht mehr bewußten) Symbolgehalt, die Allegorese, oder nur um die größere Anschaulichkeit. An Ding und Zahl interessierte vielfach eben nicht so sehr das reale 'Sein' als vielmehr ihr 'Bedeuten'. – Sogar der mittelalterliche Eigentumsbegriff ist nicht in völlige Deckungsgleichheit mit dem unsrigen (aus römischen Rechtsvorstellungen rezipierten) zu bringen. Die Veräußerung von Grund und Boden z. B. – allerdings nicht auch der beweglichen Habe – war in der zu behandelnden Zeit – im sächsischen Rechtsbereich noch stärker, im fränkischen freilich schon weniger – an die Zustimmung der erbberechtigten Verwandten gebunden, eine uneingeschränkte private Verfügbarkeit des Eigners also nicht ohne weiteres gegeben. – In der Gesellschaft hatte nicht einmal jeder den gleichen Rechtsstand: es gab 'Freie' und innerhalb derer eine sozial höherstehende und zumeist auch politisch einflußreichere Schicht, die Adligen, sodann 'Halbfreie' und auch 'Unfreie'. Vor allem waren die Frauen im Rechtsbereich gemindert: sie standen – beim Rechtsstreit ebenso wie in Vermögensfragen – in der Schutz- und Fürsorgegewalt (Munt) des Mannes, zunächst des Vaters, dann des Ehemannes bzw. (bei dessen frühem Tod) des nächsten männlichen Familienmitglieds. Auch die Eheformen der damaligen Zeit (Muntehe, Friedelehe) entsprachen nicht der uns heute selbstverständlichen Ehebindung im Konsens der Partner. Für Arme und 'Unfreie', die meist nur zu den 'beweglichen Gütern' eines Grundherrn gezählt wurden, gab es offenbar überhaupt keine rechtsgültige, für die Mitwelt bestimmte Legitimierung ihrer Verbindung. Andererseits waren verheiratete Priester ebensowenig etwas Außergewöhnliches wie etwa in Privatbesitz befindliche Kirchen und Klöster (Eigenkirchen).

Die Menschen führten dazu nur einen Namen, nach heutigen Begriffen den Vornamen; der Familienname ist erst eine Errungenschaft späterer Jahrhunderte; die Dreinamigkeit der römischen Antike war schon in den Stürmen der Völkerwanderungszeit verlorengegangen. – Die Kommunikation der Menschen untereinander war sehr begrenzt. Eine publizierte öffentliche Meinung gab es nicht; schreiben und lesen konnten damals in der Regel nur Geistliche. Sogar etliche Könige und Kaiser zählten zu den *illitterati.* Das wurde auch gar nicht als gravierender Mangel empfunden. Das Bildungsideal der Adligen war ja nicht literarisch geprägt; körperliche Ertüchtigung, Erfahrung in Waffendienst und Waidwerk, Witz, Schläue und die Fähigkeit der Menschenführung wogen ungleich schwerer.

Das Sprichwort *Rex illitteratus est quasi asinus coronatus* gehört erst späteren Zeiten an. Allerdings ist wiederholt zu beobachten, daß auf einen literarisch nicht geschulten Königsvater ein in Schreiben und Lesen gut bewanderter Sohn nachfolgte. Falsch wäre es auch, sich in einer romantischen Sicht vom Mittelalter diese Adligen des 9. und 10. Jahrhunderts auf einsamen Höhen- bzw. Felsenburgen residierend vorzustellen, von wo aus sie Hoheitsrechte – vom König delegiert oder in autonomer Machtausübung – wahrnahmen. Dieses Erscheinungsbild gehört erst den Folgeabschnitten des Hoch- und Spätmittelalters an.

Staat. Auch das ganze Staatswesen funktionierte anders. Man lebte ausnahmslos in Monarchien. Die dem modernen Menschen so selbstverständliche Gewaltenteilung, die Trennung von Legislative, Exekutive und richterlicher Gewalt, ist im frühen Mittelalter – ohne daß wir deshalb aber von Despotie oder Diktatur der Herrscher sprechen müßten – ganz fremd. Die Idee der Volkssouveränität – d. h. die Vorstellung vom Recht eines Volkes, seine Regierungsform selbst zu bestimmen entsprechend der Doktrin, daß alle Gewalt vom Volke ausgehe – ist noch völlig unbekannt. Der Staat selbst formulierte auch nicht von sich aus das Recht, so wie es auch die Scheidung in ein Naturrecht (göttliches Recht, ideales Recht) und ein positives Recht als Grundlage eines eigenen Staatsrechtes noch nicht gibt. Ein Strafmonopol des Staates bzw. seiner Organe und eine staatliche Verbrechensverfolgung waren desgleichen weitgehend unbekannt; sogenannte 'Gottesurteile' – und zwar des Zweikampfes, der 'Probe des siedenden Wassers' (Kesselprobe) wie der 'Probe des glühenden Pflugschars' (Feuerprobe) – gehörten neben der Zeugenbefragung, dem Parteieneid und dem Urkundenbeweis zu den legitimen Mitteln der Rechtsfindung. Auch ein staatliches Wehrmonopol und ein dauernd unter Waffen stehendes Heer waren noch unvorstellbar. Eine Hauptstadt als fester Regierungssitz, ein einheitliches, für alle gleichermaßen gültiges Reichs- oder Landesrecht, die Gleichheit aller vor dem Gesetz, der öffentlich-rechtliche Schutz privaten Eigentums, oder auch staatliche Archive, in denen man Gesetzestexte, Verträge, Abschriften von vergabten Privilegien, Personenstands- oder Besitzregister usw. aufbewahren konnte, ja selbst eine staatlich bezahlte, durch Steuergelder finanzierte, alles durchorganisierende Beamtenschaft existierten ebensowenig wie etwa ein staatlich bestallter Ärzte- und Apothekerstand. Unvorstellbar war in jener Zeit desgleichen eine einheitliche und staatlich kontrollierte Währung, ein staatlicher Post- oder Botendienst, eine intensive öffentliche Wegefürsorge oder eine staatliche Finanzverwaltung, die die Einnahmen und Ausgaben des Reiches registriert. Angesichts einer solchen Situation konnte man – vom Blickwinkel des modernen, fast alle Lebensbereiche erfassenden und schon fast für alles zuständigen, auf Institutionen, Behörden, Beamten und eine Bürokratie aufgebauten 'Anstaltsstaates' der Neuzeit her betrachtet – dem Mittelalter eine eigene Staatlichkeit überhaupt absprechen. Aber auch der aristokratisch geprägte sowie innerhalb fest umrissener Grenzen etablierte und auf Amtsrecht und Lehnsnexus beruhende 'Personenverbandsstaat', den wir für das 9.–11. Jahrhundert (wie schon für die vorangehende Zeit) konstatieren können, kennt in den persönlichen Bindungen seiner Träger, die wir bald näher zu beschreiben haben, gewiß objektive Verfassungselemente, die über das Wesen einer Privatherrschaft weit hinausgehen und nicht lediglich eine 'Tendenz zur Staatlichkeit' erkennen lassen. Aber fremd mutet uns heute dieser 'Personenverbandsstaat' gleichwohl an.

Tägliches Leben – Alltag. Fremd erscheint uns auch vieles am damaligen Lebenslauf. Daß z. B. das Jahr mit dem 1. Januar – und nicht etwa mit dem 1. Weihnachtsfeiertag (25. XII.), mit Mariae Verkündigung (25. III.) oder Ostern – beginnt, mag für uns selbstverständlich sein, für den mittelalterlichen Menschen war es das keinesfalls. Unsicher war das Wissen der Menschen über ihre Geburtstage oder ihr Lebensalter. Mit Vollendung des 12. Lebensjahres begann aber dennoch für sie die Großjährigkeit. Termine wurden weniger nach der Zweckmäßigkeit festgelegt, mehr achtete man auf 'heilige Tage' und symbolträchtige Vorzeichen. Wohl 90 % aller wichtigen Staatsakte (Vertragsabschlüsse, Reichsversammlungen u. a.) wurden an solchen 'heiligen Tagen' vollzogen. Das Weltbild der meisten Menschen reichte zudem im allgemeinen kaum über die nächste Umgebung hinaus. Reisen gab es nur zur Pilger- oder Bußfahrt und als Kriegszug. Ein Fernhandel ist im 9. und 10. Jahrhundert nahezu überhaupt nicht feststellbar. Salz und einige wenige Luxusgüter für Reiche kamen aber auch damals an ihr Ziel. Ein Problem bleibt indessen, wie man sich – und das gilt für den König, den Adel und die wenigen Kaufleute gleichermaßen – überhaupt orientierte; wenig mochte dabei bedeuten, daß die antike Erkenntnis von der Kugelgestalt der Erde längst wieder geschwunden war und die Erde als eine in ihrer Begrenzung unbekannte Scheibe galt; Landkarten zur Allgemeinorientierung kannte man offenbar nicht. Die wenigen damals gezeichneten Weltkarten mit Jerusalem oder dem Paradies als Mittelpunkt dienten vielmehr zur Illustration der Heilsgeschichte. Die Entfernungen wurden entlang bestimmter Wegrouten nach Tagesreisestrecken kalkuliert. Solche Itinerarien oder auch Auskünfte von Fernhändlern bildeten zumeist die Grundlage für Distanzvorstellungen. Vom Mittelrheingebiet nach Rom brauchte ein berittener Bote damals meist 3 Wochen (21 Tage), er legte also etwa 65–70 km pro Tag zurück; der König mit seinem Gefolge schaffte durchschnittlich pro Tag nur etwa 30 km; ähnliches gilt für die Heereszüge oder Pilgergruppen. – Die genauere Zeitmessung ohne Uhr (außer Sonnenuhr und Sanduhr) bereitete ebenso erhebliche Schwierigkeiten. Und ist uns heute die Vorstellung von der unendlichen Dauer der Welt eigen, so war diese Welt für den mittelalterlichen Menschen als Schöpfung des in menschlichen Maßstäben vorgestellten Gott-Vaters natürlich endlich und das prophezeite Ende stets nahe. Den Weg zum Himmelreich glaubte man durch die Hilfe von Heiligen zwar geebnet, aber auch durch Satanas erschwert. Reliquien – wie etwa die Hl. Lanze, in der man die Nägel aus dem Leidenskreuz Christi wirksam wußte – gaben selbst Königen den Glauben an die Errettung, ja sogar an Erfolg und Sieg im Diesseits!

Das Leben der einfachen Bevölkerung in zumeist zugigen Behausungen aus

Holz, Flechtwerk und Lehm – dies gilt für die städtischen und stadtähnlichen Siedlungen ebenso wie für die auf dem Lande – war alles andere als komfortabel. Fensterglas, das die meist engen Räume auch im Winter hell gemacht und vor dem ärgsten Wärmeverlust bewahrt hätte, gab es damals noch nicht; es kam erst vom 11. Jahrhundert an, und dann zumeist auch nur in Kirchenfenstern, in Gebrauch; als Steinbauten wurden Kirchen und Klöster, allenfalls öffentliche Bauten (Pfalzen) und Häuser für den hohen Adel erstellt. Eine wandelbare Mode in der menschlichen Bekleidung war unvorstellbar. Kartoffeln, Zucker oder Reis als wichtige Grundnahrungsmittel der Europäer – ganz abgesehen von den heute selbstverständlichen Genußmitteln Kaffee, Tee und Tabak – waren noch unbekannt. Sorge um das, was wir Existenzminimum nennen, beherrschte trotz nie begrenzter Arbeitsdauer das Leben. Hungersnöte, die ganze Landstriche nach Unwettern und Mißernten heimsuchten, hat man nicht durch nennenswerte private oder öffentliche Vorratswirtschaft abzuwenden versucht; sie wurden zumeist als unabwendbare Naturereignisse hingenommen. Lediglich die Adligen – die *potentes* – hatten stets nach Bedarf zu essen. Auflehnungen aus wirtschaftlichen oder sozialen Gründen sind dennoch kaum feststellbar. – Die durchschnittliche Lebenserwartung lag wesentlich unter der heutigen: auf etwa 30 Jahre wird sie für das 10.–12. Jahrhundert geschätzt, wobei natürlich die hohe Kleinkindersterblichkeit, das Kindbettfieber, die mangelnde Hygiene, die Wehrlosigkeit gegen ansteckende Krankheiten und Epidemien eine große Rolle spielten. Etwa nur jeder vierte Mensch überschritt das 40. Lebensjahr. Freilich sind gelegentlich auch Siebzig- und Neunzigjährige bezeugt. Man lebte und starb im Rahmen der großen Familie. Das Problem des Suizids war trotz härtester, auswegloser Lebensbedingungen dem damaligen Menschen fremd. Ein jeder verstand sich – ganz anders als heute – ohne jede Einschränkung als Geschöpf Gottes, eingeordnet in den göttlichen Heilsplan, der nicht gestört werden durfte. Er war sich – durch die biblische Offenbarung – der Gotteswirklichkeit, die außerhalb der Welt und in ihr zugleich beheimatet ist, stets völlig gewiß!

In dieser Aufzählung von Unterschieden und Diskrepanzen ließe sich leicht fortfahren. Aber damit erhielte man niemals ein konkretes Bild des 9.–11. Jahrhunderts. Will man die vorherrschenden, maßgeblichen Merkmale dieser Zeit verdeutlichen, so hat man wohl mit der Betrachtung einiger Grundgegebenheiten aus den verschiedenen Bereichen menschlichen Lebens – in Wirtschaft, Recht, Politik, kirchlichem und kulturellem Leben – zu beginnen und die Strukturen dieser Bereiche zu kennzeichnen. Daß dabei jeder generalisierenden Aussage auch Ausnahmen entgegenstehen, d. h., daß das Folgende nur eine relative Gültigkeit beanspruchen kann, versteht sich dabei fast von selbst.

B. GRUNDLAGEN UND STRUKTURELLE CHARAKTERISTIKA DES 9.–11. JAHRHUNDERTS

1. Wirtschaft

Naturalwirtschaftliche Grundprägung. Den zu behandelnden Geschichtsabschnitt hat man sich zunächst als vorwiegend naturalwirtschaftlich, d. h. als agrarisch-bäuerlich bestimmt, in einer nur wenig dynamischen Wirtschafts- und Sozialordnung vorzustellen. Über 90 % der Menschen lebten eben auf dem Lande in kleinen, lockeren Dorfsiedlungen, die die Naturgegebenheiten – Bäche, Quellen, Plateaus – möglichst optimal zu nutzen suchten. So sehr waren alle Lebens- und Denkformen auf das agrarisch-bäuerliche Tätigkeitsfeld abgestellt, daß es ein spezielles Wort 'Bauer' – für ein eigenes Berufsfeld im Unterschied zu anderen – zu Beginn unseres Betrachtungszeitraums im althochdeutschen Wortschatz noch nicht einmal gab; es hat sich erst im Verlaufe dieses Geschichtsabschnittes entwickelt (vgl. unten S. 24). Ihr Land bebauten die Menschen zumeist in der sog. 'Dreifelderwirtschaft', bei der im Dreijahresturnus sich Herbstaussaat (Winterroggen, Winterweizen, Dinkel), Frühjahrsaussaat (Gerste, Hafer, Hülsenfrüchte) und Brache (zur Bodenerholung) ablösten. Aber auch die einfache Form der 'Feld-Gras-Wirtschaft' scheint in manchen Gegenden noch eine gewisse Rolle gespielt zu haben. Der Ertrag belief sich bei solchen Landbaumethoden gewöhnlich nur auf das Dreifache der Einsaat, in ungünstigen Lagen war es, wie Untersuchungen zum Prümer Urbar zeigen, auch nur das Zwei- bis Zweieinhalbfache. Die Bodenbearbeitung mittels des (Wende-)Pflugs mit Schar und eventuell schon mit Streichbrett – teils wohl auch noch mit bloßem Hakenpflug – und der hölzernen Egge, aber ohne systematische Düngung und ohne Saatgutpflege, ließ keine größeren Erträge zu. Wein- und Obstbau gab es nur in gut geeigneten Lagen. Lieferte der Boden nicht mehr genügend Ernteerträge, so wurden die alten Anbauflächen aufgegeben und durch Brandrodung neue geschaffen. Es war ja genug Land vorhanden. Sogar Siedlungen wurden aufgegeben (Wüstungen) bzw. verlegt, was bei der einfachen Holzbauweise der Häuser wenig Schwierigkeiten bereitete. Eine reiche Viehhaltung (Rinder, Pferde, Schweine, Ziegen) spielte dabei für die Versorgung der Menschen natürlich eine große, oft unterschätzte Rolle. Durch Waidwerk und Früchtesammeln wurde die Ernährung nur geringfügig bereichert. Der Wald blieb bei allem das beherrschende Landschaftsbild; nur etwa 4–5 % des Gesamtbodens waren landwirtschaftlich genutzt.

In diesem Dasein war der Tausch von Ware gegen Ware, wenn man etwas benötigte, das man nicht selbst erzeugte, die Regel. Geld spielte nur in begrenztem

Maße eine Rolle, so wie auch Städte und stadtähnliche Siedlungen mit Geldverkehr und Handel insgesamt noch von relativ geringer Bedeutung waren; dies vor allem in den Gebieten östlich des Rheins und nördlich der Donau, in denen – anders als in Italien und Gallien – eine einst vom Handel erfüllte römische *civitas* nie existiert hatte. Die Zahl der in Deutschland während der Ottonenzeit für einen regelmäßigen Warenaustausch vorhandenen einfachen Marktorte schätzt man z. B. auf etwa 200. Handel über weite Entfernungen gab es kaum; er bezog sich allenfalls auf das lebenswichtige Salz oder die Luxusgüter für die wenigen Reichen. Man war eben im wesentlichen auf Selbstversorgung im Bereich der einzelnen Grundherrschaften wie auch der kleineren oder größeren Ansiedlungen, die wie geschlossene Wirtschaftseinheiten wirkten, eingestellt. Insofern ist dieser Zeitabschnitt – in der Sicht der Wirtschaftshistoriker – dem „Zeitalter der (relativ) autarken Hauswirtschaft" [93: W. Abel] zugehörig, wenngleich er an dessen Ende steht.

Bevölkerungsstärke. Mit der geringen Zahl von Städten und mit dem großen Überwiegen des Waldes im Landschaftsbild korrespondiert, daß die Bevölkerungsstärke in Europa damals noch recht gering war. Freilich lassen sich den Quellen nur Annäherungswerte hierzu abgewinnen; denn im Mittelalter kannte man ja noch keine Volkszählung und hatte dazu auch gar kein 'Massenbewußtsein'. So dürfte die Bevölkerung Europas um das Jahr 1000 etwa 40–42 Millionen betragen haben. Dabei erscheint die Zeit zwischen 950 und 1050 als Phase leichten, aber dennoch bemerkbaren Bevölkerungswachstums, während die Zeit von 850–950 eine Phase der Bevölkerungsstagnation war. Die Ackerbodenerweiterung in die Wälder und Gebirge hinein, die ein stärkeres Wachstum ermöglichte, kam ja erst allmählich in Gang. Für das Gebiet des Deutschen Reiches in der Ottonenzeit, das zwischen der Eider im Norden und Bozen im Süden, Cambrai bzw. Verdun im Westen und Magdeburg, Meißen, dem Erzgebirge, Böhmerwald und Kärnten im Osten eine Fläche von ca. 450000 km² umfaßte, hat man etwa 4–4,5 Millionen, d. h. 9–10 Menschen pro km², veranschlagt; von diesen wiederum scheinen nur etwa 10 Prozent in den Städten gelebt zu haben. In Frankreich dürfte die Bevölkerungsdichte pro km² etwa um das Anderthalbfache höher gewesen sein, d. h. es werden dort schätzungsweise 6,5–7 Millionen Menschen gelebt haben, während sie in Italien mit ca. 5–6 Millionen doppelt so stark war. Für die Pyrenäenhalbinsel darf man etwa 7 Millionen, England und Irland 1,5–2 Millionen, Griechenland mit dem Balkan ca. 5 Millionen veranschlagen, um nur die wichtigsten Positionen zu nennen. Die Länder des Nordens, Ostens und Südostens waren gewiß noch dünner besiedelt und mögen zusammen vielleicht ca. 10 Millionen Menschen umfaßt haben. Dabei ist immer zu beachten, daß diese Mittelwerte aus dem Ausgleich dichter besiedelter 'Lebensinseln' und großer Waldkomplexe resultieren. Das bevölkerungsmäßige Schwergewicht Europas lag jedenfalls in den romanischen Ländern. Um so erstaunlicher ist es daher, daß das werdende Deutsche Reich im 10. Jahrhundert zum politischen Kraftzentrum des Abendlandes wurde.

Grundherrschaft. In wirtschaftlicher Hinsicht kann die 'Grundherrschaft' als das Hauptkennzeichen der ganzen Epoche gelten. Dieses moderne Gelehrtenwort, das in den früh- und hochmittelalterlichen Quellen keine Entsprechung hat, bezeichnet eine Einrichtung, die sich aus der gegenseitigen Durchdringung und nachfolgenden Fortentwicklung zweier älterer Wirtschafts- und Rechtsfaktoren bereits im Rahmen des Großfränkischen Reiches ergeben hat: nämlich aus der Verschmelzung und Umformung der auf Privateigentum reicher Mächtiger basierenden spätantiken Latifundienwirtschaft, in der die schollegebundenen Kolonen das Hauptpotential an Arbeitskräften stellten, mit den germanischen Formen der Hausherrschaft samt der Munt, dem germanischen Schutz- und Herrschaftsrecht eines Herrn über Personen und Sachen im Hausbereich. Innerhalb des Frankenreiches hatte sie sich rasch auch in den östlichen, erst spät angegliederten Bereichen, d. h. in den Gebieten des späteren Deutschen Reiches, in denen freilich ältere großbäuerliche Wirtschaftsformen auch schon bekannt waren, ausgebreitet. Hier ist deshalb nur zu beschreiben, wie sich diese Grundherrschaft im 9.–11. Jahrhundert darbot und auswirkte. Wir dürfen in ihr nicht nur – rein äußerlich – eine Akkumulation von viel Landbesitz sehen, der von einem einzelnen Grundherrn mit seiner Familie und dem Gesinde lediglich zu einem Teil in Eigenregie bebaut wurde, zum anderen Teil aber in verschiedensten Pacht- und Leihformen zur Abgabenzahlung und Dienstleistung ausgegeben war; diese Zweiteilung in eine vom Herrn selbst bewirtschaftete 'Domäne' und in Höfe, die an Bauernfamilien in Leihe vergeben waren, betrifft nur das erste wichtige Kennzeichen; ebenso beachtenswert ist, daß der Grundherr – kraft seiner Muntgewalt eines Hausvaters und Hausherrn – Schutz und Schirm für das Seine und die Seinen gewährte, damit wiederum auch Herrschaft über seine Knechte und Mägde und über das ihm gehörende Land und die auf diesem sitzenden und es bewirtschaftenden Leute, die Hintersassen bzw. Grundholden, wahrnahm. Der Grundherr übte diese Herrschaft gleichsam als 'öffentliche Gewalt' aus, sei es, daß die Knechte und die Hintersassen seine Eigenleute (Hörige, Unfreie) waren, oder sei es, daß es sich um Halbfreie oder auch persönlich Freie handelte, die durch Pacht und Leihe von Grund und Boden selbst nur zu Zins und Dienst an den Grundeigentümer verpflichtet erschienen, insofern zumindest wirtschaftlich abhängig waren (= Gerichtsbann des Grundherrn, vgl. S. 10).

Aufbau und Funktionsweise der Grundherrschaft. Geleitet wurde eine solche Grundherrschaft, die sich zumeist nicht bloß als ein einziges großes Wirtschaftsgut (= Domäne) mit Knechten und Mägden, sondern als ein Verband mehrerer, der Domäne angegliederter bäuerlicher Eigenwirtschaften darstellte, von einem zentral gelegenen Herrenhof (Salhof, Fronhof, *curtis dominicata*) aus, auf dem der Grundherr selbst oder – wenn dieser mehrere solcher Hofverbände, Villikationen, besaß – sein Verwalter (Maier, *villicus*) lebte. Das dazugehörige Wirtschaftsland (Salland, Fronhofland, *terra indominicata*) wurde vom Herrn teils mit seinen (meist unfreien) am Herrenhof wohnenden Knechten und teils mit

Hilfe von unfreien und halbfreien, seltener auch persönlich freien, aber letztlich wirtschaftlich abhängigen Bauernfamilien bearbeitet, die ihrerseits auf dem Herrn gehörenden Parzellen *(mansi)* wohnten und – so im Falle der Unfreien *(servi, mancipia)* – drei oder vier Tage wöchentlich Frondienst auf dem Herrenhof zu leisten hatten, in der übrigen Zeit aber ihre Felder *(mansi serviles)* bewirtschafteten, wobei beim Tode des Bauern das beste Stück Vieh und beim Tode der Bäuerin das beste Kleidungsstück der Herrschaft zufielen, oder – dies im Falle der Halbfreien *(laeti)* – vorwiegend bei jahreszeitlich vermehrt anfallenden Arbeiten (Aussaat, Ernte) zur Verfügung stehen mußten, sonst ihre eigenständigen Wirtschaften *(mansi laetiles, lediles)* betrieben, oder auch – wie die persönlich in rechtsständischer Freiheit Lebenden *(ingenui)* – von ihren ganz selbständig bewirtschafteten Landstrichen *(mansi ingenuiles)* zumeist nur einen Getreidezins zu entrichten hatten. Die Fron- wie die Abgabenbelastungen waren dabei nicht nur von Grundherrschaft zu Grundherrschaft verschieden, sondern zumeist auch innerhalb einer jeden einzelnen unterschiedlich und bald auch – der *consuetudo* unterworfen – nicht mehr allzu sehr nach den Wünschen des Grundherrn variierbar. Im sächsischen Stammesbereich sind dazu die mehrere Tage der Woche beanspruchenden Frondienste wenig üblich gewesen, weshalb die Herrenhöfe meistens nur als Hebestellen für die bäuerlichen Abgaben fungierten.

Zubehör der Grundherrschaft. Zu einem Villikationsverband gehörten natürlich auch Mühlen, Back- und Brauhäuser, Keltereien, Webstuben, Schmieden und sonstige Handwerksstätten, deren sich die Hintersassen bedienen mußten (= Bannbetriebe) und die das Bild einer in sich weitgehend autarken Wirtschaftseinheit noch verdeutlichen. Die im Handwerk und in der Weiterverarbeitung der Agrarprodukte Tätigen wurden aus den Überschüssen der Agrarproduktion einer Grundherrschaft mit ernährt. Bäuerliches Hauswerk und echtes Handwerkertum, das an die Grundherrschaft gebunden war, standen also oft in der Erzeugung der Bedarfsartikel nebeneinander. Hinzu kamen Hirten, die das Vieh auf Weiden und in Wälder trieben – das vor allem zur Eichelmast der Schweine im Herbst –, und Förster, um die Flurschäden durch das Wild in Grenzen zu halten. Die Angehörigen einer Grundherrschaft bildeten eine Gemeinschaft, eine *familia,* die sich auch rechtlich verselbständigen konnte (s. S. 20: Hofrecht). Das trat besonders dann ein, wenn ein Grundherr für seine Besitzungen auch die Immunität, die Freiung von allen Maßnahmen der staatlichen Gewalt, zu erreichen wußte und damit – über die Hausherrengewalt hinaus – weitergehende herrscherliche Funktionen ausüben konnte. Seine Gerichtsgewalt (s. S. 9) war dabei freilich keine willkürliche; sie war an die *consuetudo,* das gewohnte rechte Maß, gebunden. Große Grundherrschaften hatten einige ihrer Landstriche auch an Vasallen (freien Standes), von denen im Zusammenhang mit dem Lehnswesen zu sprechen ist, verliehen, um die *militia*-Pflichten gegenüber dem Königtum zu erfüllen.

'Vergrundholdung' und 'Verbäuerlichung'. Da der König nach wie vor, wie in der Merowinger- und frühen Karolingerzeit, seine Helfer – Adlige,

Kirchen und Klöster – für ihre Mühen um das Reich statt mit Geldzahlungen mit großem Grundbesitz und den darauf sitzenden Grundholden entschädigte und zumal der Adel und die Kirche seit der frühen Merowingerzeit schon viel Besitz aus ehemaligen Krondomänen, staatlichem Konfiskationsgut etc. angesammelt hatten, waren die großen Grundherrschaften des Königs, der Kirche und des Adels auch vom 9. bis ins 11. Jahrhundert und darüber hinaus dominierend und für die Weiterentwicklung beispielhaft. Im natürlichen Bewähren von Kraft und Macht konnten aber auch manche Freie dem Beispiel des Adels folgen und eigene Grundherrschaften aufbauen, andere Freie wiederum mußten sich in den Schutz der Stärkeren oder Tüchtigeren unter Verlust der selbständigen Wirtschaftsführung und Übernahme von Zins- oder Dienstleistungen, ja oft auch unter Aufgabe des Eigenbesitzes begeben. Der Schutz vor äußeren Feinden – besonders seit dem Ausgang des 9. Jahrhunderts – und vor persönlichen Gegnern wie auch die Übernahme der Heerfahrtpflichten durch einen Mächtigeren, oder Mißernten, schlechtes Wirtschaften u. ä. konnten dabei gleichermaßen eine Rolle spielen. So läßt sich einerseits eine 'Vergrundholdung' ehemals selbständiger, freier Bauern feststellen, bei der nicht wenige Bauern in die Abhängigkeit von Grundherren gerieten. Andererseits kann man aber ebenso feststellen, daß eine 'Verbäuerlichung' Unfreier stattfand, die allgemein in den Grundherrschaften die Lage der untersten Schichten verbesserte; unfreie *servi* stiegen zu hörigen, abgaben- und dienstpflichtigen Bauern auf. Solche Grundholden konnten nur zusammen mit dem von ihnen bewirtschafteten Land und dem von ihnen bewohnten Haus und Hof veräußert werden; obschon sie kein offizielles Erbrecht an dem von ihnen bebauten Land hatten, de facto aber der Grund und Boden erbrechtlich auf den Sohn eines Hintersassen überging, bedeutete ein solcher Veräußerungsfall für die Grundholden nur den Wechsel des Grundherrn. In den Urkunden werden die *servi* und *mancipia* – gleich wie die Wiesen, Wälder, Gewässer etc. – als Pertinenzen eines Gutshofes, der vom König, von einem Adligen oder einem reichen Freien verkauft, verschenkt oder vertauscht wird, erwähnt. Unfreie, die als Gesinde alle Dienste ungemessen und auf direkte Weisung hin zu verrichten haben, konnten indessen ohne weiteres einem anderen Grundeigentümer verkauft bzw. überlassen oder einem eigenen Abhängigen unterstellt und damit auch in ganz andere Gegenden und Arbeitsbereiche geschickt werden. – Im Voranschreiten der Zeit hat die 'Verbäuerlichung' immerhin eine langsam fortschreitende Nivellierung der rechtsständischen Unterschiede (s. S. 23f.) bewirkt.

Beispiele großer Grundherrschaften. Nur in die großen Grundherrschaften – besonders die kirchlichen – gewähren uns die Quellen genügend Einblicke. So können wir z. B. aus dem Urbar der Eifelabtei Prüm vom Jahre 893 ersehen, daß sich die Prümer Klosterbesitzungen in 119 Ortschaften vom Wormsgau über das Rheinland bis nach Friesland und von der oberen Mosel über die Eifel und die Ardennen an die Maas erstreckten; aus frühen Klosterurkunden wissen wir dazu sogar von Prümer Klosterbesitzungen in Westfranken, in den Gauen von Angers,

Rennes, Le Mans und Rouen. Wie das Urbar zeigt, hatte Prüm aus den friesischen Besitzungen u. a. Fische, aus den rheinischen vor allem Wein zu erwarten. Aber auch Wolle, Tuche und Eisenwaren gehörten oftmals zu den vorgeschriebenen Abgaben; und Verpflichtungen zur Weiterverarbeitung von Rohprodukten, zur Instandhaltung herrschaftlicher Einrichtungen und zum Gütertransport werden ebenfalls erwähnt. Die jährlichen Agrarleistungen an Prüm von etwa 1700 abgabepflichtigen Hufen (1 Hufe = durchschnittlich 12–14 Hektar) beliefen sich insgesamt auf etwa 4000 Zentner Getreide, 1800 Schweine und Ferkel, 4000 Hühner, 20000 Eier, 250 kg Flachs, 4 Seidel Honig, 4000 Eimer Wein und 1500 Schillinge Bargeld, die hinter den Naturalabgaben kaum auffallen. Hinzu kam der Anspruch auf 70000 Tage Fronarbeit und 4000 Fronfuhren. – Das Kloster St. Maximin in Trier scheint um 950 etwa 1300 und um das Jahr 1000 etwa 1500 abgabepflichtige Hufen (Mansen) besessen zu haben; das Kloster Corvey verfügte damals über ca. 2000 abgabepflichtige Höfe; die Reichsabtei Werden, die zu Ende des 9. Jahrhunderts noch als arm galt, konnte nach dem ältesten Urbar um 900 von etwa 650 Abgabepflichtigen Leistungen beanspruchen, Mitte des 12. Jahrhunderts dann von einer doppelt so großen Anzahl. – Auch von einigen Königshöfen *(fisci)* läßt sich die Größe des zugehörigen Wirtschaftslandes noch bestimmen: zum Fiskus Barisis (bei Laon) gehörten ca. 2700 ha, zum Fiskus Annappes (bei Lille) ca. 2800 ha, zum Krongut Friemersheim (bei Düsseldorf) außer dem Herrenhof und der Kirche 130 Hufen (= 1600–1800 ha).

Diese 'Grundherrschaft' hatte sich seit langem natürlich ebenso in ganz Frankreich ausgebreitet und war auch in England die bestimmende Wirtschaftsform. In Italien war sie wohl nie so gänzlich maßgebend, weil sich dort freiere Bodenpachtformen (Livell und Emphyteuse) hielten und vor allem die Stadt, der Handel und der Geldverkehr stets einen höheren Stellenwert hatten.

Nichtgrundherrlich gebundene Bauern. Festhalten sollte man jedoch, daß auf dem Lande nicht alle Menschen in Grundherrschaften oder Grundherrschaftsverbänden (Villikationen) lebten und in die oben erwähnte 'Vergrundholdung' hineingezogen wurden, sondern daß sich daneben auch selbständig wirtschaftende freie Bauern mit ihren Hofstellen behaupteten. Wie groß ihre Zahl im Verhältnis zu den grundherrschaftlich gebundenen Menschen allerdings war, ist kaum exakt feststellbar.

Lehnsbeziehungen. Prägte und regelte die Grundherrschaft mittels der bäuerlichen Erbleihe und der schollegebundenen Hörigkeit die Verhältnisse des Großteils der arbeitenden Bevölkerung auf dem Lande, so sind die Beziehungen der meisten Grundherren untereinander wie auch nach oben hin durch das Lehnswesen gekennzeichnet. Diese Institution war bereits in der hohen Karolingerzeit zu reifer Ausformung gelangt, bei der nicht mehr so sehr – wie in den Anfangszeiten – die Schutzsuche eines Armen bzw. Mittellosen *(homo, gvas, vasallus)* bei lebenslanger Überantwortung in die Abhängigkeit und die Dienste (Vasallität) eines Mächtigen gegen Überlassung eines Leihegutes *(beneficium, feudum)* auf Lebenszeit und bei Übernahme eines gegenseitigen Treueverhältnisses zwischen dem Lehensnehmer *(homo)* und dem Lehnsherrn *(dominus)* im Vordergrund stand, sondern bereits die Zulehengabe großer Landgüter und Grundherrschaften sowie auch gehobener, einträglicher Ämter an reiche und mächtige Leute zu beobachten ist, – und zwar zur Belohnung für treue Dienste in Fehden oder im Krieg und zur Weiterverpflichtung von seiten des Königs oder hoher Adliger. Die Entwicklung des Lehnswesens hatte also bereits aus den niederen Sphären des Alltagslebens auf die Regelung der Beziehungen unter den angesehensten und mächtigsten Leuten übergegriffen; ja durch die Zulehengabe von staatlichen Ämtern war dieses bereits zu einem Strukturelement des Staates geworden. Vasallen solcher hoher Lehnsherren konnten natürlich wiederum Vasallen unter sich haben, sogenannte Aftervasallen. Auch war es seit dem Ende des 9. Jahrhunderts im westfränkischen Bereich möglich, Lehen von zwei Herren entgegenzunehmen (Doppelvasallität), was in Streitfällen der beiden *domini* den *homo* meistens gleichsam neutralisierte, d. h. für den Herrn unbrauchbar werden ließ. Ein kompliziertes System von wirtschaftlichen und rechtlichen, letztlich aber auch politischen Abhängigkeiten vermochte sich so zu entfalten. Und waren die Lehensverhältnisse ehedem auf die Lebenszeit der Beteiligten beschränkt geblieben, so sieht man seit dem letzten Drittel des 9. Jahrhunderts die Erblichkeit bei den großen Lehen sukzessive eintreten. Dieser Vorgang verfestigte die Strukturen, und zwar vornehmlich unter den mächtigen Grundherren und hohen Amtsträgern. Wer nicht nur einfache Leute unter seinen Lehensnehmern hatte, sondern sich durch Zulehengabe auch andere Mächtige mit ihren Vasallen und Aftervasallen zu Hilfeleistungen verpflichten konnte, vermochte die wichtigsten Positionen in Staat und Gesellschaft zu erringen. Für einen Regenten mußte es deshalb darauf ankommen, die Lehensbeziehungen sinnvoll in die Staatsentwicklung einzubeziehen; sie durften die amtsrechtlichen Beziehungen nicht völlig überwuchern und ausschalten, mußten andererseits aber auch als staatlich anerkannt erscheinen. Daß die Integration des Lehnswesens in den Staat im Betrachtungszeitraum im ostfränkisch-deutschen Bereich besser gelang als im westfränkisch-französischen, gehört ebenso zu den Grundtatsachen der Geschichte wie das Faktum, daß in späterer Zeit die Entwicklung gerade zu umgekehrten Endergebnissen hinführte, so daß in Frankreich, England und Spanien dem Königtum bei der Sammlung der staatlichen Kräfte Erfolg beschieden war, in Deutschland hingegen der Prozeß der Verstaatung auf die kleineren Kreise, die Territorien, übergehen sollte. Das Lehnswesen konnte also die weitere Staatsentwicklung sowohl positiv als auch negativ beeinflussen.

Städte, Handel und Gewerbe. Wenngleich die Naturalwirtschaft überwog, vernachlässigen darf man daneben Städte, Markt, Handel, Gewerbe, Geld und Verkehr im wirtschaftlichen Bild des 9.–11. Jahrhunderts nicht. Schon die Geldabgaben einiger Grundherrschaftsbauern machen deutlich, daß das Selbstversorgungsprinzip in den einzelnen Villikationen nicht ausschließlich galt. Salz, Werkzeuge, Roheisen und Geschirr mußten meistens von außerhalb bezogen werden. Das gleiche gilt für kostbare Kirchengeräte und -gewänder, für bestimmte Gewürze, für Schmuck und Waffen der Adligen. Dabei war Zahlung mit Naturalien – vor allem bei höheren Werten und im Fernhandel – nicht immer möglich, so daß das Geld wenigstens eine subsidiäre Rolle zu spielen vermochte. Oft diente es freilich auch nur als Wertmaßstab.

Dort, wo die Naturgegebenheiten es ermöglichten, wurden spezielle Produkte nicht nur für den Eigenbedarf, sondern auch für den Tausch und den Handel produziert. Im Kölner Bereich (Badorf und Pingsheim) stellte man z. B. Keramik in größerem Umfang her, in Flandern und Friesland Tuche, im Siegerland und auch auf der jütischen Halbinsel Eisen, im Gebiet von Mayen Mühlsteine aus Basalt; im Harz wurden Silber und Kupfer in stärkerem Maße gefördert. Produktion über den Eigenbedarf hinaus gab Grundherren und freien Erzeugern die Möglichkeit, sich am Handel zu beteiligen, Geld und Gewinn zu erzielen. Die Abtei St. Germain-des-Prés (Paris), eine der größten klösterlichen Grundherrschaften, hat z. B. im 9. Jahrhundert bereits das Sechsfache des eigenen Bedarfs an Wein gekeltert. Um Wein und andere Produkte an bestimmten Orten anbieten und verkaufen bzw. auch Öl einkaufen zu können, hatten die *negociantes ipsius sancti loci* schon seit den Tagen Karls des Großen Zollfreiheit im gesamten Reich. Auch erfahren wir von umherziehenden Händlern – und zwar von freien wie auch von solchen, die von einem Grundherrn abhängig sind, ebenso von jüdischen und syrischen *negociantes* – und gleichfalls von Handel und Gewerbe in den Städten, in Häfen und in grundherrlichen Marktorten. Die Händler standen dabei unter dem besonderen königlichen Schutz. Der Handel mit Sklaven aus dem slawischen Osten quer durch Mitteleuropa nach Spanien und in die weiteren muslimischen Regionen sollte ebenfalls nicht übersehen werden.

Verschiedene Stadttypen bei unterschiedlicher Stadtentstehung: a) Römerstädte und Bischofssitze. Städte und Marktorte gab es wie im byzantinischen Osten so auch in Italien, Spanien, im westfränkischen Raum und in den Rhein-, Mosel- und Donaulanden schon seit der Römerzeit. Doch waren die einstigen Ummauerungen längst nicht mehr überall intakt. Auch die noch für die spätrömische Zeit bezeugte städtische Verwaltung und der führende Kurialenstand waren seit Jahrhunderten erloschen. Deshalb kann man für das 9. und 10. Jahrhundert auch bei den einstigen Römerstädten nur von 'Städten im wirtschaftlichen Sinne' sprechen. Selbst wenn *civitates* und *urbes* in den Quellen genannt werden, bildeten diese erst die Vorstufe der eigentlichen mittelalterlichen Städte bzw. Stadtgemeinden, die sich schließlich seit der Mitte des 11. Jahrhunderts durch eigene Administration und einen rechtlich-institutionellen Sonderstatus auch im Rechtssinne aus dem Grafschaftsverband, der Verwaltung des Stadtherrn oder der des Landes herauszulösen begannen. – Innerhalb der noch bestehenden Mauern hatten sich seit langem ländliche Siedlungen, auch Klöster, eingerichtet. Bezeichnend ist vielleicht der Bericht eines an den Hof Ottos des Großen ziehenden arabischen Gesandten, der die alte Römerstadt Mainz so beschreibt: „eine sehr große Stadt, von der ein Teil bewohnt und der Rest besät ist . . . Sie ist reich an Weizen, Gerste, Dinkel, Weinbergen und Obst . . .“. Deutlich sieht man daran, daß dichte Besiedlung, Händlerläden und Gewerbebetriebe keinesfalls dominierten. Was hier – wie an vergleichbaren anderen Orten – noch städtisches Wesen aufwies, das war – da die bisherigen Städte am Ausgang der Antike oder im Frühmittelalter zu Bischofssitzen geworden waren – der Dombereich mit dem Bischofshof, den Kanonikergebäuden und den Häusern für Dienerschaft und Handwerker. Letztere unterstanden teils der bischöflichen Grundherrschaft, teils gab es auch freie Gewerbetreibende und dazu einige Händler, ja sogar Fernhändler. Der arabische Gesandtenbericht zeigt dies in den Worten: „Dort gibt es Dirheme aus der Samarkander Münze“, und „seltsam ist auch, daß es dort Gewürze gibt, die nur im fernen Morgenlande vorkommen, . . . z. B. Pfeffer, Ingwer, Gewürznelken . . .; sie werden aus Indien importiert, wo sie in Mengen vorkommen“ [158: G. Jacob S. 31]. Oft hatten die Bischöfe schon in fränkischer Zeit die Immunität, d. h. die Freistellung aus der öffentlichen Gewalt und von öffentlichen Abgaben und Lasten mit Übernahme der niederen Gerichtsbarkeit, für den Bereich ihrer Grundherrschaft erhalten, gelegentlich auch das Befestigungsrecht; seit der Zeit der Ottonen erfolgte vielfach auf Kosten der umliegenden Grafschaft eine räumliche Ausdehnung der in der Immunität enthaltenen öffentlichen Rechte auf die an die engere bischöfliche Grundherrschaft angrenzenden Gebiete (sog. Bannimmunitäten) und eine inhaltliche Erweiterung der Immunitätsherrenrechte bis in die hohe Gerichtsbarkeit hinein. Neue Hochgerichtsbezirke konnten somit entstehen und die alten Grafschaften durchlöchern. Die Bischöfe sind damals zu Stadtherren (im vollen Sinne des Wortes) geworden. Der Adel hielt sich meist fern von den Städten. Nur in Italien hat der Graf auch in der Stadt Wohnung bezogen. Wichtig bei allem ist, daß die befestigten Sitze von Bischöfen – ebenso wie große Klöster und Kollegiatkirchen – zu Keimzellen mittelalterlicher Städte werden konnten.

b) Wike und küstennahe Handels- und Tauschplätze. In den Küstengebieten des nordwestlichen und nördlichen Europas sieht man schon in der Merowinger- und frühen Karolingerzeit – was sich im 9. und 10. Jahrhundert fortsetzte – Friesen, Angelsachsen, Sachsen, auch dänische und schwedische Wikinger in sog. ‘Wiken’ (das waren dauernd bewohnte Siedlungen, die für ihre Umgebung eine gewisse zentralörtliche Funktion hatten und die zunehmend mit Wehranlagen versehen wurden) erscheinen und ausgewählte Produkte wie Bernstein, Pelze, Lederwaren, Vogelfedern, Wachs, Fische, Roheisen etc. anbieten und Wein, Öl, Waffen, Tuche und andere Fertigwaren erwerben. Es war vornehmlich ein Wanderhändlertum, das man in diesen allmählich zu Handelsplätzen werdenden ‘Wiken’ konstatieren darf. Aber nicht nur die Zusammenkünfte der Kaufleute zu bestimmten, vorher verabredeten Zeiten und den genossenschaftlichen Zusammenschluß mehrerer solcher Kauffahrer zu Gilden, in denen man sich gegenseitigen Schutz gelobte, gab es; Ausgrabungen in Haithabu bei Schleswig (einem sehr bekannten Handelsumschlagplatz des 10. Jahrhunderts) lassen erkennen, daß dort schon ständig Händler und Handwerker lebten, daß es dazu sozial gegliederte und sich schon spezialisierende Handwerkergruppen sowie reiche und arme Leute gab. Die feste Ansässigkeit von Händlern im Wik bedeutete gewiß einen ersten Schritt auf dem Wege vom Saisonhändler zum Berufskaufmann. Diese zumeist aber noch ausfahrenden Händler, die für ihre langen Reisen Kühnheit und Mut mitbringen mußten, waren wohl in erster Linie freie Leute. Da uns Quellen aber auch davon berichten, daß sie in Gefahrenlagen den Wik verließen und ihre Waren und ihr Geld hingegen in Sicherheit brachten, war die Wiksässigkeit, die feste Ortsbindung, wohl oftmals nicht das wichtigste für sie. Immerhin: solche tastenden Versuche, zu größeren Siedlungen zu gelangen und Handel und Warenaustausch voranzubringen, muß man für das Wirtschaftsleben des 9.–11. Jahrhunderts – vor allem in den Küstenregionen des norddeutschen und skandinavischen Raumes – in Rechnung setzen.

c) Pfalzen und Herrensitze als Ausgangspunkte der Stadtentwicklung. Aber nicht nur alte Römerstädte (= Bischofssitze) des Westens und Südens, die den städtischen Charakter relikthaft wahren konnten, und küstennahe Wike als Handelsplätze einfacher einheimischer Warenanbieter, an denen eben auch Wanderhändler in zunehmender Anzahl – gelegentlich oder periodisch – erschienen, hat man als Keime eines neuen Städtewesens zu beachten. Für die speziell deutsche Geschichte ist besonders die Stadtentstehung in den binnenländischen rechtsrheinischen Gebieten, die ehedem außerhalb des römischen Limes lagen und keine Römersiedlungen kannten, von Bedeutung. Dort waren zwar unter den frühen Karolingern einige wenige 'Bischofsstädte' entstanden, doch gab es hie und da auch andere befestigte Orte – königliche Pfalzen, Herrensitze, ältere Fluchtstätten, ummauerte Klöster –, vor allem seit die Normannennot in der 2. Hälfte des 9. Jahrhunderts und die Ungarnstürme am Beginn des 10. Jahrhunderts weite Landstriche verheert und den Bau von Befestigungen nahegelegt hatten. König Heinrich I. hat solche Maßnahmen damals sogar systematisch gefördert. Und diese 'Burgen' konnten zum Ausgangspunkt intensiverer Siedlungsentwicklungen werden. Man kann dabei immer wieder eine Doppelpoligkeit von *castrum* und *suburbium* (Burg und Vorstadt) konstatieren. Während das *castrum* als Sitz des Adligen oder königlichen Amtsträgers mit der Burgmannschaft und dem sonstigen weltlichen und geistlichen Gefolge ein Konsumentenzentrum darstellte und auf die Versorgungslieferungen aus den umliegenden Villikationen des Herrn angewiesen war, findet man im *suburbium* Handwerker, die zumeist noch vom Burgherrn abhängig waren, und ebensolche Händler. Bei diesen Handwerkern und Händlern konnten – wie in den einstigen Römerstädten und den langsam wachsenden Handelsemporien – die Bauern der Umgebung eventuelle Überschüsse absetzen und zusätzliche Bedarfsartikel erstehen. Hier konnte also gleichfalls ein überlokaler, eventuell auch schon ein überregionaler Austausch von Produkten stattfinden. Aber noch immer ist der Warenumschlag mit der Grundherrschaft eng verbunden. Die Privilegien, mit denen die ostfränkisch-deutschen Könige an solchen Orten das Abhalten von Märkten zu verbessertem Warenaustausch gestatteten und förderten, dabei den Markt unter ihren besonderen Schutz und ihr Friedegebot stellten, sind bezeichnenderweise an die Grundherren gerichtet worden. Im ostfränkisch-deutschen Reich hat sich ja seit der 2. Hälfte des 9. Jahrhunderts ein eigenes königliches Marktregal entwickelt, wobei das Marktrecht zumeist mit dem Zoll- und Münzrecht verbunden war, während es im westfränkisch-französischen Bereich, wo es genug alte Märkte gab und die Stellung des Königs schwach war, nicht dazu gekommen ist.

Fernhandel und lokaler Warenumsatz. Lagen solche Orte verkehrsgeographisch günstig – an Schnittpunkten von älteren Handelswegen, an Flußübergängen oder bei geeigneten Schiffsanlegeplätzen – oder waren sie bereits ein kirchliches Zentrum, so konnten sie auch für die wenigen – oft orientalischen, nordländischen oder friesischen – Fernhändler von Interesse sein; und an erste Kaufmannsniederlassungen gliederten sich – und zwar besonders dann, wenn Kirchenfeste zu größeren Menschenzusammenkünften führten, bei denen sich ein Feilbieten von Waren lohnte – weitere an. Im 10. Jahrhundert ist das noch ein sehr langsamer, unauffälliger Vorgang; denn die Ausdehnung des Warenumsatzes lokaler Gewerbetreibender einerseits und die Übergänge vom saisonbedingten Warenanbieten nicht bodenständiger (doch wohl zumeist freier) *negociantes* über turnusmäßiges Erscheinen bei verschiedenen Messen und Jahrmärkten und vom Wander- und Karawanenhandel über Wochenmarktstände zur Festniederlassung und dauernden Unterhaltung eines Verkaufskontors andererseits waren fließend und liefen oft über ein Gewerbe als Zweitberuf, Freistellungen vom Grundherrn o. ä. Bis in die Anfänge des 11. Jahrhunderts bleibt somit noch immer ein nur sporadischer Fernhandel mit Luxusgütern, Kostbarkeiten und Gebrauchsgegenständen für die Führungsschicht (und bis zum Ausgang des 10. Jahrhunderts auch noch ein Handel mit Sklaven aus den östlichen Nachbarbereichen) symptomatisch und ebenso ein mehr zögerndes Abnehmen von städtischen Gewerbeprodukten durch die Landbewohner, die mit ihren erwirtschafteten Überschüssen zahlten. Marktorte wurden dabei vielfach zum Grundstein für eine spätere Stadt. In der Umgebung der privilegierten Marktorte, die zugleich das Münzrecht erhalten hatten, ging man aber auch bald dazu über, die Abgaben nicht mehr in Naturalien, sondern in Geld zu entrichten. Geldprägung und Geldumlauf nahmen zu. Daß sich die weitere Stadtentwicklung dann auf einen topographischen Dualismus eines kirchlichen, politischen oder militärischen Zentrums und einer Kaufmannssiedlung (im *suburbium*) aufbaut, daß Fragen genossenschaftlichen Handelns und der Gemeindebildung seit der 2. Hälfte des 11. Jahrhunderts stärker in das Bewußtsein der Stadtbewohner treten werden und daß der Handel und das Handwerk primär städtische Berufe werden sollten, ja, daß der Handel sich mehr und mehr auf ein städtisches Exportgewerbe aufbauen wird, zumal sich dann eine Arbeitsteilung zwischen Stadt und Land durchsetzt, ließ sich in der hier behandelten Zeit der ersten Formierung Europas freilich noch keinesfalls vorausahnen. Der eigentliche Typus der mittelalterlichen Stadt als Wirtschafts- und Rechtsgebilde, das man auch bewußt gründen konnte, ist erst eine Erscheinung der Spätsalier- und noch mehr der Stauferzeit.

Sonderstellung des Mittelmeerraums. Im Mittelmeerraum, vor allem in Italien, waren Städtewesen und Handel dank der größeren Kontinuität von der Antike her freilich viel stärker als in den Gebieten nördlich der Alpen entwickelt. Vornehmlich in den Seestädten Venedig, Genua, Amalfi und Bari sind auch im 10. Jahrhundert Kaufleute und Handwerker gut bezeugt. Nach dem langsamen Verebben der Sarazenen- und Ungarngefahr (bis zur Mitte des 10. Jahrhunderts) begannen dann ebenso die Städte der Poebene zu angeseheneren Umschlagplätzen landwirtschaftlicher und handwerklicher Produkte zu werden. Das Leben auf dem Lande war bald wieder – wie vor der Langobarden- und Frankenzeit – voll auf die Stadt hin ausgerichtet. Seit der Jahrtausendwende überwog hier sogar schon die Geldwirtschaft. Selbst Zinse wurden bereits in Geldmünzen entrichtet. Zunehmende Geldprägung und vermehrter Geldumlauf hoben Italien zusehends von den nordalpinen Bereichen ab. Auf der Apenninenhalbinsel konnte der 'Aufbruch' der kommenden Epoche also am einfachsten ansetzen. – Und ähnlich war die Situation im muslimischen Teil Spaniens, der drei Viertel der Pyrenäenhalbinsel ausmachte.

2. *Rechtsleben*

Aufhören der Stammesrechtsergänzungen und der Kapitularien. Das Zusammenleben der Menschen des späten 9., des 10. und frühen 11. Jahrhunderts, ihr Wirken und Handeln, funktionierte mehr durch Ausrichtung an rechtlichen Grundvorstellungen als mit Hilfe konkreter Gesetze und Verordnungen. Mit dem Niedergang der staatlichen Ordnung des Frankenreichs der Karolinger – vgl. S. 76ff. – war es sowohl zu einem vollständigen Abbruch der schriftlichen Fixierung und Ergänzung der Rechtsaufzeichnungen von Großgruppen bzw. Stämmen – wie sie uns etwa in der *Lex Salica* und deren Bearbeitung in der *Lex Ribvaria,* dann in der *Lex Alamannorum*, der *Lex Baiuvariorum*, der *Lex Saxonum* oder der *Lex Frisionum* vorliegen – als auch zum weitgehenden Erlöschen der herrscherlichen Anordnungstätigkeit und Gesetzgebung gekommen. Die für die hohe Karolingerzeit so kennzeichnenden Kapitularien, d. h. die in Kapitel gegliederten königlichen Erlasse und Befehle aus dem Rechtswahrungsbereich, voran die *Capitularia legibus addenda*, wurden mit dem zunehmenden Verfall der Staatsgewalt unter den späten Karolingern immer weniger, ja hörten ganz auf; die *Leges* selbst traten – da die Schriftlichkeit und Lesefertigkeit gleichfalls zurückgingen – in den Hintergrund. Welcher Schöffe konnte zudem auch die lateinischen Aufzeichnungen übersetzen und verstehen?

Zeit des 'Gewohnheitsrechts'. So wurde im Rechtsleben – im Osten von der 2. Hälfte des 9., im Westen vom Beginn des 10. Jahrhunderts an – vornehmlich nach einem unfixierten Gewohnheitsrecht verfahren, das z. T. auf den bislang befolgten *Leges* (Stammesrechten) basierte, z. T. sich an ältere bekannte königliche, kirchliche und sonstige Verfahrensweisen anlehnte. *Secundum antiquam consuetudinem, solito more, iuxta leges et instituta maiorum* etc. wurde Recht gesprochen, Urfehde geschworen, der König bestimmt, ein Bischof, Abt oder Vogt eingesetzt, eine Freilassung vorgenommen, wurden Grund und Boden übereignet, Abgaben eingezogen, hatte der Graf wie auch der bischöfliche Vogt für Ordnung zu sorgen und zu strafen etc. Im 10. Jahrhundert mußte z. B. in den Gebieten des werdenden Deutschen Reiches, wenn ein Streit zu entscheiden, ein Urteil zu fällen war, das Recht jedesmal aus der Erinnerung heraufgeholt werden oder – wenn ein neuer Rechtsfall auftrat, für den kein schon befolgtes Recht angeführt werden konnte – „ein zwar verstecktes, aber doch schon vorhandenes Recht gefunden" bzw. nach bestem Wissen und Gewissen „geschöpft" werden [166: F. KERN]. Die *Leges* galten letztlich nur als aufgeschriebener Teil des allein im lebendigen Rechtsgefühl vollständig vorhandenen Rechtes. Der Urteilsspruch der Schöffen in einem vom Grafen oder grundherrschaftlichen Gerichtsherrn geleiteten Gerichtsverfahren verstand sich somit stets als die Befolgung alten und guten Rechtes, das tief in einem sittlichen Empfinden wurzelt und sich als ein Stück ewiger, gottgewollter und damit unerschütterlicher Weltordnung darstellt. Insofern hatte im Gerichtsverfahren auch das Gottesurteil als die Entscheidung des eigentlichen Weltenlenkers in einer unklaren Rechtslage der Menschen seine tiefe innere Berechtigung. Indem das Recht in der göttlichen Weltordnung gründet und der König nur Glied derselben, ein Amtswalter von Gottes Gnaden, ist, konnte das Recht der Rechtsidee nach auch gar nicht von einer königlichen oder sonstigen Obrigkeit gesetzt bzw. geschaffen werden, es stand über ihr bzw. umfaßte sie. In der Auffassung jener Zeit war der König also – auch wenn er einen Landfrieden gebot – Wahrer der Rechtsordnung, nicht eigentlicher Gesetzgeber. (Die Unterscheidung und Abtrennung eines 'positiven Rechts' vom 'idealen Recht'/ Naturrecht als Grundlage für die Entwicklung eines eigenen Staatsrechts und des Privatrechts ist ja erst nach gründlicher Gelehrtenbeschäftigung in der Rechtsphilosophie in späteren Jahrhunderten gelungen.) Kein Wunder deshalb auch, daß man in erster Linie Einzelfallregelungen begegnet, fast nie aber einer Verkündigung genereller Rechtsnormen. Die wenigen Ausnahmen, in denen sächsische und salische Kaiser Gesetze erließen, galten bezeichnenderweise „teils mit Sicherheit, teils wahrscheinlich auch nur für Reichsitalien" [168: H. KRAUSE], das noch immer in der römischen Rechtstradition wurzelte.

Zunehmende Rechtszersplitterung. Bei dieser 'gewohnheitsrechtlichen' Rechtsfindung blieb das Recht freilich nicht auf dem Stand der Karolingerzeit stehen; das Rechtsleben war nicht konservativ-statisch, wie es auf den ersten Blick scheinen möchte, sondern wurde auch – wenngleich mehr unbewußt oder zumindest unausgesprochen – weiterentwickelt. Das führte dazu, daß die bisherige Uneinheitlichkeit der Rechte, d. h. die Verschiedenheit der Stammesrechte, nicht nur weiterdauerte – im Großfränkischen Reich hatten ja die Rechte der unterworfenen bzw. angegliederten Stämme und Völkerschaften weiter gegolten, und jedermann war (entsprechend dem Grundsatz der Personalität des Rechts) nach dem Recht des Stammes, in dem er geboren war, behandelt worden –, sondern sich sogar zu einer noch viel größeren Rechtszersplitterung ausweitete. Dabei entwickelten sich – entsprechend den sich etablierenden Macht- und Herrschaftszentren (‘Principautés’ bzw. ‘Stammesherzogtümern’, s. S. 45 ff.) und im Westen wieder früher als im Osten – die Stammesrechte allmählich zu Rechten für einzelne Gebiete; Italien wurde von dieser Entwicklung in der Mitte des 11. Jahrhunderts erfaßt. Das Recht des einzelnen wurde dabei nicht mehr nach seiner Abstammung bestimmt, sondern nach seiner Zugehörigkeit zu einem Herrschaftsgebiet. Das Stammesrecht wurde so langsam von einem entstehenden Landesrecht zurückgedrängt. Daneben kam es auch infolge der Entwicklungen im sozialen Bereich (s. S. 23 f.) für bestimmte wirtschaftliche Gruppen und besondere Rechtsverhältnisse zu Rechtsausformungen, die allmählich die Geltung der alten Stammesrechte noch weiter untergruben. Die Rechte der grundherrlichen *familiae* begannen sich zu entfalten. Die Blütezeit der Aufzeichnung und Ausgestaltung eigener Rechtskreise (Hofrechte in den Grundherrschaften, Dienstmannenrechte, Stadtrechte, Landrechte) fällt freilich nicht mehr in die hier zu behandelnde Epoche.

Lehnrecht. Ein Komplex jedoch kam neben den immer bedeutungsloser werdenden Stammesrechten und dem sich langsam formierenden Landesrecht schon zur weitgehenden Ausbildung: das Lehnrecht. Es regelte – und zwar zunächst auch nur als Gewohnheitsrecht – die Lehnsbeziehungen. Verstöße gegen das Treuegebot (Felonie), Heerfahrtverweigerung und andere Pflichtverletzungen eines Vasallen wurden von einem Lehnsgericht, das mit Standesgleichen bzw. Vasallen des gleichen Herrn als Urteilsfindern besetzt sein mußte, verhandelt. Da meist nur in schweren Fällen die Einziehung des Lehens verhängt wurde, in leichteren durch anderweitige Strafen ein milderes Urteil zustande kam, wirkte das Lehnsverfahren bald nur wie eine Konkurrenz zum stammes- bzw. landrechtlichen. (In Frankreich und England ist das Lehnrecht freilich zum vorherrschenden Rechtssystem geworden.) Weil aber das Lehnswesen die ganze Staatsordnung mitformte, indem es die Ämtervergabe erfaßte und die Beziehungen zwischen dem König und seinen adligen Helfern in der Staatsverwaltung beeinflußte (s. S. 13), mußten die Könige, die seit Heinrich I. die Herzöge als ihre Lehnsträger betrachteten und seit Otto I. die amtsrechtliche Verfügungsgewalt wieder stärker betonten, auch in Lehnsstreitigkeiten eingreifen. Konrad II. hat dabei 1037 in seiner *Constitutio de feudis* die oberitalienischen Lehnsmodalitäten erstmals rechtlich festgeschrieben.

Privilegien. Was die Rechtszersplitterung weiterhin vergrößerte, war die häufige Privilegienverleihung an bestimmte Kirchen, Klöster oder Adlige durch den König. Denn sie war ja doch zugleich ein Akt der Rechtssetzung, der die Rechte und Möglichkeiten anderer einengte, ja, jedermann zur Beachtung der Vorrechte des Privilegierten zwang. Das betraf vornehmlich die Gewährung von Markt-, Zoll- und Münzrechten wie auch umgekehrt die Befreiung von diesen, oder die Freistellung von Heerfahrtpflichten, von Abgaben und Baufronden. Besonders die Verleihung des Immunitätsrechtes – z. B. an einen Bischof –, die darin bestand, daß sie den kirchlichen Besitz des Privilegierten jeder Wirksamkeit eines staatlichen Amtsträgers entzog und damit dem Immunitätsherrn zur eigenen oder durch einen Vertreter (Vogt) wahrzunehmenden Rechtsprechung, Abgabeneinziehung und Vornahme anderer hoheitlicher Handlungen überließ, trug wesentlich zur Auflösung alter Gerichtsgewohnheiten und -sprengel bei. Und dies um so mehr, als sich seit der Zeit Ottos des Großen solche Immunitätsverleihungen über den engeren Besitz hinaus auf eine ganze Siedlung, eine Stadt und sogar den Umkreis einer Stadt zu beziehen pflegten (s. S. 15). Wurden dabei auch die Vögte mit der königlichen Banngewalt ausgestattet, so änderte das nichts an der Tatsache der Umstrukturierung alter Gerichtssprengel. Und für den mit der Immunität Beliehenen bedeutete die Nutzung neuer Rechte natürlich den Zugewinn neuen Ansehens und neuer Macht. Durch planvoll gehandhabte Privilegierungspraxis konnte sogar – und zwar ohne auch nur einen generell ausformulierten Rechtssatz – eine ganz neue Herrschaftsstruktur entstehen: das sog. ottonisch-salische Reichskirchensystem (vgl. S. 55ff.).

Satzungen und Gilderecht. Und noch ein weiteres Element darf hier nicht übersehen werden. Durch eigene beschworene 'Satzungen' in gelegentlich auftauchenden *coniurationes* (Gilden) von Händlern und Seefahrern, die in England früher als auf dem Kontinent auftreten, aber auch schon kurz nach der Jahrtausendwende in Tiel am Niederrhein bezeugt sind, begann der sich langsam entwikkelnde Kaufmannsstand, Sonderrechte, d. h. eine eigene Gildegerichtsbarkeit, zu schaffen, die besonders die Friedenswahrung und zivilrechtliche Streitigkeiten der Mitglieder untereinander betrafen. Nicht selten hatte ja der König die Kaufleute eines bestimmten Ortes seines besonderen Schutzes versichert und die Regelung ihrer durch Handel und Geldgeschäfte bedingten gegenseitigen Ansprüche und Streitigkeiten ihnen selbst überlassen. – Aber auch Einungen *(coniurationes)* zum Schutz gegen Raub, Plünderung und äußere Feinde, also zum Schutz der gesamten Rechtsordnung, sind für die ausgehende Karolingerzeit in Westfranken und Lotharingien bezeugt.

Gesamtbild des Rechtslebens. So ist die hier betrachtete Zeitspanne gekennzeichnet durch ein sich immer mehr komplizierendes System von Grafen- und Vogtgerichten, Lehnsgerichten, grundherrlichen Hofgerichten, Vorzügen und Ausnahmeregelungen, die durch königliche Privilegien geschaffen sind, in die Rechtspflege eingreifenden Satzungen auf genossenschaftlicher Basis usw.

Auf westfränkisch/französischem und italienischem Boden, auf dem die

Schriftlichkeit etwas stärker bewahrt blieb, die königliche Gewalt freilich schwächer war als im werdenden Deutschen Reich, schritten dabei die Entwicklung zum Gewohnheitsrecht (*consuetudo*, la coutume) und die Ausformung neuer Rechtskreise im Zusammenhang mit der Entfaltung eigener adliger Machtbildungen (s. S. 66) noch intensiver voran als im ostfränkisch-deutschen Bereich.

Fehde. In dieser Rechtswirklichkeit war zudem die Fehde keine Verfallserscheinung, kein Faustrecht, keine bloße Selbsthilfe beim Versagen einer übergeordneten Gewalt. Sie wurde von der Allgemeinheit durchaus als legitimes Mittel zur Wiederherstellung verletzten Rechts und beschmutzter Ehre sowie bei schweren Missetaten an nächsten Verwandten akzeptiert, wenngleich nur vom Adel und von voll waffenfähigen rittermäßigen Leuten praktiziert. War doch schon im älteren germanischen Recht die Verfolgung solcher Verbrechen, die lediglich (oder in besonderer Weise) das Privatinteresse verletzt hatten, dem Geschädigten und seiner Sippe überlassen worden, indem der Täter nur den Verletzten gegenüber als friedlos galt. Und der Reflex auf die begrenzte Friedlosigkeit, das Fehderecht, war auch in fränkischer Zeit nicht mehr zu ändern gewesen. Fehde galt dabei nicht nur als Recht, sondern auch als Pflicht, – und zwar zur Wiederherstellung der verletzten göttlichen Weltordnung (s. S. 19). In Krisenzeiten nahmen indes mit dem Rückgang der öffentlichen Gerichtsbarkeit die Fehden sprunghaft zu. Besonders in Südwestfrankreich waren der Verlust staatlicher Autorität und ungebremstes adliges Machtstreben – oft in Fehdeform – so stark, daß sich dort seit dem Ende des 10. Jahrhunderts die hohe Geistlichkeit zum Einschreiten genötigt sah.

Gottesfrieden. Durch Verkündung von zeitlich begrenzten Waffenpausen (*treuga Dei*, Gottesfrieden) unternahmen es besonders die Bischöfe Südwestfrankreichs, dann auch bald die des burgundischen Raumes, dem leidenden Volk und der Kirche Abhilfe zu schaffen. Bis zur Mitte des 11. Jahrhunderts hat sich aus diesen Friedensbemühungen eine Volksbewegung mit stark religiösem Einschlag gebildet, die von Burgund aus auch Lotharingien erfaßte, nach Nordfrankreich wie ebenso ins westliche Oberitalien ausstrahlte und die aufbrechende innere Unruhe der Menschen (s. S. 64f.) – besonders an der westlichen Reichsgrenze – kennzeichnete.

3. Sozialgefüge/Gesellschaft

Geburtsstände. Lange galt bei den Historikern die Meinung – und zwar orientierte sie sich wegen des Fehlens auswertbarer Quellen an den oben genannten Stammesrechten und den karolingischen Kapitularien –, daß sich wohl auch im 10. und 11. Jahrhundert das vorwiegend statische Bild der durch kaum überwindbare Geburtsstände gekennzeichneten Gesellschaft des 8. und 9. Jahrhunderts dargeboten habe. Konnte man doch gleichfalls in Urkunden des 10./11. Jahrhunderts Belege für Freie *(liberi)*, Halbfreie *(liberti)* und Unfreie *(servi)* finden, neben denen die Adligen *(nobiles)* bei den Franken eine besondere, sich durch Reichtum, Führungsqualitäten, sozialen Rang und vornehme Lebensweise auszeichnende Gruppe der Freien bildeten, während sie bei den Sachsen, Thüringern und Friesen und wohl desgleichen bei den Alemannen und Bayern allerdings auch ein eigener Stand im Rechtssinne waren. Auch auf Freilassungsurkunden konnte man verweisen, die ebenfalls auf die grundsätzliche, ja ungebrochene Fortdauer dieser Rechtsstände, in die man hineingeboren wurde, schließen ließen.

Anbahnung einer berufsständischen Sicht. Aber völlig statisch war das gesellschaftliche Gefüge des 10./11. Jahrhunderts nicht. Vergleichbar mit der langsamen Weiterentwicklung der Rechtsverhältnisse, der wirtschaftlichen Zustände und des Wehrwesens (s. S. 47ff.) und in engem Konnex mit ihr wandelten sich auch die gesellschaftlichen Verhältnisse. Einerseits ging offenbar die Zahl der selbständigen Freien zurück, andererseits wurde es aber bei der vollen Entfaltung der Grundherrschaft und des Lehnswesens zunehmend gleichgültiger, welchen persönlichen Rechtsstand ein Hintersasse oder ein Pächter, ein Dienstmann oder ein Vasall hatte; es kam darauf an, welche Funktion jemand ausübte. Die berufsständische Situation begann, die rechtsständische Sicht zu überflügeln. Am Ende des 10. Jahrhunderts kann man jedenfalls bereits bei einigen Autoren die Zurückdrängung des rechtsständischen Denkschemas und der damit verbundenen Lebensweise fassen. An die Stelle der Gliederung in Freie, Halbfreie und Unfreie ist im Bewußtsein vieler Zeitgenossen bereits die funktionale Dreiteilung der Gesellschaft in *oratores, pugnatores* und *agricultores*, d. h. in den Klerus, den Wehr- und den Nährstand, getreten. Diese drei Gruppen seien stets aufeinander angewiesen, keine könne ohne die andere existieren. In England und in Nordwestfrankreich findet man diese Denkschemata viel früher als in Deutschland. Zur neuen Sicht der Sozialordnung hat sicherlich neben der zunehmenden Rechtszersplitterung auch vieles andere beigetragen: so etwa die Notwendigkeit der kriegerischen Abwehr von Normannen, Ungarn oder Sarazenen und die aus ihr resultierende Aufwertung der Kriegsdienstleistenden, so auch die eklatante, immer gefühlte Diskrepanz zwischen der tatsächlichen Unfreiheit von Menschen und der Lehre der Kirche, daß vor Gott alle Menschen gleich seien und am Weltbeginn gleich frei waren, und so desgleichen das Vorhandensein des Weihesakraments, das die Kleriker von den Laien scheidet u. a. m. Aber gerade die Bibel ist auch immer wieder zur Rechtfertigung der bestehenden sozialen Zustände, d. h. zur Begründung des Vorhandenseins von Herren und Knechten, Freien und Unfreien, Regierenden und Regierten, als gottgewollte Ordnung verwendet worden: durch Adams *peccatum humanae originis*, das erst durch Christi Opfertod und die Taufe tilgbar geworden sei, und vor allem durch den Fluch Noahs (Gen. 9, 25ff.) sei es nämlich gekommen, daß *domini* und *servi* vorhanden seien; es müsse ja die Fähigkeit der Knechte, schlecht zu handeln, durch die Gewalt der Herren eingedämmt werden

(Isidor von Sevilla, Sentenzen III, 47; danach auch bei vielen Autoren des 9.–11. Jahrhunderts). Gerade deswegen konnte der Wandlungsprozeß auch nur ganz langsam voranschreiten.

Am Ende unserer Periode wurden in Frankreich die Begriffe *nobilis* und *miles* bzw. *bellator* gleichsam austauschbar. Diejenigen *liberi* und *servi* hingegen, die in den agrarischen Lebensbereichen stärker verharrten, wurden immer ausnahmsloser als *agricultores* zusammengefaßt. In Deutschland fand man für letztere den Namen *gebûren* (Bauern). Eine neue Sicht der Gesellschaftsgliederung in drei Hauptstände – Klerus, Adel, Volk – bahnte sich an. Das Dreiständeschema sollte sich allerdings – vor allem in Deutschland – im weiteren Geschichtsverlauf durch den sozialen Aufstieg ursprünglich unfreier Dienstleute mittels Waffendienst und Verwaltungsgeschick im Gefolge adliger Herren zum Ministerialenstand und durch die Formierung des städtischen Bürgertums (mit Händlern und Handwerkern) und seine Absonderung von den Landleuten noch zusätzlich auffächern.

Verankerung in 'familia' und 'stirps'. Der einzelne blieb wie in den vergangenen Zeiten auch weiterhin eingebunden in seine Hausgemeinschaft *(familia)* und in die Sippe *(stirps, genealogia, consanguinitas, propinquitas)*. Innerhalb des Hauses *(familia)* und des engeren Verwandtschaftskreises (Sippe) hatte man untereinander Frieden zu wahren und gegenseitig Schutz gegen Außenstehende zu gewährleisten. Ein starkes Gefühl für Sippenzusammengehörigkeit kennzeichnete jedoch in dieser Zeit fast nur noch den Adel; die Zahl der Freien bzw. nicht in einem grundherrschaftlichen Hofverband Lebenden war sowieso im Zuge der oben erwähnten 'Vergrundholdung' stark abgesunken. Im Rahmen der adligen Sippe spielten sich wie in älterer Zeit so auch im ausgehenden 9. und im 10. Jahrhundert vor allem Fehde und Rache ab, die das Königtum vergeblich zu überwinden strebte. So war an der Wende vom 9. zum 10. Jahrhundert das Ringen um die Vormacht einzelner Adliger wie auch ihrer Familien in größeren Gebieten bzw. über weitere Bevölkerungskreise – ein Vorgang, den man zumeist als die Entfaltung des sog. 'jüngeren Stammesherzogtums' bezeichnet – weitgehend mitgeprägt von Fehde und Blutrache adliger Familienclans.

Von gefolgschaftlichen zu lehnrechtlichen Bindungen. Das noch in der fränkischen Frühgeschichte außerordentlich bedeutsame Gefolgschaftswesen war mitsamt seinen Bindungsformen seit der Ausbreitung des Lehnswesens in lehnrechtliche Bindungsverhältnisse eingegangen (vgl. S. 12f.). Dennoch wurde die Verpflichtung des Adels gegenüber dem Königtum auch noch weiterhin stark von dem Vorstellungsmuster der ursprünglichen Gefolgschaftstreue geprägt.

Herrschaft und Genossenschaft als Grundprinzipien. Obgleich vornehmlich herrschaftliche Grundvorstellungen (vgl. Grundherrschaft, Stadtherren, Schutz- und Strafgewalt des Hausherrn) das Alltagsleben bestimmten und das genossenschaftliche Grundprinzip erst seit Beginn des 12. Jahrhunderts stärker hervortrat, kann man doch auch schon in Ansätzen neue, umfassendere Gemeinschaftsbildungen erkennen, die langsam neben die gleichsam natürlichen

Gemeinschaften wie Familie und Sippe traten. So lassen sich *coniurationes* Adliger (Einungen auf Schwur- und Gebetsbundbasis, s. u.) und jene oben (S. 21) schon einmal erwähnten Gilden beobachten, in denen sich Kaufleute, die um ihren ersten Aufschwung rangen, oder auch Seefahrer zu gegenseitigem Schutz und Beistand, zu wirtschaftlicher und beruflicher Förderung zusammenschlossen, wie desgleichen Gruppen, die eine gemeinsame gesellschaftliche oder religiöse Betätigung suchten. – Vom Beginn des 11. Jahrhunderts an findet man in den Quellen ebenso genossenschaftlich geprägte Gruppierungen von Vasallen, Dienstleuten und Hörigen, die ihrerseits gleichrangig oder gleichfunktional unter einem Herrn standen und ihre Interessen gemeinsam – sowohl hinsichtlich ihrer wirtschaftlichen als auch ihrer rechtlichen Stellung – abzusichern wie auch zu verbessern begannen.

Gebetsbünde. Gebetsverbrüderungen *(fraternitates)*, die nicht nur Kleriker und Mönche, sondern auch Laien umfaßten und in denen man sich durch Gebete und Fürbitten gegenseitige Hilfe im Diesseits und Jenseits zur ewigen Errettung gelobte, boten eine weitere Möglichkeit zur Gruppenbildung. Zusammenschlüsse Adliger, die auf Gebetsbundbasis auch politische Ziele verfolgten, sind neuerdings für das 10. Jahrhundert in Sachsen nachgewiesen worden. Heinrich I. hatte sogar selbst Freundschaftsbünde *(amicitiae)*, die Fraternitätscharakter haben konnten, mit benachbarten Königen, aber besonders auch mit Großen seines Reiches abgeschlossen, um deren Integrierung in seine Königsherrschaft zu erleichtern, zumal in den *amicitiae* ja ein Zug von genossenschaftlicher Gleichstellung spürbar war. Otto der Große hat freilich diese Herrschaftsweise nicht fortgesetzt und den Amtsgedanken wieder stärker betont, was in dessen ersten Regierungsjahren zu vermehrten Konflikten mit den ihrerseits in *fraternitates* verbunden bleibenden Adligen führte. – In Verbrüderungs- und Memorialbüchern, deren Auswertung erst in den letzten Jahrzehnten begonnen hat, werden Abertausende von Kleingruppen – und zwar nicht nur Mönchskonvente und Klerikergemeinschaften, sondern auch Familien, Verwandtschafts- und Freundeskreise, Pilgerkonsortien u. ä. – erkennbar.

Eheformen: Muntehen und Friedelehen. Der Mensch des 9.–11. Jahrhunderts wurde also in eine noch rechtsständisch geprägte Gesellschaft hineingeboren, wenngleich diese insgesamt in einer langsamen Umstellung begriffen war. Auch bei Eheschlüssen wurde die Standesschranke beachtet. Für eine Ehe waren damals – im Unterschied zu heute – nicht in erster Linie der Ehekonsens gleichberechtigter Partner und der Ehevollzug konstitutiv, und eine Auflösung war nicht nur durch den Tod eines Ehegatten möglich. Das kirchliche Eherecht, das diese Grundnormen festhält und dazu auch bestimmte Ehehindernisgründe formuliert hat, befand sich ja erst in den Anfängen seiner Entwicklung. Es gab damals keine spezifisch kirchliche Eheschließungsform. Die Begründung einer Ehe erfolgte wohl überwiegend dadurch, daß der Bräutigam vom Brautvater (oder Vormund) – unter Übereignung eines Geschenkes an jenen und vor allem an die Braut selbst, des sog. Brautschatzes (= *dos, dotalitium*) – die Braut und die Munt über sie (*mundium* = Schutz- und Vertretungsgewalt, unter der die Frau stand) erhielt (*traditio* = Trauung), woran sich die Heimführung in das Haus des Mannes, das Hochzeitsmahl und die vor Verwandten vollzogene Beschreitung des Ehegemachs (Beilager) anschlossen. Diese Eheform bezeichnet man – wegen des Munterwerbs und der Brautausstattung durch den Ehemann – als Munt- oder Dotalehe. Sie blieb, solange die Kirche nicht eingeschaltet war, auflösbar; doch beschwor man mit einer Auflösung zumeist die Rache der Brautangehörigen herauf.

Daneben gab es aber auch die muntfreie Ehe, die sog. Friedelehe, die lediglich auf dem freien Konsens der beiden Partner beruhte (*fridila* = Liebste) und sogar undotiert bleiben konnte, meist jedoch nicht ohne Morgengabe (*morgingab*/auch *dos*) blieb, und gleichfalls durch öffentliche Heimführung und Bettbeschreitung besiegelt wurde. Da ihre Lösung ohne besondere Verletzung der Brautsippe, die keine Zusicherung erhalten und die Munt über die Frau bewahrt hatte, möglich war, kam sie im Adel öfter vor; und zwar vor allem deshalb, weil eine standesgemäße Dotierung und vor allem die Einrichtung eines eigenen Hausstandes für manchen jungen Adligen – vor allem für einen Königssohn –, dessen Vater noch lebte und die Weitergabe seiner Herrschaft noch nicht geregelt hatte, nicht ohne weiteres möglich war. Hätte er sich nämlich für eine Verheiratung und Hausgründung vorzeitig abfinden/abschichten lassen, so wäre er beim Tode des Vaters neben seinen unabgeschichteten/unabgefundenen Brüdern seines Erbrechtes verlustig gegangen! Indem ein Sohn eines herrschenden Vaters somit selbst kein eigenes Haus und keine Hausgewalt hatte, konnte er auch keine hausherrliche Gewalt über seine Frau ausüben; er mußte also von der Muntehe Abstand nehmen und die Friedelehe wählen. Kinder aus Friedelehen gehörten dem Hausbereich ihrer Mutter an, ein Erbanspruch gegenüber ihrem Vater war folglich nicht von selbst gegeben; er beruhte nur auf der Verfügungsmöglichkeit des sterbenden Vaters und deren Akzeptierung durch die Hinterbliebenen. Das Erbrecht innerhalb einer Königs- oder Adelsfamilie stand also den Friedelkindern oft entgegen. Eine Friedelehe konnte zwar nachträglich, und zwar sobald ein Adliger zur *Dos*bestellung und Hausbegründung in der Lage war, zur Muntehe gewandelt werden, es war aber auch möglich, neben ihr noch eine Muntehe zu schließen, weshalb sie die Polygamie zu fördern schien. In kirchlichen Kreisen wurde die Friedelehe deswegen zunehmend als Übergangsform und als schädlich abgelehnt. Schon seit Beginn der Karolingerzeit versuchte die Kirche, die dotierte Muntehe zur allein möglichen Eheform zu erklären, zumal diese auch entsprechend der Bibel (1. Petr. 3, 1; Ephes. 5, 22) die Unterordnung der Frau unter den Mann besser zum Ausdruck brachte als die partnerschaftliche Gleichstellung der Frau in der Friedelehe. Damit aber waren die schwersten Konflikte in Königshaus und Reich gleichsam vorprogrammiert (vgl. S. 80f.). Denn die damit verbundene Abwertung der Friedelehe zum Konkubinat versetzte die Friedelkinder in den Zustand der Illegitimität und beraubte sie auch der letzten Erb- und Nachfolgemöglichkeiten, ja, sie forderte den Widerstand der Betroffenen geradezu heraus. Die kirchliche Auffassung hat sich deshalb nicht sogleich gänzlich durchzusetzen vermocht. An einem letzten subsidiären Nachfolgerecht hielten solche Königskinder jedenfalls noch bis zum Ausgang des 9. Jahrhunderts für den Fall fest, daß legitime Nachkommen fehlten. Aber die allgemeine Auffassung billigte ihnen auch das nicht mehr zu. So verschwand die Friedelehe seit der Wende vom 9. zum 10. Jahrhundert endgültig aus der Geschichte.

Ehehindernisse. Bezüglich der Ehehindernisse setzte sich schon seit der 2. Hälfte des 8. Jahrhunderts die kirchliche Auffassung durch, daß Ehen von Geschwisterenkeln unzulässig sind und ebenso solche von Partnern, bei denen einer sogar noch eine Generation weiter vom gemeinsamen Stammvater entfernt war, also von Partnern in der kanonischen Verwandtschaftszählung 3:4 (= 7. Grades römischer Zählung = *usque ad septimam generationem*). Erst Geschwisterurenkel sollten, wenn sie eine Ehe eingehen wollten, dies unangefochten tun dürfen. Wie genau diese Vorschriften befolgt worden sind, ist schwer zu sagen. Sicher ist allerdings, daß vor allem Kaiser Heinrich II. die Beachtung dieser Vorschriften zum Mittel im Kampf gegen seine innenpolitischen Gegner machte und daß solche 'Nahehen' damals sowohl kirchlich als auch politisch verfolgt wurden.

Ehetrennung. Die Trennung einer Muntehe – obgleich sie nach germanischer Auffassung grundsätzlich möglich war – wurde bei der zunehmend stärker werdenden Verchristlichung des Lebens immer schwieriger. Das sollten schließlich auch Könige und ihre Angehörigen erfahren: so etwa der Karolinger König Lothar II., dem es nicht mehr gelang, die Scheidung von seiner 'Muntehefrau' Teutberga durchzusetzen und seine Friedel Waldrada an ihre Stelle zu setzen, wodurch der Friedelsohn Hugo nicht als voll legitim galt und aus der Erbnachfolge im väterlichen Reich ausscheiden mußte; so auch König Ludwig der Stammler vom Westreich, der seine erste Ehefrau (auf väterliches Geheiß) verließ, ein zweites Mal heiratete und seine ersteehelichen Söhne Ludwig und Karlmann damit zu Friedelsöhnen abqualifizierte; und so desgleichen Kaiser Ludwig der Blinde, dessen Söhne Karl-Konstantin und Rudolf offensichtlich wegen einer Ehetrennung und Wiederverheiratung ihres Vaters ihr Thronfolgerecht einbüßten (vgl. dazu S. 80f., 84, 112). Aus dem sich durchsetzenden Prinzip der Unauflösbarkeit einer Ehe zogen andere wiederum radikale Konsequenzen: so etwa ließen die Könige Boso von der Provence und Berengar I. von Italien ihre Gemahlinnen einfach beseitigen, um für eine andere Ehe frei zu sein, und König Heinrich I. ließ seine erste Ehe für kirchlich ungültig (da gegen Kirchengebot zustande gekommen) erklären, wodurch der Sohn aus dieser Verbindung (Thankmar) als illegitim gelten mußte.

4. Staat und Staatsführung

Wirksamkeit des Staates. Bedingt durch die naturalwirtschaftliche Grundprägung des gesamten Lebens, konnte der Staat – ganz allgemein betrachtet – nur überwiegend okkasionell, weniger kontinuierlich wirken. Es wurde dort eingegriffen, wo Gefahren und Mängel auftraten. Eine vorausschauende Planung konnte es gar nicht geben. Dadurch nämlich, daß dem Staat – und zwar schon seit dem Zusammenbruch des spätrömischen Reiches im Westen – laufende Geldeinnahmen, wie etwa stetig fließende Steuerquellen, fehlten, war der Unterhalt einer dauernd tätigen Beamtenschaft, die die Voraussetzung für eine kontinuierliche und vorausplanende Führung darstellte, eines stehenden Heeres, einer Flotte etc. unmöglich. Die Staatsverwaltung mußte in Anbetracht der Ablehnung der Steuern durch die freien Germanen und wegen des Verschwindens der stark auf dem Städtewesen beruhenden spätantiken Geldwirtschaft schon seit der Merowingerzeit in der Form des 'Personenverbandsstaates' (s. S. 177) von den Grundherrschaften her und mit Hilfe des Adels organisiert werden, wobei die Zuweisung von Land die wesentlichste Funktion bei der Entlohnung von Diensten und des Treueverhaltens übernahm.

Staat und Politik finden wir deshalb gekennzeichnet durch Königsherrschaft und Adelsmacht. Ihr Gegen-, aber auch Miteinander stehen im zentralen Interesse der Geschichtsüberlieferung wie auch der modernen Geschichtsschreibung, bestimmen also weitgehend das Geschichtsbild. Das Bürgertum ist ja erst in der Entwicklung begriffen, und das Bauerntum lebte noch stärker im Windschatten der Geschichte.

Der König. Der König war damals politisches und weitgehend auch religiöses Symbol des Staates, dessen Repräsentant und unentbehrliches oberstes Handlungsorgan [294: G. Tellenbach]. In ihm und seiner Familie verkörperte sich gleichsam – so jedenfalls noch im 9. Jahrhundert – der ganze Staat. Eine Institution, die ohne den König verbindliche Entscheidungen für alle herbeiführen konnte, bestand nicht. Im Westen drang freilich (durch Hinkmar von Reims) im letzten Drittel des 9. Jahrhunderts der abstrakte Staatsbegriff schon langsam ins Bewußtsein vieler ein. Aber erst vom Beginn des 10. Jahrhunderts an begann man sichtbar, den Staat von der Königsfamilie zu abstrahieren und ihm ein Eigenleben zuzusprechen, was sich am augenfälligsten darin äußerte, daß die damals bestehenden Reiche beim Vorhandensein mehrerer Königssöhne nicht mehr – wie zuvor – in der Art eines großen Familiengutes geteilt werden konnten. Der Gedanke der Unteilbarkeit der Reiche begann sich dabei zu entfalten. Am Ende unseres Betrachtungszeitraums wird dann die Vollendung dieses Abstraktionsprozesses in den vom Hofkaplan Wipo (Gesta Chuonradi c. 7) überlieferten Worten Konrads II. deutlich, die dieser den Gesandten der Bürger von Pavia entgegengehalten haben soll, die die Königspfalz ihrer Stadt zerstört und sich dabei darauf berufen hatten, daß sie dies nach dem Tode Kaiser Heinrichs II. – in einer herrscherlosen

Zeit – getan und folglich niemanden geschädigt hätten: „Ist ein König tot, so bleibt doch sein Reich bestehen, ebenso wie ein Schiff bleibt, dessen Steuermann gefallen ist. Es handelte sich um staatliche Gebäude, nicht um private *(aedes publicae fuerant, non privatae).*"

Gottesgnadentum. Die monarchische Gewalt galt dabei (und zwar vollends seit der Königssalbung Pippins 751) zuallererst als ein gottgegebenes Amt *(munus divinum, ministerium Dei gratia),* dessen Inhaber zugleich ein göttliches wie ein weltliches Mandat ausübt. Der König ist Regent nicht allein kraft Erbanspruchs aus dem Geblütsrecht oder durch Designation seitens seines Vorgängers bzw. auch kraft seiner Wahl und Anerkennung durch den *populus*, sondern er ist es – im Verständnis der damaligen Zeit – mehr noch durch den göttlichen Willen, der sich in der Einheitlichkeit der Wahlhandlung ebenso wie in der Lenkung der königlichen Entscheidung bei einer Sohnesdesignation bzw. schon in der von Gott gewährten Geburt eines Herrschersohnes zu erkennen gibt. *Inspirante Deo* geschehe so etwas jeweils. *Non ab homine neque per hominem, sed per ipsum Deum esse electum* gilt selbst für den durch den Sturz seines Vorgängers an die Regierung gekommenen Arnulf von Kärnten (MG Capit. 2, 252). Und Heinrich II. z. B. ist *divina disponente clementia rex a deo coronatus et ab omni plebe in regnum glorifice exaltatus* (DH II, 93). Die Königsherrschaft galt somit mehr als Gottesgnadentum denn als Volksauftrag. Die Salbung war Ausdruck und Betonung der übernatürlichen Weihe. Ihr Fehlen, das bei einigen ostfränkischen Karolingern und bei Heinrich I. zu konstatieren ist, galt indessen nicht als herrschaftshindernd. Der König war jedenfalls Teil der göttlichen Weltordnung, und auf ihn hatten sich deshalb auch die kirchlichen Fürbitten zu erstrecken. Ihm ist kirchlicherseits, indem Kirche und Reich gleichgesetzt wurden, z. B. durch Hinkmar von Reims, die göttliche Beauftragung folgendermaßen verbrieft worden: *Christus ... ecclesiam inter pontificalem auctoritatem et regiam potestatem gubernandam disposuit.* Ja, durch dieses Gottesgnadentum wurde selbst die Königspfalz ein *nostrum sacrosanctum Aquisgranense palatium* (DO III, 348). Und für den Geschichtsschreiber Wipo war Kaiser Konrad II. *vicarius Christi*, sein Sohn Heinrich III. derjenige, der nächst Christus die Welt regiert!

Königsheil. Aber nicht allein durch die Weihe und Salbung ist das Gottesgnadentum des Königs geprägt worden, sondern auch durch den Glauben weitester Bevölkerungskreise an ein im König präsentes Charisma. Nach wie vor war der urtümliche, von magisch-sakralen Vorstellungen umrankte und schon in der Merowingerzeit und in der 1. Hälfte der Karolingerzeit anzutreffende Gedanke lebendig, dem König sei eine besondere Kraft, ein besonderes Heil, eigen, das sich in vielfältiger Weise zugunsten der Allgemeinheit äußern könne: so etwa im kriegerischen Erfolg, in glücklicher Staatsführung, in guten Ernten und in Verschonung vor Unwettern, Hungersnöten und Seuchen. Gott wurde nun als der eigentliche Spender solcher Kraft und Gnade angesehen, die der König als Zeichen seiner Gottgefälligkeit erhalte. – Zu Zeiten kraftvoller Herrscherpersönlichkeiten sind derartige Überzeugungen gewiß lebendiger gewesen als in Krisenstunden. Ganz sicher hat ein solcher Glaube auch den erbrechtlich-dynastischen Anspruch des Sohnes eines solchermaßen 'heilbegabten' Königs auf Nachfolge im väterlichen Amt unterstützt, ja – in der Karolingerzeit – beim Vorhandensein mehrerer Königssöhne die Teilung des väterlichen Reiches mit abgesichert; denn die Meinung, daß das 'väterliche Heil' in allen Kindern weiterlebe, lag dem Denken jener Zeit sehr nahe. Doch hat die Vorstellung eines königlichen Geblütsheils, einer besonderen, vom König mit seinem Blute seinen Kindern weitergegebenen Kraft auch deutliche Grenzen. Das ergibt sich bereits aus der Tatsache, daß königliche Bastarde und Friedelsöhne, die doch auch königliches Blut in ihren Adern hatten, im Thronrecht zurücktreten mußten und schließlich aus ihm ausschieden (s. S. 27). Offensichtlich unterschied sich in der Auffassung jener Zeit das Heil des Königs von dem der Adligen nicht hinsichtlich seiner Qualität, sondern nur in seiner Intensität. Es bedurfte steter Bewährung. Und wenn es von einem König (und seiner Familie) deutlich merkbar wich, konnte es bei einem Adligen in höherer Weise erkannt werden und diesen – vor allem am Ende einer Dynastie – zum neuen Regenten prädestinieren. Auch das Übergehen eines erb- bzw. geblütsrechtlichen Anspruchs auf Thronfolge konnte daraus begründet werden.

Rex iustus und consensus fidelium. Seine tiefste Berechtigung fand der König als *rex iustus,* der zu *bene enim facere, verum dicere, iusticiam amare, recte iudicare . . . Deo auctore* bereit ist (MG Const. I, 22). In den Fürstenspiegeln der ausgehenden Karolingerzeit und ebenso in den Krönungsordines der Ottonenzeit fanden die Idealvorstellungen vom gerechten Herrscher, der Recht und Frieden schafft, ihren greifbaren Niederschlag. Seine Beschlüsse faßt der König, wie uns auch sonst öfters bezeugt ist, in der Regel *cum consensu fidelium, consilio et consensu seniorum, interventu principum* usw. Der *consensus* wird auf Reichstagen wie auch einzeln eingeholt. Das Regieren war also offensichtlich nicht nur durch die aus dem Gottesgnadentum resultierenden ethischen Gebote begrenzt, sondern auch an Rat und Zustimmung der Betroffenen, die durch die *fideles* repräsentiert wurden, gebunden. Allerdings war der König nicht zur Annahme des Rates verpflichtet. Bei genügender Autorität konnte er den Konsens in seinem Sinne stets erreichen; auf diese kam es also im wesentlichen an. Ungerechtes Handeln würde den König jedoch zum Tyrannen gemacht haben. Doch wird im Schrifttum der Zeit nirgends die Frage berührt, ob er dafür auch – etwa vom Papst – schon im Diesseits gerichtet werden könnte. Ein Gericht über den gottgewollten und gottgesegneten Regenten war offenbar unvorstellbar. Gegen unrechtes Handeln des Königs war eben nur – in der Form eines Notrechtes – Widerstand möglich: und zwar ganz ohne förmliches Verfahren, rein via facti, was einer Verlassung des Regenten und bei Gegenwehr des Entthronten zumeist einem Kampf (Gottesentscheid) gleichkam (praktiziert z. B. 887 im Ostreich, 900 in Lotharingien, 922 im Westreich).

Königliche Amtsgewalt. Der König gebietet zwar über das Volksganze, aber über ihm steht – in der Vorstellung der damaligen Zeit (s. S. 19) – das ideale, göttlich-natürliche Recht, das in der Gesamtheit lebt und in ihr gefunden wird. Seine Amtsgewalt findet ihren Ausdruck in der Ausübung des Königsbannes, d. h. im königlichen Recht, unter bestimmten Bedingungen Befehle zu erlassen und deren Verletzung oder Nichtbefolgung mit besonderen Bußen zu belegen (so etwa in den Bereichen Gerichts- und Heerwesen), in der Verfügung und Wahrung des Königsschutzes gegenüber bestimmten Personengruppen und Institutionen (wie etwa Klerikern, Kaufleuten und Juden sowie bestimmten Kirchen und Klöstern) wie auch in der Abhaltung eines besonderen Königsgerichtes, das er gleichsam als oberster Garant von Recht und Gerechtigkeit im Staate abhält. – Seine Amtsgewalt übte der König – da ihm eine Beamtenschaft moderner Prägung fehlte – mit Hilfe einer auf ursprünglich autogener Herrengewalt beruhenden Gruppe adliger Großgrundherren aus, die ihre eigenen Machtmittel, ihre Gefolgschaft, ihre wirtschaftliche Potenz, ihr Prestige, ihre Erfahrung und ihren Mut mit der Übernahme allgemeiner, staatlicher Aufgaben bewähren konnten, jene Aufgaben als Amt verwalteten und dabei auch mit Hilfe der Rechtsbeziehungen des Lehnswesens untereinander ihre Gleichrangigkeit oder auch ihre Über- bzw. Unterordnung regelten. Amtsrecht und Lehnrecht waren somit zwei gleichrangige Möglichkeiten, die Befugnisse eines Königs über Herzöge und Grafen zu verankern. Gleichzeitig mußte der König aber auch stets die Möglichkeit dieser adligen Helfer zu eigener selbstbewußter Herrschaft, letztlich zum Sprengen des ganzen staatlichen Ordnungsgefüges sorgsam im Auge behalten. – Die amtsrechtliche Herrschaftsauffassung, die am Beginn unseres Zeitabschnitts unter kirchlichem Einfluß stärker aufgeblüht war, konnte nach der Reichskrise am Ende des 9. Jahrhunderts, in der sie u. a. durch das adlige Herrschaftsstreben schwere Einbußen erlitten hatte, erst von Otto dem Großen wieder stärker betont werden. Das Lehnrecht behielt daneben aber zunehmende Bedeutung.

Reichsgut und Königsgastung. Nicht anders als in der vorangegangenen Zeit beruhte auch weiterhin die königliche Machtstellung – neben den amts- und lehnrechtlichen Bezügen und der Ergebenheit der Getreuen *(fideles)* – auf der Masse des Königs- bzw. Reichsgutes, aus dem der Herrscher Abgaben und Einkünfte bezog bzw. das er zur Belohnung für treue Dienste verschenken oder verleihen konnte. Dazu kam der Anspruch auf Gastung nicht nur an den Königshöfen und in den Königspfalzen, sondern auch bei den wirtschaftlich starken *fideles,* vor allem den Bischöfen, an die vielfach Schenkungen unter dem ausgesprochenen oder stillschweigenden Vorbehalt der königlichen Nutzung im Bedarfsfalle erfolgten. In den süddeutschen Stammesbereichen waren jedoch all diese Möglichkeiten fast während des gesamten 10. Jahrhunderts wegen der Zugeständnisse an die Stammesherzöge (s. S. 105f.) recht begrenzt. Die anderen Einnahmen des Königs (Gerichtsgefälle, Bußen, Zölle etc.) fielen daneben wenig ins Gewicht.

Reisekönigtum. Das Anrecht auf Gastung *(servitium regis)* versetzte den König überhaupt erst in die Lage, die verschiedensten Aufgaben in seinem Reich wahrzunehmen. Denn da den Königen eine feste Residenz bzw. Hauptstadt fehlte – die Ansätze dazu, die Karl der Große in der Pfalz Aachen gelegt hatte, konnten schon wegen der Reichsteilungen nicht fortgeführt werden –, mußten sie ja ständig in Etappen mit ihrem Gefolge ihr Reich oder zumindest dessen Kernlandschaften durchziehen. Nur auf diese Weise konnten sie beim Fehlen einer festbesoldeten Beamtenschaft die Durchführung ihrer Weisungen und auch ihre Helfer einigermaßen kontrollieren. Die Schwerpunkte dieser Regierungstätigkeit, die sich mit Hilfe der königlichen Itinerare erkennen lassen, lagen für die ostfränkisch-deutschen Spätkarolinger im Rhein-Maingebiet und in Süddeutschland, für die Ottonen vornehmlich in Sachsen, wo sie sich sehr auf die ererbten und dem Reichsgut zugefügten Familienbesitzungen stützen konnten, aber auch am Mittelrhein; unter Heinrich II. kamen viele Aufenthalte in Bayern dazu, zumal dieser vor seiner Thronerhebung Herzog in Bayern war und dem Königtum dort große Besitzkomplexe einbrachte; den ersten Salier, Konrad II., sieht man dann in allen wichtigen Bereichen des Reiches tätig. Haben dabei die Spätkarolinger und die ersten Ottonen im wesentlichen von den Erträgen der Königsgüter gelebt und nur zusätzlich die Leistungen der Bistümer und Reichsabteien im Rahmen des *servitium regis* in Anspruch genommen, so trat mit Beginn des 11. Jahrhunderts ein Wandel ein. Seit Heinrich II. suchten nämlich die Könige viel öfter als vorher die Bischofssitze auf und bürdeten damit den Bischöfen die Hauptlast der Beherbergung und Verköstigung auf. Und dies war gewiß keine Kleinigkeit. Umfaßte doch das königliche Gefolge bei den Reisen durch das Reich nicht selten mehrere hundert, ja oft an die 1000 Mann. Eine neue Tendenz, die Reichskirche in die Reichsverwaltung stärker zu integrieren, wie dies im Zusammenhang mit der sog. ottonisch-salischen Reichskirchenherrschaft ausführlicher zu behandeln ist (s. S. 53ff.), wird hier spürbar.

Umritt. Seit der Jahrtausendwende gab es zusätzlich den sog. Königsumritt, der den frisch erhobenen König zur Entgegennahme der Huldigung durch die verschiedenen Stammesgebiete führte. Er galt als symbolische Besitznahme des ganzen Reiches und gleichzeitig der Selbstdarstellung des Königtums. Im festlichen *introitus* des neuen Regenten symbolisierte sich augenfällig der innere *consensus* von Herrscher und Volk, dazu eine neue, nicht mehr nur auf Sachsen und Franken konzentrierte Auffassung von der Einheit des Reiches. Aber auch ein erstarktes Eigenbewußtsein von Adelsgruppen in Herzogtümern und Stämmen, das beachtet werden mußte, dürfte sich im Königsbesuch widerspiegeln.

Die Thronwechsel im Spannungsfeld von Geblütsprinzip und Wahlrecht. – Durchsetzung der Einzelsukzession. Für die Regelung der Nachfolge nach dem Tode eines Königs sind in der Zeit der Spätkarolinger, der Ottonen und der ersten Salier – wie schon ehedem – keine festen Formen, keine formellen Verfahrensregeln entwickelt bzw. befolgt worden. Lediglich für die

Gestaltung der anschließenden kirchlichen Weihe eines schon erhobenen Königs kam es zur Fixierung der *ordines coronationis.* Freilich ist jene Zeit in bezug auf die Thronwechselproblematik von zwei wesentlichen Erscheinungen geprägt: Einerseits setzte sich in ihr – und zwar seit Beginn des 10. Jahrhunderts – das Prinzip der Unteilbarkeit der Reiche durch (s. S. 28) und führte damit zur Individualsukzession, zur Einzelnachfolge. Der für die Karolingerzeit (wie auch schon für die der Merowinger) so kennzeichnende Usus der Reichsteilung unter die Zahl der vorhandenen (legitimen) Königssöhne hörte also auf und fand in den Nachfolgestaaten des Karolingerreiches keine Fortsetzung. Nicht mehr alle muntehelichen Königssöhne hatten also einen Nachfolgeanspruch. Andererseits galt für das Königtum ganz allgemein das mit dem Erb- und Heilsgedanken verbundene Geblütsprinzip; d. h. es dominierte die Auffassung, daß zum Wohle aller ein naher Blutsverwandter – also am besten ein Königssohn seinem Vater – nachfolgen soll und daß die Wahl nur ein subsidiäres Mittel darstellt – sei es, um den durch sein Königsgeblüt schon vorbestimmten Königssohn in der Thronfolge anzuerkennen, oder um beim Fehlen eines Königssohnes oder nahen Königsverwandten einen Nachfolger bestimmen zu können: ein Mittel, das gleichwohl nicht bedeutungslos oder vernachlässigbar war. Indem Geblütsanspruch einerseits und Wahlrecht andererseits nicht als sich widersprechende, sondern als sich ergänzende Faktoren empfunden wurden, galt also als Norm, bei der als gottgegeben betrachteten *stirps regia* zu bleiben. „Wehe den Völkern, denen keine Hoffnung verbleibt auf die Nachfolge eines Sprößlings ihrer Herren in der Herrschaft und denen sich in dadurch ausgelöstem Zwist und langem Hader kein Rat oder Trost (Ersatz) schnell bietet. Erst wenn in der Blutsverwandtschaftslinie *(consanguinitatis linea)* kein für dieses Amt Würdiger gefunden werden kann, soll schließlich aus einer anderen *(alia)* Linie ein würdiger, gut beleumundeter Mann erhoben werden, indem man dabei alle (bisherige) persönliche Feindschaft zurückzustellen hat; denn Herrschaftsübernahme durch Andersgeborene (= *alienigeni*, Angehörige einer anderen Sippe) ist ja doch ein ganz großes Übel: Unterdrückung und Gefährdung der Freiheit sind die Folge." So kennzeichnet der Bischof Thietmar von Merseburg (Chron. I c. 19) nachdrücklich das Denken seiner Zeit. – Indessen trat die als Normalfall gewünschte Sohnesnachfolge gar nicht so regelmäßig ein. Für den deutschen Bereich war der Notstandsfall, daß kein Königssohn vorhanden war, gleich mehrmals gegeben (911, 918/19, 1002, 1024), so daß dabei auch der Wechsel der *stirps regia* ins Auge zu fassen war. Und einmal – noch zur großfränkischen Zeit – mußte es sogar zum Verlassen und Sturz eines todkranken, glücklos gewordenen Regenten, Kaiser Karls III., kommen (887): ein Vorgang, der den Auflösungsprozeß des Großfränkischen Reiches nach außen hin spektakulär kundtat und der im kleineren Bereich Lotharingien bald (900, 911) eine Nachahmung fand.

Designation des Nachfolgers. Im Normalfall 'designierte' der alt gewordene König bereits seinen Sohn, d. h. er bezeichnete ihn als Nachfolger, lenkte unter seinem führenden Einfluß bzw. mit seiner bestimmenden Autorität die Willensbildung auf diesen hin und sicherte ihm damit den unentbehrlichen *consensus* von Adel und Volk. In diesem *consensus* wurde zugleich eine *electio* und ein Hinweis auf die göttliche Lenkung des Gesamtaktes erblickt. Die Einstimmigkeit solcher *electiones* war dann auch das Übliche. Schon in der Karolingerzeit ist uns der Begriff der Designation, was man wegen der Nachfolge aller muntehelichen Kinder nicht ohne weiteres erwartet, bezeugt, und zwar, wenn ein König einem oder mehreren seiner Söhne ausgesonderte Herrschaftsbereiche vorbestimmte. Im Westen des Großfränkischen Reiches wuchs in der 2. Hälfte des 9. Jahrhunderts allerdings der Einfluß kirchlicher und weltlicher Großer bei der Konsensbildung zusehends an, ein kirchlicher Würdenträger wurde dort sogar zum Leiter von synodenartigen Versammlungen zur Willensbildung bei der Thronfolge und schmälerte damit die Stellung des Königs. Im Osten jedoch behielt das Königtum auch über die Spätkarolingerzeit hinaus in Thronfolgefragen eine festere Stellung gegenüber Kirche und Adel. Hier wurde seit der Mitte des 10. Jahrhunderts die Designation des Königssohnes schon vorgenommen, wenn der König zu gefährlichen Unternehmungen – wie etwa zur Fahrt über die Alpen – aufbrach. Dadurch kam es zur Ausbildung des sog. Mitkönigtums des Thronfolgers, das die im Frankenreich übliche Ausgliederung von Unterkönigreichen ablöste.

Der 'Wahlakt'. Die Teilnahme am 'Wahlakt' war selbstverständlich auf die Großen, die Adligen, begrenzt, die als Repräsentanten des Volkes erscheinen. Das Volk selbst ist auf die Zustimmung (Vollbort) beschränkt. Bei dieser Willensbildung und Willenserklärung (Wahl und Kur) bildeten die hohen Geistlichen zunächst keinen selbständigen Wahlkörper. Erst seit dem Beginn des 11. Jahrhunderts sonderten sich die geistlichen von den weltlichen Wählern ab. Und während sich der Erzbischof von Mainz an die Spitze der Geistlichkeit zu setzen wußte, erlangte Aachen – mit dem Thron Karls des Großen im dortigen Münster – den Rang des 'rechten Krönungsortes'.

Traten bei Vorgesprächen unter den möglichen Kandidaten und den bedeutendsten Adligen Meinungsverschiedenheiten auf, so konnte eigentlich nur ein Waffenentscheid, der als Gottesurteil angesehen wurde, die Lösung bringen (841, 919, 1002). Auch im Westfrankenreich und in Italien ist dies zu beobachten.

Erlöschen des Thronanspruchs königlicher Friedelsöhne. Daß bei allem die Entwicklung von Thronfolge und Wahl auf den gänzlichen Ausschluß eines königlichen Friedelsohnes von der Thronfolge hinauslief, nachdem in der ausgehenden Karolingerzeit der subsidiäre Anspruch eines solchen Friedelsohnes – Arnulf von Kärnten – in der Stunde der höchsten Not des Staates (887) kurzzeitig noch einmal hatte reaktiviert werden können, ist oben schon dargelegt worden. Die Söhne Arnulfs von Kärnten, nämlich Zwentibold und Ratold, selbst wiederum Friedelkinder, sind dann die letzten quasi 'illegitim' Geborenen, denen der Weg zum Thron – wenn auch gegen größte Widerstände und nur durch die Kraft und Autorität des Vaters – gelang; doch sind sie nach dem Wegfall der schützenden Vaterhand sofort gescheitert. Vom Beginn des 10. Jahrhunderts an hatten nichtmunteheliche Königskinder keine Chance mehr, in regulärer Thronfolge oder Wahl die Königswürde zu erreichen.

Unmündigkeit des Königssohns. Unmündigkeit eines Königssohns bedeutete hingegen keinesfalls den Ausschluß von der Nachfolge (Ludwig der Blinde, Ludwig das Kind, Otto III.). Eine Vormundschaftsregierung, die ihre Urkunden gleichwohl auf den Namen des unmündigen Königs ausstellen ließ, überbrückte dann die Zeit bis zur Großjährigkeit, was noch einmal nachdrücklich den Grundsatz unterstreicht, die *stirps regia* möglichst nicht zu wechseln. Die wichtigste Frage war dabei allerdings – da eine Regentschaft als Institution unbekannt war –, wer faktisch (etwa mittels der privatrechtlichen Vormundschaft) anstelle des Unmündigen regieren sollte: der nächste Haus- bzw. Familienangehörige (Mutter) oder der nächste Schwertmage (männl. Sippenverwandte), oder etwa ein Beratungsgremium aus den angesehensten Großen des Reichs. Zumal sich bei Ludwig dem Blinden und Otto III. (wie später auch bei Heinrich IV.) jeweils die Mutter durchsetzen konnte, scheint der hausrechtliche Anspruch dem sippenrechtlichen vorgezogen worden zu sein. (Daß Uda, die Mutter Ludwigs des Kindes, diese Position nicht innehatte und ein Regentschaftsrat der Großen tätig wurde, könnte mit dem Fehlen eines Schwertmagen und mit dem ein halbes Jahr vor Kaiser Arnulfs Tod erhobenen Vorwurf, Uda habe die Ehe gebrochen, zusammenhängen. Uda war dadurch schwer belastet, und eventuell hat Arnulf selbst sie deswegen von der weiteren Erziehung seines Sohnes ausgeschlossen.)

Eintrittsrecht – Anwachsungsrecht. Die in der Karolingerzeit noch nicht völlig geklärte Frage, ob Königssöhne beim Tod ihres Vaters in dessen Stellung eintreten können – das sog. Eintrittsrecht der Söhne – oder ob das Erbe des Verstorbenen dessen Brüdern anzuwachsen hat – das sog. Anwachsungsrecht der Brüder –, erledigte sich, nachdem das Eintrittsrecht schon stärker Boden gewonnen hatte, mit der Durchsetzung des Unteilbarkeitsprinzips des Reiches in Ost und West. Denn nach der neuen Vorstellung herrschte nicht mehr die ganze *stirps regia,* sondern allein der König; und dessen Brüder mußten schon bei der Nachfolge des einen vom Vater designierten Thronfolgers abgeschichtet werden.

Kaiserwürde. Die Kaiserwürde, seit der Kaiserkrönung Karls des Großen am Weihnachtstag des Jahres 800 mit dem fränkischen Königtum verbunden, konnte, zumal sie als singulär und unteilbar betrachtet wurde, jeweils nur einem einzigen abendländischen Herrscher zustehen. Im ausgehenden Karolingerreich fiel sie stets demjenigen Karolinger zu, der bei der Herrschafts- und Reichsteilung die Macht über Italien erhielt (nach Karl dem Großen und Ludwig dem Frommen: Lothar I., Ludwig II.), bzw. demjenigen Prätendenten, der die Macht dort im raschen Zugriff vor einem anderen gewann (Karl der Kahle, Karl III., Wido und Lambert, Arnulf von Kärnten, Ludwig der Blinde, Berengar I.). Denn schon seit der Spätzeit Ludwigs des Frommen begann sich ja die enge Verbindung des Kaisertums zum Königtum über Italien und zum Papsttum in Rom dadurch abzuzeichnen, daß einerseits das Papsttum die Krönung des Kaisers als spezielles kirchliches Vorrecht (im Widerstreit mit anderen Kaisertumsauffassungen, s. S. 215 ff.) durchzusetzen vermochte und daß andererseits der einst von König Pippin und Karl dem Großen übernommene Schutz der Kirche von Rom als Verpflichtung des gesamten Karolingerhauses allmählich zurücktrat. So sah der über das italische Teilreich gebietende Ludwig II. in der 2. Hälfte des 9. Jahrhunderts die *defensio ecclesiae Romanae* schon als exklusive Kaiseraufgabe an. Und das blieb sie auch weiterhin. Der Gedanke, daß nur derjenige diese Aufgabe erhalten dürfe, der bereits über mehrere *regna* gebiete, wurde in der späten Karolingerzeit zwar postuliert, gewann aber keine Kraft. Einen Zuwachs an realer Macht und an Rechten brachte das Kaisertum – außer der Möglichkeit, in bestimmten Ausnahmefällen über Rom und den Kirchenstaat verfügen zu können – seinem jeweiligen Inhaber nicht ein, wohl aber einen Vorrang an Ehre und Achtung. Es galt als die ranghöchste weltliche Würde der Christenheit. Insofern ist es verständlich, daß Otto der Große 962 nach einer knapp 40jährigen kaiserlosen Zeit als deutlichsten Ausdruck der errungenen Hegemonie im Abendland das Kaisertum erneuerte, womit er dieses für die folgenden Jahrhunderte an das deutsche Königtum band. Eine den anderen Königreichen des Abendlandes übergeordnete Autorität des Kaisers, ja selbst ein *Dominium mundi* ist in der Folgezeit von Panegyrikern und Poeten gelegentlich mit der Kaiserwürde in Verbindung gebracht worden; in der Realität wurde dergleichen allerdings weder von den Kaisern gefordert noch von der abendländischen Völkerwelt akzeptiert.

Die Kaiserweihe hat sicherlich die bereits im königlichen Gottesgnadentum enthaltene heilsgeschichtliche Komponente weiter sublimiert. Die Salbung durch den Papst brachte Otto, der schon durch die Königssalbung zum *Christus Domini* der Garant und Schützer des Rechts, des Friedens, der Ordnung und des christlichen Glaubens geworden war, in erhöhtem Maße Aufgaben eines christlichen Herrschers ein, sie machte ihn gleichsam zum Vorkämpfer aller gegen Unrecht, Häresie und Heidentum und zum Mitverantwortlichen der Rechtgläubigkeit und sittlichen Reinheit in der gesamten Kirche. Für den Kaiser erweiterte sich die ideelle Verantwortung also auf den ganzen *orbis christianus,* und er rückte noch mehr denn als *rex* in eine Aufsicht über die Kirche ein. Gottes Volk *(ecclesia)* und Staat waren eben für alle identisch. Insofern konnte Otto I. nicht nur die Gründung des Erzbistums Magdeburg als seine besondere Aufgabe nach 962 ansehen, sondern sich auch ein Treueversprechen und eine Prüfung der Wahl des Papstes vor dessen Weihe bzw. die Einberufung einer Synode zur Absetzung eines unwürdigen und treulosen Papstes vorbehalten (s. S. 126 f.). Und Otto II. konnte deshalb über sein kaiserliches Wirken niederschreiben lassen (D O II, 232): „Unseres Amtes ist es, die Kirchen Gottes, denen wir auf Geheiß der göttlichen Vorsehung vorstehen *(praesidemus)*, aus unseren Mitteln kräftigst zu unterstützen und sie vor räuberischer Gewalt schleunigst zu sichern . . ." Otto III. sah es gar als besonderes Recht des Kaisers an, im Zusammenwirken mit dem Papsttum nicht nur neue Königsherrschaften (Polen [nicht verwirklicht], Ungarn), sondern auch neue Kirchenprovinzen (Gnesen, Gran) außerhalb seines unmittelbaren Machtbereiches einzurichten, was die Erhabenheit des Kaisertums noch stärker verdeutlichte. In praxi begann sich damit – und das wurde vor allem an der Absetzung von drei unwürdigen Päpsten 1046 in Sutri und Rom auf Geheiß Heinrichs III. sichtbar – eine Oberhoheit, zumindest eine moralische Höherstellung, des Kaisers über das Papsttum zu entwickeln, wenngleich eine solche nicht intendiert und nur ein echtes Zusammenwirken, eine Kohärenz mit dem Papsttum, das Ziel war. Alles sollte dem Wohle der Christenheit dienen. Auf der Basis dieses enorm gesteigerten Ansehens des Kaisers in Kirche und Welt ist es erst verstehbar, daß das Papsttum, als es – freilich schon jenseits unserer Betrachtungsepoche – seinen religiösen Auftrag ernster zu nehmen und selbstbewußter zu verstehen begann, in der Mitverantwortung des Kaisers für die Kirche eine Rivalität erblicken mußte. Der Glaube an die unmittelbare göttliche Stellvertretung des Kaisers und Königs, sein Gottesgnadentum, sollte fortan – auch um den Preis der Aufspaltung der als Einheit empfundenen Weltordnung in die Bereiche Kirche und Staat – zurückgedrängt werden.

Adel – Begriffserklärung. Notwendige Mitträger der Herrschaft waren neben dem König die *optimates, primores, proceres, potentes, magni,* die uns auch als *nobiles, illustres, meliores natu* und *maiores natu* in den Quellen entgegentreten. Ihr *consilium* oder ihren *consensus* zu den wichtigsten Regierungsmaßnahmen mußte der König einholen, und ihnen vertraute er wiederum seine wichtigsten Ämter, so z. B. das Grafenamt, an. Sie waren es auch, die bei einem Thronwechsel an der *electio* des Nachfolgers mitwirkten und den Erwählten anschließend durch Huldigung, Treueschwur und Versprechen künftiger Hilfeleistung rechtskräftig zu ihrem König machten. Diese Leute, die durch großen, oft über das ganze Reich verstreuten Grundbesitz, Herkunft aus angesehenen Familien sowie ein Bewußtsein sozialer Überlegenheit ausgezeichnet waren und die es als ihr ererbtes und angeborenes Privileg betrachteten, Führungspositionen in Staatsverwaltung und Heerwesen, Kirche und kulturellem Leben wie auch in der Grundherrschaft wahrzunehmen, hat man oft nur als Führungs-, Herren- oder Oberschicht, als Aristokratie bezeichnet. Doch wird man sie im hier zu betrachtenden Zeitraum auch als Adlige ansprechen dürfen, da sie nicht nur *nobiles* genannt wurden, sondern außer den erwähnten Kennzeichen bereits durch die Erblichkeit ihrer Herrschafts- und Besitzstandsvorrechte und seit dem letzten Drittel des 9. Jahrhunderts auch überwiegend schon ihrer als Lehen innegehabten Ämter, dazu durch eine weitgehende Beachtung des Connubiums innerhalb ihrer Schicht, die in genealogischen Einzelforschungen nachweisbar ist, hervorstachen, wenngleich eine echte ständerechtliche Abgrenzung nach unten erst seit dem 11./12. Jahrhundert eintrat (vgl. S. 177f.). Ihre Schicht war aber keinesfalls im Besitzstand oder Ansehen einheitlich, sondern in sich wiederum doch recht gestuft; und die Rangunterschiede im Adel wurden sehr wohl von allen beachtet.

Adlige als königliche Amtsträger. Rang und Einfluß dieser Adligen hingen in der Karolingerzeit letztlich aber doch stark vom König ab, denn dieser betraute sie mit Ämtern in der Reichsverwaltung, mit Beraterfunktionen, militärischen und politischen Aufgaben und belohnte sie für treue Dienste mit der Zuweisung neuer Güterkomplexe zu Eigen oder Lehen. Da der König zudem die Tochter eines Adligen zur Frau nahm und seine Töchter wiederum an Adlige verheiratete, wurden einige Adelsfamilien noch mehr ausgezeichnet, erhielten sie Anteil am königlichen Glanz. Andere vermehrten Ansehen und Besitz, indem sie sich nach reichen Bräuten in anderen Stammesgebieten umsahen. Die erfolgreichsten, die über verantwortungsvolle Aufgaben für König und Reich und durch ihre engen Beziehungen zum Königshaus die Spitzenstellungen innerhalb der sozial stark differenzierten Adelsschicht errangen, pflegt man – nach einem Vorschlag G. Tellenbachs [416] – als 'Reichsaristokratie' oder 'Reichsadel' dem einfacheren, stärker regional verankerten 'Landesadel' gegenüberzustellen.

Adlige als Repräsentanten des Volkes mit autogenem Herrschaftsanspruch. Die Adligen stellten also einerseits – als Grafen, Markgrafen, Pfalzgrafen, Vizegrafen – den königlichen Verwaltungsstab, waren also königliche Beauftragte, wobei sie sehr darauf achteten, daß der König sich möglichst keiner Helfer aus niederen Schichten bediente, waren andererseits aber auch Repräsentanten des Volkes, und zwar ohne Auftrag von oben, sondern kraft eigenen besitz- und geburtsbedingten Ansehens. In den eigenen Grundherrschaften (s. S. 9ff.) nahmen sie Herrenrechte bis in die niedere Gerichtsbarkeit hinein auch ohne spezielle Beauftragung wahr (weltliche Immunitäten). Sie hatten damit neben dem königlichen Mandat ein nicht zu übersehendes Eigengewicht, das beim Nachlassen oder gänzlichen Versagen der Königsgewalt – so in der Zeit Kaiser Karls III. und noch mehr in den Regierungsjahren König Ludwigs des Kindes nach dem Tode Kaiser Arnulfs von Kärnten – geradezu zur Legitimation eigenen verantwortungsbewußten Handelns in Staat und Gesellschaft werden konnte. Die Schutzaufgabe des Herrn konnte bei der Gefährdung durch Normannen, Sarazenen und Ungarn, wie wir sie von der Mitte des 9. Jahrhunderts an bald in zu- und bald in abnehmendem Maße ein Jahrhundert lang beobachten, zum autogenen Einsatz aller Kräfte und Machtmittel ermuntern und zum Aufbau kleiner oder auch größerer eigenständiger Schutz- und Herrschaftskreise anreizen. Hinzu kam, daß in Fällen der Landwehr (s. S. 48) der Graf bzw. Markgraf sowieso freie Hand von seiten des Königs hatte, um eine rasche Abwehr zu organisieren. Der Burgenbau, die Wallerneuerung oder die Neuummauerung von Herrensitzen und städtischen Siedlungen dienten dazu, die Schutzaufgaben wahrzunehmen, sie konnten aber auch das eigene Ansehen nach außen und innen steigern. Und wer sich bewährt hatte, dem fielen allgemeine Achtung und – beim Versagen des Königstums – gleichsam eine neue öffentliche Autorität zu. Derjenige Anführer eines solchen sich neu formierenden Schutz- und Herrschaftskreises, der im Grafenamt, d. h. im königlichen Auftrag, eine gute Ausgangsbasis für ein zusätzliches eigenständiges Handeln hatte, konnte dabei andere königliche Amtsträger mit sich reißen, sie sogar zur Unterordnung unter seine Führung bringen. Eine natürliche Hierarchisierung griff also am Ausgang der Karolingerzeit, als die königliche Gewalt immer schwächer und die äußeren Gefahren, die Normannen- und Ungarnnot, immer größer wurden, um sich. Und die anderen Schichten glitten dabei „unmerklich aus dem immer irrealer werdenden Königsdienst in den Dienst der sich auch weiterhin auf die königliche Beauftragung berufenden Großen" hinüber [395: K. F. Werner 2, S. 184)].

Duces – principes. Begünstigt durch das wahrgenommene militärische Kommando, bürgerte sich für diese Anführer mehr und mehr auch der Titel *dux* ein, der bis in die Zeit Karls des Großen für die Oberhäupter von Stämmen bzw. Herrschaftskomplexen auf völkisch/stämmischer Basis wie auch für die Heerführer üblich gewesen war. Mit diesen *duces* = Herzögen treten also nunmehr – aus der Eigenmacht und Eigeninitiative der Adligen erwachsend – außerhalb der bisherigen Ämterordnung neue Kräfte in der Politik auf und erheischen vom Königtum ihre Anerkennung. Aus dem Dienst für Königtum und Reich konnte so leicht ein Ringen um adlige Eigeninteressen gegen den König, ja sogar ein Kampf um das Reich werden. Begünstigt wurde diese Entwicklung der adligen Ansprüche noch dadurch, daß die Ämter (so etwa das Grafenamt) als Lehen ausgegeben wurden, die Lehen aber noch im 9. Jahrhundert erblich geworden sind. Eine einmal durch einen Adligen errungene Position ging damit automatisch auf den Sohn über, wurde Familienbesitz und führte zu einer weiteren Festigung des Adelshauses. Auch die Kumulation mehrerer Bereiche ließ sich somit – etwa durch Betonung eines königlichen Anspruchs auf Neubesetzung eines Amtes – nicht mehr rückgängig machen. Indem diese Leute sich königliche Epitheta zulegten bzw. zulegen ließen – z. B. *illustrissimus, excellentissimus* – und die königliche *Dei-gratia*-Formel (auch *divina favente providentia* etc.) für ihre Urkunden aufgriffen, unterstrichen sie augenfällig ihr Streben nach möglichst unabhängigen Spitzenstellungen. Dieses Bemühen ist auch daran erkennbar, daß es seit der Wende zum 10. Jahrhundert einzelnen Adligen möglich wurde (und zwar mehr im Westen als im Osten), den *princeps*-Titel anzunehmen, der früher nur dem König zukam und für die Großen lediglich in der Pluralform üblich war.

Adelsentwicklung in Ostfranken/Deutschland. Im Gebiet des ostfränkischen und später deutschen Reiches entfaltete sich ausgangs der Karolingerzeit der adlige Dukat in Sachsen vornehmlich im Kampf mit den äußeren Feinden; Auseinandersetzungen mit internen Rivalen sind nicht überliefert. In Bayern vermischte sich das oft weniger beachtete Ringen innenpolitischer Konkurrenten mit den Kämpfen gegen das Mährerreich und scheint beim Auftreten der Ungarngefahr schon weitgehend entschieden gewesen zu sein. In Franken und Schwaben wie auch in Lotharingien ging der Hierarchisierungsprozeß, die Durchsetzung einer Adelsfamilie gegenüber einer oder mehreren anderen von etwa gleicher Stärke, nur in harten Rivalitätskämpfen vor sich. Zumal König Ludwig das Kind (900–911) überdies der vormundschaftlichen Betreuung bedurfte, konnten die in Bayern, Alemannien, Franken und Sachsen erstarkten *duces* – einerlei ob sie nun ein über das *comes*-Amt hinausgehendes weiteres königliches Mandat aufzuweisen hatten oder nicht – gewiß die höchste Beachtung beanspruchen. Diese Herzöge nahmen eine fast königsgleiche Stellung ein. Die Anfangszeit der Ottonen mußte deshalb vom Bemühen der Könige gekennzeichnet sein, die größtenteils autogen gewordenen Herzogsgewalten sinnvoll in den Staat zu integrieren, d. h. das Herzogtum zu einem staatlichen Amt zu machen und damit zugleich die administrative Erfassung aller Bewohner, Kräfte und Machtmittel zu verbessern. Dies gelang Heinrich I. und Otto I., wenn auch nicht überall in gleicher Intensität. Von der Mitte des 10. bis zur Mitte des 11. Jahrhunderts trug das deutsche Herzogtum dann amtsrechtliche Züge. Es blieb auch fortan – wenngleich später in wesentlich eigenständigerer Form – ein fundamentaler Bestandteil im Aufbau des Reiches. Diese gelungene Integrierung war letztlich auch der Urgrund für die ottonische Hegemonie in Europa, die man in der 2. Hälfte des 10. Jahrhunderts konstatieren kann.

Adelsentwicklung in Westfranken/Frankreich. In Westfranken/Frankreich führte im Verlauf der hier zu betrachtenden Zeit die Hierarchisierung – bei großer Schwäche der Zentralgewalt, die zwar allgemein anerkannt blieb, aber nur im Bereich der Krondomäne in der Ile-de-France eigene Kraft zu entwickeln und durchzusetzen vermochte – zur Ausbildung von ca. einem Dutzend ansehnlicher Fürstentümer (Prinzipate), darunter sieben besonders starker, neben der Krondomäne des Königs und ca. 100 Burgbezirken (*castellaniae*, châtelainies) innerhalb und außerhalb dieser Prinzipate und des königlichen Kronlandes, so daß man sogar sagen konnte, das karolingische Königtum sei letztlich nicht durch ein kapetingisches, sondern durch die Fürstentümer ersetzt worden [422: J. Dhondt S. 231]. Kennzeichnend ist hier somit seit dem Sturz Kaiser Karls III. und dem Auseinanderbrechen des fränkischen Gesamtreiches (887) eine Aufteilung der staatlichen Kraft unter viele hohe Adelsfamilien, was jedoch nicht als totale 'feudale Anarchie' mißverstanden werden sollte. Bei der Huldigung schob sich freilich der *dux/marchio/princeps* zwischen die *fideles (comites, vicecomites, castellani, praepositi)* und den *rex*, wodurch im 10. Jahrhundert „der *rex Francorum* die Herrschaft über etwa neun Zehntel seines Reiches nicht mehr selbst ausübte oder auch nur kontrollierte“ [640: K. F. Werner S. 765]. Im 11. Jahrhundert traten die neuen Strukturen endgültig an die Stelle der karolingischen *pagi* und der Grafen. Erst vom 12. Jahrhundert an ist hier das Königtum wieder machtvoll erstarkt. Was dem König in diesem Kräftespiel letztlich einen besseren Stand sicherte, waren seine niemals angezweifelte Lehnsoberhoheit, seine in der empfangenen Salbung bzw. Weihe wurzelnde sakrale Legitimation, die den *principes* verwehrt blieb, die ideelle Stützung durch den Episkopat (die sich hier freilich nicht zu einem Reichskirchensystem verfestigen konnte) und das aufsteigende Rittertum im königlichen Dienst.

Adelsentwicklung in Italien. Den Adel Italiens bildeten vornehmlich die Nachkommen derjenigen fränkischen, alemannischen, bayerischen und burgundischen Großen, die nach dem Ende des Langobardenreiches (774) von Karl dem Großen und Ludwig dem Frommen – unter Ausschaltung der ehemaligen langobardischen Führungsschicht – in Ober- und Mittelitalien zur Organisierung und Sicherung der fränkischen Staatsverwaltung eingesetzt worden waren [397: E. Hlawitschka]. Zunächst noch stärker an den Verbindungen zur alten Heimat interessiert und dadurch auch als Garanten der Reichseinheit betrachtet, verwurzelten sie doch rasch in ihren neuen Lebensbereichen und zeigten am Ende des 9. Jahrhunderts die gleichen Tendenzen und Rivalitäten wie ihre nordalpinen Ranggleichen. Dem Königtum des ausgehenden 9. und der 1. Hälfte des 10. Jahrhunderts, das nach dem Sturz Kaiser Karls III. selbst aus diesem rivalisierenden Adel hervorging und das man (fälschlicherweise) das 'nationalitalienische Königtum' nennt, ist eine innere Festigung gegen die Adelsmacht nicht gelungen. Die Rivalitäten führten sogar zur Einladung ausländischer, transalpiner Potentaten, bis schließlich die Einbeziehung Ottos des Großen 961/62 diesem adligen Kräftespiel ein Ende setzte. Weniger das Heranziehen der Bischöfe als Mithelfer in der Reichsverwaltung, d. h. weniger die mögliche und oftmals vermutete Übertragung der sich in Deutschland langsam entwickelnden Reichskirchenherrschaft (s. S. 53 ff.) auf die italienischen Verhältnisse, als der kunstvolle Aufbau eines Gleichgewichtssystems zwischen den einzelnen adligen Territorialgewalten hat dort zur länger andauernden Stabilisierung der Lage beigetragen [399: R. Pauler]. Trotz des nur gelegentlichen Auftretens des 'deutschen Reisekönigtums' blieb so das Königsamt in Italien doch eine bei Adel und entstehenden Kommunen in erstaunlichem Maße geachtete Kraft.

Adelskontinuität. Zusammenfassend läßt sich damit feststellen, daß von der durch großen Reichtum, Machtteilhabe, edle Herkunft und eine vornehme Lebensweise gekennzeichneten obersten Adelsschicht der Karolingerzeit, d. h. von der 'karolingischen Reichsaristokratie' hinüber zum Herzogs- und Fürstenadel des hohen Mittelalters im großen und ganzen eine blutsmäßige Kontinuität bestand. Gleiches gilt für die darunterstehende Grafenschicht und wohl auch für die noch tiefere Schicht der *vassi dominici* und deren Entwicklung zu den späteren Burgherren, *milites* und *domini*. Auf- und Abstieg im sozial geschichteten Adel geschahen kaum abrupt. Der Abstieg traf – etwa im Falle einer Verurteilung – zumeist nur noch den einzelnen, nicht mehr die ganze Adelsfamilie; und nur starke Herrscher waren überhaupt zu solch einschneidenden Maßnahmen fähig.

Adel und Kirche. Die Adligen waren nicht allein im weltlichen Bereich Helfer und zugleich die stärksten Rivalen des Königs; auch in der Kirche nahmen sie als Bischöfe und Äbte die Führungsaufgaben wahr. Als Bischöfe zählten sie zudem zu den engsten Beratern des Königs. Den Einfluß der Erzbischöfe Hinkmar und Fulco von Reims im spätkarolingischen Westen oder ihrer Amtsbrüder Brun und Heribert von Köln bzw. Willigis und Aribo von Mainz im ottonisch-deutschen

Osten auf ihre Könige und die Politik wird man nicht hoch genug einschätzen können. Selbst auf dem Papststuhl in Rom war nur ein aus der stadtrömischen oder romnahen Nobilität hervorgegangener Oberhirte denkbar (z. B. Tuskulanerpäpste), wenn nicht gar der deutsche König – wie Otto III. – einem eigenen Verwandten bzw. einem höchst angesehenen engsten Vertrauten zur obersten Kirchenleitung verhalf (Brun/Gregor V., Gerbert/Silvester II.). Die Adligen bauten auch selbständig Klöster und Kirchen, sog. Eigenkirchen (s. S. 52f.), und setzten dort oft ihre Leibeigenen – nach einem offiziellen Freilassungsakt vor der Weihe und Anstellung – als Priester ein bzw. betrachteten die gestifteten Klosterpfründen als Versorgungsstellen für ihre Töchter oder nachgeborenen Söhne. Über ihre Stiftungen behielten sie sich fast stets die Vogteirechte vor und erwarben weitere über ihre zur Bischofs- oder Abtwürde aufgestiegenen Verwandten hinzu, indem sie in deren Immunitätsbezirken die Gerichtsbarkeit ausübten und den Heerbann aufboten. Auch als sog. Laienäbte nahmen sie die Verwaltung und Nutzung von Klosterbesitzungen wahr. Sie hatten somit auch im kirchlichen Bereich alle entscheidenden Positionen inne.

Adelsheil. Wie für das Königtum so ist auch für den Adel eine ursprüngliche, aber immer noch nachwirkende Verankerung in magisch-sakralen Vorstellungen zu bemerken. Der Mythos eines besonderen Heils der Adligen, der unterschwellig aus der vorchristlichen Zeit weiter vorhanden war, verknüpfte sich freilich mit dem schon einmal erwähnten, biblisch begründeten Denken (s. S. 23f.) von einer gottgewollten Unterscheidung der Menschen, wobei den einen die Herrschaft, den anderen gehorsamer Dienst und Arbeit zugeteilt sei. Diese 'Legitimation' läßt wohl überhaupt erst die Unangefochtenheit der geschilderten Stellung des Adels in Kirche und Welt ganz verstehen.

Strukturwandel im Adel. Von der Karolingerzeit zur Salierzeit änderte sich indessen die innere Struktur des Adels. Während die Adligen der Karolinger- und Ottonenzeit – wie die Gedenkeintragungen in den *Libri memoriales* (Verbrüderungsbüchern, s. S. 25) zeigen – in größeren, nicht genau begrenzten Verwandtschaftsgruppen eingebettet waren und sich dabei – entsprechend dem jeweils höheren Rang und Ansehen – entweder nach der väterlichen oder mütterlichen Verwandtenseite hin orientierten, was sich etwa in der Übernahme dieses oder jenes Familien-Leitnamens äußerte, begann der Adel seit dem 11. Jahrhundert (in Frankreich und Italien schon seit der 2. Hälfte des 10. Jahrhunderts), sein Wirken und seine geistige Ausrichtung zunehmend auf Burgen und befestigte Adelssitze als Herrschaftsmittelpunkte zu konzentrieren. Die prinzipielle Gleichwertigkeit von agnatischen und kognatischen Verwandten wurde dabei zugunsten einer stärkeren Hervorhebung der agnatischen Linie, von der man ja den Stammsitz, die Vogtei usw. ererbte, aufgegeben. Hand in Hand damit ging nicht nur die Benennung der Adligen nach ihrer Herrschaft oder ihrem Stammsitz (z. B. . . . von Babenberg, von Luxemburg, von Egisheim, von Ivrea, Turin, Blois etc.), sondern vor allem die Zentrierung der Adelsfamilie zum dynastischen Adelshaus, später zur Adelsdynastie. Die Notwendigkeit, in rückschauender Sicht die Angehörigen einer Adelsfamilie nach dem in ihr geläufigsten Personennamen (Leitnamen) etwa als Konradiner, Luitpoldinger, Widonen, Sieghardinger oder Aribonen zusammenfassen zu müssen, beginnt also am Ende des von uns betrachteten Zeitabschnitts zu entfallen. Mit ihrer Selbstbenennung nach Burgen und Stammsitzen leiten die Adligen zugleich ihre innere Konsolidierung (als Stand) und äußere Abschließung nach unten hin ein, die jedoch erst 1½ Jahrhunderte nach unserer Betrachtungszeit ihre rechtliche Vollendung erreichen wird.

5. *Staatsverwaltung/Innere Struktur der Reiche*

Eine nicht unwesentliche Frage ist ferner, in welcher Weise in der Spätkarolingerzeit die Staatsverwaltung organisiert war und wie diese sich vor allem nach der Auflösung des Großfränkischen Reiches neu gestaltete: ob mehr stämmisch oder regional, ob ältere Strukturen fortführend oder neue Einteilungen setzend, und ob sich hierbei auch ein grundsätzlicher Unterschied in der Verfassung der sich neu bildenden Reiche – vornehmlich Deutschlands und Frankreichs – entwickelte.

Grafschaftsverfassung im Karlsreich als alleiniges Gliederungselement? Daß eine gewisse Grundgliederung des Reiches in Grafschaften *(comitatus)* von der Zeit Karls des Großen und Ludwigs des Frommen her gegeben war – ganz unabhängig von der nicht völlig geklärten Frage nach dem Wesen der Grafschaft –, ist als Ausgangspunkt festzuhalten. Die Meinung jedoch, daß das Reich Karls des Großen und seiner Nachfolger allein auf der Basis der Grafschaftsverfassung durchorganisiert war und dadurch auch – ungeachtet der vielen in ihm vorhandenen, nicht miteinander verschmolzenen ehemals selbständigen *gentes* – zumindest verwaltungsmäßig ein 'Einheitsstaat' gewesen sei, in dem alle Grafen der Zentrale direkt unterstanden und nur durch die kontrollierenden *missi* und durch den Besuch von Hoftagen mit dieser verbunden gewesen sind, ist seit längerem bestritten. Der Begriff Einheitsstaat ist sicherlich überzogen. Aber existierte statt dessen, wie oft behauptet wird, schon während des 9. Jahrhunderts eine Großgliederung des Reiches in Dukate und feste Missatssprengel? Gab es damals solche festen Zwischeninstanzen, die sich dann in den Dukaten/Prinzipaten/Herzogtümern des 10. Jahrhunderts fortsetzten und widerspiegelten?

Unterkönigreiche, Marken und Comitate. In den Zeiten Karls des Großen und Ludwigs des Frommen erscheint das Gesamtreich in erster Linie gegliedert in die für die Herrschersöhne als spätere Herrschaftsgebiete (Unterkönigreiche) festgelegten *regna*; und diese waren dann wiederum unterteilt in große Marken (an den Grenzen) und Comitate (Grafschaften), wobei letztere zeitweise zu größeren Missatsprengeln oder auch zu militärischen Kommandobezirken (unter einem *dux*) zusammengefaßt werden konnten. Bei der Aussonderung der *regna* für die Königssöhne hat man entweder auf ältere Herrschaftskomplexe zurückgegriffen – z. B. 781 auf Aquitanien und Italien –, hat auch zwei bzw. mehrere ältere Komplexe zu einem *regnum* zusammengefaßt, oder hat alte Komplexe zerrissen – z. B. wurden 806 das ehemals langobardische Italien und Bayern, „wie es Tassilo (III.) besessen hatte", und dazu nur der südlich der Donau gelegene Teil Alemanniens für Karls des Großen Sohn Pippin bestimmt. Die älteren Einheiten blieben also im Sprachgebrauch lebendig und wohl auch – bewußt oder unbewußt – unter der Oberfläche der Tagespolitik bestehen, jedenfalls reaktivierbar. Und diese Verfahrensweise, auf ältere gängige Einheiten zurückzugreifen bzw. sie zu zertrennen und entsprechend darüber zu berichten, wurde nach dem Tode Ludwigs des Frommen fortgesetzt, als sich die Unumgänglichkeit abzeichnete, das Reich unter seine drei überlebenden Söhne teilen zu müssen. So konnte man bei den ersten Teilungsversuchen eben ehemalige *regna* (Großkomplexe) und auch Dukate neben den kleinräumigen Comitaten erwähnen. (Hätte man – in der Berichterstattung darüber wie auch in der Realität – überhaupt anders verfahren können, wenn man nicht überall bei Einzelaufzählungen landen wollte?) – Geteilt wurde dann 843 unter besonderer Berücksichtigung der von den überlebenden Söhnen Ludwigs des Frommen schon in den Randzonen des Großfränkischen Reiches innegehabten Komplexe (d. h. von Italien, Bayern und Aquitanien her), so daß es zu einer Zerreißung der staatstragenden Mitte, des fränkischen Kerngebietes, kam. Hierbei konnte allerdings nicht mehr auf ältere bekannte Komplexe bzw. Grenzlinien zurückgegriffen werden. Man hielt sich an die Flußläufe (Rhein, Schelde, Maas, Saône und Rhône) und führte dort, wo man von ihnen abwich, die entsprechenden Grafschaften *(comitatus)* an. Ähnlich verfuhr man auch 870 im Teilungsvertrag von Meersen: man zählte die Bischofsstädte und Klöster als bekannte Zentren auf und hielt sich ansonsten an die *comitatus.* So entstanden also 843 und bei den weiteren Teilungen (855, 863, 870, 876, 879, 895) jeweils neue *regna,* die teils alte Komplexe fortführten, teils aber auch solche zerrissen. Und sie waren ihrerseits wiederum in *comitatus* gegliedert.

Grafschaftsverfassung und Missatsprengel. Die Einteilung in Grafschaften und deren gelegentliche Untergliederung in Centenen, die oft den naturräumlichen Gauen (Siedlungslandschaften) entsprach, d. h. die sog. Grafschaftsverfassung, blieb somit auch bis in die späte Karolingerzeit hinein ein wesentliches Strukturelement [405: H. K. Schulze S. 347]. Größere Missatsprengel waren dagegen nur supplementäre Reichsuntergliederungen, wenngleich ebenso wie die markgräflichen Kommandobezirke gute und reaktivierbare Ansatzpunkte für die Entwicklung der künftigen Strukturen.

Neue Großgliederung in Dukate/Prinzipate. Die Jahre an der Wende zum 10. Jahrhundert und das 10. Jahrhundert selbst sind hingegen, wie in den Ausführungen über den Adel schon deutlich wurde, besonders durch die die Comitate zwar nicht aufhebende, sie aber zu größeren Einheiten zusammenfassende Großgliederung der *regna* in *ducatus* bzw. Prinzipate gekennzeichnet; die

Comitate (Grafschaften) kamen im wesentlichen – wenn auch nicht immer rechtlich, so doch effektiv – in deren Einflußbereiche. (Dies gilt für die nordalpinen Nachfolgestaaten des Großfränkischen Reiches; im *regnum Italiae* sind diese Entwicklungen nur ansatzweise zu bemerken und nicht zur vollen Entfaltung gelangt.)

'Stammesherzogtümer' in Ostfranken/Deutschland. Im ostfränkisch-deutschen Bereich, der sich seit der Reichsteilung von Verdun (843) abzuzeichnen begann und der nach dem Sturz Kaiser Karls III. (887) noch selbstbewußter in Erscheinung trat, scheinen dabei die stämmischen Grundstrukturen eine nicht gänzlich zu vernachlässigende Rolle gespielt zu haben. Diese waren ja bei der Unterwerfung und festen Eingliederung der älteren Stammesherzogtümer Alemannien, Bayern sowie Sachsen in das Frankenreich der Karolinger und bei der Beseitigung der Herzöge *(duces)* nicht grundsätzlich aufgehoben worden, wie die Belassung der jeweiligen Stammesrechte zeigt, und sie waren bei Reichsteilungen, für Missate oder militärische Aufgebote zugrunde gelegt worden. So konnten sich am Ausgang des 9. Jahrhunderts hohe, meist mit den Karolingern schon verwandte Adlige, die sich auf reiche Besitztümer, zahlreiche Vasallen und gleichgesonnene Freunde und Anhänger zu stützen vermochten – teils im direkten Auftrag des Königs, teils in Stunden der Not und der Schwäche des Königtums (eventuell unter Hinweis auf frühere Aufträge) selbst aktiv werdend – als *duces* im Kampf gegen äußere Feinde (Normannen, Slawen, Ungarn) innerhalb der Stammesgebiete profilieren. Um den Schutz zu erreichen, mußte u. U. auch auf Königs- und auf Kirchengut zurückgegriffen werden. Und dabei konnten die *duces* offenbar bei der Bevölkerung und noch mehr bei der das Volk lenkenden und repräsentierenden breiteren Grafen- und Vizegrafenschicht, d. h. beim landschaftlich und stämmisch stärker eingebundenen Adel, das nicht geschwundene ethnische Bewußtsein reaktivieren, so daß sich eine zumindest die Hauptstämme (Bayern, Alemannen, Franken und Sachsen) des Ostfränkischen und werdenden Deutschen Reiches widerspiegelnde Grundordnung durchsetzte. Diese neuen Herrschaften, die eigentlich auf die totale Mediatisierung der Grafschaften hintendierten, hat man zumeist, wenn auch nicht unangefochten (s. S. 201 ff.), als 'jüngere Stammesherzogtümer' bezeichnet. In der bisherigen (karolingischen) Reichsgliederung hatten sie keinen Raum. Wurde ihre Entwicklung nicht gebremst, so rückte, wenn Gerichtshoheit, Heerbann, Friedenswahrung und Kirchenschutz vom Herzog als tonangebender Instanz sich herzuleiten begannen, eine Aushöhlung und Ersetzung der Königsgewalt in den Bereich des Möglichen. Indessen wurden diese Herzogsherrschaften bereits von den beiden ersten Ottonenkönigen (Heinrich I. und Otto I.) durch *amicitia*-Absprachen und bald auch mit Hilfe lehnrechtlicher Grundvorstellungen so weit in das Staatsgefüge integriert und als akzeptable Zwischeninstanzen umgeformt, daß man sie von der Mitte des 10. Jahrhunderts an mit einer gewissen Berechtigung als 'Amtsherzogtümer' bezeichnen kann. Die Herzöge behielten dabei – gleichsam als Stellvertreter des Königs – über die eigenverwaltete(n) Grafschaft(en) hinaus zwar eine allgemein prädominante Position, in der jedoch – außer der Führung des militärischen Aufgebots eines Stammesbereichs – bestimmte festumrissene Aufgaben kaum feststellbar sind, sowie die Nutzungsmöglichkeit von Pfalzen und Reichsgut; sie mußten dafür aber eine stärkere Bindung der Grafen ihrer Einflußbereiche an die Krone, was indes nur langsam zu erreichen war, hinnehmen. Auf dieser Basis konnte auch Lotharingien, für das die einheitliche Stammesgrundlage gänzlich fehlte, schon 925 den deutschen Herzogtümern zugeordnet werden. Diese Integration äußerte sich nicht zuletzt auch darin, daß es den Königen gelang, Stammesfremde oder eigene Verwandte an die Spitze dieser Herzogtümer zu bringen bzw. solche Herzöge durch Heiraten an die Königsfamilie zu binden. Deshalb sieht man seit der Zeit Ottos I. fast durchweg die Herzogtümer in den Händen von nahen Königsverwandten (Bruder, Sohn, Schwager, Neffe), worin sich zugleich eine neue Art von Mitbeteiligung der engsten Königsverwandtschaft an der Herrschaft widerspiegelt (s. S. 117, 121 f., 124 f.), die seit der Ausbildung der Individualsukzession und Unteilbarkeit des Reiches nicht mehr auf der Königsebene möglich war. Zu den Integrationserfolgen zählt auch, daß der von den *duces* erlangte Einfluß auf die Besetzung der Bistümer und großen Abteien ihrer Interessensbereiche rasch von den Königen zurückgewonnen werden konnte. Nicht zuletzt dadurch wurde die Reichsgliederung übersichtlich und die Staatsführung gestärkt. In der Spätzeit der Ottonen hingegen ist der 'amtsherzogliche Charakter' wieder schwächer geworden. Die seit dem Ende des 9. Jahrhunderts vordringende Erblichkeit der Lehen bewirkte – da der König als *senior* und das Herzogtum als Reichslehen galt –, daß die Herzogsgewalt gleichsam erbrechtlich vom Vater auf den Sohn (gegebenenfalls von einem Bruder auf den anderen) überging und Eingriffe des Königs nur dann noch möglich waren, wenn ein direkter Erbe (1. Grades) nicht vorhanden oder die Lehnsauftragung durch Untreue o. ä. verwirkt war. Andererseits gelang es aber auch gerade seit der Zeit Heinrichs II., die Herzogspositionen in Schwaben, Bayern und Kärnten durch zeitweise Nichtbesetzung, Regentschaften für unmündige Herzogsöhne, Einsetzung des eigenen unmündigen Sohnes als Herzog oder Betrauung der Königin mit der Herzogsfunktion zu schwächen (s. S. 152 f. und S. 158 f.), die herzoglichen Verfügungen über Fiskalgut und Pfalzen einzudämmen und damit einer sich erneut anbahnenden Gefährdung des Königtums durch die Herzogsgewalt vorzubeugen.

'Territorialfürstentümer' in Westfranken/Frankreich. In Westfranken/Frankreich kam es zur Ausbildung von Dukaten sehr verschiedener Größe und Bedeutung auf einer eher regionalen Basis. Die größten dieser 'Territorialfürstentümer' bzw. Prinzipate (principautés) – Franzien, Burgund, Aquitanien, Bretagne, Normandie, Gascogne, Toulouse/Narbonne, Flandern – erscheinen als Zusammenballungen mehrerer Grafschaften, die ein *princeps* im dynastischen Streben – mehr zufällig, soweit eben seine Kräfte reichten, und an älteren regionalen Begrenzungen orientiert – unter sich vereinen konnte, ja, wie Vizekönigreiche, die der König nur mehr nominell zusammenhält, in denen aber faktisch der *dux/princeps* die entscheidende Instanz für die Menschen wurde. Innerhalb dieser Prinzipate wurden die königlichen *fisci* in Anspruch genommen und wurde die bisherige Verwaltung statt im Namen des Königs mehr kraft eigenen Ansehens und bald auch kraft eigenen Rechts weitergeführt. Der *pagus-comitatus*-Gliederung hat man sich dabei weiterbedient, aber auch in ihr schon Untergliederungen in Form von Kastellanien geschaffen. Die Aufgebote wurden auf die Lehnsträger unter Zumessung fester Kontingente umgelegt. In einigen dieser Territorialfürstentümer gelang dem *princeps* auch der Zugriff auf die Besetzung der Bistümer, die in Deutschland von den ersten Ottonen sofort als Thronrecht reklamiert worden war. Nur im engeren Umkreis der Ile-de-France hat das Königtum die Verfügung über die Bischofssitze bewahren können, was später für einen Neuaufstieg des französischen Königtums wichtig werden sollte. – Eine ethnisch einheitliche Grundlage, die das Werden dieser neuen Machtkomplexe begünstigen konnte, gab es nur in der Normandie, der Bretagne und der Gascogne.

6. *Wehrwesen*

Karolingische Aufgebote. Das Wehrwesen hat in der hier betrachteten Zeit eine beachtliche Wandlung durchlaufen. Im Großfränkischen Reich hat das Heeresaufgebot noch auf der Wehrpflicht aller freien wehrhaften Männer beruht. Doch ist wohl immer nur ein Teil der Wehrfähigen aufgeboten worden, und zwar entsprechend der Stoßrichtung des zu erwartenden Kampfes, damit von den Kontingenten nicht übermäßig weite Entfernungen zurückgelegt werden mußten und damit auch in anderen Grenzgebieten im Notfall noch Abwehrmannschaften aufgestellt werden konnten. Beim Aufbieten wurden bestimmte Vermögenseinheiten zugrunde gelegt. Wer von den Freien über Grundbesitz einer festgelegten Größe verfügte (zumeist sind 3 oder 4 Hufen in Capitularien genannt), mußte persönlich ins Feld ziehen. Wer weniger besaß, mußte sich mit einem oder mehreren anderen auf der Grundlage der festgesetzten Vermögenseinheit zusammentun, wobei aus einem solchen 'Gestellungsverband' jeweils einer auszurücken hatte, der von seinen Genossen durch eine Beisteuer *(adiutorium)* zu unterstützen war. Die Aufgebotenen zogen unter der Führung ihres Grafen aus; wer indessen in eine vasallitische Bindung eingetreten war, kam mit seinem *senior* (Lehns- bzw. Grundherrn). Die Vasallen waren dabei nicht gänzlich aus dem Grafenaufgebot ausgeschieden, sie nahmen in ihm aber schon eine Sonderstellung ein. Die Aufgebote der einzelnen Grafschaften wurden wiederum entweder nach regionalen Gesichtspunkten – so im Westen – oder nach der Stammeszugehörigkeit – dies in den Bereichen östlich des Rheins – im Gesamtheer zusammengestellt. Zur Heerfahrt aufzubieten war ausschließlich Recht des Königs, der auch – bei beratender Funktion der Großen – die Zahl und Art der Mannschaft und die Ausrüstung festlegte. Auf Nichtbefolgung standen hohe Strafen (Heerbann: 60 Schillinge). Zur

Abwehr feindlicher Einfälle (Landwehr) und zur Errichtung von Verteidigungsanlagen mußte jeder zur Verfügung stehen; hierfür konnten Grafen und Markgrafen sogar von sich aus in aller Eile aufbieten, was zu Ende der Karolingerzeit wesentlich zum Entstehen der neuen Herzogsgewalten (s. S. 39ff., 44ff.) beitrug. Fahnenflucht und Verweigerung der Landwehr galten als todeswürdiger Hochverrat.

Vom karolingischen Volksheer zu den Vasallenaufgeboten des 11. Jahrhunderts. Noch in den Anfangsjahren Karls des Großen hatte das Heer im wesentlichen aus einem Fußvolkaufgebot bestanden, in dem jeder Aufgebotene seine Bewaffnung – Lanze, Schwert, Schild, Pfeile und Bogen etc. – und die Verpflegung für eine gewisse Dauer selbst zu stellen hatte. Die Ausdehnung des Reiches und die Fortentwicklung der Kampftechnik zwangen aber zu weitgehendem Ersatz der Fußtruppen durch Reiter. Diese waren infolge ihrer kostspieligeren Ausrüstung indessen nur schwer bei den einfachen Freien zu rekrutieren. Ihre Gestellung verlagerte sich deshalb auf die reichen Grund- und Lehnsherren und auf die mit viel Landbesitz ausgestatteten Bischofskirchen und Klöster, die unter ihren lehns- und dienstpflichtigen Leuten oft auch unfreie Hörige mitschickten. Freie galten ihre Wehrpflicht nun immer öfter mit Heeresbeisteuern ab. Mit der Umwandlung des Heeres von einer Fußvolktruppe zum Reiterheer ging somit nicht nur die Übernahme der Ausrüstungskosten vom einzelnen auf die großen *seniores* über und wandelte sich nicht nur die Truppe von einem Grafschaftsaufgebot zur Vasallenstreitmacht unter der Führung der großen *seniores* – was wiederum deren Stellung beim König stärken mußte –, sondern mit ihr wurde zugleich das Prinzip, daß nur der Freie waffen- und kriegsdienstfähig ist, verlassen. Auch das Denken in geburtsrechtlich fixierten Ständen – s. S. 23f. – wurde somit auch hierdurch aufgelockert. Im westfränkischen Reich schritt dieser Prozeß rasch voran, und bald war dort die Reiterei der wichtigste Heeresteil. Im Osten ging die Umstellung langsamer vor sich. Fußsoldatenheere sind in der beginnenden Ottonenzeit durchaus noch nachweisbar. Doch gewann die im geschlossenen Verband kämpfende Reiterei offenbar auch hier in der Zeit Heinrichs I. schon das Übergewicht, wodurch sich eine Überlegenheit der deutschen Aufgebote gegenüber den slawischen, vornehmlich als Fußsoldaten kämpfenden Heeren einstellte. Für die Lechfeldschlacht 955 ist uns ein in acht Abteilungen gegliedertes deutsches Reiterheer bezeugt, in dem sich zugleich die schon früher übliche Aufbietung nach landschaftlich-stämmischen Gesichtspunkten erkennen läßt, aber auch eine spezielle königliche Kerntruppe (gewöhnlich als *satellites regis* bezeichnet) deutlich hervortritt.

Heeresstärke und Aufgebotspraxis. Eine Aufgebotsliste aus der Zeit Kaiser Ottos II. zeigt uns dann die Anforderung von etwa 2100 Panzerreitern *(loricati)*, die vornehmlich von süd- und westdeutschen Bischöfen und Äbten zu stellen waren. Von Fußtruppen ist nicht mehr die Rede. Wenn die nicht unbegründete und zuletzt von K. F. Werner [445] vertretene Meinung zutrifft, daß diese Liste aus dem Jahre 981 stammt und ein 'Ergänzungsaufgebot' vornehmlich aus den Reihen der geistlichen *seniores* anfordert, das zusätzlich zu den schon mit Otto II. in Italien stehenden Truppen der weltlichen deutschen *seniores* nach dem Süden kommen sollte, um den Angriff auf die süditalienischen Sarazenen zu ermöglichen, so läßt sich wohl für die Sarazenenschlacht von 982 auf ein Gesamtheer Ottos II. von 6000–8000 Panzerreitern schließen; mit den für die *loricati* notwendigen Begleitern (Roß- und Troßknechten) dürfte die gesamte Streitmacht etwa 15000 bis 20000 Mann betragen haben. Freilich war dies eine Armee für ein außerordentlich großes Unternehmen. Gewöhnlich werden die Heere wohl nur halb so stark gewesen sein. Diese Liste macht weiterhin deutlich, daß man offenbar seit der Zeit Ottos II., wenn nicht schon seit dem Eingreifen Ottos I. in Italien 962, begann, den hohen weltlichen und geistlichen Großen bestimmte Sollzahlen für die Truppengestellung aufzuerlegen. Es waren Quoten, die für die kommenden Jahrhunderte Richtschnur geblieben sind. Diese Verfahrensweise hatte gewiß für den König den Vorteil, rasch und sicher sein Kontingent zu erhalten. Doch auf Dauer rückten dadurch die Großen auch im Heerwesen immer spürbarer in unentbehrliche Mittlerpositionen ein und begannen, das Königtum von der unmittelbaren Verfügung über das Heer abzuschnüren. Der Prozeß der Feudalisierung wirkte also auch auf das Heerwesen ein. Der direkte königliche Heerbann erreichte nur noch die *seniores*, die Großvasallen, d. h. den hohen Adel und den hohen Klerus. Aus einem Heer des Königs wurde damit seit der späten Ottonenzeit ein Heer des Reiches! Und aus der Möglichkeit des Aufgebotes eines jeden Freien war die Aufbietung bestimmter, eigens für den Kriegsdienst geschulter und einsatzbereit gehaltener Leute, die wir später als *milites* und *ministeriales* antreffen, geworden. Der Großteil der Freien ist durch die an die *seniores* zu entrichtende Heeresabgabe *(heribannum, hostilicium)* von der ursprünglichen Kriegsdienstpflicht gelöst.

C. KIRCHE, KULTUR UND GEISTESWELT VOM 9. ZUM 11. JAHRHUNDERT

1. Kirchliche Grundstrukturen und kirchliches Leben

Rom – Byzanz. Aus der spätantiken Weltkirche mit ihren großen ökumenischen Konzilien war schon in der 2. Hälfte des 8. Jahrhunderts – wenngleich eine offizielle Trennung der oströmischen von der westlichen Christenheit trotz aller Spannungen um Bilderstreitfragen, Vorranganspruche Roms, Entstehung und Verselbständigung des Kirchenstaates und trotz der Kaisersublimierung Karls des Großen ausblieb – de facto eine abendländische und eine byzantinische Kirche geworden. Die gegenseitigen Kirchenbeziehungen blieben wie die der politischen Sphäre auch fürderhin gering. Was Rom und Byzanz vor allem in der 2. Hälfte des 9. Jahrhunderts gar zu harten Rivalen machte, war zunächst die Mission bei den Bulgaren, in der sich Byzanz durchsetzte, und dann die Mission im Großmährischen Reich, die hingegen Rom für sich entschied. In Rußland kam zu Ende des 10. Jahrhunderts schließlich wieder Byzanz zum Zuge.

Schwache Autorität Roms. In der abendländischen Christenheit war zudem die Stellung des Papsttums keinesfalls unabhängig. 824 hatte der damalige König von Italien und künftige Kaiser Lothar I. in der *Constitutio Romana* durchgesetzt, daß jeder neugewählte Papst vor seiner Weihe den Treueid auf den Kaiser abzulegen habe. Auch sonst waren die Päpste – abgesehen von wenigen Ausnahmen wie etwa Nikolaus I. (858–867), der die römische Primatsidee stark betonte, Hadrian II. (867–872), Johann VIII. (872–882) oder Silvester II. (999–1003) – eher von schwacher Autorität, und ihre Wirkung war zumeist nur auf den Umkreis Roms begrenzt, jedenfalls fast stets von weltlichen Gewalten (Kaisertum und Königtum, besonders aber der stadtrömischen Nobilität) stark abhängig. In den meist recht tumultartig verlaufenden 'Papstwahlen' durch 'Klerus und Volk von Rom', die noch einer festen Verfahrensregelung entbehrten, wie ebenso daran, daß allein in den 32 Jahren zwischen 882 und 914 schon 15 Päpste in knappsten Abständen aufeinander folgten, von denen mehrere nicht eines natürlichen Todes starben, dokumentiert sich am sinnfälligsten, wie hart auch in Rom Adelsgruppen um die Vormacht rangen und wie wenig Lenkung man allgemein von Rom erwarten konnte. Diese Talsohle währte lang; nach kurzer Erholung unter Johann X. (914–928) dauerte sie weiter bis in die 60er Jahre des 10. Jahrhunderts, wenngleich nicht alle Päpste, die unter dem Druck des Hauses Theophylakts in Rom erhoben wurden, unwürdig waren. Gemessen an den üblichen Moral- und Eigenständigkeitsprinzipien der Kirche mußte deshalb (angesichts der 'Leichensynode des Formosus' und der sog. 'Pornokratie der Marozia') selbst bei katholischen Geschichtsschreibern dieser Zeitraum der Papstgeschichte als ein „saeculum obscurum" (C. Baronius, 1602) gewertet werden. Erst das Eingreifen Ottos des Großen (962) bewirkte eine erste Trendwende. Gleichwohl wurde dadurch die Stellung der Päpste in Rom nicht sicherer und unabhängiger, wie sich bald nach Ottos I. Abzug wieder zeigte. Am Beginn des 11. Jahrhunderts war jedenfalls das Papsttum erneut eine feste Domäne des römischen Stadtadels, besonders des Grafenhauses von Tusculum, geworden. Die eigentliche Umkehr aus dieser Zeit eines lediglich „geistlichen Fürstentums" [70: J. Haller S. 230] hin zu einer regelrechten Neugründung der Kirche erfolgte erst unter Kaiser Heinrich III.

Dennoch unbestrittener Lehrprimat Roms. Die überkommene Romverbundenheit und ein Lehr- und Weisungsprimat des Nachfolgers auf dem Stuhle Petri in der abendländischen Kirche waren dennoch während der ganzen hier zu betrachtenden Zeit völlig unbestritten. Aber nur durch Palliumsverleihungen, durch Privilegien, Legationen und Briefe griff das Papsttum – und zwar öfter gebeten als aus Eigeninitiative – in außeritalienische Kirchenangelegenheiten ein. Diese responsive, mehr zur Mitwirkung gedrängte als sich drängende Grundhaltung zeigte sich sogar in allgemein bedeutsamen Fragen wie etwa der Errichtung des Erzbistums Magdeburg und im Hammersteinschen Eheprozeß, bei dem der Rang Roms als letzte Appellationsinstanz auf dem Spiel stand. Die einzige bedeutsame Eigenaktivität eines Papstes – und zwar bei der Wiedererrichtung des abendländischen Kaisertums 962 – war auch nur aus der Not der Stunde geboren und dazu bald bereut. Herausgefordert, sollte der Primatsanspruch aber schließlich doch das Synodalrecht des Episkopats überflügeln.

Episkopalistische Grundgliederung und Landeskirchentum. In Korrespondenz zur schwachen Autorität Roms blieb vorerst die aus der Spätantike über die Merowinger- und frühe Karolingerzeit überkommene episkopalistische Grundstruktur der Kirchenverfassung, in der sich (durch den erforderlichen engen Zusammenhalt der Bischöfe eines Herrschaftsbereichs untereinander) in Synoden und durch die Zusammenarbeit mit dem jeweiligen Königtum nolens volens schon starke Landeskirchen ausgeformt hatten, auch weiterhin bestimmend. Die Bischöfe, die für die Menschen in Stadt und Land Kirche und Christentum verkörperten, waren für die Glaubenslehre und die kirchliche Verwaltung zuständig. Selbst die Sammlung kirchlicher Rechtssprüche und Leitsätze ging damals von ihnen, nicht von Rom aus (z. B. Pseudoisidor; Reginos *Liber de synodalibus causis* für Erzbischof Ratbod von Trier; *Decretum* Bischof Burchards von Worms). An ein verbindlich kodifiziertes Kirchenrecht war noch keineswegs zu denken! Innerhalb ihrer Diözesen entstanden jetzt im engmaschiger werdenden Netz der Landpfarreien auch erstmals Dekanats- und Archidiakonatssprengel, während der Chorepiskopat ganz aufhörte. In den sich entwickelnden Städten wurden Domkapitel (an Bischofskirchen) und Kanoniker- bzw. Kanonissenstifte, in denen man nach der Regel Chrodegangs von Metz lebte, von wachsender Bedeutung. In diesen Klerikergemeinschaften, die als Neugründungen oder aus der Umwandlung von (Mönchs-)Klöstern entstanden und die – wie die Landpfarrer – den Bischöfen unterstellt waren, vollzog sich während unseres Betrachtungszeitraums dazu die Gütertrennung zwischen Bischof bzw. Propst und Kapitel – und zwar im Westen früher als im Osten und zumeist über ein kanonikales Sondervermögen unter bischöflicher Mitverwaltung. Das Mönchtum wiederum und seine Klöster unterstanden normalerweise gleichfalls den Diözesanbischöfen. Beim Voranschreiten der klösterlichen Reformbewegungen (s. S. 59ff.) wurden jedoch häufiger Abteien (z. B. Cluny) in Eigentum und Schutz des hl. Petrus und seines Stellvertreters, des Papstes, übergeben. Und diese *libertas Romana* konnte sich – besonders seit dem 11. Jahrhundert – mit der Exemtion von der Diözesangewalt verbinden und die bischöfliche Jurisdiktion durchlöchern, ja, den langsam sich verstärkenden römischen Primatsgedanken kräftigen.

Eigenkirchenwesen. Aber nicht nur die Bischöfe waren in der Kirche bestimmend. Nach den selbst vom Klerus mitgetragenen Rechtsvorstellungen der Zeit standen auch bestimmten Laien – vornehmlich den Königen, hohen Adligen und reichen Grundherren – Verfügungsrechte über kirchliche Institutionen und Personen zu: und zwar im niederkirchlichen wie im hochkirchlichen Bereich. Am auffälligsten ist dabei das sog. Eigenkirchenwesen. Nach den Worten seines Erforschers Ulrich Stutz [483] war die Eigenkirche „ein Gotteshaus, das dem Eigentum oder besser einer Eigenherrschaft (eines Grundherrn) derart unterstand, daß sich daraus über jenes nicht bloß die Verfügung in vermögensrechtlicher Beziehung, sondern auch die volle geistliche Leitungsgewalt ergab“. Denn reiche Grundherren errichteten nicht nur Kirchen und behielten sie als ihr Vermögen, sondern setzten auch die erforderlichen Geistlichen ein, die für ihren Herrn die Kirche und das Kirchenamt zu betreuen hatten, und setzten sie erforderlichenfalls auch ab. Nicht selten wurden Unfreie zu Priestern geweiht und blieben in der Versorgungsabhängigkeit ihres Herrn; zunehmend wurde aber die freie Leihe der Kirche, der der Grundherr zum Unterhalt der Geistlichen Landstücke und weitere Gebäude angliederte, die Regel. Da Leihegebühren, Zinsen, auferlegte Servitialleistungen und weitergehende Einkünfte dem Grundherrn zustanden, war eine Eigenkirche mitunter ein einträglicher Betrieb. Auch Klöster wurden nach Eigenkirchenrecht gegründet und geführt. Dieses kirchliche Benefizialwesen läßt sich als Komplementärerscheinung zum weltlichen Lehnswesen ansehen. – Im Niederkirchenbereich war das Eigenkirchenwesen, das eine Durchbrechung des zentralen bischöflichen Leitungsprinzips in der Kirche bedeutete, aber andererseits auch eine beachtliche Intensivierung in der christlichen Durchdringung des Landes ermöglicht hatte, keinesfalls bloß Ausnahmeerscheinung. Nach Feststellungen von Stutz gab es zu Anfang des 9. Jahrhunderts im Bistum Chur 31 bischöfliche Kirchen (darunter 6 Taufkirchen), aber ca. 200 Eigenkirchen des Königs und anderer Laien (dabei 8–10 Taufkirchen). Die Bischöfe, die sich – vor allem im Westen – zunächst nur ungern mit dieser Erscheinung abfanden, begannen dann im 9. und 10. Jahrhundert, der eigentlichen Blütezeit des Eigenkirchenwesens, sogar selbst, die ihnen unterstehenden Kirchen und Klöster unter eigenkirchenrechtlichen Gesichtspunkten zu behandeln. Auch das Papsttum akzeptierte die eigenkirchenrechtliche Praxis. Wichtig war allein, daß bei den Verfügungen eines Herrn über eine Kirche – Verkauf, Tausch, Verpfändung, Verschenkung, Bestimmung zur Mitgift – nur deren Weiterführung als Gotteshaus gefordert war.

Reale Kirchenhoheit des Königs. Eigenkirchenrechtliche Vorstellungen begannen auch, im Bereich der Hochkirchen vorzudringen. So ernannte der König gemäß der aus der Spätantike überkommenen Kirchenhoheit des Staatslenkers nicht nur die Bischöfe, wenn ihre Positionen für ihn wichtig waren, und präsidierte er nicht nur kirchlichen Synoden und verhalf deren Beschlüssen zu Durchführung und Geltung, sondern er verband (seit Ludwig dem Frommen) die Immunitätsverleihungen bzw. -bestätigungen an Bistümer und große Abteien mit dem besonderen Königsschutz, dem erhöhten Rechtsschutz des Königsbannes *(mundiburdium, defensio regalis)*. Damit begann sich die herrscherliche bzw. 'öffentlich-rechtliche' Hoheit des Königs – wenn man trotz der damals noch nicht ausdifferenzierten Rechtsbereiche dieses Wort einmal verwenden will – mit der 'privaten', eigenkirchlichen Herrengewalt des Königs zu berühren und zu vermischen. Es setzte sich die Auffassung durch, daß dem König ein Obereigentum am Gut der so privilegierten 'Reichskirchen' und 'Reichsklöster' zustehe. Der König konnte wie im Niederkirchenbereich von seinen Eigenkirchen somit auch von den höheren Kirchen, den Bistümern und Reichsabteien, Abgaben und Leistungen fordern *(servitium regis)*, ja bald sogar die Zwischennutzung bei Vakanz und den beweglichen Nachlaß eines verstorbenen Oberhirten beanspruchen (Regalien- und Spolienrecht). Aber volle Eigenkirchen des Reiches bzw. Königs sind die deutschen Bistümer nie geworden. Sie wurden niemals Eigentum, sondern blieben stets Pertinenz, Glieder des Reiches. Diese Entwicklung war im deutschen Bereich nur im ersten Drittel des 10. Jahrhunderts kurz gefährdet, als in Süddeutschland den 'Stammesherzögen' die Kirchenhoheit überlassen werden mußte, um die Reichseinheit aufrechtzuerhalten. Aber das blieb nur Episode. Hierin unterscheidet sich die deutsche Reichskirche besonders von der Kirche in Frankreich, wo sich die Kirchenhoheit des Königs (bei insgesamt 75 Bistümern) im 10. und 11. Jahrhundert auf nur 15 reduzierte. Diejenigen Bistümer, die nicht innerhalb des engeren Machtbereiches des französischen Königs im Gebiet der Ile-de-France lagen, kamen unter den Einfluß der *principes* und anderer Adliger und konnten sogar in regelrechte Eigenbistümer verwandelt werden. Der Vizegraf Wilhelm hat z. B. zu Ausgang des 10. Jahrhunderts so ungeniert über die Bistümer Béziers und Agde verfügt, daß er das eine seiner Tochter als Mitgift bestimmte, das andere seiner Frau als Wittum zueignete.

'Wahl' und Einsetzung des Bischofs. Der altkirchliche, zumindest in der Theorie auch im Frankenreich nicht erloschene Grundsatz, daß ein Bischof 'von

Klerus und Volk einer Stadt' (bzw. ein Abt vom Konvent) in 'kanonischer Wahl' zu bestimmen sei, geriet dabei nicht völlig in Vergessenheit; er wurde sogar in vielen Königsprivilegien bestätigt; nur verstand man unter 'kanonischer Wahl' recht Verschiedenes; der König jedenfalls sah darin bald nur ein Konsensrecht. Entsprechend seiner hochgeachteten Stellung, die durch die kirchliche Weihe und durch sein Gottesgnadentum noch erhöht wurde, konnte der König als oberster Repräsentant des Volkes bei der Bischofswahl somit über einen Handlungsspielraum verfügen, der von einer unbeeinflußten Wahl im Domkapitel (bzw. in einem Konvent) über Akzeptierung oder Zurückweisung eines Gewählten bis hin zur nachdrücklichen Empfehlung eines eigenen Kandidaten, ja dessen Ernennung reichte. Und das wurde nicht einmal vom Papst bestritten. Nach alter Gewohnheit könne nur der König ein Bistum übertragen und dürfe niemand ohne Weisung des Königs einen Bischof ordinieren, schrieb (anläßlich eines Streitfalls im Bistum Lüttich) 921 Papst Johann X. ausdrücklich. Und daß bei der Besetzung fast durchweg nur Adlige in Frage kamen, stand ebenso fest (s. S. 41 f.). – Der solchermaßen Bestimmte leistete bald – einem weltlichen Lehnsmann vergleichbar – den Handgang *(hominium)* und den Treueid *(fidelitas)* und erhielt – neben der Weihe durch den Erz- oder einen Nachbarbischof – auch eine förmliche Einweisung in seinen Aufgabenbereich durch den König. War diese 'Investitur' zunächst die symbolische 'Einkleidung' in den weltlichen Besitzstand der Domkirche oder der Abtei, die schon seit den 60er Jahren des 9. Jahrhunderts mittels des Bischofs- oder Abtsstabes erfolgte – der Bischofsring als zusätzliches Investitursymbol kam erst kurz vor der Mitte des 11. Jahrhunderts hinzu –, so wurde sie doch bald auch als Einweisung in das Kirchenamt verstanden. (Und an dieser Frage sollte sich dann die künftige weltbewegende Auseinandersetzung zwischen Kaisertum und Papsttum, der sog. Investiturstreit, mit entzünden.)

Politische Interessen auch auf seiten kirchlicher Großer. Es kam indessen nicht allein zum Einwirken weltlicher Gewalten in kirchliche Grundbelange. Kirchliche Große wurden seit der Mitte des 9. Jahrhunderts auch ihrerseits für den staatlichen Bereich zunehmend aktiver und wichtiger. Die für das hohe Mittelalter so spezifische Verquickung von staatlichen und kirchlichen Zuständigkeiten, ein Ausdruck des ganzen christlichen Einheitsbewußtseins, war ein von beiden Seiten vorangetriebener Vorgang, der sich teils schneller, teils retardierend, und vor allem in den sich auseinanderentwickelnden karolingischen Teilreichen in verschiedener Weise entfaltete. Vornehmlich im Westen kam es zunächst – bedingt durch die anfängliche Schwäche des Königtums Karls des Kahlen und durch die damals gefährlich werdenden Normannenstürme (s. S. 85 f.) noch gesteigert – zu einer stärkeren politischen Aktivität, ja sogar Militarisierung der leitenden Kirchenmänner, wobei z. B. die Reimser Erzbischöfe Hinkmar (845–882) und Fulco (883–900) oder die Äbte Hugo von St. Martin in Tours († 886) und Gauzlin von St. Denis († 886) Schlüsselstellungen im ganzen Staatsleben erhielten. Hinkmar hat Karls des Kahlen Königtum nicht nur durch die wiederholten Königssalbungen und -krönungen sowie durch eingehende Beratung gefestigt, er hat es auch vor Ludwigs des Deutschen Zugriff (858/59) gerettet und Karl bei der Erwerbung Lotharingiens (869) begünstigt. Für Karl den Einfältigen war Erzbischof Fulco jahrelang überhaupt der leitende Staatsmann; und was die Äbte Hugo und Gauzlin bei der Normannenabwehr bewirkten und an militärischen und staatlichen Organisationsleistungen erbrachten, steht dem weltlicher Adliger nicht nach. – In den ostrheinischen Bereichen hingegen standen damals Versuche der Bischöfe, auf das Staatsgeschehen einzuwirken, noch in weiter Ferne. Erst seit dem Beginn des 10. Jahrhunderts, als der König ein Knabe war und der Vormundschaft bedurfte, gab es hier vergleichbare Positionen – etwa die Erzbischof Hattos von Mainz – oder Aktionen – wie die in Hohenaltheim z. Z. König Konrads I. –, die die stärkere Politisierung des hohen Klerus anzeigen. Hofkapelle und Kanzlei spielten hierbei eine zunehmend wichtiger werdende Rolle.

Von der königlichen Kirchenherrschaft zum 'ottonisch-salischen Reichskirchensystem'. Je mehr sich freilich die für den König zu erbringenden Servitien und die militärischen Leistungen auf den wirtschaftlich stärkeren Großgrundbesitz, besonders auf die reichen Bistümer und Reichsabteien, verlagerten (s. S. 48) und je größer die kirchlichen Immunitätsbezirke durch königliche Begünstigungen anwuchsen und bischöfliche Kirchenvögte in ihnen die Grafenaufgaben (Gericht, Verwaltung, Heeresaufgebot etc.) wahrnahmen, d. h. je weiter die Einbindung der Kirche in die politisch-soziale Welt voranschritt, desto wichtiger mußte auch dem König sein Einfluß auf die Besetzung der Bischofs- und Abtsstühle werden. In der 2. Hälfte des 10. Jahrhunderts hat sich die Kirchenhoheit des deutschen Königs, die in Alemannien und Bayern bei der Integrierung der 'jüngeren Stammesherzöge' in den Staat Heinrichs I. verlorengegangen war, aber bis 937 in beiden Bereichen wieder zurückgewonnen werden konnte, sogar zu einer ausgesprochenen Kirchenherrschaft verdichtet. Die wirtschaftliche Nutzung der zunehmend reicher beschenkten und privilegierten Bistümer und großen Reichsabteien durch das Königtum wurde immer offensichtlicher. Und zwar hat zunächst Otto I. die Bischöfe – in der Erkenntnis, in ihnen zuverlässige, gebildete, vor allem von der Sorge um die Weitervererbung der erworbenen Besitz- und Machtposition an eigene Kinder freie Leute vor sich zu haben – nunmehr bewußt zu einem weiteren tragfähigen Pfeiler seines Reichsbaues gemacht. Auf Bischofssitze, die ihm wichtig erschienen, brachte er deshalb zunächst Verwandte oder befreundete Kleriker. Landschaftliche wie auch familiäre Gesichtspunkte spielten dabei vielfach eine Rolle. In seiner Spätzeit (ab 967) änderte er aber diese Praxis; jetzt wurden vornehmlich Mitglieder der Hofkapelle, die als Hofgeistliche, Kanzler, Notare, Schreiber im täglichen Umgang mit ihm sein Vertrauen gewonnen und sich zudem schon im Königsdienst bewährt hatten, zu Bischöfen – und zwar zunächst für sächsische, einige fränkische und lotharingische Bistümer – promoviert. Gleichzeitig sieht man auch eine erhöhte Zahl von Immunitätsprivilegien an diese Bischöfe wie auch an die Reichsäbte ausgehen; und die Immunitäten wurden nicht nur räumlich ausgedehnt (Bannimmunitäten, vgl. oben S. 21), sondern auch inhaltlich erweitert, so daß in ihnen in der 2. Hälfte des 10. Jahrhunderts schon Hochgerichtsfälle – wenngleich nur finanziell sühnbare – verhandelt wurden; im 11. Jahrhundert kam sogar die Blutgerichtsbarkeit dazu. Der bischöfliche Vogt und der Graf glichen sich also in ihren Funktionen mehr und mehr an. Man sieht weiter eine immense Steigerung in der Vergabe von Forstrechten, Zoll-, Münz- und Marktrechten an diese hohen Geistlichen. Ab Otto III. wurden sogar Grafschaften an Bischöfe bzw. an ihre Kirchen gegeben. Es entstand somit ein neuer Typus von 'Reichsbischof' und 'Reichsabt', der im Dienst für Kirche und Reich seine Aufgabe sah, da in seinen Augen die gegenseitige Zuordnung, das Zusammenwirken von *regnum* und *sacerdotium*, letztlich der gottgewollten Ordnung entsprach. Brun, der jüngste Bruder Ottos I., der in den Stunden der Gefahr des Liudolf-Aufstandes (953) durch Otto zum Erzbischof von Köln und bald darauf zum Herzog von Lotharingien gemacht worden war und sich in seiner Reichsverweserrolle – als *archidux*, wie Ruotger ihn in der Vita Brunonis genannt hat – glänzend bewährt hatte, wurde als das große Vorbild empfunden (Vita Brunonis). Gleiches gilt für Bischof Ulrich von Augsburg, den tapferen Verteidiger seiner Stadt gegen die Ungarn 955 (Vita Udalrici). Und hatte Brun von Köln gleich nach dem Liudolf-Aufstand (953) in seiner Kölner Domschule mit der Ausbildung von Geistlichen und Laien in seinem Sinne – und das hieß: hohe Gelehrsamkeit, Glaubensfestigkeit und Reichstreue – begonnen, so hatte er damit offenbar seinem Bruder den entscheidenden Fingerzeig für die notwendige Vorbildung der künftigen Reichsbischöfe – die eben ab 967 vorwiegend aus der Hofkapelle genommen wurden – gegeben. Die Hofkapelle wurde fortan so sehr zur Ausbildungsstätte der künftigen Bischöfe, daß von der Zeit Heinrichs II. bis in die Mitte des 11. Jahrhunderts etwa die Hälfte des Episkopats aus ihr hervorging. Die Einsetzung derart prädestinierter Kleriker wurde dadurch erleichtert, daß Bistümern 'Freie-Wahl-Privilegien' nicht wieder bestätigt oder daß Klauseln wie *salvo regis consensu* in jene eingefügt wurden. Diese Praxis hatte darüber hinaus noch einen positiven Nebeneffekt: Bei der Einsetzung dieser Bischöfe in ein Bistum spielte ihre landschaftliche oder stämmische Herkunft keine Rolle mehr; sie konnten somit zu einem starken Faktor der inneren, stämmeübergreifenden Konsolidierung des Reiches werden. Anfängliche innerkirchliche Bedenken gegen die *civilium negotiorum occupatio*, die sich auf das reine Seelsorgeideal beriefen, blieben ohne Echo und verstummten rasch. – Und um die Bistümer noch fester in die Verantwortung für das Reich einzubinden, wurden königliche Kapelläne in verschiedenen Domkapiteln als Kanoniker bepfründet, ja ließ sich der König (seit Otto III.) dort – wie vorher schon in Klöstern – in die Gebetsverbrüderung aufnehmen. Heinrich II. hat dann das Reichskirchengut wie Reichsgut behandelt und darüber auch gegen den Widerstand der Domkapitel und Klöster verfügt. Seine Servitial- und Gastungspolitik beschränkte sich immer weniger nur auf die Pfalzen, Krongüter und Königshöfe, sondern zog gleichwertig dazu die Domkirchen und

Reichsklöster heran, besonders diejenigen, die in die Hände seiner Kapelläne gekommen waren. Die Itinerare sind hierfür das beste Zeugnis. *Cui plus committitur, ab eo plus exigitur* (Luc. 12,48), war wohl einer seiner Leitsätze (DH II, 433, 509). Nunmehr blieb auch die Übergabe von Grafschaften an Bischöfe keine Besonderheit mehr. Heinrich II. machte aus den verschiedenen Ansätzen ein 'System'! Und das konnten Konrad II. und Heinrich III. fortführen.

In Frankreich – das sei zum Vergleich angefügt – hat sich ein solches Reichskirchensystem nicht entwickelt. Da dort der Episkopat im 10. Jahrhundert größtenteils unter die Hoheit der *principes* geriet (s. S. 40, 46f.), war ein enges Zusammenwirken von Königtum und hoher Geistlichkeit auch gar nicht möglich. Und in Italien kam es schon wegen der geschichtlich überkommenen Vielzahl und räumlichen Begrenztheit der Bistümer nicht zu vergleichbaren Machtstellungen der Bischöfe.

Weitgehender Abschluß der Mission und der Diözesanordnung. Im Zusammenwirken päpstlicher und weltlicher Gewalt gelangten fernerhin die Mission und die Entfaltung der Metropolitan- und Diözesanordnung im mitteleuropäischen Raum zum Abschluß. Waren noch zu Zeiten Karls des Großen Salzburg (mit 4 Suffraganbistümern), Trier (mit 3), Mainz (mit 12) und Köln (mit 6) als Metropolen für die bayerischen, maas-moselländischen, fränkischen, schwäbischen und sächsischen Gebiete festgelegt worden und hatte noch Ludwig der Fromme 831 Hamburg als Missionszentrum für den Norden dazugefügt – nach der Zerstörung Hamburgs durch die Normannen 845 und der Vereinigung dieses Erzbistums mit dem Bistum Bremen 864 (das damit aus der Kölner Kirchenprovinz ausschied) war die Nordmission freilich zum Erliegen gekommen –, so änderte sich das Gesamtbild in unserem Betrachtungszeitraum erst wieder in der Zeit Ottos I. Im Zuge der von Otto geförderten Dänenmission kam es durch Erzbischof Adaldag von Hamburg/Bremen 947/48 zur Gründung der 3 Bistümer Schleswig, Ripen und Aarhus und zu deren Unterstellung unter Adaldags Metropole. Zur Wendenmissionierung wurden 948 Brandenburg und Havelberg gegründet und zunächst Mainz zugeordnet, für die Mission bei den Wagriern entstand (wohl 968) das Bistum Oldenburg (in Ostholstein). Als 6. Erzbistum wurde außerdem 968 Magdeburg – vornehmlich auf Betreiben Ottos I. und gegen den zähen und langjährigen Widerstand des Erzbischofs von Mainz, nämlich seines eigenen nichtehelichen Sohnes Wilhelm, und des Bischofs von Halberstadt – errichtet. Ihm wurden als Suffraganbistümer außer den schon 948 gegründeten Bistümern Brandenburg und Havelberg die gleichfalls 968 zur Sorbenmission ins Leben gerufenen Bistümer Meißen, Merseburg (981–1004 durch Zusammenlegung mit Magdeburg aufgehoben) und Zeitz (ca. 1030 nach Naumburg verlegt) zugeordnet, eventuell auch Posen, das erste polnische Bistum, während Oldenburg/Holstein damals der Hamburger Kirchenprovinz zugeschlagen worden ist. Die Bistumsgründungen im Norden und Nordwesten waren allerdings durch heidnische (dänische und slawische) Reaktionen – vor allem 983/84 – auf das stärkste gefährdet, so daß sich deren Bischöfe oft jahrelang lediglich als Titularherren in der Fremde aufhalten mußten. Jedoch nur für Aarhus ist die Sukzession für acht Jahrzehnte erloschen. Der Mainzer Diözese wurde schließlich 973/76 das endgültig christianisierte Böhmen als Diözese Prag unterstellt. Die gleichzeitigen Bemühungen des Bischofs Pilgrim von Passau (971–991), eine Metropolitanstellung für Mähren und Ungarn zu erreichen, blieben ergebnislos. Polen und Ungarn erhielten im Zusammenwirken von Papsttum und Kaisertum 1000 bzw. 1001 ihre jeweils eigenen Metropolen (Gnesen bzw. Gran) und danach ihre eigene Diözesangliederung (s. S. 142f. und 145). Den Abschluß der Diözesanorganisation in Deutschland brachte 1007 die Gründung des Bistums Bamberg auf Betreiben Heinrichs II. – nach Einholung der päpstlichen Billigung –: nochmals mit der Missionsbegründung, *ut et paganismus Sclavorum destrueretur* (DH II, 143).

2. *Mönchtum und Klosterreformbewegung*

Das Mönchtum im 9. Jahrhundert. Das Mönchtum, das seit den Aachener Reformbeschlüssen von 816 allein nach der Regel des hl. Benedikt zu leben hatte, war beim Niedergang des Großfränkischen Reiches, als die schützende Staatsgewalt immer ineffektiver und die Gefährdung durch Normannen, Sarazenen und Ungarn wie auch durch den eigenen machthungrigen Adel immer größer wurde und als die mönchischen Ideale allgemein erschlafften, weithin der Verkümmerung und dem Verfall ausgesetzt. Viele Klöster waren zerstört oder verfallen, die Güter von Adligen okkupiert, die Mönche geflohen; andere führten kein regelgemäßes Leben mehr. Von manchen Reichsabteien hatte der König die Einkünfte und die Güternutzung zum Lohn und zur weiteren Verpflichtung an unentbehrlich scheinende Adlige übertragen, die (als sog. Kommendatar- oder Laienäbte) über die Klöster bestimmten und lediglich die geistliche Leitung einem meist einflußlosen Mönch übertrugen. Die Zerrüttung zeigte sich besonders stark innerhalb des in feudale Zersplitterung geratenen Westens und Südwestens des alten Frankenreiches wie im nicht minder unruhigen und gefährdeten lotharingischen Mittelbereich. Dort formierte sich aber auch am ehesten der Wille, sie zu überwinden. Trotz allen Verfalls war ja doch der Gedanke nicht verlorengegangen, daß Klöster und Mönchtum nicht nur zur speziellen Gottsuche und zur Eigenheiligung einzelner in selbstsüchtiger Weltabkehr existieren, sondern ihnen auch eine nutzbringende Funktion für die Allgemeinheit zukommt. Durch das Gebet nicht allein für das eigene Seelenheil, sondern auch für das anderer, konnten die Mönche gleichsam professionell – entsprechend der Auffassung der katholischen Kirche von der Zuwendbarkeit eines durch Beten, Opfern und gottgefälliges Leben erlangten Gnadenschatzes an andere Gnadenbedürftige – anderen helfen. Auf den Erfolg des *orate pro invicem ut salvemini* (Jak. 5, 16) hofften besonders alle diejenigen, die allzusehr in die Wirren der Welt verstrickt waren und darüber zu wenig an das Jenseits denken zu können meinten und sich schuldig fühlten: die *potentes* dieser Welt. Insofern ist es nicht verwunderlich, daß gerade von diesen, die die Mißstände und die Reformbedürftigkeit in hohem Maße mitverschuldet hatten, die neuen Impulse ausgingen. Maßnahmen, die den äußeren Zustand weitgehend ruinierter Klöster durch Rückgabe entfremdeter Güter, Wiederaufbau verfallener Klostergebäude, Aufgabe der Laienherrschaft und Zulassung eines normalen Abbatiats bzw. rechtliche Absicherung der Klostergrundordnung wiederherstellten und damit die Voraussetzung für ein neues und echtes gottgefälliges, aber auch dem Heil der Mitmenschen nützliches Mönchsleben schufen, mußten mit der Wiedergewinnung einer inneren Ordnung durch Wiedereinführung und strikte Befolgung der Benediktsregel und Wiederaufnahme eines sittenreinen Lebens der Mönche *(conversio morum)* einhergehen. Und bewußte Neugründungen aus dieser neuen, einsichtsvollen Gesinnung hatten, sollte eine Wende geschehen, dazuzutreten.

Gründung Clunys und Klosterreform im Westen. Den ersten für uns heute erkennbaren wichtigen Schritt in dieser Richtung tat der Herzog Wilhelm I. von Aquitanien. Besorgt um sein Seelenheil, gründete er 909/10 in Cluny bei Mâcon eine neue Stätte für Weltentsagung und Fürbitte und bemühte sich zugleich, seine Stiftung auch rechtlich gegen die Eingriffsmöglichkeiten aus der Welt abzuschirmen. In radikaler Abkehr vom bisher üblichen Eigenkirchentum und Laienabtwesen, von der Schutzaufsicht und Nutzung durch den Klostergründer und -herrn entließ er die neue Abtei, die er der Leitung des schon länger um ein regelgetreues Leben bemühten Abtes Berno von Gigny anvertraute, aus seinem Eigentum, bestimmte die freie Abtswahl und gab dem Abt *potestas* und *dominatio* über Mönche und Klostergut, befreite die Abtei auch von jeder anderen weltlichen oder bischöflichen Oberhoheit und unterstellte sie durch Übereignung an die Apostel Petrus und Paulus allein dem Schutze (nicht der Herrschaft) des Papstes *(libertas Romana)*. In der politisch damals ganz unstabilen Welt Westburgunds, wo echter königlicher Schutz ferner denn je war und sein Erbitten nur die Adelsrivalitäten verschärft hätte, war aus der Sicht des Gründers gar keine bessere Lösung möglich. Niemand sollte wieder über die dem Kloster übergebenen Güter verfügen oder dem Konvent einen Abt aufdrängen dürfen. Diese Übergabe in den päpstlichen Schutz, die im 9. Jahrhundert schon gelegentlich vorgekommen war, bedeutete, da der Papst eine praktische Hilfe nicht leisten konnte, natürlich auch ein großes Wagnis.

Anfänge des cluniazensischen Klosterverbands. Was Cluny aber erst in der Welt bekannt und für die Weiterentwicklung des Mönchtums und der Kirchengeschichte so bedeutsam werden ließ, war der Schwung, mit dem man von der neuen Gründung aus begann, den Reformgeist an andere – an Mönche, geistliche und weltliche Eigenklosterherren sowie an sonstige Laien – weiterzugeben, und das Recht, das Bernos Nachfolger Odo 931 in Rom erwirkte, andere Klöster zur Reform annehmen zu dürfen und nach dieser in fortdauernder Abhängigkeit zu behalten. Der Abt von Cluny konnte reformierte Klöster dabei durch auswechselbare und rechenschaftspflichtige Prioren verwalten lassen oder sich selbst in ihnen das Abbatiat vorbehalten. Beide Wege wurden immer häufiger beschritten; die dritte Möglichkeit, das reformierte Kloster unter einen eigenen unabhängigen Abt zu stellen, trat mehr und mehr in den Hintergrund. Mit Odos Privileg wurde letztlich eine Verbandsbildung ermöglicht, die Odo zwar selbst noch gar nicht einmal konsequent nutzte und die zunächst wohl nur in der gefreiten, herren- und schutzlosen Situation eine gewisse Sicherheit vermitteln mochte, die aber seine Nachfolger zum Aufbau einer eigenen Kongregation innerhalb des Benediktinertums hinführte. Und diese Möglichkeit, die einmal reformierten und zum geordneten, regelgebundenen Mönchsleben zurückgeführten Klöster unter einer Leitung zusammenhalten zu können, gab dem Abt von Cluny, als die Klosterreformbewegung erst einmal ein gewisses Maß erreicht hatte, wiederum enormen Einfluß in Kirche und Welt. In den vielen Totenmessen für eigene Professen wie für Wohltäter und Verbrüderte, die wir an den vielen zehntausend Eintragungen in cluniazensisch geprägten Nekrologien ablesen können – das Totenbuch von Cluny selbst ist leider nicht mehr erhalten –, zeigt sich uns noch etwas von der Kraft und Zusammengehörigkeit des Verbandes. Und je größer der Verband wurde, desto aussichtsloser wurde es für einen einzelnen Herrn, eine spezielle Schutzherrenrolle über Cluny zu erstreben. Die nicht unwichtige Stetigkeit in der Befolgung des einmal eingeschlagenen Weges wurde vor allem dadurch erreicht, daß der Abt der Nachfolgerwahl durch eine Designation die gewünschte Richtung weisen konnte. Eine Reihe von früh in ihrer Eignung erkannten und lang regierenden Äbten (Odo 926–942, Aimard 942–954, Majolus 954–993, Odilo 993–1048, gefolgt von Hugo 1049–1109) gestaltete so Cluny zum Zentrum eines hochgeachteten, auch wirtschaftlich mächtigen Klosterverbandes, der sich von Burgund über Aquitanien in alle französischen Landstriche ausdehnte, in Rom und seiner Umgebung Fuß faßte, Nordspanien zumindest lose erfaßte und um die Mitte des 11. Jahrhunderts dann auch auf England übergriff. Freilich blieben auch Rückschläge nicht aus. So etwa in Italien, wo die schon von Odo erreichten Reformerfolge nur kurzlebig waren und erst 1000/01 mit der Abtei Fruttuaria (in Piemont) ein in cluniazensischen Grundzügen ausgerichtetes Reformkloster entstand und selbst Ausgangspunkt einer neuen Reformgruppe werden konnte. Auch Konflikte mit Bischöfen, deren Aufsicht die reformierten Klöster weitgehend entzogen wurden, waren nicht selten. Papst Gregor V. (998/99) und Papst Johann XIX. (1027) haben, um Entscheidungen gebeten, dabei schrittweise – durch das Zugeständnis, der Abt von Cluny könne den zu den Weihen in seinem Kloster nötigen Bischof selbst bestimmen, und die Herausnahme der Mönche von Cluny aus der Bann- und Interdiktionsgewalt des Diözesanbischofs – die Rechtsstellung Clunys (freilich nicht des Gesamtverbandes) bis zur vollen Exemtion, der Herauslösung aus der materiell-wirtschaftlichen, der jurisdiktionellen und der geistlichen Episkopalgewalt, ausgeweitet.

Ausstrahlung Clunys. Das cluniazensische, stark regelbetonte, auf Sakramentendienst und Liturgie zugeschnittene Leben wurde auch von Abteien weitergetragen, die – wie etwa das 930 noch von Abt Odo reformierte Fleury (St. Benoît-sur-Loire) – nach ihrer Reform eigenen Äbten überlassen worden waren. Fleury wurde dabei seit der Mitte des 10. Jahrhunderts wichtig für die Reform englischer Klöster; allerdings überlebte diese Erneuerung die Jahrtausendwende wegen der dortigen politischen und militärischen Wirrnisse nicht, so daß in England erst von der Mitte des 11. Jahrhunderts an der von Cluny ausgehende Reformgeist wieder einziehen konnte. Ein modifiziertes cluniazensisches Modell – ohne die strenge Verbandsbildung, nur auf den persönlichen Bindungen des Reformabtes beruhend – bewirkte schließlich seit 989/90 im burgundischen Raum, in Oberitalien und in der Normandie der in Cluny geschulte Abt Wilhelm von St. Bénigne de Dijon (dem auch die Gründung Fruttuarias zu danken ist). Die Zahl der von ihm reformierten und neueingerichteten Klöster und Zellen läßt sich mit ca. 35/40 angeben, während der vom Großabt von Cluny geleitete Verband – Abteien, Priorate, Zellen, Einzelkirchen – zu Zeiten Odilos schon in die Hunderte gegangen sein dürfte. In einem satirischen Gedicht, das von Bischof Adalbero von Laon stammt, wird Odilo geradezu als König über seine mönchischen Heerscharen apostrophiert *(rex Oydelo Cluniacensis)*, was eine regelrechte Gefahr für die gesamte Ordnung im Reiche seines Königs Robert II. von Frankreich bedeutet habe. (Für die Zeit von Odilos Nachfolger Hugo schwankt die Zahl der von Cluny abhängigen Abteien, Priorate und Zellen zwischen 900 und 1200.)

Klosterreform im Reichsgebiet. Obwohl vom Kaiserhaus aus zu den Äbten von Cluny mannigfache Beziehungen bestanden – Ottos I. Gemahlin Adelheid schätzte z. B. besonders die Äbte Maiolus und Odilo, Abt Odilo verfaßte sogar eine Vita Adelheidis, Heinrich II. übergab nach seiner Kaiserkrönung an Cluny den Reichsapfel und weitere Geschenke, Konrad II. tat mit seinen Krönungsinsignien ein Gleiches – ist das deutsche Reichsgebiet von der cluniazensischen Verbandsbildung in unserer Betrachtungszeit (mit Ausnahme von 2 Abteien in der heutigen Westschweiz: Romainmoutier und Peterlingen) dennoch nicht direkt erfaßt worden; selbst das von der Kaiserin Adelheid 992 gegründete und mit einem cluniazensischen Professen als Abt besetzte Kloster Selz im Elsaß gehörte ihm nicht sogleich an. Das lag einerseits daran, daß im Reichsgebiet der König und Kaiser selbst Herr über die meisten Klöster war – und zwar über die alten großen Reichsklöster wie über viele Adelsgründungen, die durch die (bis etwa 1050 quasi-regelmäßige) *traditio* in den Königsschutz an den Herrscher gelangt waren – und daß jener eine volle Freigabe aus seiner Gewalt (im Sinne Clunys) wegen der auf ihnen ruhenden Servitiallasten für das Reich gar nicht erwägen konnte, andererseits aber auch am Faktum, daß sich im Reichsgebiet schon ein etwas anderer Reformtypus entwickelt hatte.

Brogne. Hier hatte zunächst 913/14 Gerhard, Sohn eines kleinen Adligen, in Brogne auf eigenem Grund eine monastische Gemeinschaft gegründet, selbst die *conversio* vollzogen und war Mönch und Abt geworden. Durch seinen Reformeifer bekanntgeworden, überließ ihm 931/32 der Herzog Giselbert von Lotharingien das offenbar stark heruntergekommene Kloster St. Ghislain (Hennegau) zur Wiederbelebung; und diese Erneuerungsleistung wiederum trug ihm den Auftrag des Markgrafen Arnulf von Flandern (918–965) ein, die Klöster seines flandrischen Herrschaftsbereichs zu reorganisieren. Religiöser Wiederaufschwung und materiell-wirtschaftliche Instandsetzung fielen hierbei zusammen. Mit Gerhards Tod (959) fand diese Reform, die auf die persönliche Verbindung von Reformabt und Eigenklosterherr aufgebaut war und – im Unterschied zu Cluny – die bisherige Rechtsstellung eines Klosters nicht angetastet hat, freilich ihr Ende.

Gorze. Aber schon seit 933 war auch in Oberlotharingien in ähnlicher Weise das klösterliche Leben wiedererwacht. Auch hier verbanden sich religiöse Erneuerungsimpulse mit wirtschaftlichen Erwägungen von Eigenklosterherren, Laien wie Bischöfen. Bischof Adalbero von Metz hatte nämlich 933 in Gorze, wo er selbst Eigenklosterherr war, ein neues, vorbildliches, regelgebundenes Mönchsleben einzurichten begonnen. Dasselbe bewirkte ein Jahr später der Bischof Gauzlin von Toul im Touler Kloster St. Èvre. Und die von beiden, vornehmlich aber von Gorze (unter den rührigen Äbten Ainold und Johannes) ausgehenden Anstöße führten in den folgenden Jahren zur Wiederherstellung eines geordneten Klosterlebens im näheren oberlotharingischen Umkreis. Für die weitere Ausstrahlung war es wichtig, daß schon 934 der Herzog Giselbert das Kloster St. Maximin in Trier der Reform überließ und daß das deutsche Königtum sich billigend hinter diese Maßnahmen stellte. Wellenartig und gleichsam in immer neuen Schüben breitete sich nunmehr von hier die Klosterreform bis weit in das Innere des Reiches aus. St. Maximiner Mönche wurden als Vorbild nach St. Moritz in Magdeburg, St. Pantaleon in Köln, St. Emmeram in Regensburg usw. geholt, wobei letzteres bald wieder neues Reformzentrum für den deutschen Südosten wurde. Zur Verbandsbildung wie in Cluny kam es dabei nicht, da der König hier (wieder) wirksamen Schutz zu gewähren vermochte, die reformierten Klöster ihren eigenen Abt behielten und ein Mißtrauen gegen die bisherigen Klosterherren nicht nötig schien. Auch Exemtionen der Klöster aus der bischöflichen Diözesangewalt blieben aus. Reichsklöster hatten zudem meist die Immunität. Was die Einzelabteien verband, war gemeinsame *consuetudo*, Übernahme von Reformmönchen aus dem Reformmutterkloster und die Verbrüderung im Gebet. Es war bei aller auch oft gewährten (freilich verschieden deutbaren) freien Abtwahl *(electio canonica)* eine konservative benediktinische Erneuerung – im Sinne Benedikts von Aniane († 821), der sich einst gleichfalls an die Staatsführung angelehnt hatte. Reform brachte hier für die Klöster Ordnung, Zucht und Rechtssicherheit, Friede und wirtschaftlichen Aufschwung und – für Klosterherren und Reich – Vorteile und Gewinn. Nicht daß bei Königen und Klosterherren die materiellen Gesichtspunkte überwogen und die Reformmönche und -äbte lediglich Werkzeuge in ihren Händen gewesen wären; das erneuerte geistige Leben war ihnen ein tiefes

Unterpfand für das eigene Heil. Besonders Kaiser Heinrich II. war selbst innerlich zutiefst mit dieser Erneuerungsbewegung verbunden. Insofern weitete sich gerade in seiner Zeit diese Renovationsbewegung zu einer „Reform des gesamten Reichsmönchstums unter der Obhut oder gar Initiative des Königs" aus [39: Th. Schieffer S. 1055]. Dabei mußten die Klöster nicht einmal wirklich reformbedürftig sein. Insgesamt wurden von der Mitte des 10. bis zur Mitte des 11. Jahrhunderts weit über 100 lotharingische und ostrheinische Klöster von der Reform erfaßt, darunter die Reichsabteien Prüm, Reichenau, St. Gallen, Lorsch, Fulda, Corvey usw.

Zweite Reformwelle. Als der ursprüngliche Schwung in den Ausgangszentren Gorze, St. Èvre de Toul und St. Arnulf in Metz langsam zu erlahmen begann, wodurch die Abwanderung tiefreligiöser Kräfte nach Burgund drohte, überließen ausgangs des 10. Jahrhunderts die Bischöfe von Metz und Toul als Klosterherren diese Abteien der Reform Wilhelms von St. Bénigne de Dijon. Damit drang zwar nicht der cluniazensische Verband, aber doch einiges von seinem Brauchtum, seiner stark verinnerlichten Liturgiebezogenheit und seiner stärkeren Rom-Ausrichtung auch auf das Reichsgebiet vor. Eine echte Rivalität oder gar Gegnerschaft zum älteren Reformmönchtum – wie man oft meint – bestand hierbei nicht, wenn man – wie Wilhelm – das cluniazensische Verbandsprinzip nicht befolgte, die Autonomie der Einzelabteien wahrte und die Stellung der Klosterherren nicht antastete. Deswegen gewährte auch Heinrich II. seine volle Unterstützung, als sich im Verduner Kloster St. Vanne unter Abt Richard (1005–1046) ein neues, gorzisches und cluniazensisches Brauchtum verbindendes Reformzentrum entwickelte und etwa 20 hauptsächlich bischöflich-adlige Klöster der westlotharingischen Bistümer zu einer neuen lockeren Reformgruppe vereinte, in der man bei belassener Autonomie der Einzelabteien einen Zusammenhalt durch jährliche Konsultationen in St. Vanne zu sichern trachtete. Richards Schüler Poppo von Stablo († 1048) wurde von Heinrich II. gewonnen, die Reichsabteien Stablo-Malmedy und St. Maximin in Trier zu übernehmen; und Konrad II. vertraute ihm dann noch weitere Reichsklöster wie Echternach, Hersfeld, Weißenburg und St. Gallen an, so daß er zum mächtigsten Abt des Reiches aufstieg.

Klosterreform in Italien. In Italien blieben die schon durch Odo von Cluny bewirkten Reformen in den Klöstern Roms und seiner Umgebung ephemer. Die Reformbemühungen des Abtes Maiolus im oberitalienischen Raum zwischen Pavia und Parma zeigten hingegen längeranhaltende Erfolge. Zu Odilos Zeiten schlossen sich auch Farfa (in der Sabina) und La Cava (bei Salerno) an Cluny an. Ein wirklich wirksames Zentrum cluniazensischen Geistes entstand hier aber erst in Fruttuaria, das Wilhelm von Dijon errichtete (beschlossen 1000/01, begonnen 1003). In der Toskana lösten Adlige gleichfalls nach einem Jahrhundert der Stagnation am Ausgang des 10. Jahrhunderts – aus ähnlichen religiösen Grundanliegen wie nördlich der Alpen – eine Welle von Klostergründungen aus (bis 1030 etwa 35–40). War dabei zuerst in üblicher Weise über den Markgrafen eine enge

Verbindung mit der Reichsgewalt gesucht worden, so rückte bei den späteren Gründungen das Streben nach Exemtion von der markgräflichen Gewalt und dem jeweiligen Diözesanbischof in den Vordergrund – und zwar durch Erbitten kaiserlicher wie päpstlicher Schutzprivilegien –, ohne daß es jedoch zu Verbands- oder Gruppenbildungen kam. Dahinter stand offenbar die Suche nach einem eindeutigen Familienzentrum, einer Familiengrablege etc., d. h. der beginnende Strukturwandel im Adel, den die kommende Zeit dann zur Vollendung bringt (s. S. 42f.). Aber diese Gründungen der mittleren Adelsschicht muten auch schon wie erste Zeichen einer besonderen geistigen und religiösen Unruhe an, denn in den Gründungsurkunden wurden – um der Wirksamkeit der Fürbitten sicher zu sein – bereits vorsorgliche Bestimmungen gegen simonistische Kleriker (und deren unwirksames Gebet) laut.

In Süd- und Mittelitalien entfaltete sich daneben noch ein vielbeachtetes und lange nachwirkendes Eremitentum. Der Kalabrese Nilus von Rossano († 1004), der sich nach langem Einsiedlerleben dem griechischen Basilianermönchtum anschloß und uns durch die Gründung der Basilianerabtei Grottaferrata bei Rom an die noch immer fortbestehenden griechischen Einflüsse in der süd- und mittelitalischen Kirchen- und Geistesszene erinnert, und besonders der Ravennate Romuald († 1027) haben diesen Strömungen zu großem Ansehen verholfen. Letzterer versuchte, das Eremitenideal mit dem benediktinischen Coenobitentum zu verbinden und gründete nach unstetem Wanderleben schließlich 1023/26 in Camaldoli (bei Arezzo) eine Einsiedlergemeinschaft, das künftige Zentrum der Camaldulenserkongregation. In die gleiche Richtung strebte Johannes Gualberti, der strenge Askese und eremitische Weltflucht mit dem aktiven Bemühen verband, seine Mitmenschen – Laien wie Kleriker, Amtsträger niederen und hohen Grades – sittlich zu bessern. Seine Gründung von Vallombrosa bei Florenz (1039) trägt bereits Züge eines religiösen Eifers und einer Kampfbereitschaft, wie sie sonst erst für die nachfolgende Epoche kennzeichnend wird. Theologisch wie organisatorisch gesichert wurden diese Richtungen, die über Bruderschaften auf die Laienwelt einzuwirken trachteten, erst durch den 1034 in die Eremitensiedlung Fonte Avellana (bei Faenza) eingetretenen und dort 1043 zum Prior aufgestiegenen Petrus Damiani, der in der folgenden Epoche einer der führenden Köpfe bei der Reform der Gesamtkirche werden sollte.

Zunehmende innere Unruhe der Menschen. Was diese Einzelgänger neben dem burgundisch-französischen Verbands- und neben dem Reichsmönchtum bedeutsam machte, war die Unerbittlichkeit und Unerschrockenheit, mit der sie – selbst auf der Gottsuche – die Gebrechen und Mißstände der Zeit geißelten. Sie brachten auf neue Weise die Unruhe zum Ausdruck, die nach der langen Talsohle der bis weit ins 10. Jahrhundert hineinreichenden Verfallszeit staatlicher und sittlicher Ordnungen die einen zu neuer religiös-spiritueller Empfindsamkeit, zu Klostergründungen und Reformmaßnahmen führte, die anderen in unruhiger Sorge um ihr eigenes Seelenheil und die Errettung der Welt in einen Konvent eintreten ließ oder auch nur zu vermehrtem Meßbesuch und Sakramentenempfang brachte. Vor allem die Ehen von Priestern, die im niederen Kirchenbereich seit Jahrhunderten gängig waren, und die Zahlungen von Geldern, um ein hohes Kirchenamt zu erhalten, d. h. Nikolaitismus und Simonie (nach Simon Magus in der Apostelgesch. 8, 18ff.), wurden bald als Übel angesehen, die die Errettung der Christen gefährden könnten; die Würdigkeit mancher Sakramentenspender geriet darüber ins Zwielicht. Aber auch die hie und da aufkommende Skepsis gegenüber kirchlichem Lehrgut wurde angeprangert. (Skepsis und Unglaube als erste Spuren einer neuen Rationalität und einer die Kirche tiefer herausfordernden neuen Gesinnung waren freilich erst im Westen und in Oberitalien in Keimen bemerkbar.) – Der Reformgedanke, der sich in der Klosterwelt bewährt hatte, begann nun weiter um sich zu greifen und bald die Gesamtkirche zu erfassen. Eine neue Welle in der Verchristlichung der Welt war mit alledem initiiert. Ein neues Überdenken der letzten Werte, des Verhältnisses von Leib und Seele, von Irdischem und Überirdischem – und in der Folge auch aller bestehenden Hierarchie in der christlichen Welt (der des Kaisers und des Papstes), die Gottes Schöpfung zu lenken hat –, war ausgelöst. In tiefstem Glaubensringen gewonnene Einsichten mußten aber verwirklicht werden, auch wenn sie schon jahrhundertelang bestehenden Zuständen widersprachen. Zum Ringen um die rechte, gottgewollte Ordnung in der christlichen Welt, das der sog. Investiturstreit bringen sollte, war von daher der Weg nicht mehr weit.

3. Spätkarolingische Kultur und Geisteswelt

Weiterwirken der 'karolingischen Renaissance'. Das geistig-kulturelle Leben der ausgehenden Karolingerzeit zeigte sich wenig berührt von der sich gleichzeitig vollziehenden politischen Desintegration. Gewiß: unter Ludwig dem Frommen war der Hof nicht mehr wie zu Karls des Großen Zeiten das beherrschende Geisteszentrum geblieben; die Hofschule Karls des Großen, das institutionell nicht verankerte Zentrum eines erstrebten geistigen Neubeginns, den man oft und gern als 'karolingische Renaissance' bezeichnet hat, war nicht fortgeführt worden, so daß Walahfrid Strabo um 840 in der Einleitung zu seiner Rezension der Vita Karoli Magni Einhards schon vom Verfall der Studien sprechen konnte; die kulturell und geistig umfassend interessierten und dabei sehr weltoffenen Gelehrten und Berater Karls hatten innerhalb der neuen, vornehmlich auf theologische Fragen und kirchliche Organisationsreformen ausgerichteten Beraterschicht Ludwigs des Frommen bald ihren Einfluß verloren und sich danach vom neuen Kaiser zurückgezogen. Aber der Impetus, der von diesem locker um Hof und Familie Karls des Großen gruppierten Kreis von Dichtern, Theologen und Gelehrten verschiedenster Richtungen ausgegangen war, hat sich noch länger lebendig erhalten. Die einmal in Gang gekommene *correctio*, das Streben nach größerer

Reinheit und Authentizität biblisch-theologischer Texte, antiker Autorenüberlieferung und alter Gesetzestexte und das Mühen um Normgerechtigkeit in (lateinischer) Sprache und Schrift wirkte trotz der Reichsteilungen weiter. Die karolingische Minuskel als Einheitsschrift setzte sich in allen Teilen des einstigen Karlsreiches durch, obgleich diese sich von Reichsteilen zu Teilreichen und schließlich zu eigenständigen Staatsgebilden umstrukturierten. Die Schriftlichkeit – auch hinsichtlich der Rechtsverordnungen (Kapitularien) und des ganzen Urkundenwesens – erlebte keinen Abbruch. Für Kaiser Lothar I. und Karl den Kahlen, dem seinerzeit ca. 50 Werke in Dichtung und Prosa gewidmet worden sind, wurden in eigenen Hofschreibschulen erneut kunstvolle Codices gefertigt; weniger anspruchsvolle Gebrauchstexte entstanden in Bischofskirchen und Klöstern, die zunehmend auch als kulturelle Zentren Bedeutung gewannen. Ebenso gab es bis zum Ausgang des 9. Jahrhunderts in der Dichtkunst – wie vier stattliche Bände Poetae Latini aevi Carolini innerhalb der Monumenta Germaniae Historica erweisen – keinen Stillstand. Desgleichen stagnierte die Geschichtsschreibung nicht, wenn auch nach der Vita Karoli Magni und den Viten Ludwigs des Frommen das Genus der Herrscherbiographie ausfiel; und es brach, zumindest im Westen, die Beschäftigung mit Problemen der Philosophie und der Theologie nicht ab. (Der Osten des Reiches hatte in dieser Hinsicht ja noch kein eigenes Profil entwickeln können.) Die Verschränkungen mit der früheren Zeit zeigen sich sogar in personeller Hinsicht. Vor allem mit Hrabanus Maurus, dem Abt von Fulda und späteren Erzbischof von Mainz († 856), der als 'Praeceptor Germaniae' mehr durch Lehren und Kommentieren als durch eigene Neuerkenntnisse Entscheidendes für die Einbeziehung der ostrheinischen Bereiche in den zunächst stärker im Westen vorankommenden geistig-kulturellen Neuansatz geleistet hat, weiterhin mit dessen Schüler Walahfrid Strabo von der Reichenau († 849), der schon für Ludwig den Frommen, die Kaiserin Judith und deren Sohn Karl den Kahlen Gedichte geschrieben und Karl geschult sowie in seinen geistigen Interessen bestärkt hatte, oder mit dem Abt Lupus von Ferrières († 862), der als Sammler, Textkritiker, Vitenautor und politischer Korrespondent seinerzeit hochgeschätzt war, des weiteren mit dem Weltchronisten Erzbischof Ado von Vienne († 875) oder dem Prümer Scholaster Wandalbert († ca. 870) wirkten bewährte Leute der Zeit Ludwigs des Frommen in den neuen Teilreichen weiter.

Literatur und Geschichtsschreibung im karolingischen Westen. Den Bruderkrieg (840–843) beschrieb der Karolingerverwandte Nithard in seinen 'Vier Büchern Geschichte' zwar aus dem Blickwinkel Karls des Kahlen (auf dessen Seite er in der berühmten Schlacht von Fontenoy 841 mitfocht), aber dennoch mit viel Tatsachenkenntnis und Wahrheitsliebe, bevor er selbst 845 im Kampf gegen die Normannen fiel. Im Westen führte sodann, was die ungebrochene Kontinuität aus der Zeit Ludwigs des Frommen deutlich aufzeigt, der Bischof Prudentius von Troyes die bis 829 fortlaufend aufgeschriebenen, danach von einem unbekannten Königskanzlisten bis 835 ergänzten Reichsannalen bis zu seinem Tode

861 weiter; und später setzte sie ohne Lücke der Erzbischof Hinkmar von Reims bis in sein Todesjahr 882 fort; als Annales Bertiniani (wegen ihres Hauptüberlieferungsortes Saint-Bertin) sind diese umfänglichen, für die Ereignischronologie so wichtigen Jahresberichte bekanntgeworden. Vornehmlich unter Hinkmars Federführung wandelte sich aber das ursprünglich halboffizielle Unternehmen zu einem ganz persönlichen Werk des die Politik Karls des Kahlen beeinflussenden Reimser Metropoliten, der in kirchenpolitischen Fragen seinem König wiederholt kritisch entgegentrat und dabei den Anspruch von Kirche und Adel auf Mitsprache bei der Reichsverwaltung erkennen ließ. Hinkmars Denken ist uns dazu aus einer ganzen Reihe von Rechtsgutachten, Briefen, von ihm verfaßten Mirakeln und Visionen gut bekannt; vor allem sein Schrifttum ermöglicht tiefe Einblicke in die spätkarolingische (westfränkische) Kirchenpolitik, Kultur und Geisteswelt. – An Klarheit des (gleichwohl nicht vorwiegend politisch akzentuierten) Denkens und Tiefe des Wissens und der Bildung ist ihm besonders der Hofscholaster Johannes Scotus Eriugena († 877) anzureihen, der sogar Werke der griechischen Patristik übersetzen und kommentieren konnte und vor allem durch seine Beschäftigung mit den Schriften des sog. Dionysius Areopagita und seine Hinwendung zum neuplatonischen Gedankengut die spätere Theologie und Philosophie befruchtete. Die von Hinkmar so glänzend beherrschte Geschichtsschreibung wurde gegen Ende des 9. Jahrhunderts im Kloster St. Vaast (b. Arras) in den sog. Annales Vedastini (874–900) wiederaufgegriffen; diese Annalen sind von erheblicher Bedeutung für die zunehmenden Normannenprobleme, kündigen im Sprachstil jedoch schon den nahenden Niedergang an. Die Geschichtsschreibung wurde auch in anderen Klöstern – wenngleich mehr unter lokalen oder regionalen Aspekten – weitergeführt (Bischofsgeschichte von Auxerre); an manchen Orten, an denen sie z. Z. Ludwigs des Frommen Glänzendes hervorgebracht hatte, kam sie aber durch die Normannenstürme zum Erliegen (z. B. Fontanelle, Le Mans). Die Hagiographie erlebte bei der Hinwendung zu den Heiligen als Helfern in der Not im Westreich sogar eine beachtliche Blüte (Heiligenleben, Translationsberichte, Mirakelberichte); und der Mönch Usuard von St. Germain-des-Prés bei Paris († 875) schuf ein später oft kopiertes Mustermartyrolog. Desgleichen ist eine reiche Fürstenspiegelliteratur im Umkreis Karls des Kahlen festzustellen. Die Geschichtsdichtung fand schließlich mit dem in althochdeutscher Sprache verfaßten Ludwigslied, das den Normannensieg Ludwigs III., des Enkels Karls des Kahlen, bei Saucourt (881) pries, und im Gedicht Abbos von St. Germain-des-Prés über die Abwehr der normannischen Belagerung von Paris (885/86) und die Taten des Königs Odo (bis 896) rühmliche Repräsentanten.

Pseudoisidor. Ein besonderes Dokument der geistigen Regsamkeit, aber auch eines bemerkenswerten innerkirchlichen Ringens westfränkischer Diözesanbischöfe gegen einen zu starken Metropoliten (Hinkmar von Reims) stellen vier unter dem Sammelnamen 'Pseudoisidorische Fälschungen' zusammengefaßte Sammlungen von echten, verfälschten und gänzlich unechten römischen und kanonischen Rechtssätzen, Konzilsakten, Papstbriefen etc. dar, die etwa zwischen 847 und 852 in einer westfränkischen Fälscherwerkstatt entstanden sind. Diese 4 Komplexe sind: (1) die mit tendenziösen Einschüben interpolierte Collectio Hispana Gallica von Autun, (2) die verfälschten Capitula Angilramni, (3) die nur zu einem Viertel echte 'Kapitularien'-Sammlung des Benedictus Levita, und (4) die (später für alles namengebende) Dekretalensammlung des Isidorus Mercator (mit Papstbriefen und Konzilsbeschlüssen von Clemens I. bis Gregor II.). Mosaikartig aus Tausenden von Quellenexzerpten zusammengesetzt, hatten diese Fälschungsprodukte die Tendenz, die Stellung der Bischöfe zu stärken: und zwar nach unten gegen die Laien, die ihnen untergebenen und die aus ihrer Gewalt eximierten Klöster wie ebenso gegen die mit ihnen konkurrierenden Chorbischöfe und nach oben gegen die Rechte der Metropoliten. Hierzu diente vornehmlich die Ausweitung der Jurisdiktionsgewalt des Papstes: Entscheidungen des Metropoliten und Urteile von Provinzsynoden über einen Bischof sollten ohne päpstliche Zustimmung keine Gültigkeit haben. Die damit eingeleitete Erhöhung der päpstlichen Autorität, ja ihre Steigerung zu einem Jurisdiktionsprimat – sie war nur ein unvermeidlicher Nebeneffekt für das Erreichen der Fälscherziele –, hat im 9. und 10. Jahrhundert jedoch noch keinen fruchtbaren Boden in Rom gefunden. Erst seit der Mitte des 11. Jahrhunderts, als die Kirchenreform in Rom einzog, wurden dort die in den Fälschungen ruhenden Möglichkeiten zur Durchsetzung der Führungsrolle Roms in der Kirche recht erkannt und genutzt.

Literatur und Geschichtsschreibung im nordalpinen Mittelreichsteil. Im Mittelreich tat sich der Dichter und Philosoph Sedulius Scotus hervor, der zwischen 840 und 858 in Lüttich, später in Köln lebte und auch durch Klassiker-Exzerpte, Bibelkommentare, Schriften zur Grammatik und einen an Karl den Kahlen gerichteten Fürstenspiegel Ansehen gewann. Der Diakon Florus von Lyon beklagte in der metrischen Querela de divisione imperii nach Ludwigs des Frommen Tod ebenso wie Angilbert mit seinen ergreifenden Versen über die Schlacht von Fontenoy (841) das politische Geschehen. Wandalbert von Prüm glänzte mit seinem versifizierten Martyrolog. Die Annalistik wurde am Niederrhein vom ehemaligen Pfalzbibliothekar Ludwigs des Frommen, Gerward († 860), weitergeführt, wenngleich nicht in direktem Anschluß an die Reichsannalen (wie im Westreich), sondern auf der Basis einer Kompilation aus älteren kleinen Annalen, schließlich nach 870 von einem Unbekannten in Köln ergänzt und fortgesetzt (bis 873 erhalten = Annales Xantenses). Die Weltchronistik erlebte mit Ado von Vienne († 875) und hernach durch Regino von Prüm († 915) einen besonderen Glanzpunkt. Vor allem Reginos Werk gibt uns tiefe Einblicke in das Denken und Empfinden eines Angehörigen der fränkischen Adelsgesellschaft auf dem Höhepunkt der Transformation der karolingischen in eine neue Welt. Er beschrieb die neuen Kräfte, die sich im Innern der einzelnen Teilreiche formiert hatten und nun nach politischer Mitsprache drängten; er stellte aber alles auch unter das Wirken der (aus klassischem Bildungsgut entlehnten) *fortuna*, der Gott zur Prüfung der

Menschen einen nicht geringen Spielraum belassen hat. Er hat auch die Inkarnationsjahrzählung in die Chronistik eingeführt. Regino hat sich zudem als Kanonist und Musiktheoretiker mit eigenen Werken einen Namen gemacht.

Literatur und Geschichtsschreibung im spätkarolingischen Italien. Auch im Südteil des Mittelreiches, in Ober- und Mittelitalien, verstummte die Literatur gegen Ausgang der Karolingerzeit nicht. Ein großes reichsgeschichtliches Interesse ist dabei aber nicht zu bemerken: – wohl ein Zeichen, daß die neue, dort durch die Karolinger etablierte Führungsschicht eine längere Dauer des karolingischen Großreiches nicht erwartete. Die Volksgeschichtsschreibung hingegen, wie sie Paulus Diaconus einst vorgeführt hatte, wurde z. B. vom Priester Andreas von Bergamo bald nach 877 in seiner Historia wiederaufgegriffen, und der Mönch Erchempert von Monte Cassino schrieb eine durch Ablehnung alles Fremden auffällige Geschichte der beneventanischen Langobarden (bis 889). In Ravenna hatte schon länger vorher Agnellus († nach 846) eine Bistumsgeschichte verfaßt. In Rom wiederum entstanden Papstviten (bes. die Viten Nikolaus' I. und Hadrians II.) in Ergänzung des Liber Pontificalis, die eine beachtliche schriftstellerische Leistung darstellen. Einem Nachklang kommt es gleich, wenn bald nach 915 noch ein Lobgedicht auf die Taten des Königs und Kaisers Berengar I. entstand, an dessen Versen man die Liebe zur Antike, die Rezeption antiker Vorbilder, den Willen zur Klassizität mit Händen greifen kann; in ihm ist aber auch schon ein Kategorisieren von "einheimisch' und 'Fremdling auf italischem Boden' nicht zu übersehen, das das Wachsen der neuen supragentilen Volkseinheit der Italiener ankündigt.

Literatur und Geschichtsschreibung im Ostfränkischen Reich. Der Ostteil war auf geistigem Sektor lange der nehmende Part. Eine Fürstenspiegelliteratur fehlt hier gänzlich, und philosophisch-theologische Traktate sind nach Hraban selten. Die Lehre Gottschalks des Sachsen von der doppelten Prädestination des Menschen (s. u.) beunruhigte mehr den Westen als das Teilreich Ludwigs des Deutschen. Das beachtlichste ist indessen, daß hier – wenn auch nicht so nahtlos wie im Westen – die Reichsannalistik in den sog. Annales Fuldenses eine Fortführung erfuhr. Diese Jahresberichte des politischen Geschehens schließen nicht an eine Handschrift der 829 abgebrochenen Annales regni Francorum an; sie beginnen vielmehr mit einer die Jahre 714 bis 838 abdeckenden Kompilation aus verschiedenen älteren Quellen. Ob Einhard († 840), der Biograph Karls des Großen, diese vornahm – wie zu erweisen versucht wurde –, ist ganz unsicher. Der 2. selbständige Teil des Werkes (für die Jahre 838–863) ist dem Hrabanus-Schüler Rudolf von Fulda zugeschrieben worden, was auch nicht ohne Widerspruch geblieben ist, weshalb man wegen der deutlichen Mainzer Bezüge heute mehr an einen Kleriker des Erzbischofs von Mainz als Verfasser denkt. Den 3. Teil (864–887) scheint dann seit 870 ein Beauftragter des im selben Jahr zum Erzkaplan Ludwigs des Deutschen erhobenen Mainzer Erzbischofs Liutbert aufgearbeitet und fortgeführt zu haben, wodurch das ganze Werk einen offiziösen

Charakter erhielt. Für die Jahre 882–887, in denen Liutbert durch Bischof Liutward von Vercelli, den Günstling Karls III., aus seiner Hofstellung verdrängt war, sind die Berichte von persönlicher Verbitterung wie auch einer gewissen Kritik an der Reichsführung getragen, die allerdings nie das Maß Hinkmars von Reims in den Annales Bertiniani erreichte. Von 882 ab wurden – wohl durch den Wechsel im Erzkanzleramt bedingt – diese Annalen auch in einer eigenen hofnahen Redaktion offenbar in Bayern fortgeführt, die eine Übereinstimmung des Annalisten mit der Politik Karls III., aber auch mit der seines Nachfolgers Arnulf von Kärnten aufweist. Die Annales Fuldenses sind uns bis 901 erhalten, reichten aber ehedem vielleicht sogar bis 911. – Historisches Bewußtsein fand seinen Niederschlag ebenso in der Geschichtsdichtung des Poeta Saxo, der in den Anfangsjahren Arnulfs von Kärnten in Corvey die Vita Karoli und die Einhardfassung der Reichsannalen in lateinische Hexameter brachte. In St. Gallen, das zusammen mit dem Reichenauer Inselkloster zu einem kulturellen Mittelpunkt des alemannischen Raumes wurde, hatte 886/87 schon Notker Balbulus († 912) das bereits mythisch verklärte Bild Karls des Großen nachgezeichnet (Gesta Karoli), um dessen Nachfahren, Karl III., für sein hohes Amt ein Vorbild zu geben. Aber Notker war nicht nur ein kurzweiliger Erzähler mit historischen Interessen, sondern auch ein begnadeter Dichter – seine vielen Hymnen und Sequenzen bezeugen es noch heute – und ein Gelehrter, der Musiktheorie ebenso meisterte wie Kirchengeschichte und Theologie. Zu seiner Zeit wirkten in St. Gallen auch Ratpert († nach 884), der Verfasser von Casus sancti Galli, und der Elfenbeinschnitzer Tuotilo († um 913), der ebenso durch die Einführung der Tropen, d. h. musikalisch-textlicher Erweiterungen in der Meßliturgie, bekannt ist. Andernorts entstanden Heiligenviten und Vitenbearbeitungen, Miracula und Translationsberichte. Aber zu all dem kam das in den anderen Teilreichen noch nicht feststellbare Bemühen um religiöse Dichtung in der Volkssprache. Die ostfränkische Übersetzung der Evangelienharmonie des Syrers Tatian und das altsächsische Stabreimepos vom 'Heliand' (beide schon um 830 entstanden) gaben den Auftakt; Otfrieds von Weißenburg († nach 868), eines Schülers des Hrabanus Maurus, Liber Evangeliorum Domini theotisce conscriptus, der später zumeist einfach 'Christ' genannt wurde, brachte mit seinen etwa 15000 Halbversen eine lehrhafte Dichtung zuwege, die von Ausdruckskraft wie inhaltlicher Bewältigung zeugt und mit ihrer erstmals faßbaren Endreim-Dichtweise in die Zukunft wirkte.

Theologie: Abendmahls- und Prädestinationsstreit. Theologische Erörterungen gab es in der ausgehenden Karolingerzeit nur über zwei Probleme: Zum einen hat Paschasius Radbertus von Corbie († um 859) in seiner Schrift 'Über den Leib und das Blut des Herrn' in der geweihten Hostie einen Teil des realen Leibes Jesu gesehen, was den Widerspruch von Hrabanus und von Ratramnus von Corbie († nach 868) hervorrief, die, von Augustinus herkommend, das mystisch-spirituelle Moment in der Eucharistiefeier vertraten. Zum anderen schlug breitere Wogen der sog. Prädestinationsstreit. Dieser entzündete sich an der Auffassung des ehemaligen Fuldaer Klosterschülers Gottschalk – er lebte nach vergeblichen Bemühungen um Befreiung von seinem Mönchsgelübde, das der Vater für den *puer oblatus* geleistet hatte, im westfränkischen Orbais (b. Soissons) –, der Mensch könne sowohl zum ewigen Heil wie zum Verderben vorbestimmt sein. Da mit dieser Lehre von der doppelten Prädestination die Seelsorge fundamental angesprochen war, beschäftigten sich mit ihr nicht nur Gelehrte wie Hrabanus, Lupus, Florus und Hinkmar, sie wurde auch auf Synoden als häretisch verworfen; eine echte Problemlösung gab es aber nicht.

4. Erschöpfung in der 1. Hälfte des 10. Jahrhunderts und nachfolgende ottonische Bildungs- und Kulturerneuerung

Allgemeine Charakteristik. Analog dem staatlich-politischen Umformungsprozeß, der in den beiden ersten Jahrzehnten des 10. Jahrhunderts kulminierte (s. u.), und mitbedingt durch die damals bedrohlich angewachsenen äußeren Gefahren von Normannen und Ungarn sowie mitverschuldet durch die mit Übergriffen auf Kirchen- und Klostergut verbundenen Abwehrreaktionen der vielfach zur Selbsthilfe gedrängten adligen Herren, ist die recht rege spätkarolingische Geisteswelt einer Phase der Erschöpfung gewichen. Die ersten Jahrzehnte des 10. Jahrhunderts erscheinen dadurch als eine Zeit geringer Schriftlichkeit (selbst auf dem Feld der Urkunden und Rechtsgeschäfte) und erlahmender Geisteskraft. Erst mit der politischen Konsolidierung im Reich der Ottonen fand das Einschrumpfen der Bildung ein Ende und kam es zu einer Bildungserneuerung, die man oft (in Anlehnung an den Begriff der 'karolingischen Renaissance') als 'ottonische Renaissance' bezeichnet hat. Es galt dabei mehr, das karolingische Erbe in die neue Zeit hinüberzuretten und dessen Grundsubstanz in sich aufzunehmen, als schöpferisch voranzuschreiten. Dadurch wirkt alles Geschaffene bescheidener, schulmäßiger. Aber dadurch, daß der Königshof und die Herrscherfamilie nicht derart im Mittelpunkt standen wie in der 'karolingischen Renaissance' – von einer Hofschule hören wir auch in der Zeit des sonst der *Renovatio* so aufgeschlossenen Otto III. nichts – und daß dafür Kloster- und Domschulen die Zentren der Bildungserneuerung und -bewahrung bildeten, die mit ihrer Ausbildung in den hergebrachten *Septem artes liberales* – gegliedert in *Trivium* (Grammatik, Rhetorik, Dialektik) und *Quadrivium* (Arithmetik, Geometrie, Musik, Astronomie) – den Schulbetrieb bestimmten, wurde nicht so sehr die Spitzenleistung als vielmehr eine größere Breitenbildung gefördert. Die bekanntesten Klosterschulen befanden sich in St. Gallen, Reichenau, Fulda, Corvey, St. Maximin in Trier, St. Emmeram in Regensburg, Tegernsee; wichtige Domschulen existierten in Köln, Magdeburg (Scholaster Ohtrich!) oder Speyer; in Frankreich waren die wichtigsten Bildungszentren die St. Germanusklöster von Paris und Auxerre sowie die Domschule von Reims, nach der Jahrtausendwende auch die von Chartres. Daß das Laienelement dadurch ganz ausfiel und die literarische Bildung zur Domäne der Geistlichkeit wurde, ist somit leicht verständlich.

Verhältnis zu antiken Autoren. In diesem Schulbetrieb war das Verhältnis zu den rezipierten klassischen Schriften nicht so stark von einem humanistischen Lebensverständnis getragen wie noch bei den karolingischen Gelehrten. Bezeichnend ist etwa, was Ruotger, der Biograph Erzbischof Bruns von Köln, über das Verhältnis des Kaiserbruders, der innerhalb der frühen Ottonen der aufgeschlossenste Mitträger der geistigen Erneuerung war, zum klassischen Bildungsgut schrieb: „Überall führte er seine Bibliothek mit sich wie eine Bundeslade und hatte so den Gegenstand wie auch das Hilfsmittel seiner Studien bei sich: den Gegenstand in den heiligen, das Hilfsmittel in den heidnischen Büchern" (Vita Brunonis c. 8). Die klassischen Autoren blieben Hilfsmittel, aus denen man einen glatten Stil, ein elegantes Latein erlernen wollte; vor der humanistischen Weltbejahung und der Lebensauffassung der Antike scheute man zurück; Bibelkenntnis und Kirchenväterwissen standen im Vordergrund; eine betont christliche Ethik wurde erstrebt.

Das Anliegen der Dichtung und der Vitenliteratur. Ganz deutlich sieht man die Zielsetzung z. B. an den 6 geistlichen Lesedramen der einzigen nennenswerten Dichterin der damaligen Zeit, Hrotsvith von Gandersheim († nach 975 ?). Terenz, der altlateinische Komödiendichter, war ihr Vorbild; von ihm entlehnte sie Stilmittel, humoristisch-komische Gestalten und verfängliche Situationen, – aber nur, um zu einer monastisch-asketischen Ethik, zu Bußgesinnung, Keuschheit, innerlicher Erbauung zu gelangen. (Weltliches – mit geistlichen Sequenzen gemischt – ist erst in der Cambridger Liedersammlung, die zu Ende unseres Beobachtungszeitraums mehr zufällig und wohl im Rheinland entstand, stärker zum Zuge gekommen.) Das Anliegen bei Hrotsvith wie in den Dichtungen Walters von Speyer und anderer Unbekannter war ansonsten dasselbe wie in den öfter angefertigten Bearbeitungen der Viten älterer Heiliger oder in den neu konzipierten Lebensbeschreibungen gar mancher in den Heiligenrang sublimierter Reichsbischöfe, und zwar in metrischer Form (Poetae Latini V) oder auch in Prosa (z. B. Viten der Bischöfe Ulrich von Augsburg, Brun von Köln, Bernward von Hildesheim, Vita Mathildis etc.): Bestärkung des Lesers im Dienst für Kirche und Reich. Wenn so in poetisch-literarischer Hinsicht die ganze Ottonenzeit eher dürftig zu nennen ist, die Theologie sogar problemlos und fast steril erscheint, so ist der Blick mit um so größerer Aufmerksamkeit auf die in der Hagiographie schon teilweise mitberührte Geschichtsschreibung zu lenken, die aus dem politischen Aufschwung ihren innersten Antrieb erhielt.

Geschichtsschreibung. Seit der Mitte des 10. Jahrhunderts entstanden so die von Stammesstolz geprägte Sachsengeschichte des Mönches Widukind von Corvey († nach 968), die Geschichte Gandersheims und die 'Taten Ottos des Großen' der schon genannten Hrotsvith von Gandersheim sowie die Fortsetzung der Chronik Reginos von Prüm, die der Abt Adalbert von Weißenburg, ab 968 erster

Erzbischof von Magdeburg († 981), verfaßte. Diesen Werken ist die memorienhaft-subjektive Geschichtsschreibung des 950 aus Italien an den Hof Ottos I. geflüchteten, dann Ende 961 als Bischof in Cremona eingesetzten Liudprand († 972) – Antapodosis (= Buch der Vergeltung), Historia Ottonis und Legatio ad imperatorem Constantinopolitanum – zur Seite zu stellen, die seit 958 entstand. – In Frankreich wirkte damals als korrekter Chronist der Kanoniker Flodoard von Reims († 966), dessen Annales und Historia Remensis ecclesiae die Hauptquellen für die bewegte Geschichte Frankreichs in der ersten Hälfte des 10. Jahrhunderts bilden. – Einer jüngeren Generation gehört die vorzügliche Geschichtsschreibung des durch seine umfangreiche Chronik bekannten Bischofs Thietmar von Merseburg († 1018) an. Hohes Ansehen genießen desgleichen der Hofkaplan Wipo († nach 1046) mit seinen Gesta Chuonradi imperatoris und der Weltchronist Hermann der Lahme von der Reichenau († 1054), die hier ebensowenig einzeln charakterisiert werden können wie die wichtigsten Geschichtsschreiber aus dem damals zu erstem nationalen Bewußtsein gelangenden Frankreich samt ihren Werken: so etwa Richer von Reims, Adso von Montiér-en-Der, der unbekannte Autor der Historia Francorum Senonensis, Aimoin von Fleury, Ademar von Chabannes, Fulbert von Chartres, Rodulfus Glaber aus Cluny etc. Neben ihnen ist aber als bedeutendster Gelehrter seiner Zeit, was Verarbeitung an klassisch-antiker Bildung, Kenntnisse in Philosophie, Mathematik und Naturwissenschaften anbetrifft, der Aquitanier Gerbert von Reims hervorzuheben, der vor allem Kaiser Otto III. von seiner stupenden Gelehrsamkeit zu überzeugen wußte und durch diesen auch als Silvester II. auf den Stuhl Petri gelangte († 1003).

Volkssprachliche Literatur. Durch Notker den Deutschen († 1022) erlangte die volkssprachliche Literatur mit Übersetzungen antiker Autoren wie zeitgenössischer Abhandlungen wichtige neue Impulse. Volkssprachliche Literatur ist nunmehr auch in Frankreich und England zu bemerken, während sich eine solche Gattung in Italien noch nicht entwickelte. Die Nähe zum spätantiken Vulgärlatein wirkte sich hier offenbar hemmend aus. Wie 'verwildert' sich dabei das Latein geben konnte, zeigt die Chronik des Mönches Benedikt vom St. Andreaskloster auf dem Monte Soracte (nördl. Rom).

Ottonische Kunst. Auch in der bildenden Kunst setzte das Abendland um die Mitte des 10. Jahrhunderts zu einem Aufschwung an, der – karolingisches Erbe und spätrömische sowie byzantinische Einflüsse mit einheimisch-germanischem Formgefühl verbindend – vor allem im Kirchenbau, in Wand- und Buchmalerei, aber auch in Skulpturschöpfung und Goldschmiedekunst Großartiges hervorgebracht hat. Die zwei Generationen vor und nach der Jahrtausendwende scheinen von einer überwältigenden Baufreudigkeit der Reichsbischöfe und Reichsäbte erfüllt, die in den schriftlichen Quellen beredten Niederschlag fand und sich noch heute in vielen erhaltenen Kirchenbauten dokumentiert (Gernrode, St. Michael in Hildesheim, St. Georg in Oberzell/Reichenau, Münsterkirche in Essen, St. Remi in Reims, Torcello, Westwerke von St. Pantaleon in Köln und in Corvey). Die früher nur seltene, stark repräsentative Steinbauweise mit Wölbetechnik und Anlage von Krypten löste die Holzbauweise von Sakralgebäuden jedenfalls endgültig ab. Dabei verdrängte auch die in einer zwar steilen, aber doch zugleich gedrungen wuchtigen Körperhaftigkeit errichtete, kreuzförmig konstruierte Basilika die ältere, mediterrane Längsbasilika. Charakteristisch ist auch das Festigkeit verkörpernde Würfelkapitell, das das bei den Karolingern (und selbst noch bei Ottos des Großen Magdeburger Dombau) verwendete spätantike, naturalistisch überzüchtet und aufgelöst wirkende Akanthusblattkapitell verdrängte. – Von der hohen Kunst der Buchmalerei, die in gleicher Weise wie die Wandmalerei durch ein Bemühen um letztmögliche Reduzierung der Szenen auf klare Formen und Linien und durch eine Gebärdensprache der dargestellten Personen gekennzeichnet ist, haben sich noch viele repräsentative Stücke erhalten (z. B. Evangeliar Ottos III., Perikopenbuch Heinrichs II., Codex Egberti, Hitda-Codex, Evangeliar Heinrichs III.), während von der Wandmalerei das meiste die Jahrhunderte nicht überdauert hat. Das beachtenswerteste Beispiel dafür dürfte der Wandzyklus in der St. Georgskirche in Reichenau/Oberzell sein. – Die Goldschmiedekunst und der Bronzeguß haben in gleicher Weise Spitzenleistungen erbracht (z. B. Reichskrone, Schmuck der Kaiserin Gisela, Essener Mathildenkreuz, Hildesheimer Domtüren, Bernwardsleuchter), die auch heute noch in der europäischen Kunstgeschichte hohen Rang genießen. So gewinnt man den Eindruck, als habe die kulturelle Erneuerungskraft der Ottonen- und Frühsalierzeit, die im literarischen Bereich bescheidener zur Geltung kam, ihre eigentliche Bewährung auf dem Feld der bildenden Künste erbracht.

D. DAS GESCHEHEN IM STAATLICH-POLITISCHEN BEREICH

Strukturen – Entwicklungskräfte. Der Zerfall des Großfränkischen Reiches und der Aufbau einer neuen europäischen Staaten- und Völkergemeinschaft – Grundthema dieses Bandes – sind langwierige Prozesse. Diese sind nicht vornehmlich durch Anstöße von außen bzw. durch Mißerfolge der Kräfte des Großfränkischen Reiches an den Grenzen ausgelöst worden; und sie resultierten auch nicht einfach aus der fast unregierbaren Größe des von der Eider bis nach Benevent und vom Ebro bis an die Elbe, den Böhmerwald und die Pannonische Ebene reichenden Karlsreiches oder aus einem zu geringen Entwicklungsstand der Kommunikationsmittel und der staatlichen, wirtschaftlichen und gesellschaftlichen Strukturen. Auch volkhafte Kräfte, Regungen und Empfindungen, die uns heute so selbstverständlich sind, haben in diesen Prozessen noch keine relevante Rolle gespielt. (Wenn wir etwa von Ludwig 'dem Deutschen' sprechen, so sind wir uns ja bewußt, daß dieser Beiname erst aus der Humanistenzeit stammt.) – Der Geschichtsverlauf war hingegen deutlich bestimmt durch eine Reihe von nicht vorher kalkulierbaren Imponderabilien am Herrscherhof. Weitblick, Energie oder Schwäche eines Regenten, Krankheiten und frühzeitige Todesfälle, Munt- oder Friedelehen, Söhnelosigkeit ebenso wie mehrere männliche Nachkommen in der regierenden Dynastie, dazu die Existenz von Friedelkindern etc. hatten ihre enormen Konsequenzen, weil sich das Reich im König und seiner *stirps* symbolisierte, ganz von den inneren Schicksalen der Königsfamilie abhing und wie ein großes Gut dem (privatrechtlichen) Erbteilungsprinzip unterlag. Solange ja das Reich noch nicht als unteilbares Grundsubstrat von der allem menschlichen Wandel unterworfenen Königsfamilie abstrahiert – losgelöst – war, mußte somit die Grundstabilität des Reiches stets in Gefahr sein. Manche grundsätzliche Entscheidung wurde dazu von Adligen beeinflußt, die zwar zunehmend das Reich mitzutragen beanspruchten, sich jedoch oft mehr von momentanen eigenen Interessen als von langfristigen Konzeptionen leiten ließen. Insofern kann eine um das Verstehen dieser Entwicklungen bemühte Geschichtsbetrachtung das Agieren der Menschen – vor allem der Herrscher und der adligen Führungskreise – nicht geringschätzen. Dieser politischen Geschichte, in der sich an der Schwelle zum 10. Jahrhundert aus dem Karolingerreich heraus die neue Ordnung der Europa hinfort kennzeichnenden Staaten und Völker – mit neuartigen Kontakten untereinander und zu den benachbarten Völkerschaften – ergeben und eingespielt hat, müssen wir uns nunmehr zuwenden. Wenn sich dabei die Geschichte des ottonisch-frühdeutschen Reiches zunehmend in den Vordergrund schiebt, ist das weniger eine Folge unserer gewohnten nationszentrierten Geschichtsbetrachtung als vielmehr durch die Mittelpunktsfunktion gerechtfertigt, in die Deutschland und seine Herrscher vollends mit der Erringung des Kaisertums gelangten.

1. Ein Großreich zerbricht: Die Zeit der späten Karolinger

Die politische Situation um 840. Der Tod Kaiser Ludwigs des Frommen, des Sohnes des oft als *pater Europae* apostrophierten Kaisers Karl des Großen, am 20. VI. 840 ersparte dem Großfränkischen Reich die offene Auseinandersetzung über die seit einem Jahrzehnt aufgestauten Probleme nicht. Ungesichert war vor allem der weitere Zusammenhalt des Reiches. Gewiß: 817 hatte Ludwig in seiner *Ordinatio Imperii* feierlich festgelegt, daß von seinen drei Söhnen der älteste, Lothar I., Mitkaiser sein und künftig als alleiniger Kaiser der Regent des Gesamtreiches werden sollte; die jüngeren Söhne Pippin und Ludwig (der Deutsche) sollten als Unterkönige in Aquitanien und Bayern der Suprematie Lothars unterstehen. Die traditionelle gleichmäßige Erbteilung des Reiches unter alle Königssöhne war damit – vornehmlich unter dem Eindruck der Singularität und der Unteilbarkeit der im Jahre 800 erneuerten Kaiserwürde – aufgegeben und sollte, damit die Reichseinheit gewahrt werde, nicht fortgeführt werden. Aber Ludwig der Fromme hatte dann selbst seit 829 immer deutlicher zum älteren Usus zurückgelenkt, da ihm seine zweite Gemahlin (∞ 819), die Welfin Judith, 823 noch einen Knaben geboren hatte, Karl den Kahlen, der nach dem Willen seiner Eltern auch gleichrangig versorgt werden sollte. Die von Judith und ihren Beratern erwirkten Versuche, aus den 817 festgelegten Kompetenzbereichen für den Nachkömmling etwas auszusondern, hatten indessen zum Widerstand der Söhne aus erster Ehe – und zwar in wechselnden Kombinationen, je nach Maß der Benachteiligung oder der Mitbevorzugung – geführt. Das Reich war dadurch seit 830 in tiefste Krisen geraten; es war sogar zur offenen Demütigung des alten Kaisers durch Lothar I. (833) gekommen, aus der ihm die jüngeren Söhne nur mühsam heraushalfen (834); ja, das Hin und Her hatte schon Parteiungen um die einzelnen Königssöhne entstehen lassen, die diesen erst die Selbstbehauptung gegen den kaiserlichen Vater ermöglichten und ihnen bald unentbehrlich wurden. Die Schuld Ludwigs des Frommen am Zwiespalt im Frankenreich, zumal er die Großen und das Volk in rascher Folge die verschiedensten einander widersprechenden Eide hatte schwören lassen, ist unübersehbar. Den größten Schaden hatte Lothar erlitten, dessen 817 beschlossener Vorrang immer weiter zurückgeschraubt worden war und der sich wiederholt nach Italien hatte zurückziehen müssen. Auch der vorzeitige Tod Pippins von Aquitanien (838) hatte nicht, obgleich danach, wie 817, nur noch drei legitime Söhne Ludwigs vorhanden waren und Karl der Kahle in Aquitanien Fuß zu fassen begann, zur Einhaltung der *Ordinatio* zurückgeführt. Da keine rechtmäßige Instanz existierte, die ohne den König eine verbindliche Entscheidung herbeiführen oder auch nur vorbereiten konnte, mußte also nach dem Tode Ludwigs des Frommen offener Bruderkrieg über Reichseinheit unter kaiserlicher Führung oder Aufteilung in drei gleichwertige Reichsteile entscheiden.

Kampf um die Reichseinheit. Lothar I. beanspruchte als Kaiser sogleich die Oberherrschaft im Sinne der Bestimmungen von 817. Doch wurde sein Aufgebot von den Bayern Ludwigs des Deutschen an der Wörnitz (13. V. 841) geschlagen; und als anschließend Ludwigs des Deutschen Hilfe für den bedrängten Stiefbruder Karl den Kahlen bei Fontenoy (sw. Auxerre/25. VI. 841) zur blutigen Niederlage führte, die nach den erhaltenen Berichten einen immensen Blutzoll gefordert hat, zeichnete sich die Entscheidung ab; Lothar I. stürzte rasch aus der Rolle des Bewahrers der Reichseinheit in die Tiefe eines militärisch und politisch gescheiterten Hasardeurs. Weithin empfand man diese Niederlage der Reichseinheitspartei als Gottesurteil. Lothars Unterstützung des Stellinga-Bundes sächsischer Freier und Liten, der sich gegen den auf seiten Ludwigs des Deutschen stehenden Adel erhob, aber auch ins Heidentum zurücktendierte, blieb danach ebenso erfolglos wie die von den Wikingern erhoffte Hilfe, denen Lothar die Insel Walcheren überließ (841). Gestärkt durch die Niederwerfung des Stellinga-Bundes traf sich andererseits Ludwig der Deutsche mit Karl dem Kahlen in Straßburg, wo beide in berühmt gewordenen Eiden (14. II. 842) ihr gegenseitiges Hilfsversprechen gegen Lothar bekräftigten. Ludwig schwor seinen Eid in altfranzösischer, Karl den seinen in althochdeutscher Sprache, damit auch die Mitstreiter des Bündnispartners auf den Eidinhalt vertrauen konnten; und anschließend schworen die beiden Heere in ihren eigenen Sprachen, für die Einhaltung der Eide zu wirken.

Teilungsvertrag von Verdun 843. Als Lothar dann auch noch Aachen verloren hatte, gab er dem Drängen seines zusammengeschmolzenen Anhangs nach Friedensverhandlungen nach. Diese mündeten nach einer ausführlichen Bestandsaufnahme der vorhandenen Güter und Einkunftsquellen in einen Vertrag über die möglichst gleichmäßige Aufteilung des Gesamtreiches ein, der im August 843 in Verdun abgeschlossen und beschworen worden ist.

Zumal als fester Ausgangspunkt der beim Tode des Vaters gegebene Besitzstand der beteiligten Könige zugrunde gelegt wurde – und zwar für Lothar I. Italien, für Ludwig den Deutschen Bayern und für Karl den Kahlen zumindest der Anspruch auf Aquitanien, in dem sich freilich Pippins I. Sohn, Pippin II., einzurichten begann –, mußte die bisher staatstragende fränkische Mitte das eigentliche Teilungsobjekt abgeben. Und da Lothar als Kaiser auch die beiden *sedes imperii* – Rom und Aachen – beanspruchte, konnte die Dreiteilung kaum anders ausfallen, als sie tatsächlich vollzogen wurde: Lothar erhielt zu Italien einen langen schmalen Gebietsstreifen, der im Norden Friesland einschloß, im Osten vom Rhein (mit Ausnahmen am Mittelrhein) und den Alpen und im Westen von Schelde, Maas, Saône und Rhône begrenzt war. Ludwig der Deutsche bekam das *regnum orientalium Francorum* – wie es 833 nach der demütigenden Absetzung und Wiedereinsetzung des Vaters schon einmal bestanden hatte –, nämlich neben Bayern alle Reichsgebiete östlich Frieslands und des Rheins und nördlich der Alpen, dazu auf dem westlichen Rheinufer Mainz, Worms und Speyer samt Umland; und Karl wurde der gesamte Westen zugesprochen, wobei er sich in Aquitanien aber erst gegen Pippin II. durchsetzen mußte.

Idee des corpus fratrum. Mit dieser Teilung haben die drei Karolingerbrüder der Vorstellung, daß das Frankenreich ein Gesamtes sein und bleiben müsse, keine Absage erteilen wollen. Die Aufteilung sollte nur die Herrschaft betreffen und Zuständigkeitsbereiche bilden, über die hinweg sie ein gemeinsam regierendes *corpus fratrum* sein wollten. Bei den Brüdertreffen (Frankentagen) in Diedenhofen (844) und Meersen (847 und 851) wurde die Eintracht und die Idee des *nostrum commune regnum* demonstrativ bekundet.

Kräfte und Absichten bei der Teilung. Es war keinesfalls so, daß seit kurzem erwachte und vor allem in den beratenden Großen lebendige völkische Kräfte die völkerübergreifende, lediglich auf einem Vorrang des Frankentums gegründete Reichseinheit vom Osten oder Westen her gesprengt hätten oder daß man bei der Teilung auf gentile und supragentile Regungen irgendwelche Rücksicht genommen hätte. Die Großen, die den Friedensvertrag erarbeiteten und dann zusammen mit den Königen beschworen, waren Bevollmächtigte der Könige, nicht Vertreter bzw. Wortführer eines jeweiligen Volkes. Manche waren durch Doppelvasallitäten und Besitz in verschiedenen Gebieten des Großreiches an der größeren Einheit interessiert; und auch der Kirche war nicht an einer Zerreißung der Diözesen gelegen. Der Wille zu einer Volkseinheit, den man öfters hinter diesen Ereignissen vermutete, war weder bei Ludwig dem Deutschen und seinem östlich des Rheins beheimateten Anhang noch bei Karl dem Kahlen und seinen aus dem romanischen Westen rekrutierten Gefolgsleuten spürbar. Der Gebrauch der Volkssprachen in den Straßburger Eiden (842) zeigt gewiß keine neuen, sich nun bewußt aussondernden Volkseinheiten an; für Aquitanier und Ostrheiner hatte es auch vorher nie eine gemeinsame Sprache gegeben; nicht von neuen Völkern wird im Zusammenhang mit diesen Eiden gesprochen, sondern vom *populus noster Christianus* (Nithard III, 5). Die Teilungskriterien von 843 lagen vielmehr im wirtschaftspolitischen, militär- und verwaltungstechnischen Bereich; beachtet wurde die Anzahl und Leistungskraft von Königsgütern, Bistümern, Reichsabteien und Grafschaften, dazu deren Verbindung mit den Ausgangsgebieten der drei Teilenden, allenfalls noch die bisherige Parteinahme einiger wichtiger Adliger. – Auf die Dauer erwies es sich aber doch als folgenschwer, daß 843 überhaupt geteilt worden ist und daß dabei im Westen wie im Osten relativ homogene ethnische Komplexe entstanden sind. Sie bildeten unvorhergesehene Kristallisationskerne, die neben den sich ändernden dynastischen Gegebenheiten – zuerst unbewußt, dann langsam ins Bewußtsein tretend – das Auseinanderrücken förderten und das Mittelreich bei seiner inneren Konsolidierung etwas benachteiligt sein ließen. Nicht minder bedeutsam war für die Zukunft die Einbeziehung der hohen Adligen in die Ausarbeitung und eidliche Absicherung der

Verträge, wodurch sie in die Rolle von Mitverantwortlichen für die Entwicklung hineinzuwachsen begannen.

Kaiser Lothar I. und das Mittelreich. Die Sammlung der Kräfte des Mittelreiches hat Lothar I. nicht erreicht. Obgleich er nicht mehr nach Italien zurückkehrte, dort vielmehr 844 durch Papst Sergius II. seinen Sohn Ludwig II. zum König der Langobarden erheben ließ, den dann Papst Leo IV. 850 zum (Mit-)Kaiser krönte und der auch die Abwehr der sarazenischen Übergriffe auf die Küsten Italiens zu seiner Hauptaufgabe machte, gelang es Lothar I. nicht, den nordalpinen Teil des Mittelreiches zu festigen und zum Rückgrat der Reichseinheitsidee zu machen. Ohne Erfolg blieben sowohl seine Versuche, mittels eines päpstlichen Vikariats für den in seinem Reichsteil lebenden Erzbischof Drogo von Metz einen Vorrang vor den Brüdern durchzusetzen, als auch sein Bemühen, der normannischen Plünderungen im Norden des Mittelreiches Herr zu werden. In Rom setzte man sich 844 und 847 bei den Papstwahlen über das kaiserliche Bestätigungsrecht (s. S. 50) hinweg. Durch die Krönung von 850 war zudem das Kaisertum sichtbar an Rom rückgekoppelt, die konstituierende Mitwirkung des Vaters (wie 813 und 817 in Aachen) aufgegeben worden. Die brüderliche *concordia* geriet dazu in den Hintergrund, als Lothar zuerst Ludwig den Deutschen gegen Karl den Kahlen zu beeinflussen versuchte und danach, da jener sich mehr vermittelnd verhielt, ein Bündnis mit Karl gegen Ludwig schloß. Des letzteren Reaktion war die offene Einmischung in die Schwierigkeiten Karls des Kahlen mit den Adligen des westlichen Reichsteils (854): er sandte seinen gleichnamigen Sohn Ludwig den Jüngeren nach Aquitanien, was freilich auch keine durchgreifende Änderung bewirkte. Alles lief jetzt auf eine völlige Gleichheit der drei Partner hinaus. Daß Lothar I. den Reichseinheitsgedanken, für den soviel Mühe und Blut geopfert worden war, selbst aufgegeben hat, zeigt am besten das Faktum, daß er angesichts seines Todes (855) seinen Reichsteil, das Mittelreich, unter seine drei Söhne aufteilte.

Weitere Unterteilung des Mittelreichs. Ludwig II., der schon 844 zum König der Langobarden und 850 zum Kaiser gekrönte älteste Sohn, wurde auf Italien begrenzt; der jüngste Sohn Karl erhielt die Provence und einen Teil Burgunds, Lothar II. schließlich den übrigen Bereich zwischen Burgund und der Nordsee. Der weitere Zerfall setzte also gerade dort ein, wo der Einheitsgedanke sein Fundament haben sollte, in der ehemals reichstragenden Mitte. Und wieder spielten dabei die dynastischen Momente, nicht aber volkhafte Kräfte die Hauptrolle.

Karl von der Provence. Das provençalische Reich Karls hatte den kürzesten Bestand. Schon 861 versuchte der Westnachbar, Karl der Kahle, den jugendlichen und kranken Karl von der Provence zu verdrängen; er wurde dabei allein durch einheimische Große und durch einen gemeinsamen diplomatischen Schritt Ludwigs des Deutschen und Lothars II. gebremst. Als Karl von der Provence 863 noch unverehelicht und kinderlos starb, war man sich der Haltung Karls des Kahlen nicht sicher; dieser mußte aber den zweifellos besser erbberechtigten Brüdern

Lothar II. und Kaiser Ludwig II. nachgeben, die das provençalische Reich nun unter sich aufteilten.

Lothar II. Fast die ganze Regierungszeit Lothars II., dessen Reichsteil nach ihm bald Lotharingien genannt wurde, ist durch seinen Versuch geprägt, sich von seiner bald nach dem Regierungsantritt in einer Muntehe (s. S. 25f.) geheirateten Frau Teutberga, von der er keine Nachkommen erhalten konnte, wieder zu trennen und seine Friedel Waldrada, die ihm schon einen Sohn – Hugo – geschenkt hatte, als rechte Gemahlin zu legitimieren. Am kirchlichen Rechtsdenken, das seit dem Ausgang der Merowingerzeit die Muntehe zur alleingültigen, ein Kindeserbrecht bewirkenden Eheform durchzusetzen begonnen hatte, an der Autorität des in den Streit hineingezogenen Papstes Nikolaus I. und am Widerstand des Metropoliten Hinkmar von Reims im Kampf um die grundsätzliche Unauflösbarkeit einer rechtmäßigen Ehe scheiterten jedoch alle Bemühungen Lothars, der immerhin lange in den Reihen seines Episkopates willfährige Unterstützung gefunden hatte. Und das wiederum mußte – allen Zeitgenossen klar erkennbar – das Ende des selbständigen Mittelreiches von 843 bringen; denn auch Kaiser Ludwig II., der älteste Sohn Lothars I., blieb söhnelos. Das Mittelreich mußte dem Ost- oder dem Westfrankenreich zufallen oder zwischen ihnen geteilt werden. Während die verstoßene Königin Teutberga und ihr Bruder Hukbert, Graf und Laienabt des für die Alpenüberquerung wichtigen Klosters St. Maurice d'Agaune, sowie ihr geistlicher Vorstreiter, Erzbischof Hinkmar von Reims, Rückenstärkung vor allem bei Karl dem Kahlen suchten und fanden, ließ sich Ludwig der Deutsche für verständnisvolles Verhalten von Lothar II. das Elsaß versprechen. Daß Lothar II. 858 bei der Normannenabwehr im Westen Hilfe geleistet und 859/60 in Orten seines Mittelreiches Ausgleichsgespräche seiner zerstrittenen Onkel ermöglicht hatte, zählte vor allem bei Karl dem Kahlen, dem es nur um die Vergrößerung seines Reiches ging, nicht. 867 einigten sich schließlich Ludwig der Deutsche und Karl der Kahle in einem in Metz verabredeten Geheimvertrag vorsorglich über die Teilung des Lotharreiches. Und diese wurde auch, als Lothar II. tatsächlich noch vor seinen Onkeln 869 in Oberitalien während der Rückreise von einem seine Eheangelegenheit betreffenden Umstimmungsversuch beim Papst gestorben war, 870 in Meersen durchgeführt. Gleich nach Bekanntwerden der Todesnachricht hatte freilich Karl – während Ludwig der Deutsche in Regensburg krank darniederlag – versucht, das ganze Lotharreich zu okkupieren, war damit aber auf Ludwigs Kriegsdrohung gestoßen, kaum daß dieser genesen war.

Kaiser Ludwig II. Über das unbestreitbare Erbrecht Ludwigs II., der nur noch als *Imperator Italiae* galt und dessen ganze Kraft sich in der Abwehr der sarazenischen Überfälle in Süditalien bzw. in den mittel- und norditalischen Küstenregionen wie auch gegen den Herzog von Benevent verschliß, waren beide hinweggegangen. Ludwig der Deutsche scheint es 872 nachträglich anerkannt und dafür die Zusicherung der Nachfolge seines eigenen Sohnes Karlmann in Italien erwirkt zu haben. Als Ludwig II. 875 starb, ohne daß die Vertreibung der

Sarazenen aus Süditalien und eine Aufrichtung der Reichshoheit über Benevent und den griechischen Südosten Italiens gelungen war, rückten zwar Ludwigs des Deutschen Söhne Karl III. und Karlmann in Italien ein, aber durch Täuschung vermochte Karl der Kahle vom Westreich deren Abzug und seinen Weitermarsch nach Rom zu erreichen.

Karl der Kahle. In Rom wurde Karl der Kahle von Papst Johann VIII. zu Weihnachten 875 zum Kaiser gekrönt. Im Februar 876 haben ihn dann in Pavia auch noch die oberitalienischen Großen zum Gebieter Italiens proklamiert. Die Kaiserkrone war Karl übrigens schon 872 von Johanns Vorgänger Papst Hadrian II. in Aussicht gestellt worden, was anzeigt, daß sich das Papsttum aus der 824 festgelegten Beaufsichtigung durch den Kaiser (s. S. 50) emanzipiert hatte und inzwischen umgekehrt zum alleinigen Vergeber der Kaiserwürde avanciert war, ja deswegen sogar zum bestimmenden Faktor in Italien zu werden trachtete.

Karl der Kahle erwies sich damit als der agilste unter den damaligen Regenten. Sein Machtzentrum lag in und um Paris, nicht etwa in Aquitanien. Nur in zähen, mit Unterbrechungen bis 864 andauernden Kleinkriegen hatte er seinen Rivalen Pippin II. von Aquitanien ausschalten können; und gegen die äußeren Feinde, die Bretonen und besonders die normannischen Wikinger (s. S. 85f.), war er nur allmählich zu Erfolgen gelangt. Auch der Widerstand starker Adelsgeschlechter, der sich 854 und 858/59 in Einladungen an Ludwig den Deutschen und ostfränkischen Interventionen im Westen geoffenbart hatte, war nur schwer zu überwinden gewesen. Geholfen hatten ihm besonders Zugeständnisse an die geistlichen und weltlichen Kronvasallen: z. B. 843 im Vertrag von Coulaines bezüglich der Rechtsgarantien für Kirche und Laienadel bzw. 877 im Vertrag von Quierzy, der den Söhnen der Großvasallen die Erbnachfolge in den auch schon die Ämter erfassenden Lehen gewährte. Die unter ihrem Metropoliten Hinkmar von Reims zu höchstem Ansehen gelangenden Bischöfe hatten Karls Königtum zugleich mit Salbungen, Krönungswiederholungen und der Übergabe von Herrschaftsinsignien sakral erhöht. Daß Karl 858/59 (bei der ostfränkischen Intervention) sein Königtum bewahren konnte, war allein Hinkmars und ihr Verdienst. Der Gedanke, daß die Salbung dem König als einem *Christus Domini* (Gesalbten des Herrn) einen *character indelebilis* verleihe, war erkannt und bewußt als politisches Kampfmittel gegen den Rivalen und gegen alle Widersacher eingesetzt worden. Freilich hatten daraus die Bischöfe auch schon das Recht gefolgert, den König beeinflussen, wenn nicht gar rügen zu dürfen. – Insgesamt hatte sich seit ca. 860 das Königtum Karls festigen können: aber um den Preis, daß dem Adel und der Kirche ein stärkeres Eigengewicht zukam und die Feudalisierung der Ämter kräftig voranschritt und über Großkommandos (etwa in der Normannenabwehr) ein Hierarchisierungsprozeß im Adel – hin zur Ausbildung von Mittelgewalten – in Gang kam, an dessen Ende die französischen Lehnsfürstentümer des 10. Jahrhunderts stehen sollten.

Ludwig der Deutsche und seine Söhne. Im Herrschaftsbereich Ludwigs des Deutschen sind hingegen das auf die Kirche gestützte Amtsdenken, die Königssalbung, der Umgang mit königlichen *promissiones* an Kirche und Laienadel und die Anbahnung eines Gruppenbewußtseins bei Kirchenführern und Laienadel, das den König in seinem Handlungsspielraum einengte – wie das für das Westfrankenreich Karls des Kahlen faßbar ist –, nicht heimisch geworden. Überhaupt war hier die ganze Herrschafts- und Verwaltungspraxis viel urtümlicher: sie kannte schriftliche Fixierungen viel weniger als der Westen, vermochte sich auch kaum an ein nennenswertes Städtewesen anzulehnen und ein ausgeprägtes Lehnswesen für sich zu nutzen. Das Königsrecht der Bischofserhebung galt hier unbestritten. Da Ludwig schon seit 827 mit Bayern in dauerndem Kontakt stand, war es nur natürlich, daß er die Pfalz Regensburg zu seinem Herrschaftsmittelpunkt gestaltete. Mit diesem konnte sich nur noch Frankfurt a. M., das für das neue Ostfränkische Reich zentraler gelegen war und sich für die Abhaltung von Reichsversammlungen somit besser eignete, messen. Da Ludwig bis 843 der engere Kontakt zu den in verschiedenen Reichsteilen und Stammesgebieten über weite Besitzungen verfügenden höchsten Adligen fehlte – sie standen naturgemäß mehr in der Reichseinheitspartei Lothars I. –, mußte zunächst ein behutsames Werben um jene Kräfte beginnen. Erleichtert wurde ihm das in Sachsen, wo er mit dem Adel schon bei der Niederwerfung des Stellinga-Bundes (s. S. 77) zusammengewirkt hatte, wohin er sich aber nur sehr selten begab. Die Heirat seines zweiten Sohnes, Ludwigs des Jüngeren, mit Liudgard, der Tochter des sächsischen Adligen Liudolf, den man bei seinem Tode (866) in rühmender Absicht bereits als *dux* bezeichnete (ohne daß man schon an den späteren konkreten Sinn 'Stammesherzog' gedacht haben kann), zeigt recht eindeutig, wie es gelang, die wohl wichtigste sächsische Adelsfamilie – und damit die Sachsen insgesamt – an seine Herrschaft zu binden wie auch seinen Sohn in einem künftigen Herrschaftsbereich, der bei einer weiteren Erbteilung erforderlich war, heimisch zu machen. Ein ähnliches Vorgehen sieht man im Oberrheingebiet, in dem Ludwigs jüngster Sohn Karl III. einmal regieren sollte. Aus dem dortigen Adel nahm jener seine Frau: Richgard, die Tochter des im Breisgau und Elsaß mächtigen Grafen Erchanger. Ludwigs des Deutschen ältester Sohn Karlmann vermählte sich hingegen mit einer Tochter des im bayerisch-böhmischen Grenzgebiet mächtigen *dux* Ernst, womit auch hier schon eine Weichenstellung für die Zukunft erkennbar wird. Freilich ist Ludwig mit seinen von der weiteren Teilung seines Reiches ausgehenden Nachfolgeplänen erst 865 und 872 offen hervorgetreten. Damals wurde für Karlmann Bayern samt den Marken gegen die Slawen und gegen Oberitalien vorgesehen; für Ludwig den Jüngeren wurden Thüringen, Franken und Sachsen mit den tributpflichtigen Grenzstämmen und für Karl III. Alemannien mit Churrätien festgelegt. Den Adel seines Reichsteils hatte Ludwig der Deutsche so weit im Griff, daß er selbst „den höchsten seiner Optimaten", Karlmanns Schwiegervater Ernst, wegen Treubruchs absetzen und dessen Anhänger außer Landes verweisen konnte (861). Die süddeutschen Welfen, deren Verbindungen zu den westfränkischen Verwandten für Ludwig gefährlich werden konnten – jene hatten 858/59 durch blanken Verrat das Scheitern des Aquitanienfeldzugs verschuldet –, büßten wie manch andere ihre Stellung ebenfalls ein (obwohl seine eigene Gemahlin Hemma eine Welfin war). Daraus ergibt sich der Eindruck, daß Ludwig noch allerorts seine Königsgewalt voll zur Geltung bringen konnte.

Slawenmission und Großmährisches Reich. Auch die slawischen Nachbarn im Osten – so etwa die Sorben östlich der Saale, die Böhmen und die Mährer – konnte Ludwig der Deutsche in der aus den Zeiten Karls des Großen bzw. Ludwigs des Frommen überkommenen losen Abhängigkeit halten. Die Taufe von 14 böhmischen *duces* in Regensburg (845) führte nicht zur erhofften stärkeren Kontrolle über Böhmen. Zeitweise waren die Erfolge in Mähren, das von Passau aus missioniert wurde, größer. Doch wuchs dort nach der Ausschaltung des Fürsten Moimir (846) unter dessen christlich gewordenem Neffen, dem *dux* Rastislav, auch ein politischer Gegenkomplex heran, der durch Einladung italienischer und vornehmlich byzantinischer Missionare einen Rückhalt in Byzanz und in Rom erstrebte, sich aber von Regensburger, Passauer und Salzburger Einflüssen frei zu machen suchte. In den dort ab 863 auftretenden griechischen Slawenmissionaren Konstantin-Cyrill und Methodius, die in Rom die Genehmigung einer slawischen Liturgie erwirkten und damit auf den heftigen Widerstand der bayerischen Bischöfe stießen, fand Rastislav lange Zeit erfolgreiche Mitstreiter beim Aufbau eines Großmährischen Reiches, ehe innere Wirren ihn (870) in Ludwigs des Deutschen Hände fallen ließen und den Nachfolger Swatopluk zumindest zum Treuegelöbnis gegenüber Ludwig nötigten (874).

Wirre Situation 875 – 879. Die letzten Jahre Ludwigs des Deutschen sind von einer härteren Gangart gegenüber seinem Halbbruder Karl den Kahlen gekennzeichnet. Nach Karls Überrumpelungsversuch in Lotharingien 868 beim Tode Lothars II. empfand Ludwig die Düpierung seines Sohnes Karlmann in Oberitalien (875) (s. S. 80f.) als erneuten Rechtsbruch. Ein Einfall in das Westreich sollte Karl auf den Rechtsweg zurückzwingen, blieb aber ebenso erfolglos wie die nachfolgenden Verhandlungen. Mitten in den Rüstungen zu einem offenen Krieg gegen Karl starb Ludwig der Deutsche jedoch (28. VIII. 876). Karl der Kahle hielt deshalb die Stunde für gekommen, zu seinem Westfrankenreich, zu Italien und dem Westteil Lotharingiens nun auch noch die Osthälfte Lotharingiens – wenn nicht gar das gesamte Ostfränkische Reich – hinzugewinnen zu können und sein Kaisertum mit der Wiederherstellung der Reichseinheit zu krönen. Doch entschied die Schlacht von Andernach (8. X. 876), die Ludwigs des Deutschen Sohn Ludwig der Jüngere gewann, gegen Karls Pläne.

Im Ostreich konnte danach die schon lange projektierte Teilung unter die drei Söhne Ludwigs des Deutschen erfolgen. Ja, Karlmann konnte sich zur Vertreibung Karls des Kahlen aus Italien anschicken, der auf der Flucht über die Westalpen starb (877). Karlmann erhielt zwar die Huldigung der oberitalienischen

Großen, mußte aber schwer erkrankt und ohne Kaiserkrone nach Bayern zurückkehren.

Während im Westfrankenreich Karls des Kahlen Sohn Ludwig der Stammler nachfolgte, gab im Ostfrankenreich Ludwig der Jüngere den Ton an. In Italien bemühte sich Papst Johann VIII., seine Position noch weiter zu steigern und sogar die formelle Prüfung des Kaiserkandidaten – aus der Verantwortung des Coronators – zu beanspruchen und wegen der Verbindung des Kaisertums mit dem italischen Königtum den Anspruch auf die Bestimmung des *rex Italiae* durchzusetzen. Sein Versuch, Ludwig den Stammler vom Westreich zum Kaiser und Herrn des *regnum Italiae* zu machen, konnte jedoch wegen dessen Erkrankung und Tod (879) nicht realisiert werden, so daß er sich wieder der ostfränkischen Karolingerlinie zuwenden mußte. An die Stelle des dahinsiechenden Karlmann rückte jetzt Karl III., der schließlich im Januar 880 vom Papst in Ravenna zum König Italiens gesalbt wurde, aber noch nicht zur Kaiserkrönung nach Rom weiterzog.

Probleme im Westfrankenreich 879/80. Was Karl III. zum Aufschub dieses Unternehmens bewog, waren die Folgen des Todes Ludwigs des Stammlers im Westreich (April 879), während die schwere Erkrankung seines Bruders Karlmann, die Okkupation von dessen bayerischem Reichsteil durch Ludwig den Jüngeren (Spätherbst 879) – nachdem Karl dafür die Nachfolge in Italien in offensichtlichen Vorabsprachen zugestanden war – und Karlmanns Tod (22. III. 880) wohl nicht damit zusammenhängen. Da Ludwig der Stammler sich noch auf Geheiß seines Vaters Karl des Kahlen von seiner ersten Gemahlin getrennt und ca. 875 eine zweite allgemein anerkannte Ehe geschlossen hatte, aus der bei seinem Tode noch kein Kind entstammte, war für viele Westfranken unklar, ob man die beiden erstehelichen Söhne, die durch die Ehetrennung aus der Legitimität und Erbfolge verdrängt waren, legitimieren und erbfähig machen dürfe oder ob man einen ostfränkischen Karolinger zur Regierungsübernahme einladen sollte. Diese unklare Situation war zudem gepaart mit Rivalitäten im hohen Adel, dessen Exponenten in verschiedenen Parteiungen ihren eigenen Einfluß am Hofe und auf die Gesamtpolitik zu verstärken trachteten. Und während sich ein Teil der westfränkischen Großen rasch für die Einladung Ludwigs des Jüngeren entschieden hatte, der daraufhin im Sommer 879 bis ins westliche Lotharingien vorgedrungen war, hatte sich der andere für die Legitimierung der beiden erstehelichen Stammlersöhne und eine Teilung des Westreiches unter sie entschlossen und dazu sogar die Abtretung des 870 ans Westreich gefallenen Westteils Lotharingiens an Ludwig den Jüngeren befürwortet, um diesen vom weiteren Vordringen nach Westen abzuhalten; und jener war darauf eingegangen.

Königserhebung Bosos von der Provence. Der provençalische Große Boso indessen hatte in dieser Situation die beiden Stammlersöhne weiterhin als illegitim *(degeneres)* betrachtet, das Erbrecht der ostfränkischen Karolinger bestritten und sich dazu auch über den mitten in den Wirren (am 17. IX. 879) von Ludwigs des Stammlers zweiter Frau nachgeborenen Knaben Karl – den man später den Einfältigen nennen sollte – hinweggesetzt; er hatte sich selbst – da er Ermengard, die Tochter des 875 verstorbenen Kaisers Ludwig II., geehelicht hatte – in der Provence/Niederburgund, d. h. im ehemaligen Reichsteil Karls von der Provence, am 15. X. 879 zum nachfolgeberechtigten König proklamieren lassen und von den Bischöfen des Rhôneraums die Königssalbung erhalten. Es war also der Herrschaftsanspruch der ganzen karolingischen Dynastie von einem (wenn auch durch Anheirat hervorgehobenen) Nichtkarolinger herausgefordert. Desgleichen hatte 879 Lothars II. und Waldradas Friedelsohn Hugo, dem durch Lothars Erfolglosigkeit im Ehestreit keine Legitimierung beschieden war, Anhänger um sich zu scharen begonnen, um sich die Nachfolge im Reich seines Vaters zu erkämpfen. Ein gemeinsames Einschreiten der ost- und der westfränkischen Karolinger war also geboten.

Anwachsen der Bedeutung Großer. Vor allem Bosos Verhalten ist ein Indiz dafür, daß der Geblütsanspruch der Karolinger in eine tiefe Krise geraten war und für viele kaum noch galt, daß die neuen, im Westreich ausgebildeten Vorstellungen von einer Herrschaftslegitimierung durch Salbung, Insignienübergabe und Promissionsleistung den Geblütsgedanken nicht mehr ergänzten, sondern zu ihm in Konkurrenz traten und einen gefährlichen Eigenwert erhielten, ja, daß der mangelnde *consensus omnium* beim Fehlen einer letzten Entscheidungsinstanz Große begünstigte, die – obschon sie in den Traditionen der entstandenen Reichsteile weiterdachten – als Anführer von Parteiungen auch Scheinlegitimitäten für ihren eigenen Vorteil einzusetzen bereit waren und mit aller Energie die Zustimmung der Abseitsstehenden oder Andersdenkenden erreichen wollten. Daß solche Parteiführer hatten heranwachsen können, war nicht so sehr eine Folge der Bruderkriege vor 843, in denen sich die Parteiungen ja noch um die jeweiligen Könige formiert hatten, als eher ein Ergebnis der nachfolgenden Zeit. In dieser war ja die königliche Macht durch die neuerlichen Unterteilungen noch weiter geschwächt worden, so daß sie diejenige mancher Adliger kaum wesentlich überragte; auch hatten jugendlichen Prinzen (wie Karl von der Provence oder den beiden westfränkischen Stammlersöhnen Ludwig III. und Karlmann) Ratgeber und Regenten beistehen müssen; und immer wieder hatten starke Truppenaufgebote unter der Führung tüchtiger, kampfbereiter Grafen, aber auch Bischöfe und Äbte, gebildet werden müssen. Solche Kommandostellen waren das Sprungbrett für die Konsolidierung königsgleicher Macht. Sie waren weniger nötig im Kampf gegen die Slawen und die Sarazenen, gegen die Ludwig der Deutsche und seine Söhne und in Italien Ludwig II. zumeist selbst zu Felde zogen, sondern vor allem gegen die Normannen im Westreich. Die dortigen Positionen der Äbte Hugo von St. Martin in Tours und Gauzlin von St. Denis sind ganz symptomatisch. Boso hatte sich dazu als Vertreter Karls des Kahlen in Italien (875–877) einen Namen gemacht.

Normannen/Wikinger. Die Normannengefahr, die manchem eine besondere Bewährungsmöglichkeit bot, verschärfte folglich die innere Reichskrise von außen her. Als nämlich die in losen Gefolgschaftsverbänden organisierten und Bewährung, Abenteuer, Beute suchenden skandinavischen Wikinger/Nordmänner – zumeist im nordischen Anerbenrecht benachteiligte jüngere Söhne – die zunehmende Uneinigkeit bei den Nachkommen Ludwigs des Frommen bemerkt hatten, verheerten sie seit 840 von ihren schnellen Booten aus in immer kühner werdenden Raubzügen fast Jahr für Jahr die gesamten fränkischen Küstengebiete von der Elbe, wo ihnen 845 mit Hamburg der Hauptstützpunkt für eine langsam in Gang gekommene Nordmission zum Opfer fiel, bis zur Garonnemündung. Die Gegenmaßnahmen reichten von verstärkten Heeresaufgeboten, die freilich nur selten zur Abwehr zurechtkamen, über Landabtretungen (Walcheren, s. S. 77) bis zur freiwilligen Geld- und Edelmetallabfindung für die Zusage der Plünderungsverschonung und zur Einrichtung ständiger militärischer Abwehrkommandos im Westreich (Robert der Tapfere, Adalhard, Hugo abbas, Gauzlin). Zeitweilige Erfolge veranlaßten die Normannen, England zum Hauptziel zu machen, wo sie im später als Gebiet des Danelaw (Dänenrechts) bezeichneten ostenglischen Küstenland sogar zur Ansiedlung schritten. König Alfred der Große von Wessex konnte aber auch durch seinen Sieg von Edington (878) den Wikingern Grenzen setzen; und das hatte wieder deren Rückwendung zum Festland zur Folge. Von 879 an verwüsteten dadurch immer bedrohlicher werdende Wikingerheere die nächsten 14 Jahre lang die Küstenregionen und die Gebiete zwischen Rhein, Mosel, Saône und Loire. Städte (Paris, Maastricht, Lüttich, Köln, Bonn, Aachen, Trier) und reiche Klöster (Inden, Malmedy, Stablo, Prüm etc.) waren ihre bevorzugten Ziele. Vernichtend wurden (im Februar 880) die Sachsen geschlagen, wobei ihr Anführer, der *dux* Bruno (Sohn des 866 verstorbenen *dux* Liudolf und Schwager König Ludwigs des Jüngeren), 2 Bischöfe, 11 Grafen und 18 königliche Großvasallen mit ihren Gefolgsleuten den Tod fanden. Kleinere Erfolge gegen die Normannen wie der Ludwigs des Jüngeren im Hennegau (880) und der des westfränkischen Stammlersohnes Ludwig (881) bei Saucourt (Altdeutsches Ludwigslied!) brachten keine entscheidende Wende. So ließ die wachsende Not bei Adel und Volk die Unzufriedenheit mit der unzureichenden königlichen Abwehr immer größer werden. Der außenpolitische Mißerfolg begann also, das schon angeschlagene notwendige Vertrauen in die Reichsführung weiter zu untergraben.

Karl III. Die Normannenabwehr wie das gesamte einstige Karlsreich fielen indessen bald ganz Karl III. zu. Nachdem diesem beim gemeinsamen Vorgehen mit den beiden westfränkischen Stammlersöhnen Karlmann und Ludwig zwar die Beseitigung Bosos von der Provence nicht gelungen, aber 881 die Kaiserwürde in Rom zuteil geworden war, wurde er nämlich 882 – in Ergänzung zu seinem bisherigen alemannisch-italischen Herrschaftsbereich – durch den plötzlichen Tod seines Bruders Ludwig des Jüngeren (20. I. 882) zunächst Herrscher des ganzen Ostfrankenreiches Ludwigs des Deutschen samt Italiens wie auch Gesamtlotharingiens. 885 fiel ihm dann aber auch noch – nach dem Tode der beiden jungen westfränkischen Verwandten, der Stammlersöhne Ludwig († 882) und Karlmann

(† 884) – das gesamte Westfrankenreich zu. Er wurde zur Machtübernahme eingeladen, indem dort die Thronansprüche des nachgeborenen Stammlersohnes Karl (des Einfältigen), der ja durch die nachträgliche Legitimierung seiner beiden älteren Stiefbrüder (s. S. 84f.) nicht mehr als legitim gelten konnte, hintangestellt wurden. Nicht durch zielbewußte Leistung, sondern durch dynastischen Zufall (Erbfall) war er Alleinherrscher über fast das gesamte einstige Karlsreich geworden.

Verhältnisse im Reich Karls III. Was freilich der söhnelose Tod der Verwandten und das von den Großen noch respektierte Sippenerbrecht ihm einbrachten, war kein ungefährdetes Geschenk. In der Provence behauptete sich noch immer Boso. In Lotharingien konnte 885 nur mühsam der revoltierende Hugo, der Friedelsohn Lothars II., unschädlich gemacht werden, aber beseitigt waren die Spannungen im Adel damit nicht. Im Adel Italiens zeigten sich Rivalitäten, die nichts Gutes ahnen ließen: vor allem zwischen dem Markgrafen Berengar von Friaul, der durch seine Mutter Gisela, eine Schwester Karls des Kahlen, karolingischer Abkunft war, und dem Markgrafen Wido von Spoleto, dem Nachkommen eines aus dem Saarraum stammenden und seit den Zeiten Karls des Großen in die Bretagne, nach Burgund und Italien, später wohl auch in das Mittelrheingebiet (Salier!) verzweigten hochangesehenen Adelsgeschlechtes. Von Swatopluk, dem Beherrscher des Großmährischen Reiches, konnte 884 wohl eine erneute Huldigung erreicht werden, ein Abdriften Böhmens in dessen Schutzbereich war jedoch nicht zu verhindern, zumal Swatopluk seinen Reichsaufbau durch Vertreibung der Methodius-Schüler in Rom geschickt abzusichern wußte. Das Hauptproblem blieben indessen die Normannen. Und diese verstärkten nun ihren Druck noch mehr. 882 erkaufte Karl ihren Abzug durch Tribute und belehnte sogar ihren König Gottfried mit Friesland, obgleich er sie bei *Ascloha* (= Asselt, oder Elsloo?) eingeschlossen hatte und seine Truppen stark und kampfbereit waren. Unmut über Karls Führungsschwäche durchzog jetzt schon offen das Heer. Erfolgreicher waren sein Feldmeister, der Babenberger Graf Heinrich, der Gottfried 885 hinterlistig ermorden ließ und damit der Wikingerherrschaft in Friesland ein Ende bereitete, bevor er 886 bei Paris gegen andere Normannenscharen den Tod fand, und Graf Odo von Paris, Sohn Roberts des Tapferen, der seit 885 Paris mutig verteidigte. Erneute große Tributzahlungen Karls an die Normannen im Herbst 886 und die Überlassung von Winterquartieren an sie in Burgund ließen Karl dagegen allseits als Initiator „erbärmlicher Beschlüsse" und als unfähig erscheinen.

Dazu kam, daß Karl III. sein Reich nicht innerlich zu festigen verstand. Daß trotz dynastischer Vereinigung die 843 entstandenen Teilreiche, von denen nur der nordalpine Bereich des Mittelreiches dem Ostfrankenreich fest angegliedert worden war, unter der Oberfläche des Gesamtreiches weiterbestanden, zeigen schon Karls III. Urkunden. Sie wurden gesondert nach seinen Herrschaftsjahren im Ostreich (samt Lotharingien), in Italien und im Westreich datiert. Einheitliche Hof- und Reichstage fanden nicht mehr statt; es gab sie nur noch für die einzelnen

Reichsteile. Auch Teilreiche übergreifende Interventionen von Großen in Karls Diplomen begannen zu versiegen. Ein Eigenleben hatte sich in den Teilreichen eingespielt und ist von Karl hingenommen worden.

Sturz Karls III. Karl III., bei dem schon seit den frühen 70er Jahren kurzzeitige Bewußtseinstrübungen bzw. Anfälle geistiger Umnachtung aufgetreten waren, verhalf nun durch die Art, wie er angesichts der Verschlimmerung seiner Krankheit seine Nachfolge zu regeln versuchte, dem allgemeinen Vertrauensschwund zu einem neuen Höchstmaß. Da er – wie schon manch anderer Verwandter – ohne legitime Kinder war, hatte er, der letzte legitime Mannesstammkarolinger, 885 zunächst seinen eigenen, damals noch minderjährigen Konkubinensohn Bernhard zum Nachfolger vorgesehen, war mit diesem Plan aber gescheitert. Im Frühjahr 887 nun, nachdem ihn die Nachricht vom Tode Bosos von der Provence (11. I. 887) erreicht hatte, meinte er, dem etwa fünfjährigen Ludwig, Sohn Bosos und Ermengards (Tochter Kaiser Ludwigs II.), die Nachfolge sichern zu sollen. Ludwig wurde auf einem Hoftag zu Kirchen (b. Basel) von Karl an Sohnes Statt adoptiert und zum Lehnsmann gemacht. Damit war sowohl die Nachfolge des jungen Prinzen aus Niederburgund im Gesamtreich vorbestimmt als auch der 879 aus der Karolingerherrschaft ausgescherte Komplex Bosos dem Reiche Karls wieder eingegliedert (Mai 887); es war aber auch Karls näherer Verwandter, der Markgraf Arnulf von Kärnten, ein nichtmuntehelicher Sohn seines Bruders Karlmann von Bayern, übergangen, auf den, einen bereits kriegserfahrenen Erwachsenen, sich im Ostreich die Blicke einiger Großer schon länger gerichtet hatten. – Bereits wenige Wochen später regte sich der Unmut über die den *consensus fidelium* immer mehr verlierende Staatsführung. Der Erzkaplan Liutward, Bischof von Vercelli, der damals bei Karl den größten Einfluß besaß und die Adoption Ludwigs von der Provence zur Nachfolgeregelung zumindest mitvertreten haben muß, wurde gestürzt und vom Hofe vertrieben (Juni 887). Er wandte sich – vielleicht zunächst nur rechtfertigend, dann aber voll aufklärend – an Arnulf, der seine Ausbootung in der Nachfolgefrage durch den mißgünstigen Onkel nicht hinnahm. Um den 11. November 887 erschien Arnulf mit Truppenmacht vor dem in Tribur (b. Frankfurt a. M.) weilenden Kaiser, der gerade die Großen des Ostfrankenreiches zu einem Reichstag erwartete, und „wurde diesem gefährlich". Karl gelang es zwar noch, die schon eingetroffenen Großen, die wegen der schweren Erkrankung des Kaisers „an Leib und Geist" bereits in „konspirative" Erwägungen eingetreten waren, zum Abzug mit ihm nach Frankfurt zu bewegen, um von dort aus Arnulf zu bekämpfen. Aber in Frankfurt fielen die Großen offen von Karl ab, luden den nachrückenden Arnulf ein, schlossen sich ihm an und huldigten ihm als ihrem neuen König (16.–18. XI. 887). Die Zögernden brachte Arnulf mit der Drohung des Lehnsentzugs hinter sich. Der von allen verlassene todkranke Karl III. starb schon 8 Wochen später (13. I. 888) in Alemannien, wo ihm der neue König Arnulf einige *fisci* für den weiteren Unterhalt zugewiesen hatte.

Entscheidende Kräfte beim Sturz Karls III. Daß weder das Handeln Arnulfs noch der Entschluß der Großen, Karl III. zu verlassen, allein entscheidend waren, sondern nur zusammen die Änderung der Gesamtsituation bewirkten, dürfte der Faktenablauf klar zeigen. Da Organe kollektiver Willensbildung nicht existierten, konnte damals gar keine lange vorbereitete Aktion des Adels oder gar der deutschen Stämme – wie man oftmals meinte – losbrechen. Der Zusammenkunft von Tribur lag ein vom Kaiser – und zwar nur für das Ostfrankenreich – einberufener Reichstag zugrunde, so daß die Entscheidung der Anwesenden eine Ad-hoc-Handlung war angesichts des körperlichen und geistigen Verfalls wie auch des schon länger andauernden Autoritätsschwundes beim Regenten, der allgemeinen Notlage des Reiches und vor allem auch angesichts des entschlossenen und mit Macht auf seinen Anspruch pochenden Arnulf. Daß diese Ad-hoc-Entscheidung – wie die Zusammenkunft – vom Willen der Akteure zu einem selbständigen deutschen Volk in einem eigenen Staat, d. h. vom Willen zur Trennung von den anderen im karolingischen Großreich vereinten Völkern getragen war, ist nicht erweisbar.

Zerfall des Gesamtreichs. Dieser Vorgang im Ostfrankenreich hatte Konsequenzen für das Gesamtreich. Sogleich zeigte sich die Weiterexistenz der verschiedenen, in eigenen Traditionen stehenden älteren Teilreiche und die Preisgabe jenes schon 879 schwer angeschlagenen Geblütsprinzips, das den Karolingern seit 751/54 ein Vorrecht auf das Königtum gesichert hatte. In den Teilreichen wurden nur wenige Wochen später, zu Anfang 888, hohe Reichsadlige, die in der Not schon bisher den erforderlichen Schutz organisiert hatten, zu eigenständigen Königen erhoben: im Westreich der als Verteidiger von Paris bewährte Robertiner Odo; in Hochburgund, von dem aus das ehemalige nordalpine Lotharingien erneuert werden sollte, der Welfe Rudolf; in Italien der Unruochinger und bisherige Markgraf von Friaul, Berengar, dem freilich bald der bisherige Markgraf von Spoleto, Wido, der sich einige Wochen lang im Westreich vergeblich um die Königswürde bemüht hatte, als Rivale entgegentrat. Nur in Niederburgund/Provence, wo der junge Bososohn Ludwig in Wartestellung blieb, verharrte man noch über zwei Jahre in einem *regnum sine rege existens* (MG Cap. II nr. 289).

Arnulf von Kärnten. Gegen diese neuen Königserhebungen ist Arnulf von Kärnten nicht eingeschritten; eine Einladung von Gegnern Odos zur Übernahme des Königtums im Westreich hat er sogar ausdrücklich abgelehnt; nur Rudolf von Hochburgund hat er an der Ausdehnung seiner Herrschaft auf Lotharingien gehindert. Er trat damit lediglich als Erbe seines Großvaters Ludwig des Deutschen auf und respektierte die Eigenständigkeit der anderen Teilreiche. – Im übrigen haben sich alle diese neuen nichtkarolingischen Könige (Odo, Rudolf, Berengar) – mit Ausnahme Widos – im Bewußtsein des alten Vorrangs des karolingischen Geblüts noch 888 einer Oberhoheit Arnulfs, die in lehnsrechtlichen Formen zur Geltung kam, unterstellt. Die Königserhebung des jungen Ludwig in der Provence (890) und dessen Einreihung in sein System lehnsherrlicher Suprematie hat

Arnulf sogar selbst betrieben, um über ihn König Rudolf von Hochburgund in Schach halten zu können. Sein Ansehen wuchs weiter durch einen glänzenden Sieg über die Normannen (891 bei Löwen) und durch Erfolge über das Großmährische Reich unter Swatopluk († 894), dessen Söhne – ebenso wie die Böhmen und die Sorben – 895 Arnulfs Oberhoheit anerkennen mußten. Es verstärkte sich zusätzlich durch die Schiedsrichterrolle über das Westreich, die ihm als Oberlehnsherrn sowohl über König Odo als auch Karl den Einfältigen zuwuchs, der 893 von Erzbischof Fulco von Reims und einigen mit der eklatanten robertinischen Hausmachtpolitik ihres Königs unzufriedenen westfränkischen Adligen zum König erhoben und Odo entgegengestellt worden war und der Arnulf auch sogleich gehuldigt hatte. Arnulf entschied 895 für Odo, was freilich Karl nicht völlig ausschaltete, ihn aber in der Folge zu einer Einigung, nämlich einer Teilung des Westreichs, mit Odo nötigte (897).

Im ostbayerischen Raum hat Arnulf sofort mit seinen Gegnern, die ihm seit den letzten Tagen seines Vaters Karlmann († 880) die größten Schwierigkeiten bereitet und seine Nachfolge in Bayern durch Hinwendung an Ludwig den Jüngeren hintertrieben hatten, abgerechnet.

Arnulfs Nachfolgeregelung. Ein Zeichen dafür, wie rasch Arnulf die Großen des Ostreiches hinter sich zu bringen wußte, ist auch seine schon 889 gegen anfängliche Widerstände durchgesetzte Nachfolgeregelung: nach ihr sollten für den Fall, daß er von seiner legitimen Gemahlin, der Konradinerin Uda, keinen Sohn erhielte, seine beiden Konkubinenkinder Zwentibold und Ratold nachfolgen dürfen. Er vermochte also, den Siegeszug jenes Prinzips, das in der Ausschaltung der illegitimen Söhne Lothars II. (= Hugo) und Karls III. (= Bernhard) schon zur Geltung gekommen und auch in der westfränkischen Krise von 879 beachtet worden war, daß nämlich der König legitimer Abstammung sein müsse, nochmals zu bremsen wie auch (s. u.) am althergebrachten Gedanken der Herrschaftsteilung unter die Regentensöhne festzuhalten.

Rücksichtnahme auf ein übergreifendes Zusammengehörigkeitsgefühl der Stämme und der Großen seines Reiches ist nicht zu bemerken. Gleichwohl förderte Arnulf es, indem er für seinen Sohn Zwentibold eine Tochter des angesehensten sächsischen Großen Otto des Erlauchten (= Oda) als Frau auswählte und sich mit Ratgebern aus verschiedenen Stämmen umgab: mit Abt Hatto von Reichenau (später Erzbischof von Mainz), Bischof Salomo III. von Konstanz, Bischof Adalbero von Augsburg, Graf Konrad dem Älteren vom Lahngau, Markgraf Liutpold von der Ostmark, Otto dem Erlauchten aus Sachsen, Graf Megingoz aus Lotharingien. Eine gewisse Gleichrangigkeit der in seinem Reich vereinten Stämme wurde damit eingeleitet, der Vorrang des Frankentums begann zu verblassen.

Abtrennung Lotharingiens. Als ihm 893 noch ein legitimer Sohn, der als Ludwig das Kind in die Geschichte einging, geboren wurde, zögerte Arnulf nicht, seinen beiden illegitimen Kindern Königsherrschaften zu sichern. Ein erster Versuch, Zwentibold in Lotharingien zum König zu erheben, scheiterte zwar 894 am mangelnden Konsens, aber schon im nächsten Jahr konnte er die Zustimmung aller Großen hierzu herbeiführen, wobei Zwentibold nach außen hin die Rolle eines Vorstreiters gegen den zumeist renitenten König Rudolf von Hochburgund zukam. In Realität war dies nochmals eine echte Reichsteilung, nicht etwa nur die Aussonderung eines Unterkönigtums. Zwentibold agierte völlig unabhängig vom Ostreich – auch außenpolitisch –, hatte eine eigene Kanzlei und erließ eigenständig Urkunden und Gesetze. Das lotharingische Königtum Zwentibolds (895–900) kam durch die Spannungen im heimischen Adel freilich kaum zu größerer Machtentfaltung. Auch die Einmischung in die westfränkischen Thronwirren zugunsten Karls des Einfältigen 896 brachte Zwentibold keinen Gewinn. Seine Autorität blieb dauernd gering. Der Flankenschutz des Vaters hielt indessen die Eigenwilligkeiten der Großen – und besonders den Grafen Reginar I. (Langhals) – in Grenzen.

Kaisertum Arnulfs von Kärnten. Seine hegemoniale Position nördlich der Alpen ließ Arnulf bald in den Gesichtskreis des von den mittelitalienischen Lokalgewalten bedrängten Papstes eintreten. Eine erste Einladung zu einem Romzug hatte er 890 verstreichen lassen müssen. Da inzwischen König Wido seinen Rivalen Berengar ins östliche Oberitalien zurückgedrängt hatte und von Spoleto aus 891 seine eigene Kaiserkrönung und 892 auch diejenige seines Sohnes Lambert durch entsprechenden Druck erreicht hatte, erschien von 893 an Arnulf dem Papst als einziger möglicher Kaiserkandidat und Retter vor den beiden 'Tyrannen'. Und für Arnulf mußte das Kaisertum Widos († 894) eine Herausforderung gegen seine eigene, im ehemaligen Karlsreich schon allgemein erlangte lehnsherrliche Suprematie sein. Nach einem ersten Versuch (894), der ihn nur nach Oberitalien führte, gelangte er Ende Februar 896 tatsächlich nach Rom, wo ihn Papst Formosus zum Kaiser krönte, während Lambert nördlich der Alpen bei Karl dem Einfältigen und Rudolf von Hochburgund Hilfe suchte. Vor dem anschließend belagerten Spoleto erlitt Arnulf aber einen Schlaganfall, der ihn nicht nur zur Rückkehr zwang, sondern auch seine mit Kraft und Ausdauer aufgebaute innen- und außenpolitische Position wieder zerrinnen ließ.

Verfall der päpstlichen Autorität am Ausgang des 9. Jahrhunderts. Zunächst konnte sich der jetzt zum König Italiens bestimmte zweite illegitime Sohn Arnulfs, Ratold, in Oberitalien nicht gegen den zurückgekehrten Kaiser Lambert halten und mußte nach Bayern fliehen. In Rom löste dieser Rückschlag schwere (durch Lambert-Anhänger initiierte) Parteikämpfe aus, die 896 ein Gericht über den bald nach Arnulfs Abzug verstorbenen und aus der Grabesruhe gerissenen Papst Formosus mit sich brachten, im Gegenzug zur Erdrosselung seines zweiten Nachfolgers Stephan VI., zu Straßenkämpfen und neuen Papst- und Gegenpapsterhebungen durch 'Formosianer' und 'Antiformosianer' führten, wodurch das durch Nikolaus I., Hadrian II. und Johann VIII. zu hoher Autorität geführte Papsttum in eine tiefe moralische Erniedrigung sank (s. S. 50f.). Und während nach einem tödlichen Jagdunfall Kaiser Lamberts († 898) Berengar von Friaul alleiniger Regent in Italien blieb, im Westen fast zur gleichen Zeit durch den Tod König Odos (898) Karl der Einfältige die Chance zu einem staatlichen Neuanfang erhielt, fiel im Ostreich durch Arnulfs Siechtum und Tod (8. XII. 899) der bislang in Schranken gehaltenen Adelsmacht eine wachsende Bedeutung zu. In Lotharingien begannen die adligen Herren nun sogar, zum entscheidenden Schlag gegen Arnulfs illegitimen Sohn und Schützling auszuholen. Das Ende der ganzen karolingisch geprägten Politik bzw. Staatsgestaltung war damit eingeleitet.

Charakteristika der karolingischen Staatsgestaltung. Diese Gestaltungsprinzipien, die bisher den fränkischen Staat mitgeformt und gekennzeichnet hatten und fortan aufhören sollten, lassen sich folgendermaßen zusammenfassen: Sie bestanden vor allem

a) in einem politischen Vorrang des Frankentums,
b) in der Sicht des Reiches als Besitztum des Königs und seiner Sippe,
c) in der Teilbarkeit des Reiches nach erbrechtlichen Gesichtspunkten innerhalb der führenden Dynastie,
d) in der (beim Fehlen legitimer Söhne eines Regenten) noch immer möglichen 'subsidiären' (wenn auch in dieser Rudimentärform schon nicht mehr gern gesehenen) Nachfolgeberechtigung auch für illegitim geborene Königssöhne,
e) in der Möglichkeit der königlichen Nachfolgeregelung – bei Söhnelosigkeit – durch Adoption eines Geeigneten seitens eines Regenten allein,
f) im Staatsaufbau ohne ein institutionell verankertes Herzogtum (bzw. ohne Prinzipat) als Mediatgewalt zwischen dem Grafenadel und der königlichen Spitze,
g) dazu in einem Staatsleben ohne virulente völkische, supragentile Regungen,

um nur das wichtigste zu nennen.

2. An der Schwelle des Wandels: Die Zeit Ludwigs des Kindes und Konrads I.

Nachfolge Ludwigs des Kindes und Ausschaltung Zwentibolds. Beim Tode Arnulfs war die Nachfolge insofern geregelt, als die Großen des seit 895 um Lotharingien verkleinerten Ostfrankenreiches bereits 897 von Arnulf vorsorglich durch Eid auf den jungen und einzigen legitimen Sohn – Ludwig das Kind – verpflichtet worden waren. Sie erhoben den Sechsjährigen offiziell in Forchheim (4. II. 900), und schon kurz darauf wurde er auch zur Huldigungsannahme nach Lotharingien gerufen. Dort hatten die Großen sogleich den der väterlichen Rükkendeckung beraubten König Zwentibold verlassen und offen zu bekämpfen begonnen. Für Zwentibold brachte dies rasch den Kampfestod (18. VIII. 900). Die Selbständigkeit Lotharingiens in der Form eines eigenen *regnum* zeigt sich damit gewiß nicht als allgemein angestrebtes Ziel, obschon an sie durch Beibehaltung einer gesonderten Kanzlei für lotharingische Belange ein gewisses Zugeständnis gemacht wurde.

Zeichen des Wandels. Diese 'Verlassung' eines (allerdings illegitimen) Karolingers zeigt, daß die Zweifel am Wert und an der Unverletzlichkeit des karolingischen Geblüts – wie im Westen, Burgund und in Italien – nun auch in der Mitte und im Osten des einstigen Karlsreiches unübersehbar Einzug hielten; die Hinwendung zu einem anderen – wenn auch legitimen – Karolinger veranschaulicht hingegen, daß dies noch keine grundsätzliche Abkehr von ihm bedeutete und daß unter den einheimischen Großen Lotharingiens, wiewohl ihr Handeln über das Schicksal eines karolingischen Königs entschied, sich selbst noch keiner stark genug zu einem erfolgreichen Griff nach der Krone fühlte. Doch sollte dies bald anders werden. Die Schwelle des Wandels war aber auch in manch anderer Hinsicht erreicht: Die ganze Regierungszeit Ludwigs des Kindes im Ostreich samt Lotharingien, die uns nunmehr ins 10. Jahrhundert hinüberführt, ist ja gekennzeichnet von einem enormen, durch die Schwäche eines königlichen Kindes erst ermöglichten Aufschwung autogenen adligen Herrschaftswillens, von Rivalitätskämpfen Adliger um den Vorrang in landschaftlich überschaubaren bzw. durch die ältere Stammessiedlung vorgegebenen Bereichen und – damit Hand in Hand gehend – von Inanspruchnahme des Fehderechts und der Selbsthilfe. Und die ganze Politik wurde kleinräumiger. Am Ende sollte auch hier das Letzte – der Griff nach dem Königtum – für Nichtkarolinger möglich werden.

Provinzielles statt universales Kaisertum. Diese 'Kleinräumigkeit' verweist uns indessen nicht allein auf die bald zu behandelnden Entwicklungen in den einzelnen Stämmen und Landschaften. Sogar das Kaisertum verlor den Rest des universalen Glanzes, den es noch unter Karl III. und Arnulf aufwies. Hatte das *nomen imperatoris* schon nicht einmal ausgereicht, Wido und Lambert die Herrschaft in ganz Italien (gegen König Berengar I.) zu sichern, geschweige denn, ihnen über Italien hinaus Achtung zu verschaffen, so wurde das Kaisertum in den nächsten Jahren vollends zur Farce, abhängig von den adligen Parteigruppierungen in Oberitalien. Denn Anhänger des 898 verstorbenen Kaisers Lambert riefen 900 gegen König Berengar I. den 890 in der Provence mit Arnulfs Unterstützung zum König ausgerufenen Boso-Sohn Ludwig ins Land, erhoben ihn in Pavia zum *rex Italiae*, so daß dieser gleich nach Rom weiterziehen und sich dort im Februar 901 zum Kaiser krönen lassen konnte. Aber als sich schon ein Jahr später die Gunst der oberitalienischen Großen wieder mehr Berengar I. zuwandte, war es mit Ludwigs Kaiserherrschaft in Italien vorbei. Sein Versuch, 905 in Italien wieder Fuß zu fassen, führte ihn in Berengars Gefangenschaft. Auf Geheiß Berengars geblendet und in die Provence zurückgeschickt, fristete dieser Kaiser, der dadurch den Beinamen 'der Blinde' erhielt, bis 928 ein völlig unbeachtetes, jeglicher Bedeutung entkleidetes Dasein. Berengar I. ließ sich selbst 915 in Rom zum Kaiser krönen, was jedoch seine Herrschaft nicht sicherer und strahlender machte. Schon 924 fiel er dem Dolch eines eigenen Vasallen zum Opfer, womit die Kaiserwürde (bis 962) erlosch. Ausklang und Umbruch sind also auch hierin die Zeichen der Zeit.

Regentschaftsrat für Ludwig das Kind. Wenn man im Ostreich tatsächlich einen Moment lang daran gedacht haben sollte, für Ludwig das Kind den Anspruch auf die Kaiserwürde aufrechtzuerhalten [651: H. BEUMANN], so war dies eher ein Anachronismus als reale Politik. Für 'das Kind' übte ein in seinen rechtlichen Kompetenzen gar nicht faßbarer, aber offenbar aus der Vormundschaftsaufgabe erwachsender Regentschaftsrat die Herrschaft aus: Erzbischof Hatto von Mainz und Bischof Adalbero von Augsburg, die beiden Taufpaten Ludwigs, dazu Graf Konrad der Ältere und sein Bruder Gebhard aus der fränkischen Konradinerfamilie als Verwandte der Mutterseite des jungen Königs, und wohl auch der bayerische Markgraf Liutpold als entfernter väterlicher Verwandter. Jedoch vermochte diese Regentschaft – selbst auch nicht frei von Eigeninteressen – trotz allen redlichen Bemühens, das Machtvakuum an der Reichsspitze nicht zu beheben; viele Entscheidungen mußten, wenn es um die rasche Abwehr äußerer Feinde ging, einigen einsatzbereiten, aber durch Erfolg auch anspruchsvoll und selbstherrlich werdenden Adligen vor Ort überlassen werden, wodurch diese neuen Auftrieb erhielten und zu regelrechten Mittelgewalten zwischen den sonstigen Grafen und der königlichen Spitze wurden. Eine innere Umschichtung im Reich, an der die eminent historische Bedeutung des Jahrzehntes Ludwigs des Kindes haftet, griff damit Platz: nämlich der Aufstieg eigener Herzogsgewalten, die aus der weiteren Geschichte nicht mehr wegzudenken sind.

Ungarnnot. Einem beschleunigenden Katalysator gleich wirkte in dieser Entwicklung die zunehmende Bedrohung an der Ostgrenze des Reiches. Dort waren – nach einem ersten vereinzelten Erscheinen im Jahre 862 – seit 892 die Ungarn, ein Reiternomadenvolk teils finnisch-ugrischen, teils turkvölkischen Ursprungs, aufgetaucht; sie hatten 894 die Theißebene in Besitz genommen und von dort aus, nachdem sie selbst 895 durch die Petschenegen aus ihren Sitzen am Schwarzen Meer verdrängt worden waren, fast alljährlich Pannonien, Mähren und Böhmen, ab 899 auch Oberitalien, die Ostmark und Bayern auszurauben und zu verheeren begonnen. Die Ungarn wurden zu einer noch furchtbareren Geißel als die Normannen, die sich seit der Spätzeit Kaiser Arnulfs wieder mehr auf Ostengland konzentrierten. Zwei Siege des Markgrafen Liutpold (900, 901) brachten nur Aufschub, dem Markgrafen, der im Hinblick auf seinen sich ausdehnenden Aufgabenbereich von der königlichen Kanzlei den Titel *dux Boemannorum* erhielt, auch erhöhtes Ansehen, dem Reich aber keine dauernde Befreiung. Als das Großmährische Reich den Schlägen der Ungarn endgültig erlegen war (905/06), richteten sich die Ungarnzüge gegen Sachsen und Bayern. Der unter Liutpold stehende bayerische Heerbann wurde während einer Gegenoffensive 907 bei Preßburg vernichtend geschlagen; Liutpold, 3 Bischöfe und mehrere Grafen fanden den Tod. Die Ostflanke des Reiches war aufgerissen. 908 wurden Sachsen und Thüringen verwüstet, der Markgraf Burchard von Thüringen und andere Große fielen im

Kampf. Als sich der junge König selbst 910 bei Augsburg auf dem Lechfeld den Ungarn entgegenstellte, wurde sein Heer aufgerieben, der in Franken und Lotharingien mächtige Konradiner Gebhard und manch anderer Großer überlebten diese Katastrophe nicht. Für die Mutigen unter den Überlebenden waren solche Ereignisse die Stunden der Bewährung und die Grundlagen ihres weiteren Aufstiegs.

Anbahnung der 'stammesherzoglichen Gewalt' in Bayern. Liutpolds Sohn Arnulf, der 907 entschlossen in die Aufgaben seines Vaters eintrat, 909 den Ungarn an der Rott eine Niederlage beibrachte, auch 910 den schon beutebeladen abziehenden Feinden gefährlich wurde und 913 am Inn über die Ungarn siegte, war einer dieser Entschlossenen. Er nannte sich damals in einer den Königsdiplomen genau nachgebildeten Urkunde (von 908–926) bezeichnenderweise *Arnulfus divina ordinante providentia dux Baioariorum et etiam adiacentium regionum* [379: K. Reindel S. 78]. Ob er sich den *dux*-Titel selbst zulegte, ob er durch „Wahl des bayerischen Adels" oder durch königliche Einsetzung bzw. durch Beauftragung von seiten des Regentschaftsrates diese Bezeichnung führte, ob mit ihr nur ein militärisches Kommando (*dux* = Heerführer) oder ein sonstiger Spezialauftrag, lediglich eine Ehrung oder eventuell eine königliche Stellvertreterschaft (Statthalterschaft) in Bayern insgesamt mit Weisungsbefugnissen über die dort tätigen Grafen, eben eine 'Herzogs'position, verbunden war, ist ganz ungewiß. Denkbar und möglich ist jede der angeführten Varianten: Eigenaktivität und Selbsthilfe in der Not, für die das Fernbleiben Arnulfs vom Königshof, d. h. sein Fehlen in den Diplominterventionen, spricht, mußte der königliche Knabe, Ludwig das Kind, ja nolens volens – und ebenso der inoffizielle Regentschaftsrat – hinnehmen; und „Wahl durch den bayerischen Stamm", wenn man darunter Anerkennung einer Führungsposition durch die Grafen und Herren Bayerns oder den Zuruf des Stammesaufgebots nach dem erbrechtlichen Eintritt Arnulfs in die Position des Vaters versteht, ist ebensowenig auszuschließen wie ein Mandat im Namen des Königs, zugestanden vom Regentschaftsrat. Ist doch in den Urkunden Ludwigs des Kindes der *dux*-Titel für einige wichtige Große durchaus zu finden: so für Gebhard *dux regni quod a multis Hlotharii dicitur*, für den Markgrafen Burchard von Thüringen und für Konrad den Jüngeren (den späteren König Konrad I.). Zumal diese Leute in den Diplomen auch weiterhin *comites* heißen, könnte der *dux*-Titel ein Spezialmandat beinhaltet haben, das weiter auszubauen im Geschick des einzelnen lag. Für Arnulf bedeutete jedenfalls die Fortdauer der Ungarngefahr, daß seine Führerschaft weiter erforderlich war.

Anbahnung eines 'sächsischen Stammesherzogtums'. Ähnliches wie für Bayern gilt für die Verhältnisse in Sachsen. Dort scheint der Liudolfinger Otto der Erlauchte nach dem Schlachtentod seines Bruders Brun (880) zunächst die Abwehr gegen die Wikinger, dann gegen die slawischen Abodriten und schließlich auch gegen die Ungarn organisiert zu haben. Der Tod des Thüringer-*dux* Burchard (908) gab ihm den Weg für die Ausdehnung seiner Führungsposition nach Thüringen hinein frei. Ob er sich dabei auf ein königliches Mandat stützen konnte, ist nicht auszuschließen, aber auch nicht zu beweisen.

Durchsetzung der 'stammesherzoglichen Gewalt' in Franken und Lotharingien. Jedoch nicht überall ging der Aufbau der Mittelgewalten (Herzogtum, Prinzipat, vgl. auch S. 38ff., 44ff.) bzw. der Hierarchisierungsprozeß im Adel mit einem Druck von außen Hand in Hand. In anderen Stammesgebieten und historischen Landschaften setzte allein schon die Schwäche der Reichsspitze bei den adligen Amtsträgern Rivalitäten frei, die von den bisherigen Königen noch in Grenzen gehalten worden waren. Im fränkischen Stammesbereich fochten zwischen 902 und 906 die beiden Familien der rheinfränkischen Konradiner und der mainfränkischen Babenberger – aus nichtigem Anlaß (so Regino ad 897) – ihre blutige Vorrangfehde aus, in der die auf das Königtum und Erzbischof Hatto von Mainz gestützten Konradiner die Babenberger buchstäblich ausrotteten und selbst als einzige Führungskraft Frankens übrigblieben. – Die enge Bindung an Hatto von Mainz verhalf den Konradinern auch in Lotharingien zu höchstem Ansehen, wenn auch noch nicht zu einem deutlichen Übergewicht. Dort konnte Gebhard als (offensichtlich vom Königtum bzw. Regentschaftsrat eingesetzter) *dux regni quod a multis Hlotharii dicitur* den im nördlichen Lotharingien bedeutenden Grafen (und Missus) Reginar I. zumindest neutralisieren und die im südlichen Lotharingien um Metz sehr einflußreichen Matfriedinger ganz ausschalten, bevor er 910 im Heer Ludwigs des Kindes am Lech den Tod fand. Gebhards Tod aber gab Reginar neue Möglichkeiten. Offensichtlich unter seinem Einfluß sagten sich die lotharingischen Großen im Herbst 911 von Ludwig dem Kind los (Annales Alamannici: *Hlothariorum principes a Hludovico rege divisi*) und luden den seit 898 (nach dem Tod König Odos) im Westreich allein regierenden König Karl den Einfältigen zur Herrschaftsübernahme ein.

Bemühungen um ein alemannisches 'Stammesherzogtum'. Gleichzeitig spitzte sich in Alemannien die Rivalität bei den angesehensten Adligen zu. Hier griff der churrätische Markgraf Burchard I. (aus der Familie der Hunfriedinger) nach der Stammesführung, fand aber in Bischof Salomo III. von Konstanz und Graf Erchanger erbitterte Widersacher und wurde während eines Landtags erschlagen. – Da verstarb unverhofft König Ludwig das Kind am 24. IX. 911, und mit ihm erlosch die ostfränkische Karolingerlinie.

Wahl Konrads I. Die dynastische Klammer, die die im Ostreich vereinten Stämme und die in ihm agierenden Adligen zusammengehalten hatte, war damit entfallen. Zumal der Regentschaftsrat und viele andere Große – wie die Interventionen in den Urkunden Ludwigs des Kindes erkennen lassen – bis kurz vor Ludwigs Tod häufig zu Beratungen zusammenkamen, war die Bestimmung eines neuen Königs durch sie als Repräsentanten aller wichtigen Reichsgebiete und Stammesbereiche recht naheliegend. Sie einigten sich in Forchheim (7.–10. XI. 911) auf den Franken Konrad den Jüngeren, den Sohn des 906 in der Babenberger Fehde gefallenen Konrad des Älteren, der als kognatischer Verwandter Ludwigs des Kindes schon im Regentschaftsrat eine maßgebliche Rolle gespielt hatte. Ob hierbei der in Sachsen zu einer Spitzenposition aufgestiegene Liudolfinger Otto der Erlauchte durch eine Art designierenden 'Rat' – wie der spätere Geschichtsschreiber Widukind von Corvey angibt – tätig wurde, ist in der Forschung umstritten. Der Vorrang des Frankentums, wenn schon nicht mehr das karolingische Geblütsvorrecht (es existierte ja noch Karl der Einfältige!), blieb mit der Wahl eines Franken – zumal auf fränkischer Erde – gewahrt. Konrad wurde – entsprechend dem vom Westen und Süden vordringenden Usus – sogleich gesalbt, was ihn, den Nichtkarolinger, in seinem neuen Amt über die anderen Adligen gebührend hervorhob. An König Karl den Einfältigen vom Westreich, der bereits am 1. November 911 die Huldigung seiner Einlader in Lotharingien entgegennahm, wandte man sich jedenfalls nicht; – verständlicherweise, weil jenen doch die mit Ludwig dem Kind und seinen Ratgebern, den jetzigen Hauptwählern, unzufriedenen, ja sogar im Streit von ihnen abgefallenen lotharingischen Großen ihrerseits eingeladen hatten. Dies zeigt aber ebenso, daß man nicht mehr bereit war, die 887 eingetretene Trennung der Reiche rückgängig zu machen, die seit den Tagen Ludwigs des Deutschen und Karls des Kahlen schon eigene feste Traditionen entwickelten. Hatte es doch auch schon Arnulf von Kärnten abgelehnt, die direkte Königsherrschaft im Westen und Süden zu übernehmen und sich nur auf eine „lehnsherrliche Suprematie" beschränkt. Jetzt wurde es also deutlich: die karolingische Staatsauffassung, die den Staat als erblichen Besitz des Karolingergeschlechtes ansah und die 879 und 887/88 im Westen bereits in eine Krise geraten, 900 im Osten und in Lotharingien aber noch nicht aufgegeben worden war, wurde 911 – da die Hinwendung der abgefallenen Lotharingier zu Karl dem Einfältigen eine gleiche Entscheidung der anderen ostfränkischen Großen gleichsam ausschloß – nun auch im Ostreich nicht mehr akzeptiert. Dadurch mußte nicht nur der Wahlgedanke eine starke Aufwertung erfahren, auch eine neue, abstraktere Staatsauffassung, die sich am Ende der Königszeit Konrads I. erstmals bewähren sollte, begann vom Westen her um sich zu greifen, wo sie sich schon bei Odos Tod (898) mit der Sammlung aller um Karl den Einfältigen gezeigt hatte (s. S. 101). Daß ein (deutsch)-völkisches Gemeinschaftsgefühl, das aus der gemeinsamen germanischen Sprachgrundlage resultierte und auf Distanz zu den Romanen des Westens bedacht war, die im Ostfrankenreich vereinten Stämme mehr zusammenband als die bisherige Tradition des Ostfränkischen Reiches und die Bedrohungen von außen (denen ja mit einem König in weiter Ferne nicht zu begegnen war), läßt sich nicht erkennen. Beim Adel, auf den alles ankam, war bei der inneren Zwietracht – wie sie uns Bischof Salomo III. von Konstanz in einem Gedicht an Bischof Dado von Verdun eindringlich schildert – und den blutigen Vorrangstreitereien sowieso nicht an ein virulentes Gemeinschaftsbewußtsein zu denken.

Diese Absage an den Karolinger im Westen ist insofern beachtlich, als es Karl dem Einfältigen nach vielen blutigen Gefechten im Sommer oder Herbst 911 gelungen war, mit den Normannen/Wikingern zu einem entscheidenden Friedensschluß zu gelangen. Für die Annahme des Christentums wurde dem Normannen-*dux* Rollo und seinen Leuten das Gebiet an und westlich der unteren Seine, das nach ihnen den Namen Normandie erhielt, zu Lehen überlassen und für die Ansiedlung freigegeben (Vertrag von St. Clair-sur-l'Epte). Aber auch das konnte im Ostreich nicht mehr beeindrucken.

Konrads I. Hauptaufgaben. Dem neuen König fielen drei wesentliche Aufgaben zu: Rückgewinnung Lotharingiens, Beseitigung der Ungarnnot und umsichtige Behandlung des durch die aufkeimenden Mittelgewalten entstandenen Problems der rechten Machtverteilung im Staate. Persönlich zwar tüchtig, aber zu unbeweglich und starr auf die karolingischen Vorbilder fixiert, ist er an allen drei Aufgaben gescheitert.

Die Hinwendung der Lotharingier zu Karl dem Einfältigen vermochte Konrad nicht rückgängig zu machen. Drei Feldzüge in den Jahren 912 und 913, die Konrad ins Elsaß und bis nach Aachen führten, bewirkten lediglich die zeitweise Anerkennung seines Königtums im Elsaß und in Friesland. Nach 913 hat er Lotharingien aufgegeben. – Die Ungarn bedrängten 912 Franken und Thüringen, 913 Bayern und Schwaben, 915 Schwaben, Thüringen und Sachsen, dann 917 in besonders harter Weise Schwaben, das Elsaß und auch Lotharingien. Eine von Konrad I. organisierte und gelenkte Abwehr ist nicht festzustellen; sie blieb den Großen vor Ort als Aufgabe, bei der jene weiter Profil, Achtung und ergebenen Anhang gewannen. 913 war es so der Liutpoldsohn Arnulf, der mächtigste Mann Bayerns, der zusammen mit seinen schwäbischen Onkeln, dem Pfalzgrafen Erchanger und dessen Bruder Berthold, die Ungarn am Inn schlug.

Kampf gegen das 'Stammesherzogtum'. Zum gemeinsamen Vorgehen gegen die Ungarn kam es schon deshalb nicht, weil Konrad die sich entwickelnden Mittelgewalten – ohne jedoch deren Funktion voll ersetzen oder an sich ziehen zu können und obwohl er bis zu seiner Königserhebung selbst deren Repräsentant in Franken war – nicht hinzunehmen gewillt war. So wie das karolingische Königtum seit König Pippin und Karl dem Großen ohne herzogliche Zwischeninstanz den Grafenadel direkt eingesetzt und überwacht hatte, so wollte auch er herrschen. Beraten von den bisher einflußreichsten geistlichen Würdenträgern der Zeit Ludwigs des Kindes – Erzbischof Hatto von Mainz und Bischof Salomo von Konstanz – suchte er in der hohen Geistlichkeit eine Stütze gegen die nun immer häufiger mit dem *dux*-Titel bezeichneten und als Befehlshaber der Stammeskontingente zu richtigen Stammesführern werdenden weltlichen Spitzenpolitiker. – Nachdem in Sachsen Otto der Erlauchte 912 gestorben war, versuchte Konrad I. – auf den Rat Hattos von Mainz hin – die Nachfolge von Ottos Sohn Heinrich, den wir bald als den ersten deutschen König kennenlernen werden, in den thüringischen Lehen zu verhindern; aber Heinrich konnte das Mainzer Kirchengut in Thüringen besetzen und sich damit sogar einen weiteren Vorteil schaffen. In Alemannien/Schwaben, wo noch kein Adliger eine allseits geachtete *princeps*-

Stellung errungen hatte, erhoffte sich Konrad eine leichtere Verwirklichung seiner Vorstellungen. Indem er hier den Bischof und gleichzeitigen königlichen Kanzler Salomo, der schon die Führungsrolle des Markgrafen Burchard von Rätien verhindert hatte, begünstigte, forderte er aber dessen neuen Gegner Erchanger heraus, der als Pfalzgraf nunmehr den Vorrang erstrebte. Ein erster Zwist 913 – offenbar um die Pfalz Bodman – konnte noch mit dem probaten Mittel der Heiratspolitik überwunden werden: Konrad I. heiratete *tamquam pacis obsidem* Erchangers und Bertholds Schwester Kunigunde, über die – als Witwe Liutpolds von Bayern – er auch noch Einfluß auf ihren und Liutpolds Sohn, den *dux* Arnulf, zu gewinnen hoffte. Aber schon 914 brach der Gegensatz wieder auf: Erchanger nahm Salomo gefangen, im Gegenschlag befreite der König seinen Kanzler und verwies Erchanger des Landes. Dadurch erhielt dort zunächst der Sohn des 911 getöteten Burchard von Rätien, Burchard II., die Oberhand und geriet mit dem König in Kampf. Konrad mußte erfolglos abziehen, konnte aber andererseits den *dux* Arnulf von Bayern, der sich hinter seinen Onkel Erchanger stellte und rebellierte, aus Bayern in den Machtbereich der Ungarn vertreiben. Die Auseinandersetzungen weiteten sich 915 noch weiter aus: der *Saxonum dux* Heinrich brachte dem gegen ihn entsandten Bruder des Königs, Eberhard (von Franken), eine schwere Niederlage bei und mußte anschließend offensichtlich vom König in seiner Spitzenposition als *dux* bestätigt werden; in Schwaben erschien Erchanger wieder, verbündete sich mit seinem Rivalen Burchard II. gegen die Königsanhänger, siegte bei Wahlwies (westl. der Pfalz Bodman) und wurde danach zum *dux* ausgerufen; und bald danach kehrte auch der vertriebene *dux* Arnulf zurück. Die Ausweitung des Konfliktes auf alle wichtigen Reichsgebiete (Stammesbereiche) – außer Franken – und die *dux*-Ausrufung Erchangers gegen die königlichen Ambitionen zeigen, daß die Konsolidierung der Mittelgewalten nicht aufzuhalten war und – notfalls auch gegen den königlichen Willen – zu einem Abschluß drängte, ja, daß diese *duces* – wenn sie ihre im wesentlichen die Stammesgebiete umgreifenden Einflußzonen nicht zu völliger Verselbständigung führen sollten – zumindest als vom König akzeptierte Mittler bzw. Stellvertreter, die die Verantwortung für das Reich mittragen sollten, d. h. gleichsam als amtlich anerkannte *duces*/Herzöge ihres Stammes, in der Reichsverfassung ihren festen Platz erhalten mußten.

Synode von Hohenaltheim. Konrad hat sich gegen einen solchen Schritt auch weiterhin gesträubt. Hilfe konnte er nur noch von den Bischöfen erhoffen. Auf seine Veranlassung trat zwar die hohe Geistlichkeit aus Franken, Schwaben und Bayern – die sächsische blieb fern – im September 916 in Hohenaltheim (b. Nördlingen) zu einer Synode zusammen, stellte sich in Anwesenheit eines päpstlichen Legaten hinter den König als einen „Gesalbten des Herrn“, gegen den sich aufzulehnen Sakrileg sei, und verurteilte die Empörer Erchanger und dessen Bruder Berthold zu lebenslanger Klosterhaft, während sie den bayerischen *dux* Arnulf und dessen Bruder Berthold, die zur Stärkung ihrer Anhängerschaft seit längerem auf Kirchen- und Klostergut zurückgegriffen hatten, zur Verantwortung vor eine in Regensburg abzuhaltende Synode lud. Aber die Entwicklung war damit nicht aufgehalten. Konrad gelang es zwar, das rebellische schwäbische Brüderpaar, seine Schwäger, ergreifen und hinrichten zu lassen (Januar 917), bewirkte damit aber nur, daß nun ihr Rivale Burchard II. an ihre Stelle trat und von den schwäbischen Großen als *dux*/Herzog anerkannt wurde. In Bayern konnte sich von 917 an der *dux*/Herzog Arnulf behaupten und den Königsbruder Eberhard aus Regensburg vertreiben. Eine letzte Kraftanstrengung endete im Sommer 918 damit, daß Konrad vor dem belagerten Regensburg eine Kampfeswunde empfing, von der er nicht mehr genesen sollte. Er starb – söhnelos – am 23. Dezember 918 als ein rechtschaffener, aber glückloser Regent.

Konrads I. Nachfolgeregelung. Den Tod vor Augen, hat Konrad I. seine wohl bedeutsamste Tat vollbracht. Er sah ein, daß er sich vergeblich gegen den Hierarchisierungsprozeß im Adel und gegen die in vollem Lauf befindliche Umstrukturierung der Staatsverwaltung gesträubt hatte, daß der Frankenstamm im ostfränkischen Reichsverband zu schwach war, weiterhin einen Vorrang vor den anderen Stämmen zu behaupten, und daß damit auch die Angehörigen seiner Familie, besonders sein Bruder Eberhard, keine Chance hatten, sich im Königtum zu behaupten. (Letzteres wäre allenfalls in einem auf Franken begrenzten Teil-*Regnum* möglich gewesen, was aber das Sprengen des bisherigen Staatsverbandes und die Überlassung der anderen Stammesgebiete an die sich dann gleichfalls zu Königen sublimierenden *duces* bedeutet hätte.) Er beschwor deshalb – wie die erst ein halbes Jahrhundert später niedergeschriebenen und vielleicht schon etwas legendenhaft gefärbten Berichte überliefern – seinen Bruder Eberhard, auf die mögliche Nachfolge im Königtum zu verzichten, und empfahl – damit die Reichseinheit gewahrt, der Friede wiederhergestellt und das Gemeinwohl gefördert werde – den (seit 915 nicht mehr in offener Feindschaft zu ihm stehenden) Sachsenherzog Heinrich für die Nachfolge. Er sei der Geeignetste und verfüge bereits über echte Königsmacht und das wahre königliche Charisma (Widukind von Corvey I c. 25: *fortuna cum nobilissimis moribus Heinrico cedit, rerum publicarum secus Saxones summa est*).

Position Heinrichs von Sachsen vor 919. Heinrichs Geschlecht zählte seit langem zu den vornehmsten des Reiches, hatte Gemahlinnen für karolingische Könige gestellt (s. S. 82) und konnte auch auf eine Blutsverbindung zu Karls des Großen Bruder Karlmann verweisen [664: E. Hlawitschka]. Heinrich selbst, der Sohn Ottos des Erlauchten und der Babenbergerin Hadwig, damals ca. 43 Jahre alt, war dank der vorsichtigen Politik seines Vaters weder in die große Babenberger Fehde (902–906) verwickelt worden, noch hatte er trotz anfänglicher Schwierigkeiten (s. S. 98) die Gegnerschaft zu den Konradinern von sich aus verschärft. Um 906/07 hatte er sich mit Hatheburg, der Erbtochter des reichen Grafen Erwin von Merseburg, vermählt, obwohl sie Witwe war und schon den Schleier genommen hatte. Als er aber von der schöneren und noch reicheren Mathilde (aus der Nachfahrenschaft des einstigen Sachsenherzogs Widukind im westlichen

Sachsen) erfahren hatte, waren ihm 909 die kirchenrechtlichen Bedenken gegen die Hochzeit mit einer *velata* der geeignete Anlaß für die Ungültigkeitserklärung seiner ersten Ehe, um Mathilde heiraten zu können. Indem er das Erbgut Hatheburgs einbehielt und Mathildes reiche Mitgift seinen vornehmlich in Ostsachsen gelegenen liudolfingischen Stammbesitzungen zufügte, war sein Einfluß im gesamten sächsichen Stammesgebiet unübersehbar geworden. Seine Erfolge in Grenzkämpfen mit slawischen Nachbarn und den Ungarn hatten zudem – wie früher schon angedeutet – den Stamm hinter ihm geeint.

Bedeutung der letzten Entscheidung Konrads I. Konrad I. tat mit seinem dringenden Rat an seinen Bruder Eberhard, die Nachfolge nicht anzustreben, im Grunde das gleiche, was König Odo bei seinem Tode (1. I. 898) im Westreich vollbrachte. Hatte Odo – anstatt seinen Bruder Robert oder seinen Sohn Wido für die Nachfolge vorzuschlagen – die Großen des Westreiches gebeten, seinem bisherigen Gegner Karl dem Einfältigen zu folgen, das Staatswohl und die Staatseinheit also über den Vorteil seiner Familie gestellt, so offenbarte sich auch hier im Ostreich – nur zwei Jahrzehnte später – derselbe entscheidende Abstraktionsvorgang, der die Interessen des Reiches und der Allgemeinheit von denjenigen der Person und der Familie des Königs zu trennen weiß; d. h. es zeigte sich eine neue Staatsauffassung, die – ausgehend von der im Westen schon seit längerem ins Kalkül gebrachten Trennung von Person und Amt des Königs – den Staat nicht mehr allein im König und seiner *stirps* verkörpert sieht bzw. ihn auch nicht mehr als ein ausschließlich nach dynastischen Gesichtspunkten vererb- und aufteilbares Herrschaftsobjekt betrachtet. Demgemäß ist das Königtum also nicht mehr so sehr ererbte Würde eines Angehörigen einer auserwählten *stirps*, sondern in erster Linie Amtsauftrag Gottes und einer Gemeinschaft; und der *consensus* der Großen ist gleichsam zu einem Anspruch auf Teilhabe/Mitträgerschaft gesteigert, ohne dessen Beachtung ein Regent scheitern muß. Wieweit zur raschen Aufnahme der neuen Staatsvorstellung die Erfolglosigkeit des letzten ostfränkischen Karolingers und auch Konrads I., schwächer werdende Königsheilvorstellungen, der Druck von außen, dazu Einsichten, entsprechend den oft verwendeten kirchlich-biblischen Anspielungen auf die Verfallstendenz in sich gespaltener, d. h. geteilter, Reiche (Lukas 11,17) beigetragen haben, mag eine offene Frage bleiben. Ein neuer Abschnitt in der Entfaltung des Staatsgedankens, der in der Unteilbarkeit der nunmehr etablierten Reiche seinen sichtbarsten Ausdruck fand, war indessen erreicht; im Ostreich war der Weg frei für einen grundsätzlichen (staatlichen, kulturellen und geistigen) Neuanfang.

Anzeichen für eine neue Staatsauffassung im burgundischen Raum. Im burgundischen Raum, wo 879 die mit dem karolingischen Führungsvorrecht verbundene bisherige Staatsauffassung (durch König Boso) schon zum ersten Mal angeschlagen worden war und wo König Rudolf I. von Hochburgund bei seinem Tode 912 zwei erwachsene Söhne (Rudolf und Ludwig) zurückließ, trat diese neue Staatsidee wiederum zuerst offen hervor: es folgte nur der ältere Sohn als König

Rudolf II. nach. Wäre auch eine Teilung Hochburgunds in zwei noch kleinere Königtümer sowieso für die meisten Zeitgenossen kaum vorstellbar gewesen, so war aber dennoch mit der Einzelnachfolge Rudolfs II. (912–937) dem neuen Denken sichtbar Rechnung getragen.

Vergleichbare Entwicklungen im Westreich Karls des Einfältigen. Auch das Westreich ist von all diesen Entwicklungen, die dort zunächst einmal auf das Erstarken einiger weniger *principes* und die Mediatisierung der Grafen hinausliefen, nicht ausgespart geblieben. Karl der Einfältige hat den Übergang vieler Königsgüter, Pfalzen und Königsabteien aus der Hand König Odos an dessen Bruder Robert, so vor allem in der Neustria (zwischen Seine und Loire), nicht rückgängig machen können. Der direkten Königsgewalt blieb dieses Gebiet dadurch verschlossen und allenfalls über den „*marchio*" Robert zugänglich, während sich die Grafen, Vizegrafen und Vasallen auf Robert ausrichteten. In der Bourgogne wurde der (Groß)graf Richard *(iusticiarius)* von Autun der unbestrittene Herr, der über Grafen und Vizegrafen ebenso wie über die Bistümer seines Bereiches frei verfügte, sich auch *princeps* und *dux* nennen ließ. Und in Aquitanien erhob sich der in den Königsurkunden als *marchio* bezeichnete Gründer von Cluny, Wilhelm der Fromme, der sich selbst auch *Aquitanorum dux* nannte, über alle Grafen seines Bereiches, mit denen der König nur noch durch ihn, als Königsstellvertreter, Kontakt hatte. Nur in der engeren Francia, dem Land zwischen Seine und Maas, war dem König die direkte Verfügungsgewalt über die Königsgüter und die Bistümer geblieben. Ihm wurde der Spielraum jedoch mehr und mehr eingeengt durch Versuche einiger Großgrafen – wie etwa derjenigen von Vermandois –, durch zähes Ringen um einzelne Abteien, Bischofssitze, Kastelle und Lehnsbindungen eine ähnliche Position wie die schon fester etablierten *principes/duces* von Franzien, der Bourgogne und Aquitanien zu erlangen. Insofern brachte die Einladung der Lotharingier zur Herrschaftsübernahme (911) für Karl den Einfältigen (s. S. 96) nicht etwa die Ausdehnung eines gut im Griff gehaltenen Reiches nach Osten, sondern in erster Linie die Möglichkeit, sein begrenztes Kernland zu vergrößern, ja die Chance, von einer gleichsam verdoppelten Basis aus die sich entwickelnden französischen Lehnsfürstentümer wieder in den Sog des Königtums zurückziehen zu können. Aber auch in Lotharingien, wo Karl dem mächtigen Grafen Reginar als *marchio* einen gewissen Vorrang zugestehen mußte, stellten sich ihm bald Widerstände entgegen. Sie entzündeten sich an seiner Beraterauswahl und ließen ihn zeitweise nur noch wie einen Schutzbefohlenen seines Erzbischofs von Reims erscheinen. – Als im Osten mit König Konrads Ende die Königsgewalt in eine tiefe Krise geraten war und eine neue Staatsauffassung aufzuscheinen begann, war das Königtum im Westen also – trotz Restauration des Karolingertums – in ähnlicher Schwäche und vermochte nicht mehr, in irgendeiner Weise auf die Entscheidungen des Ostens einzuwirken. Der Übergang in eine neue Zeit und vom (West)fränkischen Reich zu Frankreich war beschritten.

3. Neue Ordnungen formieren und konsolidieren sich: Die Zeit der ottonischen Hegemonie in Europa und des Aufbaus einer geistlich-weltlichen Konkordanz

a) Beharrliche Aufbauarbeit: Heinrich I.

Wahl Heinrichs I. Nach Konrads I. Tod vergingen Monate – wahrscheinlich mit eingehenden Verhandlungen –, ehe von den in offenem Dissens mit dem verstorbenen König und seinem Bruder Eberhard stehenden *duces*, die in ihren Stammesbereichen eine breite Anerkennung gefunden hatten und die wir nun als die wesentlichsten Repräsentanten ihrer Stämme ansehen und deshalb auch als Stammesherzöge bezeichnen dürfen, weitere entscheidende Schritte erfolgten. Die Frage war, ob sie die Reichseinheit fortsetzen und sich auf einen neuen König einigen oder in ihrem Vormachtstreben eigene Wege weitergehen würden. Im Mai 919 versammelten sich in Fritzlar – an der Grenze zu Sachsen, aber auf fränkischem Boden – Große aus Franken und Sachsen und erhoben entsprechend der von Konrad I. noch vorgenommenen und von Eberhard jetzt öffentlich ausgesprochenen Designation nicht mehr einen Franken, sondern den Sachsenherzog Heinrich zum neuen König. Ein Freundschaftsbund *(amicitia)* zwischen Heinrich und Eberhard hatte vorher schon die erste Beziehungsaufnahme bekräftigt.

Einschnitt von epochaler Bedeutung. Diese Übernahme der Königsgewalt durch Heinrich ist schon von den Zeitgenossen nicht allein unter dem Aspekt der Weiterführung des östlichen Teils des Frankenreichs, des Ostfränkischen Reichs, gesehen worden; schon bald wurde erkannt, daß mit ihr eine neue Epoche begonnen hat. Das Ende der fränkischen Vorherrschaft im Reich, der Beginn einer neuen regierenden Dynastie, ein supragentiler neuer Einheitsgedanke, eine neue Reichsauffassung, ein neuer Bewußtseinsbeginn etc. wurden auf Heinrich zurückgeführt. Hrotsvith von Gandersheim z. B. erfaßte diesen Herrscherwechsel bereits in den 60er Jahren des 10. Jahrhunderts als einen Umschwung und Wendepunkt und sprach davon, daß damals das *nobile regnum Francorum ad claram gentem Saxonum* transferiert wurde und Heinrich als erster in ihm das Szepter zur Reichsführung innehatte (Gesta Ottonis v. 1–8). Etwa zur selben Zeit verdeutlichte Widukind von Corvey mit seinen Formeln von der *Francia et Saxonia* bzw. vom *omnis populus Francorum atque Saxonum*, die mehrmals an entscheidenden Stellen seiner Sachsengeschichte vorkommen und (wegen des gleichzeitigen Auftauchens in Königsurkunden) einer offiziellen Sprachregelung zuzugehören scheinen, daß der Frankenstamm nicht mehr allein im Reich dominierte, d. h., daß das Reich nicht mehr ein nur fränkisches war und somit ein anderes, neues geworden ist. Und für Bischof Thietmar von Merseburg ist es zu Beginn des 11. Jahrhunderts klar, daß das Reich, in dem er lebt *(regnum nostrum)*, mit Heinrich I. beginnt, daß Otto II. als der *tercius regni nostri procurator* zu gelten hat und Heinrich II. der *quintus in ordine, secundus in nomine* ist. Nicht erst in der

Mitte des 12. Jahrhunderts, als Bischof Otto von Freising sich mit der Frage befaßte, ob das Frankenreich weiterdauert oder mit der Königserhebung Heinrichs I. das *regnum Teutonicorum* begonnen hat, ist bewußt der Übergang zu einer neuen Gesamtordnung, einem deutschen Reich, für die Zeit Heinrichs I. erkannt worden. Daß sich ein neues, die Stämme nunmehr übergreifendes Gemeinschaftsbewußtsein im Reich Heinrichs I. entwickelte, bezeugt nicht zuletzt schon die 968/69 entstandene Lebensbeschreibung des jüngsten Heinrich-Sohnes Erzbischof Brun von Köln: das Reich sei bei Heinrichs Regierungsantritt sowohl „durch unaufhörliche Einfälle benachbarter Völker als auch durch schwerste Zerwürfnisse unter den Reichsangehörigen selbst" zerrüttet gewesen und habe schrecklich gelitten, die *regni principes* hätten sich gegenseitig unrettbar befehdet; indessen habe Heinrichs einzigartige Tüchtigkeit bald die äußeren Gefahren abgewendet, und im Innern habe nunmehr „eine solche Liebe die Einheimischen verbunden, daß wohl nie in einem noch so mächtigen Reich die Bande der Eintracht fester waren" (Vita Brunonis c. 3: *tantus amor colligavit domesticos, ut nihil umquam in quolibet potentissimo regno coniunctius videretur*). Andere Beobachtungen – wie die neuartige Individualsukzession im Königtum, die aus dem Prinzip der Unteilbarkeit des Reiches resultiert, die Anerkennung der Herzöge und deren Mitträgerschaft des Staatswesens – mögen für diese Leute noch dazugekommen sein, ohne daß man darüber eigens reflektierte. Daß mit der Wahl Heinrichs I. etwas Neues begann, ist also schon bald empfunden worden. Und daß dieses neue Reich nicht mehr ein fränkisches war, sondern ein von Franken und Sachsen getragenes, aber auch die Stämme der Alemannen und Bayern sowie auch bald die Lotharingier wieder mit umfassendes Gebilde eigener Art wurde, das man wegen der gleichen 'Volkssprache' *(lingua theudisca/lingua teutonica)* seiner (meisten) Bewohner, der *teutisci / teutonici*, als deutsches Reich (*regnum teutonicorum* bzw. *regnum teutonicum*) bezeichnen konnte, sollte sich schon seit der Jahrtausendwende zeigen. Auch wenn damit die (im Mittelalter sowieso stets inoffiziell gebliebene) Reichsbezeichnung *regnum Teutonicorum* nach heutigem Ermessen relativ spät und von außen (von Italien) her das Reich der Ottonen und Salier zu bezeichnen begann, so braucht man dennoch nicht zu zögern, dieses Reich, in dessen Rahmen sich die Bewohner aufgrund gemeinsamer Feindabwehr, gleicher Tradition, Sprache, Abstammung und Sitten ihrer Zusammengehörigkeit und ihrer völkischen Eigenheit bewußt wurden und diese bejahten, als ottonisch-frühdeutsches oder auch als erstes deutsches Reich zu benennen.

Heinrichs Verzicht auf die Königssalbung. Daß in der schier ausweglosen Situation des Frühjahrs 919 sofort neue Akzente gesetzt werden mußten, machte Heinrich I. gleich beim Wahlakt deutlich. Sollte die in den Jahren Konrads I. zunehmend deutlicher gewordene Stützung des Königtums durch die Bischöfe nicht auch ihn bei den (mit den Bischöfen in Konflikt geratenen) Herzogsgewalten in Bayern und Schwaben in Mißkredit bringen und sollte ein funktionsfähiges Königtum für das ganze bisherige Reich zustande kommen, mußte er sich sichtbar von einer bischöflichen Förderung distanzieren. Wohl deshalb wies er – gut überlegt und möglicherweise unter den Beteiligten abgesprochen – die ihm von Erzbischof Heriger von Mainz angetragene Salbung (samt Krönung) öffentlich zurück. Dies war um so leichter möglich, als die Königssalbung im Osten erst unter Konrad I., allenfalls seit Ludwig dem Kind, Einzug gehalten hatte und noch nicht unentbehrlich schien. Ein Ausdruck der Bescheidenheit Heinrichs – wie Widukind es darstellte – war dieser Verzicht gewiß nicht. Und auch eine persönliche Zurückweisung Herigers, der gleich darauf als Erzkaplan in Heinrichs Urkunden auftritt, kann damit ebensowenig zum Ausdruck gekommen sein wie eine glaubensferne oder persönlich antikirchliche Haltung Heinrichs, die wiederum durch die Erwerbung der Heiligen Lanze und seine Schenkungs- und Bestätigungsurkunden für Kirchen und Klöster ausgeschlossen wird.

Bayerisches Sonderkönigtum oder Gegenkönigtum Arnulfs von Bayern? Aber die Geste half zunächst wenig. Offenbar um die gleiche Zeit, in der Franken und Sachsen Heinrich in Fritzlar zum König erhoben, wurde auch Herzog Arnulf von Bayern, der wegen seiner Rückgriffe auf Kirchengut von den kirchlichen Geschichtsschreibern schon bald den Beinamen 'der Böse' erhielt, von seinen Bayern und desgleichen einigen Franken zum *rex* ausgerufen. Die Frage, ob er nur seinen bayerischen Dukat verselbständigen wollte und folglich ein eigenes *regnum Baiowariorum* (wie in der Anfangszeit Ludwigs des Deutschen oder unter Karlmann), d. h. ein bayerisches Sonderkönigtum, anstrebte, oder ob er König im gesamten Ostreich sein wollte und mithin als echter Alternativkönig zu Heinrich antrat, ist wegen der schlechten Quellenlage wohl nicht mehr entscheidbar. Auch die vielbehandelte Nachricht der älteren Salzburger Annalen (aus der Mitte des 10. Jahrhunderts), in der es heißt, daß die Bayern von sich aus dem Herzog Arnulf huldigten und ihn veranlaßten, König im Reich der Deutschen zu sein *(Bauuarii sponte se reddiderunt Arnulfo duci et regnare eum fecerunt in regno teutonicorum)*, gibt keine Klarheit, da diese Quelle nur in einer Schreibschülerabschrift des 12. Jahrhunderts erhalten ist und das Wort *teutonicorum* (dessen erste zwei Buchstaben zumal auf Rasur stehen) bei der Abschrift wie auch schon bei der Herstellung der Abschreibe- oder Diktatvorlage aus *bauuariorum* zeitgemäß 'berichtigt' worden sein kann. Daß Arnulf selbst nicht über Bayern hinaus aktiv wurde, spricht bei allem mehr für das Ziel eines bayerischen Sonderkönigtums.

Wiederherstellung der Reichseinheit durch Unterordnung des Schwaben- und des Bayernherzogs. Dort, wo der geringste Widerstand zu erwarten war, setzte Heinrich mit seiner praktischen Politik an: er wandte sich gegen Burchard von Schwaben, den jüngsten unter den Stammesherzögen, der zudem mit König Rudolf II. von Hochburgund (912–937) im Kampf stand. Als Heinrich gleich 919 gegen Burchard vorrückte, „übergab dieser sich ihm mit allen seinen Burgen und seinem Volk“ (Widukind), was einer vasallitischen Huldigung entsprochen haben dürfte. Burchard sicherte sich mit der kampflosen Unterordnung die Bewahrung seiner Herzogsstellung, eine Unterstützung gegen König

Rudolf II. von Hochburgund und – als wichtiges Zugeständnis – ein weitgehendes Verfügungsrecht über die Bischofssitze, die Reichsklöster und über die bisherigen materiellen Grundlagen des Königtums im schwäbischen Stammesbereich. Er wurde damit zu einem echten Stellvertreter der Königsgewalt in Alemannien.

Schwieriger war es, den Führungsanspruch Heinrichs auch in Bayern durchzusetzen. Einen dem schwäbischen Abkommen entsprechenden Vertrag mit Arnulf von Bayern zu erreichen, gelang erst 921 nach mehreren Verhandlungen, einem fehlgeschlagenen und einem unentschiedenen Feldzug. Als Gegenleistung für die vasallitische Huldigung und den Verzicht auf den Königstitel erhielt auch der Bayernherzog ganz formell – unter zusätzlichem Abschluß eines Freundschaftsbundes *(amicitia)* – die Verfügung über die Bistümer, Reichskirchen und das Reichsgut in seinem Stammesherzogtum, d. h. gleichsam die Stellvertreterschaft des Königs, zugesichert und dazu offenbar auch noch bestimmte Berechtigungen in der Außenpolitik. Das Reich war damit in seinem bisherigen Bestand gesichert, wenn auch vorerst im wesentlichen nur auf das Lehnsverhältnis der Herzöge zum König und auf *amicitia*-Bünde aufgebaut; andererseits war damit die autogen gewachsene Stellung der Stammesherzöge vom Königtum akzeptiert und legalisiert, der Grundstein für den inneren Frieden im Reich gelegt.

Beginn der Westpolitik. Vorsichtiges Nachgeben gepaart mit entschlossenem Zugreifen zeigte Heinrich I. auch bald in seiner Politik gegenüber dem 911 zum Westen abgefallenen Lotharingien. Dort waren Spannungen zwischen Giselbert, dem Sohn des in eine *dux*-Stellung gelangten Reginar I. († 915), und König Karl dem Einfältigen, der sich seinerseits sehr häufig in dem alten karolingischen Kernland aufhielt und damit den Spielraum Giselberts einschränkte, entstanden. Der latente Zwist war gar bis zum offenen Konflikt gediehen, als Giselbert die Besetzung des Lütticher Bischofsstuhles nach eigenen Vorstellungen und gegen seinen König regeln wollte (920), ja sich zum *princeps, relicto Karolo rege* (Flodoard), hatte proklamieren lassen und mit alledem eine gewisse Unterstützung beim Kölner Erzbischof und bei König Heinrich I. gefunden hatte. Ein Vorstoß Karls des Einfältigen gegen Worms als Revanche konnte 920 abgewehrt werden.

Vertrag von Bonn 921. Der folgende Waffenstillstand mündete am 7. November 921 in einen Vertrag ein, der auf einem inmitten des Rheins bei Bonn verankerten Schiff, d. h. genau auf der Grenze der beiden Herrschaftsbereiche, geschlossen wurde und in dem sich Karl der Einfältige als *rex Francorum occidentalium* und der *rex Francorum orientalium* Heinrich gegenseitig eidlich Freundschaft *(amicitia)* zusicherten. Für Heinrich bedeutete dies die Anerkennung seines eigenen (nichtkarolingischen) Königtums durch den westfränkischen Karolinger und damit dessen Verzicht auf die karolingischen Staats- und Erbrechtsvorstellungen gegenüber dem Ostreich (wiewohl Karl bezüglich Lotharingiens an der '*largiore-vero-hereditate-adepta*-Formel' festhielt): – ein Erfolg, der den Fortgang der neuen Staatsauffassung symbolisiert und dem neuen Staatswesen östlich des Rheins die Unabhängigkeit garantierte (woraus sich unser Gliederungsschema weiter rechtfertigt), der aber auch mit dem Verzicht auf die Rückführung Lotharingiens in das Ostreich erkauft war.

Wiedergewinnung Lotharingiens 923–925. Doch gab es im Westreich schon 922 neue Spannungen, die sich sogar zur Aufstellung des Herzogs Robert von Franzien, des Bruders des 898 verstorbenen Königs Odo, als Gegenkönig durch einige unzufriedene Große ausweiteten, wobei sich auch Herzog Giselbert dieser Rebellion anschloß. Als im westfränkischen Zwist der Gegenkönig Robert Unterstützung bei König Heinrich I. suchte, kam es auch mit diesem zu einem Freundschaftsvertrag. Heinrich rückte unverkennbar von Karl dem Einfältigen ab, auch wenn er Robert keine aktive Unterstützung gewährte. Die Situation änderte sich ferner dadurch, daß Robert am 15. VI. 923 bei Soissons im Kampf gegen Karl fiel, und seine Anhänger darauf dessen Schwiegersohn Herzog Rudolf (Raoul) von der Bourgogne (einen Sohn des Richardus iusticiarius) zum Gegenkönig ausriefen. Da König Karl der Einfältige indessen noch 923 in die Gefangenschaft des ehrgeizigen Grafen Heribert von Vermandois geriet, in der er – einer Geisel gleich – gegen König Rudolf (Raoul) ausgespielt wurde und bis zu seinem Tod (929) verbleiben sollte, und somit gegen die zunehmende Macht Rudolfs (Raouls) im Westreich kein echtes Gegengewicht mehr bestand, wandten sich Erzbischof Ruotger von Trier und Herzog Giselbert als Hauptrepräsentanten des ehemaligen *regnum Lotharii* mit der offenen Bitte um Hilfe an Heinrich. Dieser griff militärisch ein, hatte jedoch 923 nur in der östlichen Landeshälfte Lotharingiens Erfolg. Als sich aber Giselbert 924 doch wieder Rudolf (Raoul) zuwandte, griff Heinrich 925 entschlossener zu und fügte Lotharingien, indem nunmehr alle Lotharingier ihm huldigten, seinem Reichsverband ein. Die 843 festgelegte Westgrenze des lotharischen Mittelreiches sollte dadurch fortan für die weiteren mittelalterlichen Jahrhunderte die Westgrenze des Deutschen Reiches bilden. – Nach kurzer Kaltstellung wurde Giselbert in seiner Führungsposition akzeptiert und in lehnrechtlichen Formen offiziell von Heinrich als Herzog eingesetzt und ihm zugleich in einer *amicitia* verbunden, wobei er auch Heinrichs Tochter Gerberga zur Frau erhielt (928). Lotharingien konnte dadurch, obgleich es mit seinen romanisch und fränkisch sprechenden Bevölkerungsgruppen keine Stammes- und Spracheinheit bildete, doch als fünftes Herzogtum des Deutschen Reiches eine den deutschen Stammesherzogtümern vergleichbare Rolle übernehmen. Mit Lotharingien war 923–925 auch Aachen, der Mittelpunkt der karolingischen Tradition, gewonnen, in die Heinrich nun zusehends einschwenkte.

Wieder stärkere Beachtung der Kirche. Hatte zur karolingischen Regierungsweise – schon wegen des Verständnisses der Regierungsgewalt als Gottesgnadentum – die Pflege eines engen Verhältnisses zur Kirche gehört und hatte Heinrich beim Ausgleich mit den Herzogsgewalten die enge Verbindung mit der Kirche opfern müssen, so strebte er nun mit dem Aufbau einer (den karolingischen Vorgängerinstitutionen vergleichbaren) Hofkapelle und einer Kanzlei, die nicht mehr wie in den ersten Jahren nur aus einem einzigen Notar bestehen sollte, sowie mit der stärkeren Heranziehung von Bischöfen und Äbten an seinen Hof sichtbar in die karolingischen Bahnen zurück. Am wichtigsten war ihm aber, die personelle und materielle Verfügung über die Bistümer und Reichsabteien zurückzugewinnen. Eine günstige Möglichkeit bot sich ihm dazu 926 in Alemannien.

Alemannien auf dem Weg zum Amtsherzogtum. Herzog Burchard II., der 921/922 eine Verständigung mit König Rudolf II. von Hochburgund gefunden und diesem auch seine Tochter Berta zur Frau gegeben hatte, war nämlich Ende April 926 vor Novara in Oberitalien gefallen; er war seinem Schwiegersohn, der 922 von oberitalienischen Großen gegen König (bzw. seit 915 Kaiser) Berengar I. zum König Italiens ausgerufen worden war, in Wahrnehmung seiner sehr freien, nur durch die Lehnshuldigung an Heinrich begrenzten Wirkungsmöglichkeiten dorthin gefolgt. Burchards Tod nutzte Heinrich auf einem im November 926 in Worms abgehaltenen Reichstag, um die 919 dem Herzog zugestandene Verfügung über die Kirche in Schwaben zurückzunehmen und das autogen gewachsene Stammesherzogtum überhaupt zu verändern. Indem der landfremde fränkische Konradiner Hermann (ein Sohn des 910 gefallenen *dux regni quondam Hlotharii* Gebhard und Neffe König Konrads I.) damals die Burchardwitwe heiratete und ihm dabei der *ducatus Alamanniae* anvertraut wurde, war dem alemannischen Herzogtum ein gewisser Amtscharakter verliehen. Zugleich wurden damit die Nachfolgemöglichkeit und etwaige Dynastiebildung des noch unmündigen Burchardsohnes (= Burchard III.) glänzend überspielt und ebenso die 919 dem Herzog zugestandene Kirchenhoheit wie auch die relativ selbständige Außenpolitik Alemanniens gegenüber Hochburgund und Italien beendet. – Eine ähnlich günstige Gelegenheit, auch in Bayern die Verfügungsgewalt über die Hochkirchen zurückzugewinnen, bot sich nicht; Herzog Arnulf überlebte den König Heinrich I.

Erwerbung der Heiligen Lanze. Der Wormser Reichstag vom November 926 war für Heinrich I. noch in anderer Weise bedeutsam. Auf ihm erschien auch König Rudolf II. von Hochburgund und überließ Heinrich – nachdem in den Monaten vorher hart darum verhandelt worden war – die sog. Heilige Lanze, die Rudolf Ende 921/922 von oberitalienischen Großen mit der Aufforderung zur Herrschaftsübernahme in Italien (gegen Kaiser Berengar) erhalten hatte, die aber nach dem Scheitern seiner Italienpläne (April 926) für ihn nur noch einen Teil ihres Wertes besaß. Zumal es hieß, daß in die Lanze Teile der Nägel vom Leidenskreuz Christi eingeschmolzen seien, sie also als unschätzbare Reliquie galt, beinhaltete sie für Heinrich, der dem Hochburgunderkönig dafür einen Teil Schwabens (Gebiet um Basel) schenkte, ein Unterpfand göttlicher Heils- und Siegeskraft wie auch den ihm abgetretenen Anspruch auf Herrschaft in Italien. Und zumal Heinrich – nach dem Bericht Liudprands von Cremona (Antapod. IV c. 25) – „berechtigterweise“ *(iuste)* die Lanze forderte und König Rudolf bei der persönlichen Übergabe nicht nur einen Freundschaftsbund *(amicitia)* zugesichert erhielt, sondern „sich mit der Lanze zugleich selbst überantwortete“ *(eo dantem se)*, war damit außerdem die Erneuerung einer Suprematie Heinrichs und seines ostfränkisch-deutschen Reiches über Rudolf und Hochburgund verbunden. Das Einmünden in die karolingische Tradition – vor allem die Arnulfs von Kärnten – war damit dokumentiert.

Verstärkte Ungarngefahr. Vom Wormser Reichstag ging weiterhin die Meisterung der Ungarngefahr aus. Bereits im 1. Regierungsjahr Heinrichs (919) waren die Ungarn wieder in Sachsen eingefallen, hatten Heinrichs Aufgebot geschlagen und waren nach Lotharingien und Burgund weitergezogen. 920 waren sie in Oberitalien, 921 in Lotharingien erschienen, wo sie Verdun niederbrannten. 922–924 durchstreiften sie ganz Italien, wobei sie Kaiser Berengar gegen seine Widersacher unterstützten und nach Berengars Ermordung (924) nach Südfrankreich weiterzogen. Auch in Sachsen waren 924 wieder Ungarnscharen eingefallen, und Heinrich hatte sich nur durch eine Verschanzung in der Pfalz Werla retten können. Nach der Gefangennahme eines ungarischen Anführers war es jedoch zu langdauernden Verhandlungen über dessen Freigabe und über Tributzahlungen für die Gewährung eines neunjährigen Waffenstillstands gekommen, der offenbar 926 in Kraft trat. Er scheint zunächst nur für Sachsen, Thüringen und Franken gegolten zu haben und 927 auch für Bayern, Schwaben und Lotharingien wirksam geworden zu sein. Der Reichstag in Worms (November 926) diente nun dazu, geeignete Abwehrmaßnahmen zu beschließen. Diese betrafen den raschen Ausbau und die Verproviantierung vorhandener älterer Befestigungen, dazu auch deren ständige Belegung mit einer Besatzung, weniger den Neubau von Burgen. Jeder neunte der *agrarii milites* (Widukind I c. 35) – das waren wahrscheinlich an große Grundherrschaften gebundene Aufgebotspflichtige (*liti, liberti* und *liberi*) – hatte an diesem Burgenausbau mitzuwirken, während die anderen acht *confamiliares* seiner Gruppe dessen Grundherrschaftsaufgaben mitzutragen hatten.

Präventive Grenzsicherung im Osten – Slawenkämpfe. Vorsorge traf Heinrich ebenso durch eine Neuorganisierung des Heerbannes, vornehmlich durch die Vergrößerung und straffe Ausbildung einer Reitertruppe. Letztere wurde in den kommenden Jahren, besonders 928 und 929, systematisch auf den Kampf mit den Ungarn vorbereitet, indem zunächst die kleinen slawischen Nachbarstämme der Heveller (um Brandenburg) und der Daleminzier (an der Elbe um das damals als Stützpunkt angelegte Meißen) besiegt und tributpflichtig gemacht wurden. Auf einem 929 bis nach Prag führenden Kriegszug wurde dazu die Tributabhängigkeit Böhmens erreicht, das inzwischen unter dem Fürsten Wenzel aus der Familie der Přemysliden zu einem geschlossenen christlichen Staatsgebilde geworden war, während andere sächsische Heeresgruppen die Milzener (in der Oberlausitz), die Wilzen, Abodriten und Redarier (in Brandenburg und Mecklenburg) bezwangen. Ein nachfolgender Aufstand der Redarier wurde noch im gleichen Jahr bei Lenzen (am rechten Elbufer nw. Wittenberge) blutig niedergeworfen. 932 zog Heinrich gegen die Lausitzer. Damit wurden sowohl die neuen Reiteraufgebote erprobt als auch die slawischen Nachbarn vor einer Unterstützung der Ungarn und Bündnissen mit ihnen gewarnt.

Ungarnsieg 933. So vorbereitet konnte Heinrich I. 932 den fälligen Jahrestribut verweigern und 933 den dadurch herausgeforderten Ungarn, denen die Daleminzier keine Hilfe mehr zu leisten wagten, mit seinen neuen Panzerreitern bei Riade (unbekannt, an der Unstrut) eine achtunggebietende Niederlage zufügen (15. III. 933), während eine kleinere Ungarneinheit im westlichen Thüringen aufgerieben wurde. Wichtig war, daß Heinrich für die Ungarnabwehr Aufgebote aus allen Stammesgebieten und Reichsteilen einsetzte (Flodoard ad 933), vor denen er die Ungarn als ihrer aller Feind darstellte (Widukind I c. 38). Das schon in der Überwindung der inneren Spaltung geweckte Einheitsgefühl wurde dadurch enorm gestärkt.

Dänensieg 934. Im nächsten Jahr (934) folgte noch die Unterwerfung und Tributverpflichtung der Ukrer (in der Uckermark) und des dänischen Kleinkönigs (schwedischen Ursprungs?) Knuba in Haithabu/Schleswig, wodurch die christliche Mission bei den Dänen wieder ermöglicht und der letzte Rest der Normannengefahr überwunden wurde.

Hausordnung 929 und Unteilbarkeitsprinzip. Der Stärkung des Einheitsgedankens diente bereits Heinrichs 'Hausordnung' vom September 929, in deren Mittelpunkt die Nachfolgeregelung stand. Während eines Quedlinburger Hoftages leitete Heinrich die Vermählung Ottos, seines ältesten Sohnes von Mathilde, mit der englischen Königstochter Edgith in die Wege und erkor Otto dabei zugleich als seinen (einzigen) Nachfolger. Gleichzeitig wurden die Wittumsgüter Mathildes festgelegt und der jüngste Sohn Brun für den geistlichen Stand bestimmt. Mit diesen Regelungen trug er der neuen Staatsvorstellung Rechnung, die den Staat von der *stirps regia* abstrahierte und ihn auf die Gemeinschaft der *principes* und sonstigen Großen gründete und ihn deshalb auch als unteilbares Ganzes – bei Sukzession eines einzigen Königssohnes und Abschichtung der anderen Königskinder – erscheinen ließ und nach der auch spezielles königliches Hausgut (darunter das Wittumsgut) vom Reichsgut zu scheiden war. Der neue Staatsgedanke, der sich 898 im Westen bereits angezeigt hatte und der 912 beim Thronwechsel in Hochburgund nur noch Rudolfs I. Sohn, Rudolf II., in der Königswürde nachfolgen ließ, während der jüngere Sohn, Ludwig, mit einer Grafschaft abgefunden wurde, der auch schon König Konrad I. bei seiner Nachfolgeregelung leitete (s. S. 101), hatte obsiegt. Gegen die Herzöge wäre eine weitere Teilung, die diese in ihren ganze Stammesbereiche erfassenden Positionen überflüssig gemacht hätte, wohl auch nur schwer durchsetzbar gewesen.

Wachsen eines Einheitsbewußtseins im neuen deutschen Reich. Heinrich ging also konsequenterweise von der Einheit und ferneren Unteilbarkeit seines Reiches aus, das wir nun berechtigt als ein deutsches bezeichnen können (s. S. 103f.). Nicht primär der „Gedanke der Zusammengehörigkeit der Stämme“ – wie dies oftmals angeführt worden ist – hat dieses nun unteilbare deutsche Reich geschaffen, sondern ein Wandel der Staatsauffassung und der Staatsstruktur war eingetreten, und Heinrich hat daraus die Konsequenzen gezogen. Der Gedanke der Zusammengehörigkeit begann erst mit der von Heinrich 919–921 erreichten Konkordanz über die Reichsführung, seinen *amicitia*-Verträgen und sodann mit seinen Erfolgen zu erwachen. Heinrich gelang also, was der glücklose Konrad vergebens erstrebt hatte: Anerkennung bei den führenden Großen und Stärkung der Königsgewalt durch Erfolge; erst dies hatte das neue Reichsbewußtsein, das neue Zusammengehörigkeitsgefühl zur Folge (s. S. 104).

Heinrichs I. Vorrangstellung unter den Königen der karolingischen Nachfolgestaaten. Die Überwindung der inneren Schwierigkeiten sowie der Ungarn- und der Dänensieg haben Heinrich zudem ein beachtliches Ansehen im Abendland eingetragen, das sich auf die Beziehungen zu den westlichen und südlichen Nachbarn auswirkte. Im Westen war das nach dem Verlust Lotharingiens auf die Machtbasis in der Ile-de-France (und die geringen Möglichkeiten zu einer solchen in der Bourgogne) zurückgeworfene Königtum Rudolfs (Raouls) seit 927 vor allem mit Heribert von Vermandois in Streit geraten. Der vordergründig um Laon und um die Besetzung des Erzbischofsstuhls von Reims – mit Heriberts noch jugendlichem Sohn Hugo – ausgefochtene Kampf war realiter ein Ringen um die Vormachtstellung in der Francia. Hatte Heinrich I. im Interesse der Sicherung Lotharingiens im Reich zunächst für König Rudolf (Raoul) und gegen den seit 923 sowieso in der Haft Heriberts von Vermandois mattgesetzten Karolinger Karl den Einfältigen Partei ergriffen, nach Karls Tod (929) aber auch eine Lehnshuldigung des von König Rudolf (Raoul) und Herzog Hugo von Franzien, dem Sohn des 923 gefallenen Königs Robert, bedrängten Großgrafen Heribert von Vermandois angenommen (931), ohne freilich mehr als ein labiles Gleichgewicht der Schwäche im Westen erreichen zu wollen, so kam er nun mehr und mehr in die Rolle eines 'guten Maklers' zwischen den verfeindeten Parteien.

Dreikönigstreffen in Ivois 935. Beim sog. Dreikönigstreffen in Ivois an der Chiers, an dem die Könige Heinrich I., Rudolf (Raoul) von Frankreich und Rudolf II. von Hochburgund teilnahmen, hat Heinrich nicht nur zugunsten Heriberts von Vermandois bei König Rudolf (Raoul) und dessen Hauptstütze Herzog Hugo von Franzien interveniert und ihm zur Restitution entzogener Güter verholfen wie auch im Gegenzug einem Bruder des Königs Rudolf (Raoul), Boso, eingezogene Besitzungen in Südlotharingien zurückgegeben, sondern ebenso eine zwischen König Rudolf (Raoul) und König Rudolf II. von Hochburgund seit Jahren bestehende offene Feindschaft beizulegen geholfen.

Änderung der Situation in Burgund und Italien. Bei dieser Feindschaft der beiden Könige namens Rudolf ging es letztlich – was man bislang kaum sah – um die Änderung der staatlichen Grundstrukturen im gesamten burgundisch-alpenländischen Raum; und ihre Beilegung brachte schließlich das Werden eines neuen großburgundischen Reiches mit sich, das man später das *regnum Burgundiae* oder – wegen seines Mittelpunktes in Arles – das *regnum Arelatense* genannt hat. – Mit dem Tod Kaiser Ludwigs (des Blinden) von der Provence (s. S. 93) im Sommer 928, der nach seiner Blendung durch König Berengar I. (905) in gänzliche Provinzialität zurückgesunken war, hörte nämlich die eigenständige Existenz des *regnum* Niederburgund/Provence auf, obgleich Ludwig zwei erwachsene Söhne (Karl-Konstantin und Rudolf) hinterließ. Diese hatten indessen keine Nachfolgechancen, da Ludwigs Ehe mit der byzantinischen Kaisertochter Anna nach seiner Blendung (in uns nicht mehr erkennbaren Zusammenhängen) getrennt worden war und Ludwig sich vor 915 mit einer anderen Dame wiederverheiratet hatte, die ersteheIichen Kinder damit nicht mehr als legitim gelten konnten: – letzteres eine Folge des gestiegenen Einflusses der Kirche auf Eherechts- und Legitimitätsfragen (s. S. 26f.). Erbrechtsansprüche hatte vor allem König Rudolf II. von Hochburgund, dessen Mutter Wila eine legitime (aus erster Ehe König Bosos stammende) Halbschwester Kaiser Ludwigs des Blinden war. Machtpolitisch versuchte aber der 926 von oberitalienischen Großen und dem Papst eingeladene und nach dem Abzug König Rudolfs II. (nach Herzog Burchards Tod vor Novara) in Italien auf den Thron erhobene König Hugo, der bis 926 als Graf von Vienne gewirkt und als Reichsverweser für den geblendeten Ludwig die Regierung in der Provence geführt hatte, seine Nachfolge in der Provence durchzusetzen, indem er in der Südprovence erschien. (Durch seine Mutter Berta war er übrigens ein Enkel König Lothars II. aus dem lotharischen Mittelreich.) Und auch König Rudolf (Raoul) von Frankreich, der durch seinen Vater, den Herzog Richard iusticiarius von der französischen Bourgogne (einen Bruder König Bosos), ein Vetter 1. Grades des verstorbenen Kaisers Ludwig des Blinden war, meldete seine Ansprüche an, ja, er griff sofort mit Truppen in Vienne (d. h. im nördlichen Niederburgund) ein. Die Verwirklichung der Rechtsansprüche König Rudolfs II. war damit blockiert. Eine erneute Einladung oberitalienischer Großer an Rudolf II. von Hochburgund (931/32), nach Italien zu kommen, wurde von König Hugo mit dem vertraglichen Verzicht auf die südprovençalischen Lande an Rudolf II. pariert, und zwar für dessen Zusicherung, nicht mehr in Italien einzugreifen.

Entstehung des Regnum Arelatense. Über die vom französischen König Rudolf (Raoul) besetzten Nordteile Niederburgunds wurde aber offenbar erst beim Dreikönigstreffen in Ivois (s. o.) eine die Ansprüche Rudolfs II. anerkennende Einigung erzielt. Deren Ausführung zog sich freilich hin, da alle drei Könige schon im nächsten bzw. übernächsten Jahr verstarben (Raoul 15. I. 936; Heinrich I. 2. VII. 936; Rudolf II. 12. VII. 937) und König Hugo von Italien noch einmal in die burgundischen Geschicke eingriff, indem er sich mit der Heimführung von Rudolfs II. Witwe einen Rechtstitel auf den Gesamtkomplex sichern wollte. Doch wurde damals Rudolfs II. noch minderjähriger Sohn Konrad an den Hof Ottos des Großen gebracht, an dem er bis zu seiner Volljährigkeit (942) unter Ottos Schutz verblieb. Als der junge König Konrad im Frühherbst 942 in das Reich seines Vaters zurückkehrte, konnte er auch sofort von Niederburgund

Besitz ergreifen, denn inzwischen waren offenbar durch Otto die nötigen Verhandlungen mit dem Nachfolger Rudolfs (Raouls), König Ludwig IV. d'Outremer, dem aus dem englischen Exil zurückgeholten Sohn Karls des Einfältigen, der seinerseits von seinen Großvasallen bald schwer bedrängt wurde, weitergeführt worden. Ein vereintes neues 'Burgundisches Reich' war somit unter Heinrichs I. Mithilfe entstanden und lebte – entsprechend der 926 erneuerten Lehnsabhängigkeit (s. S. 108f.) – fortan, wie sich schon für die Anfangsjahre König Konrads von Burgund zeigt, unter Ottos des Großen prägendem Schutz.

Stellung Bayerns im Reichsverband. Allein Bayern war unter Herzog Arnulf in der 921 festgelegten relativen Distanz zum Königtum Heinrichs I. geblieben. Als Heinrich I. 929 seinen Feldzug gegen Böhmen unternahm, war dort auch Herzog Arnulf erschienen: – ob zur Unterstützung des Königs oder in Wahrnehmung eigener älterer bayerischer Interessen, bleibt fraglich. 933 kämpften zwar ausdrücklich auch bayerische Aufgebote bei Riade (Flodoard), aber 934 zog Arnulf auf Einladung oberitalienischer Großer, die nach dem Ausscheiden Rudolfs II. von Hochburgund einen neuen möglichen Kronprätendenten gegen ihren seit 926 regierenden König Hugo suchten, über den Brenner nach Süden, um dort eine italienische Thronkandidatur seines Sohnes Eberhard zu stützen. Hugos Herrschaft schien nicht gerade fest, da er 932 vergeblich versucht hatte, über eine Heirat mit der römischen *senatrix* Marozia seine Gewalt auch auf Rom und den Kirchenstaat auszudehnen und sein Kaisertum vorzubereiten, aber am Widerstand der Römer und Alberichs, des Sohnes Marozias aus erster Ehe, gescheitert war und aus Rom, wo Alberich fortan als Stadtherr gebot, schmählich geflohen war. Doch auch das Unternehmen Herzog Arnulfs und Eberhards schlug fehl. Unverrichteter Dinge mußten sie aus Oberitalien abziehen. Hierdurch war aber für Heinrich I. die Frage nach der eigenständigen Außenpolitik eines Herzogs stärker als je zuvor gestellt. Insofern verwundert es nicht, daß Heinrich selbst ein Eingreifen in die italienischen Belange, einen Romzug, plante (Widukind I c. 40). Doch starb er – bereits der *maximus regum Europae*, wie Widukind feststellt – vor dessen Verwirklichung am 2. Juli 936 in Memleben.

b) Ausgestaltung und Aufgipfelung: Otto der Große

Ottos I. Herrschaftsantritt. Auf einer Reichsversammlung in Erfurt (im Frühjahr 936) hatte Heinrich I. seinen 912 geborenen und 929 zur Nachfolge vorgesehenen Sohn Otto nochmals offiziell zum Nachfolger designiert. Einwände gegen die Regelung von 929, die zugunsten des erst in Heinrichs Königszeit von Mathilde geborenen jüngeren Bruders Ottos, namens Heinrich, laut geworden zu sein scheinen und die sich besonders auf Mathildes Vorliebe für ihren jüngeren Sohn stützen konnten (wovon uns einige Quellen berichten), sind damals – falls sie überhaupt öffentlich zur Sprache kamen – von Heinrich I. beiseite geschoben worden. Auch Heinrichs ältester Sohn von Hatheburg, Thankmar, war damit – als Sproß einer ungültig erklärten Ehe – allein auf das Erbe aus Heinrichs Privatnachlaß beschränkt. So konnte sich die offizielle Herrschaftsübernahme, für die Aachen und der 7. August 936 sogleich festgesetzt wurden, ohne Störung vollziehen. Ottos jüngerer Bruder Heinrich wurde vorsorglich, da er gleich nach Heinrichs I. Tod erneut auf die Nachfolge gepocht zu haben scheint, dem Grafen und *secundus a rege* Siegfried zur Obhut übergeben.

Aachener Thronerhebungsfeier. Die *universalis electio*, die mit einer ersten Thronsetzung Ottos, dem Handgang, dem Treueschwur und dem Hilfsversprechen der weltlichen Großen *more suo* in einem im Säulenhof vor dem Aachener Münster vollzogenen ersten, weltlichen Teil begann, mit einer Volksakklamation des „von Gott erwählten, ehedem vom großmächtigen Herrn Heinrich designierten und von allen Fürsten zum König gemachten Otto", der Insignienübergabe, Salbung und Krönung durch den Erzbischof von Mainz unter Mithilfe des Kölner Metropoliten in der *basilica Magni Karoli* selbst als zweitem, geistlichen Teil fortgesetzt wurde und mit einer zweiten Thronsetzung, diesmal auf dem Marmorthron Karls des Großen im oberen Umgang des Münsters, endete, wo Otto für den weiteren Verlauf der Messe verblieb, beinhaltete ganz offensichtlich ein wohlüberlegtes Programm: Die Wahl Aachens als Handlungsort, Ottos Anlegen fränkischer Tracht und die Einbeziehung der Kirche in die Rechtshandlung machten deutlich, daß es fortan um ein Eintreten in die fränkische Reichstradition, eine Betonung der Zugehörigkeit Lotharingiens zum neuen deutschen Reich und auch um ein bewußtes Zusammenwirken mit der Kirche gehen würde. (Die Wahl der Karlspfalz Aachen in Lotharingien war wohl insofern ein demonstratives Zeichen, als wenige Wochen vorher, am 19. VI. 936, mit der Krönung des aus dem englischen Exil zurückgeholten Sohnes König Karls des Einfältigen, Ludwig d'Outremer, in Laon eine erneute Restauration der karolingischen Dynastie im Westen erfolgt war und damit eine Politik der Wiedererwerbung des einstigen karolingischen Kernraums für den Westen zu befürchten stand.) – Indem beim nachfolgenden Krönungsmahl in der Aachener Pfalz, mit dem das ganze Zeremoniell seinen Abschluß fand, die vier Herzöge symbolisch die Hofämter versahen – Giselbert von Lotharingien als Kämmerer, Eberhard von Franken als Truchseß, Hermann von Schwaben als Mundschenk und Arnulf von Bayern als Marschall –, wurde noch einmal die Eintracht und Einheit des auf die Mitwirkung der Herzöge gegründeten neuen Reiches dokumentiert, aber auch der Amtscharakter der Herzöge unter dem König angedeutet. *Duces vero ministrabant!* Diese Aachener Zeremonie ist in ihren einzelnen Teilen für die weiteren deutschen Königskrönungen traditionsbildend geworden.

Ottos vorkönigliche Zeit. Otto, am 23. X. 912 geboren, war von seinem Vater bereits auf die Staatsführung vorbereitet worden, dabei allerdings, wie sein Vater, ein *illitteratus* geblieben. Er hatte sich in den Slawenkriegen von 928 und 929 bewährt. Bevor er 929 mit der englischen Königstochter Edgith verheiratet wurde, hatte er mit einer vornehmen slawischen Gefangenen einen (unehelichen) Sohn Wilhelm, der später Erzbischof von Mainz wurde. Nach der Eheschließung hatte er sich dem Ausbau des als Burg und Fernhandelsplatz an der Ostgrenze seit den Zeiten Karls des Großen bezeugten Magdeburg, das Edgith als *dos* überantwortet worden war, gewidmet. 930 und 932 waren ihm von Edgith die beiden Kinder Liudolf und Liudgard geboren worden.

Errichtung von zwei Markgrafschaften an der Slawengrenze. Die ersten eigenständigen Maßnahmen Ottos I. galten der Sicherung der Ostgrenze. Denn während der letzten Erkrankung Heinrichs hatten dort die Redarier ihre Tributabhängigkeit wieder abgeschüttelt. Auch in Böhmen war eine Wendung gegen die deutsche Vorherrschaft eingetreten, als dort 935 Herzog Wenzel von seinem Bruder Boleslav (I.) erschlagen worden war. Ein sächsisch-thüringisches Aufgebot blieb 936 in Böhmen erfolglos. Nachdem dann Anfang 937 die Ungarn wiederum das Reichsgebiet durchzogen hatten, hielt es Otto nach der Niederwerfung der Redarier für nötig, die Slawengrenze durch Errichtung zweier Markgrafschaften zu sichern: die Grenzstriche an der Unterelbe unterstellte er noch 936 dem Sachsen Hermann (Billung), diejenigen an der mittleren Elbe und Saale, wo besonders der inzwischen verstorbene Graf und *secundus a rege* Siegfried die Grenzsicherung von Merseburg aus überwacht hatte, 937 Siegfrieds Bruder Gero.

Erste Unruhen im Innern: Thankmar, Eberhard von Franken, Eberhard von Bayern. Diese Maßnahmen bewirkten indes erste bemerkenswerte Unruhen im Reichsinnern. Durch sie fühlten sich nämlich Hermann (Billungs) älterer Bruder Wichmann, der mit Bia, einer Schwester der Königin Mathilde, vermählt war, und ebenso ein Vetter Ottos, namens Ekkehard, wie auch Ottos Halbbruder Thankmar, der als Verwandter Siegfrieds auf dessen Nachfolge gehofft hatte, übergangen. Wichmann verließ das Heer, Ekkehard stürzte sich in den Kampf mit den Slawen und fiel, und Thankmar verharrte in Groll. Offensichtlich hatten sie erwartet, daß der König zuerst seine nächsten Verwandten mit wichtigen Funktionen betrauen werde. Hier hat Otto aber – ganz im Gegenteil zu einer späteren Phase, in die er dann offensichtlich gedrängt wurde (s. S. 117f.) – noch mehr nach der Eignung und Zuverlässigkeit der Personen entschieden. Gleichfalls 937 geriet Otto in ein gespanntes Verhältnis zum Frankenherzog Eberhard, als dieser seinen sächsischen Lehnsmann Bruning (zu hart?) gemaßregelt und Otto ihn dafür zur Verantwortung gezogen hatte. Zum offenen Konflikt kam es aber in Bayern, wo Herzog Arnulf 'der Böse' am 14. Juli 937 gestorben war. Von Arnulfs Sohn Eberhard, der schon 935 von seinem Vater zum Nachfolger designiert worden war, forderte Otto offenbar die 921 gewährten Sonderrechte – Kirchenhoheit und starke Handlungsfreiheit in der Außenpolitik – zurück und verlangte stärkere Eingliederung in die Königsgefolgschaft. Gegen die Verweigerung schritt Otto 938 militärisch ein, doch schlug sein Kriegszug fehl. Die Schlappe ermutigte nun seine Gegner zum Angriff. Thankmar und Wichmann vereinigten sich mit Herzog

Eberhard von Franken und setzten den Königsbruder Heinrich gefangen, der 936/37 Judith, eine Tochter Herzog Arnulfs von Bayern geheiratet hatte und offenbar mit Thankmars Erbgütern um Merseburg ausgestattet worden war. Als aber Thankmar auf der Eresburg (Obermarsberg a. d. Diemel), wo er sich festgesetzt hatte, ein blutiges Ende gefunden hatte, mußten sich Wichmann und Herzog Eberhard von Franken unterwerfen und den Königsbruder freilassen. Der bayerische Herzog Eberhard aber konnte bei einem erneuten Vorstoß aus Bayern vertrieben werden. An seiner Stelle erhielt der Bruder des verstorbenen Herzogs Arnulf, Berthold, der auf das Recht der Bischofseinsetzung verzichtete, aus Ottos Hand das bayerische Herzogtum, das dadurch gleichfalls die Züge eines Amtsherzogtums annahm.

Aufstand des Königsbruders Heinrich und der Herzöge von Lotharingien und Franken. Viel gefährlicher wurde aber ein zweiter Aufstand, der vom Königsbruder Heinrich schon bald nach seiner Freilassung ausging. Heinrichs Ziel war nicht, eine Mitbeteiligung an der Macht – etwa in karolingisch gedachter Korrektur der Einzelsukzession von 936 – zu erhalten; davon ist nirgendwo die Rede, zu tief waren der neue Staatsgedanke und das Unteilbarkeitsprinzip bereits verwurzelt; sondern sein Ziel war die Entthronung Ottos und die volle Machtübernahme, da er – als der in Heinrichs I. Königszeit (nicht schon in der Herzogszeit) Geborene – bessere Anrechte zu haben meinte. Heinrich fand Unterstützung bei sächsischen Adligen, bei Herzog Giselbert von Lotharingien und auch bei Herzog Eberhard von Franken, zu dem er schon in seiner Haft Kontakte angebahnt hatte. Offenbar fand die neue Regierungsart Ottos, die nicht mehr auf *amicitia*-Bünde – wie in der Zeit seines Vaters – aufgebaut war und eine stärkere Unterordnung auch der Großen und Verwandten im Sinne des älteren karolingischen Amtsgedankens forderte, die den *consensus* bzw. die Mitheranziehung zu bestimmten Entscheidungen weniger vorsah, bei den Großen keine Gegenliebe. Der dem Fehdegedanken nahestehende Widerstand war ihre verstehbare Reaktion. Ein Sieg der Truppen Ottos über Giselbert und Heinrich und deren Kontingente bei Birten am Niederrhein (südl. Xanten) im März 939 und die nachfolgende Eroberung der Burgen Heinrichs in Sachsen brachten zunächst noch keine Entscheidung, da Heinrich aus Sachsen nach Lotharingien zu fliehen vermochte und von dort aus zusammen mit Herzog Giselbert Beziehungen zu König Ludwig IV. (d'Outremer) von Frankreich aufnahm. Aber während Ludwig IV. schon im Elsaß erschien, sich auch von Giselbert und anderen lotharingischen Großen huldigen ließ – was Otto wiederum mit einem Bündnis mit Ludwigs innenpolitischen Gegnern (dem Robertiner Herzog Hugo von Franzien und Heribert von Vermandois) beantworten konnte –, und während Herzog Eberhard von Franken durch die Besetzung des Burgbergs von Breisach Druck auf den königstreuen Herzog Hermann von Schwaben, seinen konradinischen Verwandten, ausübte und ihn an der Unterstützung des Königs zu hindern suchte sowie selbst den von Otto als Vermittler eingesetzten Erzbischof Friedrich von Mainz auf die

Seite der Aufständischen ziehen konnte, fiel die Entscheidung doch noch zugunsten Ottos am 2. X. 939 bei Andernach. Der Schwabenherzog Hermann und seine konradinischen Verwandten Udo und Konrad Kurzpold konnten die Herzöge Giselbert und Eberhard, deren Heer nach einem Plünderungszug im Lahngau schon auf das andere Rheinufer übergesetzt war, überfallen, wobei beide den Tod fanden. Eberhard fiel im Kampf, Giselbert ertrank auf der Flucht im Rhein. Otto I., der Breisach belagerte, war damit aus der größten Gefahr gerettet. Auch Heinrich mußte sich unterwerfen. Der französische König Ludwig IV. versuchte zwar noch durch Einrücken in Lotharingien und Heirat der Giselbert-Witwe Gerberga, der Schwester Ottos I., Lotharingien für sich zu behaupten, wurde aber durch einen Feldzug, bei dem Otto alle Lotharingier zur Anerkennung seiner Hoheit zwang und sich auch mit Ludwigs Gegnern Hugo von Franzien und Heribert von Vermandois traf, zur Aufgabe veranlaßt.

Phase der bewußten Familienpolitik Ottos I. Diese Auseinandersetzungen hatten Otto gezeigt, daß er die Familienangehörigen mehr berücksichtigen mußte, wollte er nicht weitere Schwierigkeiten riskieren. Die urtümlichen Denkstrukturen, von denen her jene argumentierten, waren wohl doch nicht sofort zu überspringen. Ein gewisses moralisches Anrecht Heinrichs, der von der neuen Staatsauffassung am stärksten betroffen war, muß Otto auch anerkannt haben; denn er vergab ihm rasch und machte ihn sogar als Nachfolger Giselberts 940 zum Herzog in Lotharingien. Im selben Jahr verlobte er auch seinen Sohn Liudolf mit Ida, der einzigen Tochter des ihm so sehr ergebenen Herzogs Hermann von Schwaben. Damit leitete Otto eine neue Phase seiner Innenpolitik ein, die man als Familienpolitik zur Sicherung des Reichszusammenhaltes bezeichnen kann und die Ottos engste Familienangehörigen auf die ersten Positionen unterhalb des Königtums führen sollte: zur Herzogsgewalt. – Aber leicht zu verwirklichen war auch dieser Weg nicht. Denn die Lotharingier vertrieben noch im Herbst 940 Heinrich aus ihrem Lande, weshalb Otto an seine Stelle den bisherigen Grafen von Verdun, namens Otto, setzte, der bis zu seinem Tode 944 Herzog von Lotharingien blieb. Heinrich versuchte danach 941 noch einmal, durch ein Mordkomplott zum Thron zu gelangen. Nach dessen Entdeckung mußte er wieder in Haft genommen werden. Zu Weihnachten 941 verzieh ihm Otto abermals, womit Heinrichs Haß gegen den Bruder ein Ende fand. – Und nun konnte Otto auch seine 'Familienpolitik' weiterverfolgen. 944 gab er nämlich nach dem Tode Ottos von Verdun das Herzogtum Lotharingien an den im Worms- und Speyergau reich begüterten Franken Konrad den Roten (einen Abkömmling des alten Widonengeschlechtes aus dem Saargau?), der schon seit längerem zu den engsten Vertrauten Ottos I. gehörte und der auch 947 Ottos Tochter Liudgard zur Frau erhielt. Als ebenfalls 947 der Herzog Berthold von Bayern gestorben war (dem Otto 939 nach Giselberts Tod dessen Witwe Gerberga oder dessen Tochter zur Frau zu geben versprochen hatte, um ihn für seine Treue zu belohnen und verwandtschaftlich fest an sich zu binden, was allerdings nicht zustande gekommen war), erhielt der Königsbruder Heinrich das bayerische Herzogtum. Er war ja schon enger mit Bayern verbunden, seit er 936/37 Judith, die Tochter Herzog Arnulfs, geheiratet hatte. Und als 949 Herzog Hermann von Schwaben verstarb, erhielt Ottos I. Sohn Liudolf, der schon 947 die ihm 940 anverlobte Tochter Hermanns, Ida, geheiratet hatte, dieses Herzogtum. Liudolf war zudem von Otto nach dem Tode seiner Gemahlin Edgith (946) zum Nachfolger im Königtum vorgesehen worden. Da Otto das Herzogtum Franken nach Herzog Eberhards Aufstand und Tod (939) ebenso wie schon das sächsische Herzogtum der Krone unmittelbar unterstellt hatte, beide Herzogtümer also als reichstragende Kronländer ansah, waren nunmehr alle Stammesherzogtümer auf das engste – durch die Königsfamilie – mit dem Königtum verbunden; ihre ursprüngliche, aus der autogenen Entstehung resultierende Brisanz war weitgehend entschärft.

Aufbau einer hegemonialen Stellung gegenüber Frankreich. Noch während die innere Konsolidierung voranschritt, wurde die von König Heinrich I. aufgebaute Vorrangstellung des Deutschen Reiches unter den karolingischen Nachfolgestaaten unverkennbar zu einer Hegemonie weiterentwickelt. Zuerst zeigte sich dies im Verhältnis zu Frankreich. Dort war Ende 935 beim Ringen um die Vormacht in der Francia mit Hilfe sächsischer Truppen die in Ivois beschlossene (s. S. 111), von Herzog Hugo von Franzien aber behinderte Restituierung Heriberts von Vermandois erzwungen worden, so daß Hugo von Franzien nach dem Tod König Rudolfs (Raouls) als Gegengewicht gegen den Vermandoisgrafen die Reetablierung der Karolinger, d. h. die Königserhebung des im englischen Exil lebenden Sohnes Karls des Einfältigen, Ludwigs IV. (d'Outremer), betrieb. Als König hatte sich Ludwig IV. dann bald von Herzog Hugo von Franzien distanzieren müssen, der – wie einst die Hausmaier – den König für seine Eigeninteressen einsetzen wollte. So wurde Hugo zu einer Allianz mit dem bislang bekämpften Heribert von Vermandois und dem deutschen Königshaus, das diesen stützte, gedrängt, wodurch es schließlich 937 auch zu einem Ehebund Herzog Hugos mit Ottos I. Schwester Hadwig kam. Dadurch wiederum ist es begreiflich, daß Otto I. 939 während des großen Aufstands seines Bruders Heinrich und des Herzogs Giselbert, die sich ihrerseits an Ludwig IV. von Frankreich hielten, mit Hugo von Franzien und Heribert von Vermandois zusammenarbeitete. Die Heirat Ludwigs IV. und der Giselbert-Witwe Gerberga, die Ludwig einen Rechtstitel auf Lotharingien einbringen sollte, kompensierte Otto 940 damit, daß er nach Frankreich vorstieß, sich in der Pfalz Attigny von Hugo, Heribert und anderen huldigen ließ und danach auch noch gegen Ludwigs IV. beste Stütze, Herzog Hugo den Schwarzen von der Bourgogne, zog. Durch Ausnutzung der innerfranzösischen Kräftegegensätze wurde Ludwig IV. so gezwungen, sich 942 mit der Bitte um Vermittlung eines Friedens zwischen den verfeindeten Parteien an Otto I. zu wenden. Otto I. hat diese Versöhnung bei einem Treffen in Visé a. d. Maas zu Ende 942 herbeigeführt. Stillschweigend war damit – obgleich die Versöhnung nicht lange währte – nicht nur Lotharingien gesichert, sondern eine höhere Autorität Ottos zum Ausdruck gebracht worden. Diese setzte Otto auch ein, als 943 Heribert von Vermandois verstorben und 945 König Ludwig IV. in die Hände aufständischer Normannen gefallen und an Herzog Hugo von Franzien ausgeliefert worden war, indem er diesmal für König Ludwig intervenierte und auf Bitten Gerbergas 946 dem nur gegen Auslieferung der Festung Laon freigelassenen Ludwig sogar mit einem Kriegszug bis vor Reims, Paris und Rouen zu Hilfe kam. Ziel war, eine totale Entmachtung des französischen Königtums zu verhindern und ein Gleichgewicht der Kräfte in Frankreich, das außenpolitische Aktivitäten blockierte, zu erreichen. Ludwig IV. akzeptierte das, und bis 952 gab es fünf Treffen – zumeist auf deutschem Boden – zwischen Ludwig bzw. Gerberga und Otto, bei denen es immer wieder um Ottos Hilfe für Ludwig gegen den Robertiner Herzog Hugo von Franzien ging. So wurde u. a. auf einer Synode in Ingelheim unter Ottos Vorsitz der Streit um die Besetzung des Reimser Erzbischofsstuhls zugunsten des Kandidaten Ludwigs IV. entschieden. Auf Ottos Weisung intervenierte auch Herzog Konrad der Rote von Lotharingien wiederholt im Westen militärisch zugunsten Ludwigs IV. Es war klar, daß das französische Königtum nur durch die Stützung Ottos I. existieren konnte.

Schutzabhängigkeit Burgunds. Auch in Burgund, wo die unter Heinrichs I. Vermittlung der Lösung nähergebrachte Erbfrage beim Tod der drei an den Vereinbarungen von Ivois (s. S. 111) beteiligten Könige noch nicht zur Ausführung gelangt war, merkte man Ottos I. Einfluß. Dem Rückfall in die Gewaltpolitik König Hugos von Italien, der nach dem Tod König Rudolfs II. von Hochburgund 937 dessen Witwe, Berta von Schwaben, heiratete, ihre Tochter Adelheid mit seinem eigenen Sohn Lothar verlobte und damit Burgund an sein *regnum Italiae* angliedern wollte, trat Otto – wie schon einmal angedeutet – entgegen, indem er Konrad, den jungen, sofort zum Nachfolger geweihten Sohn Rudolfs II., an seinem Hof aufnahm. (Daß ein Bruder Rudolfs II., Ludwig, 929/30 die Schwester von Ottos I. Gemahlin Edgith geheiratet hatte und somit verwandtschaftliche Beziehungen zwischen dem hochburgundischen und dem deutschen Königshaus bestanden [692: E. Hlawitschka], mag diesen Schritt erleichtert haben.) Damit wurde die 926 von Heinrich I. gegenüber Rudolf II. erneuerte Lehnssuprematie zu einem effektiven Schutz- und Abhängigkeitsverhältnis vertieft; wahrscheinlich hat der junge Konrad dem deutschen König – den Formen der Zeit gemäß – auch lehnrechtlich gehuldigt. 942 sollte dafür wiederum der großjährig gewordene König Konrad Ottos Rückendeckung bei der Schaffung des gesamtburgundischen Reiches haben (s. S. 112f.).

Eintritt Italiens in Ottos Interessenbereich. Italien trat nicht nur wegen seiner Berührungen mit Burgund bald in Ottos Gesichtskreis. 941 war einer der häufig rebellierenden oberitalienischen Großen, der Markgraf Berengar von Ivrea, vor seinem König Hugo – da Burgund und die Provence als mögliche Hilfspartner ausfielen – über Schwaben zu Otto I. geflohen. Otto ließ sich zwar von ihm einen Vasalleneid leisten, griff aber nicht sofort in Italien ein. Er ließ Berengar vielmehr 945 mit einem kleinen, in Schwaben angeworbenen Truppenverband nach Italien zurückkehren; Berengar konnte König Hugo verdrängen, der sich in die Provence zurückzog und 948 verstarb, und führte faktisch für Hugos Sohn und bisherigen Mitkönig, Lothar, die Herrschaft. Erst als er sich nach dem plötzlichen Tod des jungen Lothar im Dezember 950 selbst – als Berengar II. – zum König im *regnum Italiae* krönen ließ, Lothars Witwe Adelheid, die Herrschaftsrechte geltend machte, gefangensetzte und einige Adlige außer Landes trieb, entschloß sich Otto auf den Hilferuf Adelheids und ihrer Anhänger hin zum Eingreifen. Das persönlich-menschliche Motiv der Hilfe für eine junge Königswitwe, die dazu eine Schwester des von ihm beschützten Königs Konrad von Burgund war, die Suche nach einer würdigen Gemahlin – er selbst war seit 946 Witwer – wie auch die 936 schon betonte karolingische Tradition, die einen starken König auf den Spuren Karls des Großen nach Italien und nach Rom wies, mögen Ottos Entschluß einzugreifen gleichermaßen mitbestimmt haben.

1. Italienzug Ottos I. Vor Ottos Aufbruch hatten freilich schon Herzog Heinrich von Bayern und Herzog Liudolf von Schwaben selbständig in Italien eingegriffen. Dem Königsbruder war dabei die Besetzung Aquilejas geglückt, während größerer Widerstand den Königssohn zum Rückzug genötigt hatte. Neue Rivalitäten brachen damit im Königshaus auf, die durch Ottos Erscheinen in Italien im Spätsommer 951, seinen kampflosen Einzug in die Hauptstadt Pavia und seine Hochzeit mit der inzwischen aus Berengars Haft entflohenen Adelheid vorerst noch überdeckt wurden. Otto richtete zunächst auch seine Blicke weiter nach Rom und sandte Erzbischof Friedrich von Mainz und Bischof Hartbert von Chur dorthin, um *pro susceptione sui* (Flodoard) – was kaum etwas anderes als die Kaiserkrönung bedeutet haben kann – zu verhandeln. Der Stadtherr von Rom, Patricius Alberich (s. S. 113), war aber nicht daran interessiert, seine Macht an einen Kaiser abzutreten; und Papst Agapit II. war neben diesem ohne Durchsetzungsvermögen. Trotz seiner schon weitgehend hegemonialen Stellung im Abendland fand Otto sich mit dem negativen Bescheid ab, zumal jetzt die zwischen seinem Sohn und seinem Bruder ausgebrochenen Spannungen ein Einschreiten in Deutschland erforderten. Er ließ nur ein kleines Aufgebot in Italien unter seinem Schwiegersohn Herzog Konrad dem Roten zurück, der alsbald mit dem bislang ungeschlagenen Berengar II. eine von Otto später nicht in allen Punkten gutgeheißene und nur unwillig gebilligte Vereinbarung über dessen Unterwerfung traf. Dadurch blieben Berengar II. und sein zum Mitkönig erhobener Sohn Adalbert frei waltende, aber Otto durch Lehnseid untergeordnete Könige; Istrien und die Gebiete um Aquileja und Verona waren jedoch an das Herzogtum Bayern abzutreten.

Der Liudolf-Aufstand. Die erwähnten Spannungen zwischen Liudolf und Heinrich resultierten aus dem unterschiedlichen Erfolg ihrer Italienzüge; sie wurden durch die Angliederung des östlichen Oberitalien an Bayern noch mehr verschärft. Und da es Heinrich zudem verstand, auch die Gunst Adelheids zu gewinnen, während Liudolf über die Wiederverheiratung des Vaters verstimmt war, brach ein immer tiefer werdender Riß zwischen dem König und seinem Sohn auf. Um Liudolf sammelten sich die Unzufriedenen: zu ihnen zählten vor allem Herzog Konrad der Rote, der über Ottos Reserviertheit gegen seine mit Berengar II. ausgehandelten Abmachungen verstimmt war, und halben Herzens auch Erzbischof Friedrich von Mainz. Als Adelheid Ende 952 auch noch einen Sohn gebar (der freilich bald verstarb), glaubte Liudolf, dazu um seine Thronfolge bangen zu müssen. Einen Aufenthalt Ottos in Mainz nutzten deshalb Liudolf und Konrad der Rote, um Otto mit der Versicherung, ihr Vorgehen richte sich nicht gegen ihn, sondern gegen Heinrich von Bayern, einen Vertrag (ein die Gleichrangigkeit der Partner voraussetzendes *pactum*) abzunötigen, dessen nicht überlieferter Inhalt offensichtlich die Ausschaltung Heinrichs und die Garantie der Nachfolge Liudolfs enthielt. Es ging jedenfalls um den Haupteinfluß am Königshof. Sobald Otto sich aber im sächsischen Dortmund sicherer fühlte, widerrief er den Vertrag als erpreßt, was wiederum Erzbischof Friedrich, der auf der Einhaltung des Vertrages bestand, offen auf die Seite der Empörer treten ließ. Konrad der Rote wurde seines Herzogsamtes entsetzt, Friedrich verlor das Erzkapellanat. Den offenen Aufstand niederzuringen, der bald ganz Süddeutschland erfaßte und auch auf Sachsen übergriff, war nicht möglich. Nur im Westen des Reiches, wo Otto im Sommer 953 seinen jüngsten Bruder Brun zum Nachfolger des Erzbischofs Wicfried von Köln und einen Monat später auch zum Herzog von Lotharingien einsetzte, blieb es dank Bruns geschickter Amtsführung ruhig.

Eine Wende bewirkte erst ein unerwarteter Ungarneinfall im Frühjahr 954, der bis an den Rhein und nach Lotharingien hinein Verwüstungen brachte. Da man die Schuld daran allgemein dem inneren Zwist zuschrieb und Konrad der Rote mit den Ungarn Verbindungen aufnahm, sie gar gegen Brun und andere lotharingische Gegner abzulenken verstand, schrumpfte im Nu die Sympathie für die Aufständischen zusammen. So weit war die innere Konsolidierung gediehen, daß jedem – und sei er ein noch so angesehener Mann – ein Bündnis oder auch nur ein taktisches Zusammenwirken mit den Reichsfeinden – anders als noch zu Arnulfs 'des Bösen' Zeiten 914–918 – allen moralischen Kredit kostete: ein bemerkenswertes Zeichen für eine erreichte erste Stufe im Werden eines einheitlichen Volkes!

Ottos Konsequenzen. Auf einem Reichstag in Langenzenn (b. Nürnberg) mußte sich Konrad unterwerfen, und Friedrich mußte Frieden schließen. Liudolf gab erst im Herbst 954 auf, nachdem seine beste Stütze, der Pfalzgraf Arnulf aus der Liutpoldingerfamilie, vor Regensburg gefallen war. Als darauf bei einem Reichstag im thüringischen Arnstadt im Dezember 954 nach Liudolfs Verzicht auf sein Herzogtum der Friede offiziell wiederhergestellt wurde, erhielten Sohn und Schwiegersohn zwar ihre Eigengüter, nicht aber die Herzogtümer zurück. So standen Schwaben und Lotharingien zu einer Neuvergabe an. – Es ist eine weitverbreitete Meinung, Otto sei durch den Liudolf-Aufstand zur Einsicht gekommen, daß die 'Familienpolitik', d. h. die Überlassung der Herzogtümer an enge

Familienangehörige, nicht hinreichte, das Reich zu sichern. Er habe deshalb im Anschluß an den Liudolf-Aufstand einen neuen Versuch zur inneren Neuordnung des Staates unternommen: und zwar habe er diesmal in der Reichskirche ein Gegengewicht gegen die Herzogtümer zu schaffen begonnen. Aber so eindeutig war Ottos Reaktion damals nicht! Einerseits hatten sich die kirchlichen Spitzen – Erzbischof Friedrich von Mainz und Erzbischof Herold von Salzburg – dem Aufstand angeschlossen, während der getreue Brun von Köln nicht ein gewöhnlicher Kirchenrepräsentant, sondern eben Ottos Bruder war; und andererseits sieht man doch, daß Otto bei der Neuvergabe der Herzogtümer noch keinesfalls von der Familienbevorzugung abging. Schwaben wurde an Burchard III., den Sohn des 926 in Oberitalien gefallenen Herzogs Burchard II., gegeben; und er erhielt – was die Fortdauer der Familienpolitik unterstreicht – Hadwig, die Tochter von Ottos I. Bruder Heinrich von Bayern, zur Gemahlin. (Nähere unversorgte Verwandte gab es nicht.) Lotharingien wurde in den Händen des Königsbruders Brun belassen, der als *archidux*, wie Ruotger in seiner Vita Brunonis formulierte, fortan Erzbischofsaufgaben und Herzogsamt miteinander verband. Eine Ergänzung bildete die Besetzung des seit dem Tode Friedrichs im Herbst 954 vakanten Mainzer Erzbischofsstuhls mit Ottos illegitimem Sohn Wilhelm.

Lechfeldschlacht. Durch die politischen Wirren der letzten Jahre angelockt, erschienen die Ungarn auch 955 wieder in Bayern. Ihr Hauptheer belagerte das von Bischof Ulrich verteidigte Augsburg. Ein sofort erlassenes allgemeines Heeresaufgebot führte nun dazu, daß Otto mit einem aus Franken, Bayern, Schwaben, Böhmen und einer kleineren sächsischen Abteilung zusammengesetzten Heer – die Lotharingier unter Brun wurden zur Westverteidigung zurückgelassen – am 10. August 955 auf dem Lechfeld vor Augsburg einen entscheidenden Sieg über diese Reichsfeinde errang. Herzog Konrad der Rote fiel zwar, aber die Niederlage der Ungarn war so gewaltig – drei ihrer gefangenen königlichen Anführer wurden anschließend in Regensburg auf Befehl Herzog Heinrichs gehängt –, daß damit die Zeit ihrer Expansion und ihres von Raubüberfällen begleiteten Nomadenlebens abbrach. Sie fanden sich zur Ansiedlung in der Pannonischen Tiefebene bereit und verschlossen sich bald auch nicht mehr der vornehmlich von Passau ausgehenden christlichen Mission, womit sie in die abendländische Kulturwelt hineinwuchsen. Die Formierung Europas begann also langsam, über die Bereiche des zerfallenen einstigen Karlsreiches hinaus in deren südöstliches Vorfeld auszugreifen. – Zumal das von weiteren Ungarneinfällen befreite östliche Vorland des bayerischen Stammesgebietes nun wieder in einer Mark – der bayerischen Ostmark – organisiert werden konnte, war es auch möglich, daß von der Enns bis zum Wiener Wald und zur March eine intensive Rodungstätigkeit begann, die die Grundlage für eine völlige Eindeutschung und für das künftige Österreich war.

Imperiales Königtum/nichtrömische Kaiseridee. Für den neuen deutschen Staat war der Ungarnsieg noch in anderer Weise bedeutsam: einerseits wurde durch den Einsatz aller Stämme der Einheitsgedanke, und d. h. die innere

Konsolidierung, weiter gefördert; und andererseits wurde deutlich, daß dem erfolgreichen Lenker dieses Staatswesens, der mit seinem Sieg auch Italien, Burgund und Frankreich von schwerer Not befreit hatte, nunmehr eine echte hegemoniale Stellung in Europa zukam. In dieser Überzeugung scheint eine Siegesfeier auf dem Schlachtfeld stattgefunden zu haben, bei der – nach den (freilich erst 967/68 formulierten) Worten Widukinds von Corvey (III. c. 49) – Otto vom Heer als *pater patriae* und als *imperator* gefeiert wurde. Daß diesem Akt keine staatsrechtliche Bedeutung im Sinne einer Kaiserproklamation zukam, ist unbestritten; Otto nannte sich in den Urkunden der folgenden Jahre ja weiterhin *rex*; daß aber die Worte *imperator*, *imperium* und *imperialis* im Umkreis Ottos fortan häufiger gebraucht wurden, wobei der Sinngehalt von Feldherr, Herrschaft und gebieterisch befehlend, herrscherlich, befehlsgewaltig schon zu Kaiser, Kaiserreich und kaiserlich hintendierte, ist ebenso deutlich. Der Gedanke, daß Otto eigentlich den Schutz der gesamten christlichen Welt, des *imperium Christianum*, übernommen habe und daß ihm als Vorkämpfer der Christenheit eine hegemoniale Stellung und deren staatsrechtliche Bestätigung zustehe, schlug sich offenbar in diesem schillernden Wortgebrauch nieder. Und daß dabei die höhere Würde nicht unbedingt durch den Papst in Rom verliehen werden müßte, hat man – nach der gescheiterten ersten Anfrage von 951 (s. S. 120) und nach einer direkt nach der Lechfeldschlacht in Rom durchgeführten Sondierung des Abtes Hadumar von Fulda – damals offenbar bald erwogen. Beredtes Zeugnis dafür scheint die noch vor 962 im Mainzer St. Albans-Kloster vorgenommene Aufzeichnung zweier Ordines für Kaiserkrönungen zu sein, und zwar eines *ordo Romanus ad benedicendum imperatorem, quando coronam accipit*, und einer *benedictio ad ordinandum imperatorem secundum occidentales*, in der jeder Bezug zu Rom fehlt. Widukinds Darstellung, nach der Otto durch die Akklamation des Heeres Kaiser wurde, dürfte nur eine Variante in dieser 'nichtrömischen Kaiseridee' gewesen sein. Daß Otto und seine Familie solchen Erwägungen wohl nicht ganz fern gestanden haben, zeigen einerseits die Papsturkunde Johanns XII. über die Erhebung des Magdeburger Moritzklosters zum Sitz eines neuen Erzbistums (962) und der päpstliche Text der Palliumsverleihung an Erzbischof Theoderich von Trier (969), nach denen Otto seine Kaiserwürde auch mit dem Lechfeldsieg begründet wissen wollte, und andererseits die Tatsache, daß Widukind seine die 'Heerkaiser'-Vorstellungen enthaltenden *Res gestae* Ottos Tochter Mathilde widmen konnte.

Slawensieg. Dem großen Ungarnsieg folgte im Herbst 955 ein Sieg Ottos über die Slawen an der Recknitz in Mecklenburg, denen sich die seit 953 im Aufstand verbliebenen Söhne des Markgrafen Wichmann angeschlossen hatten. Die Hoheit des Reiches wurde damit auch im Nordosten völlig gesichert, so daß in den nächsten Jahren dort nur einige kleinere Kämpfe zu bestehen waren. In Böhmen hatte Otto sogar schon 950 – nach 14jährigen Grenzkämpfen – die 936 verlorene Oberhoheit wiedererlangt.

Faktische 'Mitregentschaft' in Frankreich. Frankreich gegenüber ergab sich noch dadurch eine Intensivierung der hegemonialen Stellung Ottos, daß 954 König Ludwig IV. bei einem Reitunfall tödlich verunglückt war und seine Witwe Gerberga, Ottos Schwester, die Nachfolge ihres 13jährigen Sohnes Lothar nur durch große Zugeständnisse an Herzog Hugo von Franzien erreichen konnte, wodurch ihre Anlehnung an Otto und Brun noch notwendiger wurde. Als aber Herzog Hugo 956 starb und seine Söhne – vor allem der später 'Capet' genannte älteste Sohn Hugo – noch minderjährig waren, kam die Verwaltung und Weiterführung der großen karolingischen und robertinischen Machtpositionen im wesentlichen auf Ottos Schwestern Gerberga und Hadwig zu. Diese bedienten sich wiederholt des Rates und der Mithilfe des mit Otto stets im engsten Vertrauen bleibenden Brun, der dadurch gleichsam als „Mitregent im Westreich" [640: K.F. Werner S. 749] erscheint und dort auch militärisch intervenierte. So war die Vormacht Ottos blendend abgesichert.

Verhältnis zu England und Spanien. Zu England waren die Beziehungen seit dem Tod Edgiths (946) erschlafft. Wiewohl mehrmaliger Boten- und Geschenkaustausch bezeugt ist und auch von England aus Ottos und später seiner Nachkommen Rang akzeptiert wurde, blieben die politischen Berührungen oder Beeinflussungen dennoch gering. Die Wikinger/Dänen waren für das in Südengland dominierende Königtum von Wessex auch fernerhin das Hauptproblem.

Die schon seit 711 dem Islam anheimgefallene Pyrenäenhalbinsel, deren mittlere und südliche Teile (mit Córdoba als Mittelpunkt) trotz allen christlichen Widerstandes der islamischen Kulturgemeinschaft fest eingegliedert worden waren und in deren Norden sich das Christentum in den drei Herrschaftskomplexen von León/Asturien, Pamplona/Navarra und Barcelona/Katalonien nur mühsam behauptete, blieb ebenfalls außerhalb des engeren Einflußbereiches Ottos I. In Córdoba hatte sich 929 der bisherige Emir Abdarrahman III. aus der Omaijadendynastie, die schon kurz nach der Mitte des 8. Jahrhunderts die Leitung der muslimischen Geschicke an sich gerissen hatte, zwar zum Kalifen und damit für unabhängig vom orientalischen Islam erklärt, und er hatte in seiner langen Regierungszeit (912–961) auch Kontakte mit Byzanz, König Hugo von Italien und Otto I. (953) aufgenommen, aber eine Besserung der Situation der nordspanischen Christen war kaum die Folge. Hier sollte die Ausdehnung der christlich-europäischen Kulturwelt – nach etlichen Erfolgen Almanzors († 1002), die die Existenz der nordspanischen Christenreiche in Frage stellten, sowie nach dem Zerfall des Córdoba-Reiches in muslimische Einzelherrschaften (1031) und nach internen Kämpfen der beiden christlichen Königreiche León und Navarra, die mit einem Erfolg Navarras und dem Aufbau des Königreiches Kastilien endeten – erst in der Mitte des 11. Jahrhunderts langsam in Gang kommen (Reconquista).

Herzogtumsfragen. Für Otto I. war anderes drängender. Zumal Herzog Heinrich von Bayern im November 955 gestorben war, erforderte das Herzogsproblem nochmals seine Aufmerksamkeit. Er wich auch jetzt nicht von der Verwandtenbevorzugung ab. In Bayern setzte er Heinrichs noch unmündigen Sohn Heinrich, der später als 'der Zänker' bezeichnet werden sollte und für den vorerst noch dessen Mutter Judith die Vormundschaft wahrnahm, als neuen Herzog ein. In Lotharingien, wo Ottos Bruder Brun, der *archidux*, mit lokalen Schwierigkeiten überhäuft war, sich aber vorrangig den größeren Aufgaben in Frankreich zuwenden mußte, wurde (offenbar zur Entlastung Bruns) der im Raum Metz/Bar-le-Duc begüterte Graf Friedrich seit 959 für den südlichen (= oberlotharingischen) Bereich und wohl bald darauf der Graf Gottfried für den nördlichen (= niederlotharingischen) Teil zum Unterherzog bestimmt. Ihre Funktionen, die denen von Markgrafen ähnelten, bildeten nach dem Tode Bruns (965) den Ausgangspunkt für die Entwicklung der selbständigen Herzogtümer Ober- und Niederlotharingien. Bezeichnend ist nun, daß beide (Unter)herzöge, die den *dux*-Titel führten, wiederum Verwandte Ottos waren: Friedrich war der Gemahl von Beatrix, einer Tochter von Ottos (mit Herzog Hugo von Franzien verheirateter) Schwester Hadwig; und Gottfried war Ottos Neffe (2. Grades), nämlich ein Enkel von König Heinrichs I. Schwester Oda, dazu ein von Brun wohlerprobter Mann. – Aus dieser Behandlung Lotharingiens ergibt sich der Eindruck, daß Otto zugleich auf eine Teilung und Schwächung zu großer Herzogtümer hinsteuerte. Denn in Sachsen, das bislang ohne Herzog direkt dem König unterstand und in dem die beiden großen Markgrafenbereiche Geros und Hermann Billungs an der Ostgrenze eine Sonderstellung hatten, erhielt Hermann Billung seit den 50er Jahren zeitweise auch nur die *procuratio* (eine königliche Stellvertretung, die erst auf die Ostteile, dann auf das ganze sächsische Stammesgebeit bezogen wurde), ohne daß damit eine herzogliche Vollgewalt zugelassen wurde. Die Mark Geros wurde nach Geros Tod gar in 6, später allerdings auf 3 Marken aufgeteilt.

Wiederaufnahme einer aktiven Italienpolitik. Die Bereinigung der Ungarn- und Slawengefahr gab Otto die Möglichkeit, sich wieder mehr Italien zuzuwenden. Dort hatte König Berengar II. den Liudolf-Aufstand genutzt, seine Lehnsabhängigkeit zu ignorieren. Otto sandte deshalb im Herbst 956 seinen Sohn Liudolf nach Italien, um Berengar II. in die Abhängigkeit zurückzuzwingen bzw. ihn ganz zu verdrängen. Nach Andeutungen der Quellen (Hrotsvith) könnte – nach karolingischem Vorbild – die Errichtung eines Unterkönigtums Italien für Liudolf geplant gewesen sein. (Immerhin waren Otto und Adelheid ca. 953/54 und Ende 955 zwei Söhne – der freilich bereits 957 gestorbene Brun und der spätere Otto II. – geboren worden, auf die sich damals ihre Nachfolgehoffnungen konzentrieren konnten.) Aber Liudolf starb nach einigen erfolgreichen Gefechten im Herbst 957 bei Pombia (südl. d. Lago Maggiore). Berengar II. konnte dadurch seine Herrschaft wieder festigen, ja sogar gegen einige Orte im Patrimonium Petri vorgehen, was wiederum den Papst Johann XII., der zudem byzantinische Aktivitäten in Benevent befürchtete, im Herbst 960 bewog, durch eine Gesandtschaft Otto zum Eingreifen gegen Berengar II. und seinen als Mitkönig amtierenden Sohn Adalbert aufzufordern. Mehrere oberitalienische Große schlossen sich ihm an.

Papst Johann XII. Papst Johann XII., ursprünglich hieß er Octavian, war ein Sohn des 954 verstorbenen römischen Stadtherrn Alberich. Vom Vater war ihm vor dem Tode nicht nur die Nachfolge im weltlichen Amtsbereich, sondern auch die Nachfolge des Papstes Agapit II., der 955 verstarb, gesichert worden. Die beiden höchsten römischen Ämter vereinte er also in seiner Hand.

Erneuerung des Kaisertums. Otto bereitete seine Romfahrt sorgfältig vor. Im Mai 961 ließ er den jungen Otto II. in Worms zum Mitkönig wählen und danach in Aachen krönen, damit auf alle Fälle die Herrschaft seiner Dynastie gesichert war. Im August 961 brach er von Augsburg aus mit einem stattlichen Heer auf, begab sich zuerst nach Pavia, das Berengar II. fluchtartig verlassen hatte, und traf – nachdem Abt Hatto von Fulda die nötigen Vorverhandlungen geführt hatte und auch ein Sicherheitseid für den Papst geleistet worden war – Ende Januar 962 vor Rom ein. Am 2. Februar 962 wurde er nach feierlichem Einzug in der Stadt in St. Peter von Papst Johann XII. unter der Akklamation der Römer zum Kaiser gesalbt und gekrönt. Mit ihm empfing auch Adelheid Salbung und Krönung. Damit hatte Ottos seit Jahren in Europa erreichte Hegemoniestellung ihre würdigste Anerkennung gefunden. Die schon traditionelle, karolingische Form der an die göttlich-kirchliche Weihe gebundenen und vom Papst vorgenommenen Königssublimierung zum Kaiser hatte sich gegen alle anderen 'romfreien' Kaiserideen durchgesetzt. Im Anschluß an die Kaiserkrönung nahm Otto vom Papst und dem römischen Volk einen Treueschwur entgegen. Wenige Tage später, am 13. Februar 962, bestätigte der neue Kaiser mit einem prunkvollen Privilegium, dem sog. *Privilegium Ottonianum*, auf der Grundlage karolingischer Vorgänger*pacta* dem Papst Rom und den Kirchenstaat samt Rechten und Einkünften und versprach deren Schutz, – alles allerdings unter dem Vorbehalt der schon von den Karolingern ausgeübten Hoheitsgewalt und besonders des vom römischen Klerus und Adel zu leistenden Eides, daß ein Papst kanonisch zu wählen sei und dem Kaiser ein Treueversprechen abzulegen habe, bevor er geweiht werde.

Neugestaltung der Verhältnisse in Rom und Italien. Nachdem Otto Rom wieder verlassen hatte, um Berengar II. und dessen auf verschiedenen Burgen verschanzten Anhänger niederzuringen, zeigte sich bald, daß den Papst die Einladung Ottos zu reuen begann. Er sah seinen eigenen Spielraum durch den Kaiser eingeengt, sich auch in seinem nicht immer unanstößigen Lebensstil kontrolliert und behindert. In einer politischen Kehrtwendung knüpfte er Verbindungen mit Berengars Sohn Adalbert wie auch mit Byzanz und den Ungarn an. Otto sah sich deshalb im Herbst 963 gezwungen, die Belagerung Berengars II. in S. Leo (bei S. Marino) abzubrechen und nach Rom zurückzukehren. Nach der eiligen Flucht des Papstes ließ Otto sich nun – in Erweiterung des Vorbehaltes aus dem *Privilegium Ottonianum* – von den Römern schwören, daß sie niemals einen Papst wählen und einsetzen würden, ohne seine oder seines Sohnes Genehmigung und einen entsprechenden Wahlhinweis eingeholt zu haben. Zugleich ließ er durch eine unter seinem Vorsitz tagende Synode Johann XII. absetzen: – ohne Rücksicht auf den alten Rechtsgrundsatz, daß der Papst keinem irdischen Richter unterstehe. Der Protoskriniar Leo, ein Laie, wurde als Papst Leo VIII. erhoben. Die Situation schien sich zu beruhigen, als es Ende 963 gelang, Berengar II. in S. Leo zur Übergabe zu zwingen und nach Bamberg ins Exil zu schicken. Damit wurde nun evident, daß fortan das *regnum Italiae* mit dem Deutschen Reich vereint und unter der Herrschaft Ottos und seiner Nachfolger stehen sollte. Doch schon zu Jahresbeginn 964 befand sich Rom wieder im Aufstand. Dessen Niederwerfung, Ottos Abzug, die Rückkehr Johanns XII. und Vertreibung Leos VIII., Johanns XII. plötzlicher Tod, schließlich die Erhebung eines neuen Papstes, Benedikts V., ohne Beachtung der Otto geleisteten Eide folgten innerhalb eines halben Jahres. Nur mit Waffengewalt konnte Otto danach Leo VIII. nach Rom zurückführen. Erst damit und mit Benedikts V. Exilierung nach Hamburg zeichnete sich eine Stabilisierung ab, die es Otto Anfang 965 nach dreieinhalbjähriger Abwesenheit erlaubte, nach Deutschland zurückzukehren.

Grenzschutz und Missionspolitik gegenüber dem slawischen Osten. In der Heimat hatten inzwischen Ottos getreueste Helfer, sein Bruder Brun und die Markgrafen Hermann (Billung) und Gero, Maßnahmen eingeleitet, die für die weitere Entwicklung von Staat und Kirche, ja für die weitere Formierung Europas von allergrößter Wichtigkeit sein sollten.

Die gleich zu Beginn der Regierungszeit Ottos eingerichteten Grenzmarken Hermann (Billungs) und Geros hatten nicht nur die Aufgabe, Sachsen vor den slawischen Nachbarn zu schützen und eine deutsche Überlegenheit aufrechtzuerhalten, sondern auch die Mission und die Gründung neuer Bistümer abzusichern und damit wiederum den deutschen Einfluß nach Norden, Nordosten und Osten hin zu verstärken. Bis zur Oder reichte schon in den 40er Jahren die deutsche Vorherrschaft. 947/48 hatte die Mission bei den Dänen Erfolg; drei neue Bistümer sind dort gegründet und Hamburg unterstellt worden – König Harald Blauzahn ließ sich freilich erst 965 taufen –; und 948 war auch schon die Gründung zweier neuer Bistümer im Wendenland geglückt (s. S. 57). Otto I. war an diesen Vorgängen insofern beteiligt, als er besonders das 937 von ihm in Magdeburg errichtete und mit Reformmönchen aus St. Maximin in Trier besetzte St. Mauritiuskloster als Missionszentrum aufbaute. Nachdem es dann 950 gelungen war, den Böhmenherzog Boleslav I. zur Anerkennung der Oberhoheit des Reiches zurückzuzwingen, und nach den Ungarn- und Slawensiegen von 955 war Otto gewillt, die Missionsergebnisse vollends durch einen planvollen Ausbau der Kirchenorganisation – mit einem neuzuschaffenden Erzbistum Magdeburg als Mittelpunkt – abzusichern. Vor der Lechfeldschlacht hatte er zudem die Errichtung eines Bistums in Merseburg gelobt. Aber noch während Otto mit einer 962 dafür eingeholten päpstlichen Zustimmung den schon Ende 955 gegen seine Pläne sichtbar gewordenen Widerstand des Erzbischofs Wilhelm von Mainz, seines eigenen Sohnes, und des Bischofs von Halberstadt, die ihren Metropolitanbereich bzw. ihr Bistum dadurch geschmälert sahen, zu überspielen sich bemühte, gelang Gero ein für die Zukunft noch bedeutsamerer Erfolg.

Anbindung Polens an die christliche Staatengemeinschaft. Markgraf Gero konnte 963 den Slawenfürsten Mieszko (I.), der um 960 einige östlich der Oder und an Warthe und Weichsel siedelnde slawische Gruppen (mit den Polanen als neuem Volkskern) unter seiner Herrschaft zusammengefaßt hatte, bei seiner weiteren Ausbreitung nach Westen aber mit den Redariern zusammengestoßen war, zu einem Vertrag mit dem Reich bringen; Mieszko kam durch diesen zwar für die 'bis zur Warthe' gelegenen Teile seines bald als 'Polen' bezeichneten Herrschaftsbereichs in die Tributabhängigkeit des Reiches, wurde zugleich aber auch als 'Freund' und 'Getreuer' des Kaisers anerkannt. Hierdurch wurde dem Polen-*dux*, der 965/66 die Christin Dobrava, eine Tochter des Böhmenherzogs Boleslav I., zur Frau nahm, die Öffnung seines Landes für die Mission und die eigene Taufannahme (966/67) erleichtert. Und damit wiederum war das Hineinwachsen des neuentstehenden Staatsgebildes Polen in die römisch-christliche abendländische Staatengemeinschaft in die Wege geleitet. Bereits 968 wurde ein Bistum Posen eingerichtet und Magdeburg oder dem Hl. Stuhl unterstellt. – In Prag wurde durch Ottos Bemühen beim Böhmenherzog Boleslav II. (967–999) desgleichen eine Bistumsgründung angebahnt, die indessen erst nach Ottos Tod zum Abschluß kam. Prag wurde 973/74 dem Erzbistum Mainz angegliedert.

Scheitern der Rußlandmission und die Folgen. Der Anschluß der Westslawen an das abendländische Christentum war um so wichtiger, als der 961 auf Bitten der russischen Großfürstin Olga von Kiew nach Rußland entsandte, zum Missionsbischof geweihte St. Maximiner Mönch Adalbert unverrichteter Dinge heimgekehrt war. Olgas Sohn Swjatoslav, der damals die Großjährigkeit erlangte und die Herrschaft in Kiew übernahm, war noch nicht für den christlichen Glauben zu gewinnen. (Erst Swjatoslavs Sohn Wladimir nahm 988/89 bei seiner Verheiratung mit der byzantinischen Kaiserschwester Anna das byzantinisch-orthodoxe Christentum an.) Die Glaubens- und Kulturgrenze zwischen Polen, das seinen Platz unter den abendländischen Staaten und Nationen fand, und Rußland, das sich auf Byzanz hin auszurichten begann, wurde damals für alle Zukunft festgelegt.

Magdeburg als Erzbistum. Die Vollendung des Magdeburger Erzbistumsplanes gelang Otto, der durch den Widerstand Wilhelms von Mainz (seit Ende 955) zu einer Behandlung der Angelegenheit auf einer allgemeinen Synode gedrängt worden war, erst während seines 3. Italienzuges (s. u.) ab 967. Die nach Ravenna einberufene Synode billigte nämlich 967 Ottos Pläne, und der Papst erhob damals das Magdeburger St. Mauritiuskloster zur neuen Metropolitankirche, unterstellte ihr die bislang zu Mainz gehörenden neuen Missionsbistümer (ab 948) Brandenburg und Havelberg und genehmigte die Gründung der weiteren Suffraganbistümer Merseburg, Meißen und Zeitz. Die Verwirklichung der

Gesamtplanung wurde dadurch erleichtert, daß 968 kurz nacheinander Wilhelm von Mainz und der bis zuletzt ablehnende Bischof Bernhard von Halberstadt starben und Otto neue, seinen Plänen geneigtere Bischöfe einsetzen konnte: in Mainz den bisherigen Abt Hatto von Fulda, in Halberstadt den bisherigen Dompropst Hildeward, in Magdeburg den schon einmal für die Ostmission vorgesehenen Adalbert.

Anbahnung der 'ottonisch-salischen Reichskirchenherrschaft'. Die zweite, von Ottos Bruder Brun von Köln ausgehende folgenreiche Entwicklung jener Jahre betraf das Verhältnis von Königtum und Bischöfen. – In seinen ersten drei Jahrzehnten hatte Otto sich in der üblichen, schon von den Karolingern verfolgten Weise der hohen Geistlichkeit in seiner Politik bedient: er hatte sie als Berater, Diplomaten, Verwaltungsfachleute, kundige Feldherren bzw. Truppenkommandanten (Ulrich von Augsburg!), auch für den geistlichen Hofdienst, für Gastungs- und Servitialleistungen herangezogen und dafür mit reichen Güterschenkungen belohnt, die aus der direkten Reichsverwaltung in die kirchliche Verwaltung übergingen, aber wie die gesamte Reichskirche – infolge der aus der Spätantike überkommenen und hernach mit eigenkirchlichen Gedanken angereicherten staatskirchlichen Struktur (s. S. 53) – im Obereigentum des Reiches verblieben. Den Bischöfen waren ihre Immunitätsrechte bestätigt, gelegentlich auch erweitert, gegebenenfalls erstmals neu verliehen worden. Dem bisherigen Brauch entsprechend hatte Otto sich darauf beschränkt, bei der Neubesetzung eines Bischofsstuhles einen aus dem Domkapitel vorgeschlagenen Kandidaten zu bestätigen oder einen anderen zu nominieren; und es waren dabei auch Verwandte und Vertraute berücksichtigt worden. In Lotharingien aber hatte Brun seit 953 – in Analogie zu seiner eigenen Doppelstellung als *archiepiscopus* und *dux* – begonnen, auf vakante Bischofsstühle solche Geistliche zu bringen, die vorher an seiner Kölner Domschule ausgebildet und für den Dienst an Kirche und Reich sorgfältig vorbereitet worden waren; und die Befriedung und politische Sicherung dieser Region war damit stets bestens gelungen. Brun hatte damit ein nachahmenswertes Beispiel geliefert. Als Brun am 11. X. 965 während einer politischen Mission in Reims gestorben war, da übernahm nun Otto die wichtigsten Schüler Bruns in seine Hofkapelle und übertrug dieser zugleich die Aufgabe, „geeignete Bischofskandidaten zu sammeln und sich zur zentralen Pflanzstätte des Reichsepiskopates umzubilden" [499: J. FLECKENSTEIN II S. 57]. Aus einer Einrichtung, die den herrscherlichen Gottesdienst und die schriftlichen Verwaltungsakte des Königs auszuführen hatte, wurde damit seit 966/67 die sich im Personalbestand rasch verdoppelnde und verdreifachende zentrale Schaltstelle für eine neue, auf gegenseitiger und immer enger werdender Zuordnung von Kirche und Reich beruhende Herrschaftsweise, die über die Ausdehnung der Immunitäten, Bannimmunitäten, Zoll- und Münzrechte hinaus mit der Verleihung ganzer Grafschaften an Bischöfe ihre volle Ausprägung zum eigentlichen sog. 'ottonisch-salischen Reichskirchensystem' allerdings erst unter Otto III. und Heinrich II. erfuhr. Nicht so sehr ein mögliches Gegengewicht gegen die Herzogsgewalten wurde hier geschaffen, sondern eine zusätzliche Stütze in den erstarkenden Bau des Reiches eingezogen.

3. Italienzug Ottos I. Schon eineinhalb Jahre nach seiner Rückkehr sah sich Otto gezwungen, noch ein weiteres Mal in Rom einzugreifen. Zum Nachfolger Papst Leos VIII. († 1. III. 965) war dort im Beisein kaiserlicher Vertreter Johann XIII. (aus der Adelsfamilie der Crescentier) gewählt worden, aber er hatte schon wenige Wochen später aus Rom fliehen und sich vom Hof des (langobardischen) Fürsten Pandulf Eisenkopf von Capua aus mit der Bitte um Hilfe an Otto wenden müssen. Bevor Otto zum harten Strafgericht im Dezember 966 in Rom eintraf, hatten sich die Römer dem Papst schon wieder unterworfen. Für volle 6 Jahre blieb nun Otto in Italien. Was ihn so lange festhielt, waren weniger die Angelegenheiten Roms oder Probleme der Beherrschung 'Reichsitaliens', wo ein letztes Aufbäumen Adalberts, des Sohnes Berengars II., rasch mit dessen Vertreibung nach Korsika endete und nunmehr ein Gleichgewichtszustand der weltlichen und kirchlichen Kräfte (Markgrafen, Grafen und Bischöfe) zu Ruhe und Frieden verhalf, sondern hauptsächlich die süditalienischen Verhältnisse.

Süditalienpolitik und Verständigung mit Byzanz. Otto hatte zunächst Johanns XIII. Vorstreiter, Pandulf von Capua, mit Spoleto und Camerino belehnt und dafür dessen Huldigung sowie bald danach auch die von Pandulfs Bruder Landulf von Benevent und wohl auch die Gisulfs von Salerno entgegengenommen. Diese langobardischen Fürstentümer, die das Ende ihres Königreiches (774) überdauert hatten, betrachtete der Kaiser von Byzanz indes als seine Interessensphäre. Deshalb wurde über diese Huldigung in Ravenna, wo auch die Magdeburger Frage anstand, mit byzantinischen Gesandten verhandelt. Otto meinte, über einen Ehebund seines Sohnes, Ottos II., mit einer griechischen Kaisertochter die Streitfrage bereinigen zu können. Er ließ diesen deshalb zu Weihnachten 967 von Johann XIII. in Rom zum Mitkaiser krönen: – nach karolingischem wie nach dem noch näher liegenden byzantinischen Vorbild – (was in der abendländischen Geschichte des Mittelalters nicht mehr wiederholt worden ist). Die Verhandlungen scheiterten schließlich an der von Kaiser Nikephoros Phokas geforderten Aufgabe Benevents und Capuas. Auch Ottos Vormarsch nach Apulien (968) brachte keine Entscheidung, da es nicht gelang, Bari einzunehmen. Erst nachdem Nikephoros Phokas bei einer Palastrevolution umgekommen und der bisherige Feldherr Johannes Tsimiskes als neuer Kaiser (969–976) zum Ausgleich bereit war, kam es zu einer Lösung. Der Heiratsplan wurde neu belebt, die Einigung 972 erreicht. Otto verzichtete auf Apulien, behauptete aber weiterhin Benevent und Capua. Freilich sandte der Byzantiner nicht die ursprünglich erbetene *Porphyrogenneta* Anna, sondern seine nicht in der *Porphyra* (d. h. nicht im Kaiserpalast von einer Kaiserin) geborene Nichte Theophanu. Damit war gleichzeitig eine Anerkennung des 'Westkaisers' durch den 'Ostkaiser', also eine Beilegung des 962 durch das Aufgreifen des einfachen Titels *Imperator augustus* noch überspielten, 967 aber aufgebrochenen Zweikaiserproblems, verbunden. Theophanu wurde am 14. April 972 dem Thronfolger Otto II. in Rom angetraut und zugleich zur Kaiserin gekrönt.

Ausklang der Regierung Ottos I. Nach seiner Rückkehr nach Deutschland erhielt Otto I. zu Ostern 973 noch einmal eine feierliche Anerkennung seiner hegemonialen Position: auf einem Hoftag zu Quedlinburg erschienen Gesandtschaften aus Dänemark, Polen, Böhmen, Rußland, Ungarn, Bulgarien, Byzanz, Benevent, Rom und Italien; und kurze Zeit darauf trafen auch noch solche der arabischen Fatimiden aus Afrika ein. In Frankreich schien ein gewisser Einfluß dadurch verbürgt, daß der junge König Lothar, sein Neffe, 965 Ottos Stieftochter Emma, die ersteheliche Tochter der Kaiserin Adelheid (und König Lothars von Italien), geheiratet hatte. – Otto starb am 7. Mai 973 in der Pfalz Memleben und wurde neben seiner ersten Gemahlin Edgith in Magdeburg beigesetzt. Sein langjähriger Vertrauter Hermann (Billung) war nur wenige Wochen vor ihm verstorben.

Otto 'der Große' – Kontroverse um Italien- und Kaiserpolitik. Die Bezeichnung *magnus* – der Große – war für Otto I. schon seit 962, bald nachdem die Niederwerfung der heidnischen Bedroher der abendländischen Christenheit, vornehmlich der Ungarn und der Slawen, ihm die *triumphalis victoriae corona* (JL 3690) eingebracht hatte, in der Hofkanzlei im amtlichen Gebrauch und ist ihm stets erhalten geblieben. Im 19. Jahrhundert wurde bei aller Anerkennung seiner großen staatsmännischen Fähigkeiten eine Diskussion darüber entfacht, ob die von Otto I. eingeleitete Italien- und Kaiserpolitik, die Deutschland für Jahrhunderte in engste Verbindung mit Italien brachte, aber im 13. Jahrhundert politisch gescheitert ist, nicht ein schwerer Fehler war, ob es nicht sinnvoller gewesen wäre, die volle Kraft auf die Ausweitung des deutschen Lebensraumes nach Osten zu verwenden. Diese von Heinrich v. Sybel angeführte Kritik, gegen die vor allem Julius Ficker auftrat, war aber von den tagespolitischen Vorstellungen einer klein- oder großdeutschen Lösung der deutschen Frage ihrer eigenen Zeit stärkstens bestimmt. Obwohl Argumente der Kritik wie des Verstehens bis in unsere Tage vorgebracht werden, ist der ganze Streit recht unfruchtbar: er geht zumeist von nationalstaatlichen Prämissen aus, die die Menschen der Ottonenzeit nicht kannten, überschätzt die Notwendigkeit und die Erfolgschancen einer weitausgreifenden Ostkolonisation und verkennt die Eingebundenheit der damaligen Menschen in die karolingische Tradition und in die religiöse Romidee, dazu den wachen Sinn für die kulturellen, wirtschaftlichen und handelspolitischen Möglichkeiten Italiens im Verhältnis zu den dünnbesiedelten, wirtschaftlich noch unbedeutenden slawischen Regionen.

c) Mühsame Bewahrung: Otto II. und die nachfolgende Regentschaft

Regierungsbeginn Ottos II. Otto II., der bei seinem Regierungsantritt 18 Jahre alt und bereits gewählter und geweihter König und Kaiser war, gab – um eine glatte Weiterführung der Politik seines Vaters bemüht – im ersten Jahr seiner selbständigen Herrschaft dem Einfluß seiner Mutter Adelheid und seines Vetters Herzog Heinrich von Bayern (des 'Zänkers') breiteren Raum. Doch wurde dies vor allem von Heinrich mehr zu seinen als des Reiches Gunsten genutzt. Heinrich trachtete nämlich danach, sich mit Hilfe der Verwandten seiner liutpoldingischen Mutter Judith, die nach 955 für ihn noch etwa ein Jahrzehnt die Vormundschaft geführt hatte, einen eigenen Machtblock aufzubauen. Das zeigte sich gleich im Sommer 973 nach Bischof Ulrichs von Augsburg Tod. Dabei wurde der mit Heinrichs Schwester Hadwig vermählte Schwabenherzog Burchard III., zu dessen Herzogtum Augsburg gehörte, vorgeschickt. Unter Überlistung des Domkapitels wurde dem Kaiser durch Burchard der Liutpoldinger Heinrich, ein Enkel Herzog Arnulfs und Vetter des 'Zänkers', zum Nachfolger in diesem wichtigen Bistum geradezu aufgedrängt. Otto II. erkannte die dahinterstehenden Intentionen bald. Als Burchard III. im November 973 kinderlos verschied, drehte Otto den Spieß um. Er belehnte seinen Neffen Otto, den Sohn Liudolfs († 957), mit Schwaben. Hadwig behielt nur die Hausgüter und zog sich auf den Hohentwiel zurück.

Konflikt mit Heinrich dem Zänker. Die Einsetzung Ottos wurde von Heinrich dem Zänker, der sich wahrscheinlich über eine erhoffte Regentenrolle Hadwigs in Schwaben einer Prädominanz in ganz Süddeutschland nahe sah, als eigene Zurückweisung verstanden. Und zumal Heinrich auch in seinen Bemühungen um festere Positionen in der bayerischen Nordmark von Otto II. nicht unterstützt wurde, nahm er jetzt mit den Herzögen Boleslav II. von Böhmen und Mieszko von Polen Verbindungen auf, um Otto zu stürzen. Der Plan wurde verraten, Heinrich in Ingelheim inhaftiert (Sommer 974).

Um die gleiche Zeit wurde auch ein Angriff des Dänenkönigs Harald Blauzahn von Otto II. selbst mit einem Gegenstoß bis vor Schleswig beantwortet; und 975 dürfte eine Strafexpedition gegen Boleslav II. von Böhmen die Errichtung des Bistums Prag (s. S. 128) beschleunigt haben.

Neugliederung im deutschen Südosten. Nachdem aber Heinrich der Zänker Anfang 976 – aus seiner Haft entflohen – einen Aufstand in Bayern entfesselt und Otto ihn daraufhin nach Böhmen vertrieben hatte, kam es zu einer einschneidenden innenpolitischen Neugliederung im deutschen Südosten. Die nach 955 eingerichtete bayerische Ostmark wurde – da offenbar der bisherige Inhaber Markgraf Burchard, der Vater des in Augsburg mit List zum Bischof erhobenen Heinrich, verstorben war – dem mainfränkischen Babenberger Liutpold anvertraut, (womit die fast 300jährige Herrschaft der 'jüngeren Babenberger' und die Entwicklung der Ostmark zum eigenständigen Herzogtum Österreich begann). Vom

Herzogtum Bayern wurde – in Weiterführung der 958 in Lotharingien eingeleiteten Dezentralisationspolitik – Kärnten samt den italienischen Marken Verona und Aquileja abgetrennt und als neues Herzogtum Kärnten an Heinrich, den Sohn des ehemaligen Herzogs Berthold von Bayern, gegeben; und den verbleibenden Kern des bayerischen Herzogtums erhielt der neue Schwabenherzog Otto als zweites Herzogtum. Den Kampf gegen den 'Zänker' setzte Otto II. noch 976 mit einem Böhmenfeldzug fort, der freilich ergebnislos blieb.

Aufstand der drei Heinriche. Im Gegenzug gelang es Heinrich dem Zänker, zusammen mit dem frisch erhobenen Herzog Heinrich von Kärnten und dem Bischof Heinrich von Augsburg einen neuen gefährlichen Aufstand zu inszenieren. Erst nach schweren Kämpfen, bei denen 977 Passau von Otto II. erobert wurde, brach die Auflehnung zusammen und mußte auch Herzog Boleslav II. von Böhmen seine Unterwerfung geloben. Auf einem Magdeburger Hoftag im Frühjahr 978 wurden die drei Heinriche zur Exilierung verurteilt. Das neue Herzogtum Kärnten erhielt nunmehr Otto von Worms, der Sohn Herzog Konrads des Roten und der Kaisertochter Liutgard. Das bedeutete, daß in der weiterhin stark 'familienbezogenen' Herzogspolitik die 'bayerische Liudolfingerlinie' – in Abkehr von der 951/52 von Otto I. eingeleiteten Richtung – ihren Einfluß an die Nachkommen aus Ottos I. erster Ehe verlor. Auch der Einfluß der Kaisermutter Adelheid wurde begrenzt; sie zog sich vergrämt nach Burgund und Italien zurück. Mehr Gewicht erhielten nun Theophanu und Erzbischof Willigis von Mainz.

Lotharingische Angelegenheiten und Westpolitik. Zu der Verstimmung Adelheids trug auch Ottos II. Westpolitik bei. Otto II. hatte 974 und 976 gegen Angehörige der Reginar-Familie, die der *archidux* Brun von Köln aus Niederlotharingien verdrängt hatte und die nun ihre Stellungen zurückerhalten wollten, einschreiten müssen. Das Fehlen eines Herzogs in Niederlotharingien seit dem Tode Gottfrieds († 964 an einer Seuche vor Rom) hatte die Lokalgewalten zu Eigennutz ermutigt. Nun, im Mai 977, meinte Otto II. – noch bevor der Aufstand der drei Heinriche voll zum Ausbruch gekommen war –, die Befriedung an der Westgrenze dadurch zu erreichen, daß er den Reginaren den eingezogenen Besitz restituierte und Karl, den jüngeren Bruder des französischen Königs Lothar, zum Herzog in Niederlotharingien einsetzte. Letzteres betrachtete Adelheid als persönlichen Affront; denn Karl hatte die Gemahlin seines Bruders, Emma (Adelheids ersteheliche Tochter), zutiefst beleidigt, indem er sie des Ehebruchs mit Bischof Adalbero von Laon bezichtigte. Durch Karls Aufnahme zog sich Otto II. aber auch den Haß König Lothars zu. Im Juni 978 drang dieser, unterstützt von Herzog Hugo (Capet) von Franzien, blitzartig in Lotharingien ein und besetzte Aachen. Der mit knapper Not entkommene Kaiser konnte nur mit einem Kriegszug bis vor Paris antworten. Erst im Mai 980 zwangen innere Schwierigkeiten König Lothar, bei einer Zusammenkunft in Margut-sur-Chiers den Frieden mit dem Kaiser wieder zu suchen und den lotharingischen Ambitionen völlig zu entsagen.

Ottos II. Italienzug. Hatte Otto II. so in den ersten sieben Jahren seiner Regierung die Verhältnisse im Innern stabilisiert, die Vormacht im Westen wie gegenüber Böhmen gesichert, dazu durch einen Feldzug 979 auch die Tributabhängigkeit Mieszkos von Polen wiederhergestellt, so konnte er sich nun den italienischen Verhältnissen zuwenden. – In Rom war auf Johann XIII. (965–972) noch mit Billigung Ottos I. Papst Benedikt VI. nachgefolgt, aber nach zweijähriger Amtszeit beim Parteienstreit von Anhängern der Crescentierfamilie in der Engelsburg erwürgt worden (974). Deren neuer Papst, Bonifatius VII., hatte indes bald vor dem mit Zustimmung Ottos II. erhobenen Benedikt VII. (974–983) weichen müssen. Als auch er aus Rom verdrängt wurde, trat Otto II. im Oktober 980 seinen Italienzug an, um die Ordnung wiederherzustellen. Sie war freilich nicht grundsätzlich gefährdet. Vor allem in Oberitalien hatte die von Otto I. favorisierte Gleichgewichtspolitik eine Zeit der Ruhe eingeleitet. In Pavia kam es zunächst zur Aussöhnung mit seiner Mutter Adelheid, in Ravenna dann zu einer vielbeachteten Disputation des Magdeburger Domscholasters und kaiserlichen Kaplans Ohtrich mit dem berühmten Reimser Domschullehrer Gerbert von Aurillac über die Einteilung der Philosophie und damit über das damalige Bildungssystem. Zu Ostern war der Kaiser mit Benedikt VII. in Rom, wo das Haupt der Crescentierfamilie sich zur Buße in ein Kloster zurückzog und Otto II. auf einer Synode das von Otto I. neu geschaffene Bistum Merseburg, weil zu klein, aufheben ließ, das Gebiet den benachbarten Diözesen zuschlug und den bisherigen Merseburger Bischof als Nachfolger des gerade verstorbenen Adalbert auf dem Magdeburger Erzbischofsstuhl durchsetzte.

Süditalienische Probleme. Durch den Tod des Fürsten Pandulf Eisenkopf von Capua und Benevent und gleichzeitigen Herzogs von Spoleto, des zuverlässigsten Helfers des Kaisers im Süden Reichsitaliens (März 981), und die Teilung der Herrschaft unter dessen zwei Söhne wurden auch süditalienische Fragen akut. Vor allem animierte die unsichere Lage die Sarazenen, die seit 976 von Sizilien auf das süditalienische Festland vorgestoßen waren, zu Angriffen. Ein bewaffnetes Vordringen Ottos, um die Sarazenennot zu beenden und ganz Italien unter seiner Herrschaft zu einen, wie es Kaiser Ludwig II. schon einmal versucht hatte, mußte jedoch unweigerlich zum Konflikt mit Byzanz führen, zu dessen Imperium Süditalien gehörte. Otto II. nahm dieses Risiko in Kauf, wobei Theophanu ihn darin bestärkt haben dürfte. 976 war ja der Kaiser Johannes Tsimiskes, Theophanus Onkel, gestorben, und sein Nachfolger, der *Porphyrogennetos* Basileios II., hatte die Verwandten der Theophanu aus ihren Führungspositionen entfernt. Wenn Otto II. seit 982 gelegentlich den Titel *Romanorum imperator augustus* aufgriff, so dürfte dies damit zusammenhängen.

Katastrophe bei Crotone. Im Herbst 981 zog Otto II. nach Süditalien und forderte zugleich Truppenverstärkungen – etwa 2100 Panzerreiter – aus Deutschland an. Im Frühsommer 982 wandte er sich mit seinem verstärkten Heer von Apulien nach Kalabrien, wo er Mitte Juli 982 am Capo Colonne (südl. Crotone) auf das Sarazenenheer stieß und seine Truppen, die nach dem Tod des Emirs Abul Kassim siegesgewiß schon die Schlachtreihen auflösten, durch ein arabisches Reservekontingent eine verheerende Niederlage erlitten. Otto selbst konnte sich nur schwimmend auf ein vorbeisegelndes Griechenschiff retten, von dem er in Rossano wieder unerkannt zu entfliehen vermochte. In Italien hatte diese Katastrophe keine Folgen; die Sarazenen zogen sich sogar wegen des Todes ihres Emirs vom Festland zurück.

Reichstag in Verona. Bei einem rasch nach Verona einberufenen Reichstag war danach nicht nur über neue Truppengestellungen zu verhandeln. Da der aus dem kaiserlichen Gefolge nach Deutschland entsandte Herzog Otto von Schwaben und Bayern am 31. X. 982 in Lucca gestorben war, mußten – er war ja unverheiratet und söhnelos geblieben – auch zwei Herzogtümer neu besetzt werden. Schwaben erhielt damals der Konradiner Konrad, ein Bruder des bei Crotone gefallenen Truppenbefehlshabers Udo II. vom Rheingau; und in Bayern wurde der Liutpoldinger Heinrich eingesetzt, der das Herzogtum Kärnten nach dem Aufstand der drei Heinriche verloren hatte. (Mit ihm war zwischenzeitlich ein Ausgleich gefunden worden, während Heinrich der Zänker in Haft blieb.) – Otto erreichte in Verona zur Sicherung der Nachfolge auch die Wahl seines dreijährigen Sohnes Otto III. zum König. Dieser sollte am Weihnachtstag 983 gemeinsam von den Erzbischöfen Johannes von Ravenna und Willigis von Mainz – ein Zeichen, daß die beiden Reiche noch enger zusammenwachsen sollten – in Aachen gesalbt und gekrönt werden.

Großer Slawenaufstand 983. Die Abwesenheit der deutschen Truppen – ob die Katastrophe vom Capo Colonne bekannt war, steht nicht fest – nutzten im Sommer 983 die kurz zuvor im Liutizen-Bund vereinten Slawen östlich der mittleren Elbe, um den von Otto I. aufgebauten Grenzschutz und das Missionswerk aufzubrechen und, wenn möglich, abzuschütteln. Während Herzog Bernhard von Sachsen, der Sohn Hermann Billungs, einen fast gleichzeitigen Dänenangriff bei Schleswig abwehren konnte, gelang den von den Liutizen mitgerissenen Abodriten unter ihrem Fürsten Mistui die Plünderung Hamburgs. Die Liutizen zerstörten Havelberg und Brandenburg und richteten dort ihre Herrschaft wieder auf. An der Tanger (südl. Stendal) konnte ein rasch aufgebotenes sächsisches Heer die Slawen schließlich vernichtend schlagen, womit wenigstens nach der Sicherung der Marken Meißen und Lausitz die Elblinie als Ostgrenze des Reiches gerettet wurde.

Tod Ottos II. Zu einer Reaktion darauf kam Otto II. nicht mehr. Er starb am 7. Dezember 983 an den Folgen einer falsch behandelten Malariainfektion in Rom, erst 28 Jahre alt, und wurde in St. Peter bestattet. Daß er eine unruhige Ostgrenze hinterließ, wird man ihm – der sich ansonsten den innen- und außenpolitischen Gefährdungen gewachsen zeigte – nicht besonders anlasten dürfen.

Ringen um die Vormundschaft über Otto III. Weisungsgemäß war am Weihnachtstag 983 die Königserhebung Ottos III. in Aachen gerade erfolgt, als die Nachricht vom Tod Ottos II. eintraf. Der Rechtsauffassung der Zeit entsprach es, daß nun Ottos II. Witwe Theophanu – zumal sie, wie schon Adelheid, die Weihe als *consors imperii* erhalten hatte – als nächste Anverwandte die Regentschaft für den unmündigen Otto III. übernahm. Da Theophanu aber noch in Italien weilte und als Griechin vielleicht manchem für diese Aufgabe ungeeignet schien, sah Heinrich der Zänker, der nächste Schwertmage, seine Stunde gekommen. Vom Bischof von Utrecht aus der Haft entlassen, ließ er sich den jungen Otto III. überantworten. Viele Große, dabei mehrere Bischöfe, konnte er von seinem Anrecht überzeugen. Bald aber wurde deutlich, daß er nur selbst König werden wollte. Zu Ostern 984 ließ er sich in Quedlinburg von seinen Anhängern zum *rex* ausrufen. Unterstützung hatte er für seine Pläne zunächst bei König Lothar von Frankreich – eventuell gegen die Zusage einer Abtretung Lotharingiens – gesucht und eine solche auch von den Fürsten Mieszko von Polen und Boleslav II. von Böhmen sowie vom Abodritenfürsten Mistui erhalten. Nur langsam sammelten sich dagegen die Befürworter Ottos III. und einer Regentschaft Theophanus; zu ihnen gehörten vornehmlich der Erzbischof Willigis von Mainz (einer der Aachener Koronatoren Ottos III.), die Herzöge Konrad von Schwaben, Bernhard von Sachsen und Heinrich von Bayern sowie die Herzogin Beatrix, die nach dem Tod ihres Gemahls Friedrich von Oberlotharingien für ihren Sohn Dietrich I. amtierte. Nach vielen Verhandlungen und einzelnen Scharmützeln erklärte sich Heinrich der Zänker bei einem Treffen mit den wichtigsten Anhängern Ottos III. in Bürstadt (b. Worms) im Mai 984 bereit, Otto an Theophanu und Adelheid, die inzwischen nach Deutschland gekommen waren, auszuliefern. Dies geschah dann am 29. Juni 984 bei einer Fürstenversammlung in Rara (= Rohr b. Meiningen), womit der Zänker auf die Königskrone verzichtete.

Regentschaft Theophanus. Von nun an bestimmte Theophanu, beraten von Erzbischof Willigis von Mainz und dem Kanzler Bischof Hildibald von Worms, in kluger und fester Weise die Geschicke. Adelheid zog sich bald vom Hofe zurück. Heinrich der Zänker hatte sich für den Thronverzicht die Wiedereinsetzung in das ihm 976 entzogene Herzogtum Bayern erhofft. Doch dagegen sperrte sich vor allem der Liutpoldinger Heinrich, der es seit dem Reichstag von Verona (983) verwaltete. Erst im Juni 985 wurde nach neuen Zusammenstößen die Lösung gefunden: Heinrich der Zänker erhielt Bayern zurück, außerdem die Zusage auf die Nachfolge im Herzogtum Kärnten, in das der bisherige Bayernherzog, der kinderlose Liutpoldinger Heinrich, zurückging. (Nach seinem Tod 989 fiel Kärnten absprachegemäß an Heinrich den Zänker von Bayern.) Herzog Otto von Kärnten, der auf Kärnten verzichtete, wurde mit reichen Besitzungen und Rechten in Rheinfranken – unter Beibehaltung des Herzogtitels – entschädigt.

Verhältnisse an der Westgrenze und Beziehungen zu Frankreich. Was zur raschen Beilegung der Regentschaftskrise drängte, war vornehmlich das Verhalten des französischen Königs. Von der Undurchführbarkeit der Zugeständnisse Heinrichs des Zänkers bald überzeugt, scheint König Lothar sich von einer

Schutzherrschaft über den jungen Otto III., die er als ebenso naher Verwandter wie Heinrich der Zänker für möglich hielt, mehr versprochen zu haben. Doch scheiterte er am Widerstand der lotharingischen Großen: – ein Zeichen, wie sehr doch unterschwellig die innere Konsolidierung der Reiche vorangeschritten war und daß Lothar mehr als Repräsentant eines fremden Reiches denn als Verwandter Ottos III. galt. So zögerte er nicht, durch die Besetzung Verduns 984 und nach seiner ersten Vertreibung durch die erneute Inbesitznahme dieser Stadt 985 ein Faustpfand für den Rückerwerb Lotharingiens zu gewinnen. Dieser Tatbestand drängte Theophanu, den Zänker zufriedenzustellen. Die Verhältnisse an der Westgrenze blieben indessen gespannt, da Verdun nicht geräumt und sein tapferer Verteidiger Graf Gottfried 'der Gefangene' nicht freigelassen wurde. Erst der Tod König Lothars 986 und dann 987 der seines kinderlosen Sohnes und Nachfolgers Ludwig V. brachten den Wandel. Nun erhob nämlich Herzog Karl von Niederlotharingien als Bruder König Lothars Ansprüche auf das französische Königtum. Wenn er sich durchsetzte, war Lotharingiens Zugehörigkeit zum Reich aber noch mehr gefährdet. Indem der Erzbischof Adalbero von Reims mit Rückendeckung des deutschen Hofes, mit dem er (als Bruder des Grafen Gottfried 'des Gefangenen' von Verdun) in engen Beziehungen stand, Karl überspielte und dessen Rivalen, dem Herzog Hugo Capet von Franzien, zur französischen Königskrone verhalf (Mai/Juni 987), war in vielem ein neuer Anfang gesetzt: Hugo Capet verzichtete auf Lotharingien und gab Verdun und die letzten Gefangenen frei. Mit Hugo Capet begann nunmehr auch für Frankreich die Lösung vom alten Karolingergeschlecht und eine neue Ära: die der Kapetinger. Indem er seinen Sohn Robert noch im gleichen Jahr zum Mitkönig salben und krönen ließ, sicherte er seinem Haus auch den Weg zur Dynastie. Die Werbung um eine byzantinische Prinzessin, die ein gegen das Ottonenreich gerichtetes Bündnis zum Ziele hatte, blieb zwar ohne Erfolg, aber sie ließ Theophanu noch vorsichtiger werden. 991 konnte Hugo allerdings den mutig und ohne Reichsunterstützung vorgehenden Karl von Niederlotharingien, der in seinem Kampf um die Realisierung seines Thronanspruchs zeitweise ganz Nordfrankreich in seiner Gewalt hatte, listig in Laon überfallen und in Haft nehmen, in der er (wohl 982) in Orléans starb. (Mit Karls Sohn Otto, dem Nachfolger im niederlotharingischen Herzogsamt, erlosch übrigens im Frühjahr 1006 die karolingische Dynastie im Mannesstamm.)

Theophanus Ost- und Italienpolitik. Nach Osten hin gelang es Theophanu nicht, obgleich sächsische Kontingente wiederholt die Elbslawen angriffen, die 983 eingetretenen Verluste wettzumachen. Für eine mit Feldzügen kombinierte breite Missions- und Siedlungsaktion, die allein hätte Abhilfe schaffen können, fehlten einfach die Bevölkerungskräfte. Bei der Behauptung der Marken Meißen und Lausitz zeigte es sich aber, daß sich eine Rivalität zwischen dem Polenfürsten Mieszko und Boleslav II. von Böhmen über den Besitz Schlesiens und Krakowiens entwickelte, die Mieszko eine Wiederanerkennung der Lehnshoheit des Reiches ratsam erscheinen ließ, während Boleslav II. halbwegs offen mit den

Liutizen zusammenarbeitete. Nur mühsam wurde 990 die Situation durch einen deutsch-böhmischen Vertrag gesichert.

In Italien, wo man die Königserhebung Ottos III. zunächst nicht zur Kenntnis genommen hatte, vermochte Theophanu die Reichsinteressen ohne spektakuläre Eingriffe zu wahren. Hier bewährte sich die von Otto I. eingeleitete Gleichgewichtspolitik. In Rom freilich hatten die Crescentier den noch von Kaiser Otto II. nominierten Papst Johann XIV. (983–84) beseitigt und durch den schon einmal vertriebenen Bonifatius VII. (984–85) ersetzt. Nach dessen Tod fungierte als ihr Geschöpf seit 985 Papst Johann XV. Als Theophanu 989/90 (ohne Otto III.) nach Rom kam, konnte sie zwar dort als *imperator augustus* urkunden und die Ansprüche ihres Sohnes auf das Kaisertum aufrechterhalten, aber eine Auseinandersetzung mit dem Stadtherrn Crescentius II., der sich bald als *dux et senator omnium Romanorum* bezeichnen ließ, hat sie vermieden. Sie, die sich als Wegbereiterin für ihren Sohn verstand und mit einem für eine Ausländerin erstaunlichen Einfühlungsvermögen die komplizierte außen- und innenpolitische Situation Deutschlands meisterte, starb, erst etwa 30–35 Jahre alt, am 15. Juni 991 in Nimwegen. Bestattet wurde sie in St. Pantaleon zu Köln.

Regentschaft Adelheids 991–994. Für das Reich war der Tod Theophanus ein schwerer Verlust. Obgleich die Regentschaft glatt an die betagte Kaiserin Adelheid überging, war doch von einer Vorrangstellung des Reiches bald nicht mehr viel zu spüren. In Rom festigte sich die Stadtherrschaft Crescentius' II. In Frankreich erlosch im Streit um die Besetzung des Erzbischofsstuhls von Reims der bislang vom lotharingischen Adel bewirkte deutsche Einfluß, und das französische Königtum Hugo Capets festigte seine Stellung auch gegenüber päpstlichen Interventionen. Ebenso entzog sich Polen zusehends dem deutschen Einfluß, indem Herzog Mieszko seine Residenz von Posen in das von Tributpflicht freie Gnesen (östl. der Warthe) verlegte und von dort aus kurz vor seinem Tod (992) eine eigene, dem päpstlichen Schutz empfohlene Kirchenprovinz zu errichten versuchte. Mieszkos ältester Sohn Boleslav Chrobry (der Tapfere) schloß danach gegen den väterlichen Willen seine drei jüngeren Brüder von der Herrschaft aus, womit auch hier das Teilungsprinzip verdrängt wurde, und bahnte eine expansive Politik gegen Böhmen an. Kämpfe gegen die Liutizen und Abodriten 991–995 konnten Brandenburg dem Reich nicht sichern. Die Nordseeküste zwischen Weser und Elbe war dazu das Ziel dänischer und schwedischer Wikinger, die das Christentum wieder abgeschüttelt hatten. Der Norden Europas war damals ja erneut unruhiger geworden und gekennzeichnet durch die Bemühungen Olaf Tryggvasons in Norwegen und Sven Gabelbarts (ca. 985–1014), des Sohnes Harald Blauzahns, in Dänemark, geschlossene Monarchien aufzubauen und England in ihr Machtgefüge miteinzubeziehen, was jedoch erst Sven Gabelbarts Sohn Knut dem Großen (1014–1035) gelang, der als Schöpfer eines nordischen Großreiches noch zu nennen sein wird. Und im Reichsinnern flachte der Amtscharakter der Herzogtümer wieder stärker ab, wie die ungestörten Wechsel vom Vater auf den Sohn offenbarten: in Bayern folgte 995 auf Heinrich den Zänker dessen Sohn Heinrich (der spätere Kaiser Heinrich II.), während Kärnten wieder dem Salier Otto, der 985 großmütig verzichtet hatte, zufiel. In Schwaben folgte auf Herzog Konrad († 997) dessen Sohn Hermann II. In Ober- und Niederlotharingien waren schon zu Theophanus Zeiten Herzog Friedrichs I. Sohn, Dietrich I. (978 bis 1027?), und Herzog Karls Sohn, Otto (992–1006), nachgefolgt. In Sachsen baute der Billunger Bernhard I. seine Stellung zu einer vollen Herzogsposition aus, in die sich nur die drei für den Grenzschutz an der Elbe 993 organisierten Marken – Nordmark, Ostmark und Mark Meißen – nicht ganz integrierten.

d) Die Idee vom christlichen Universalreich: Otto III.

Beginn der selbständigen Regierung Ottos III. Auf einem Reichstag im weserländischen Sohlingen (sö. Höxter) erlangte Otto III. im September 994, als er ins 15. Lebensjahr eingetreten war, mit der Schwertleite die Mündigkeit und endete Adelheids Regentschaft. Die Kaiserin zog sich vom Hofe zurück und verstarb am 16./17. XII. 999 in ihrer Klosterstiftung Selz im Elsaß. Der junge Otto III. war durch seine griechische Mutter und seine Lehrer – den kalabresischen Griechen Johannes Philagathos (seit 988 Erzbischof von Piacenza) und den Kaplan Bernward (seit 993 Bischof von Hildesheim) – sowie durch die weiterhin einflußreich bleibenden Berater aus der Regentschaftszeit Erzbischof Willigis und Bischof Hildibald bestens auf seine Aufgaben vorbereitet worden. Sein vom ottonischen und byzantinischen Erbe und der lateinischen und griechischen Bildung geprägter Geist war zugleich offen für die höchsten weltlichen Ideale wie für die stärksten, spannungserzeugenden religiösen Impulse seiner Zeit: für die Erneuerung der umfassenden römischen Kaisermacht in der Nachfolge Karls des Großen und für ein urchristlich gesehenes, nur durch strengste Askese und Mission erreichbares Apostolat.

Schon in Sohlingen trat die Kaiseridee spürbar hervor: es wurden die Gesamtverhältnisse des Reiches und Roms und die Kaiserkrönung ins Auge gefaßt. Um zudem Ottos III. außerordentlichen Rang zu unterstreichen, hatte Johannes Philagathos nach Byzanz zu reisen, damit er für den künftigen Kaiser um eine Braut aus kaiserlichem Geblüt werbe. Ob dabei auch der Gedanke einer Vereinigung beider Imperien – weil die Makedonendynastie söhnelos war – erwogen wurde, ist unbekannt. Und nachdem im Sommer 995 mit Unterstützung von Truppen aus Polen und Böhmen ein Feldzug gegen die Elbslawen unternommen, die Nachfolge Heinrichs des Zänkers geklärt (s. oben) und auch ein Hilferuf Papst Johanns XV. eingetroffen war, trat Otto III. im Frühjahr 996 seine Romfahrt an.

1. Romzug Ottos III. 996. In Verona angelangt, wurden enge Beziehungen zu Venedig geknüpft, womit sich das Verhältnis zu Byzanz verbessern konnte; beim Aufenthalt in Pavia aber, wo die italienischen Großen huldigten, traf die

Nachricht vom Tode Johanns XV. ein. Eine römische Gesandtschaft bat zugleich um die Nominierung eines Nachfolgers durch den künftigen Kaiser. Otto benannte darauf keinen römischen Kleriker, wie bislang üblich, sondern seinen Vetter Brun, den Sohn Herzog Ottos von Kärnten (bzw. Worms), der als Gregor V. (996–999) der erste deutsche Papst wurde. Eine ganz enge Konkordanz von *imperium* und *sacerdotium* sollte geschaffen werden. Schon wenige Wochen nach seiner Inthronisation krönte Gregor V. am 21. V. 996 den nun fast sechzehnjährigen Otto III. zum Kaiser. Ganz bezeichnend ist, daß dieser sofort den von seinem Vater schon vereinzelt geführten Titel *Romanorum imperator augustus* aufgriff: es war ein entschlossenes Zeichen der Hinwendung zu Rom und zum römischen Staatsdenken. Die Römer sollten des Kaisers erstes Reichsvolk sein. Crescentius II. wurde auf Bitten des Papstes begnadigt; aber wenn der Kaiser es nach der empfangenen Weihe und Krönung vorerst ablehnte, das traditionelle Kaiserprivileg für die Römische Kirche – zuletzt festgelegt im sog. *Ottonianum* von 962 – zu erneuern und die Pentapolis zu restituieren, so zeigte sich doch an, daß in dieser kaiserlich-päpstlichen Konkordanz das Kaisertum führend sein sollte und daß es auf Rom und die Kirchenstaatsgebiete höhere Rechte geltend machte.

Neue Helfer und Freunde. Bei diesem ersten Romaufenthalt begegnete Otto Männern, die die Fortentwicklung und Vertiefung seiner auf Rom, das Kaisertum und die engere Verquickung von *Imperium Romanum* und *Ecclesia Romana* gerichteten Gedanken zur Staats- und Weltordnung weiter förderten, aber auch seine Religiosität in einen asketischen Rigorismus drängten. Zu ihnen gehörten der Italiener Leo (999–1026 Bischof von Vercelli), der durch seine Vertrautheit mit der Gedankenwelt der Antike und als Kenner des römischen Rechtes für Otto wichtig wurde; dann der angesehenste Gelehrte jener Zeit, nämlich der ehemalige Reimser Domscholaster und seit 991 in Reims – nach Absetzung des illegitimen Karolingersprosses Arnulf – zum Erzbischof erhobene Franzose Gerbert (von Aurillac), der aber trotz Stützung durch König Hugo Capet in den Augen des Papstes und vieler Bischöfe stets ein 'Eindringling' geblieben und deshalb nach Rom gegangen war, um den Papst für sich zu gewinnen. Er faszinierte den jungen Kaiser besonders durch seine Meisterschaft in den *Artes liberales*, seine vielbestaunten naturwissenschaftlichen Kenntnisse und durch seine Zuneigung zum geistigen und politischen Erbe der Antike, das es zu erneuern galt. Ihn veranlaßte Otto dann 998, als er sich in Reims nicht länger halten konnte, in seinen Dienst zu treten und das Erzbistum Ravenna zu übernehmen. Eine ebenso beeindruckende Bekanntschaft des ersten Romzuges war Bischof Adalbert (Vojtěch) von Prag, ein vom Geist der Mönchsreform und der asketischen Weltentsagung durchdrungener Tscheche, der – als Angehöriger des mit dem přemyslidischen Herzog Boleslav II. rivalisierenden ostböhmischen Adelshauses der Slavniker – schon zum zweiten Mal aus Boleslavs Residenzstadt Prag vertrieben worden war und den Kaiser zu strenger Buße, Wallfahrt, Askese und dauernder Gottesfurcht animierte. Adalbert begab sich, da er seine Aufgabe in Prag nicht wahrnehmen konnte, im Frühjahr 997 (nach zwei weiteren Besuchen beim Kaiser in Deutschland) über Polen als Glaubensprediger zu den heidnischen Preußen, bei denen er am 23. IV. 997 den Märtyrertod fand. Boleslav Chrobry ließ seinen Leichnam erwerben und in Gnesen bestatten. – Neben diesen neuen Freunden trat vor allem jetzt der ehemalige Kapellan Heribert, der seit dem Reichstag von Sohlingen als Kanzler für Italien fungierte, zunehmend in den Vordergrund und verdrängte Erzbischof Willigis von Mainz und den Kanzler Hildibald von Worms aus ihrer bis dahin in der praktischen Politik dominierenden Stellung. (998 übernahm er nach dem Tode Bischof Hildibalds auch die deutsche Kanzlei und leitete damit eine die *regna* übergreifende und auf der Überordnung des Imperiums beruhende Zentralisation der Reichsverwaltung ein; 999 wurde er Erzbischof von Köln.)

Karl der Große als Vorbild. Vom 1. Italienzug im August 996 nach Deutschland zurückgekehrt, hielt sich Otto III. 997 monatelang in Aachen auf, wo er sich vor allem mit der Tradition Karls des Großen konfrontiert sah. Neben dem Romgedanken war es nun vor allem das Vorbild Karls, zu dem er sich in vielfältiger Weise bekannte: durch reiche Schenkungen von Reliquien, Kunstwerken und Gütern an die Aachener Marienkapelle, und zwar mit ausdrücklichem Hinweis auf Karl den Großen, durch Vermittlung des Vorrechts des Kardinalats für das Marienstift, wie auch durch Stiftung von zwei Klöstern in Aachen. Rom als Mittelpunkt der Kirche Christi und des *Imperium Romanum* und Aachen als Hauptsitz der Karlstradition wurden somit die beiden Zentren, aus denen fortan Ottos Denken und Wollen ihre Kraft und Ausrichtung bezogen. Insofern ist es ganz symptomatisch, daß er im Sommer 997 nur zwei kurze Feldzüge gegen die rebellischen Elbslawen führte, zum Jahresende aber wieder nach Rom aufbrach. Seine Tante Mathilde, Äbtissin von Quedlinburg, betraute er mit der Stellvertretung in Deutschland; als *matricia* (einem Titelgegenstück zu dem bald neubelebten *patricius*-Titel) wird sie auf ihrem Bleisarg († 999) bezeichnet.

2. Romzug Ottos III. In Rom hatte 996 Crescentius II. die Stadtherrschaft wieder an sich gerissen und Papst Gregor V. aus der Stadt verdrängt. Dazu hatte sich Ottos III. Brautwerber, Erzbischof Johannes Philagathos, der Anfang 997 mit hinhaltendem Bescheid aus Byzanz zurückgekehrt war, vom Crescentius-Anhang zum (Gegen)papst – unter dem Namen Johannes XVI. – ausrufen lassen. Otto reagierte mit unerbittlicher Härte. Nach der Einnahme Roms im Februar 998 wurde der Gegenpapst an Augen, Nase, Ohren und Zunge grausam verstümmelt und zu lebenslanger Klosterhaft verdammt; Crescentius, der sich zwei Monate lang in der Engelsburg verteidigt hatte, wurde enthauptet.

Idee eines christlichen Universalreichs. Nun konnte Otto an die Gestaltung der römischen Verhältnisse nach seinen Vorstellungen gehen, Rom zum Mittelpunkt seiner Herrschaft gestalten. Zunächst wurden alle Crescentiusanhänger aus ihren Positionen entfernt, die crescentierfeindliche Adelsgruppe um die Grafen von Tusculum gestützt. Der Neubau einer Kaiserpfalz auf dem Palatin (?) wurde in Angriff genommen. Sie sollte seine zentrale Residenz werden, womit er noch einmal unterstrich, was er mit der Nichtbestätigung des Ottonianums 996 schon angedeutet hatte, nämlich, daß er nicht – wie es die 'Konstantinische Schenkung' vorzeichnete – auf seine kaiserlichen Herrschaftsrechte in Rom verzichten werde. Neue Hoftitel und -ämter, die altrömisch klangen oder dem byzantinischen Hofzeremoniell entstammten, zeigten an, daß mit der *Renovatio Imperii Romanorum* – diese Worte wurden (wie schon von Karl dem Großen) auch programmatisch in der Legende seiner Bleibullen verwendet – nunmehr Ernst gemacht werden sollte. Der Titel *patricius Romanorum* wurde dem sächsischen Grafen Ziazo verliehen. Der Pfalzgraf Otto von Lomello erhielt den Titel eines *protospatharius*; der Kanzler Heribert erschien als *archilogotheta*, sein Gehilfe Leo (von Vercelli) als *logotheta palatii*. Der Kaiser selbst speiste bei staatspolitisch relevantem Anlaß, von den übrigen getrennt, an einer erhöhten halbkreisförmigen Tafel. Es war dies keine billige Imitation byzantinischer Vorbilder, sondern echt gewollte *renovatio* aus der Antike zugewandtem Geist, die zugleich vom Gedanken bestimmt gewesen sein dürfte, daß sich die Völker Europas am ehesten unter dem klangvollen, in weltlich-traditioneller wie in kirchlicher Hinsicht einmaligen Rom-Namen dem Reich ein- oder zuordnen lassen würden.

Papst Silvester II. Das erstrebte Universalreich sollte indessen nicht nur ein römisches, sondern vor allem ein christliches sein. Daran änderte auch der frühe Tod Papst Gregors V. (Frühjahr 999) nichts. Nun wurde nach Ottos Willen der 997 aus Reims ausgeschiedene und 998 zum Erzbischof von Ravenna erhobene Gerbert zum neuen Papst geweiht. Gerbert – selbst erfüllt von literarisch-wissenschaftlichen wie auf die frühe Kirche fixierten *Renovatio*-Gedanken – machte gleich mit der Wahl des Namens Silvester II. deutlich, daß er (in Entsprechung zur Silvesterlegende) in Otto III. einen neuen Kaiser Konstantin sehen wollte. Die politische Erneuerung des Reiches sollte mit der apostolischen Erneuerung der Kirche Hand in Hand gehen. Und in beiden Bereichen wollte Otto die Führung innehaben, was er in der Mitunterfertigung päpstlicher Urkunden, im Mitpräsidieren von Synoden, in hingebungsvollen Bußfahrten des Jahres 999 zu geheiligten Stätten in Rom und Umgebung und bis zum Monte Gargano zum Ausdruck brachte.

Errichtung des Erzbistums Gnesen – Neuordnung der Beziehungen zu Polen. Am eindringlichsten aber tritt die Einheit von politischem und religiösem Wollen und Handeln bei Ottos Wallfahrt zum Grabe seines Freundes Adalbert in Gnesen hervor, die er – nach Überwindung von Widerständen gegen seine Politik in Oberitalien (Sommer und Herbst 998) und nach einem kleinen Feldzug gegen den renitenten Fürsten von Benevent (Sommer 999) – zu Jahresende 999 von Rom aus in Begleitung hoher kaiserlicher und päpstlicher Würdenträger antrat; sorgfältige Beratungen und Absprachen mit dem Papst waren ihr vorausgegangen. Sie diente eben nicht nur der Ehrung des toten und in Rom bereits als Märtyrer verehrten Freundes; es ging dabei mehr noch um eine Neuregelung der Beziehungen zu Polen. Daß diese Bestandsaufnahme und Neuordnung aus dem

Geist der *renovatio imperii* in engstem Zusammenwirken mit der Kirche erfolgen sollte, wurde schon dadurch hervorgehoben, daß Otto während der ganzen Reise in seinen Urkunden dem Kaisertitel die apostolische Devotionsformel *servus Jesu Christi* voranstellen ließ. Indem Otto (im März 1000) nach dem Besuch des Adalbert-Grabes Gnesen zum Erzbistum erhob, dieses dem Adalbert-Halbbruder Gaudentius (Radim) anvertraute und dem neuen Erzbistum Suffraganbistümer in Kolberg, Breslau und Krakau zuwies, löste er Polen – das ist unverkennbar – aus der bisherigen Zuständigkeit der deutschen, speziell der Magdeburger Kirche und gab diesem Herrschaftskomplex Boleslav Chrobrys eine eigene kirchliche Organisation. Die ost- und missionspolitische Konzeption Ottos des Großen wurde sichtbar verlassen. Durch Ottos III. Maßnahmen wurden unbestreitbar auch die von Boleslav Chrobry eroberten oder beanspruchten Bereiche Pommerellen, Schlesien und Krakowien als zu Polen gehörig anerkannt, womit der junge polnische Staat eine starke Stütze erhielt. Posen, das ebenso als Gnesener Suffraganbistum vorgesehen war, dessen Bischof Unger sich aber wie der Magdeburger Erzbischof Giselher dieser Regelung widersetzte, kam offenbar (bis zu Ungers Tod 1012) an die Magdeburger Kirchenprovinz. Die kirchenpolitische Neuregelung sollte aber nicht das einzige Entgegenkommen an den Retter der Gebeine Adalberts bleiben. Indem Otto dem Polenherzog zum Zeichen der Freundschaft seine Krone aufsetzte und ihm auch eine Nachbildung der Heiligen Lanze überreichte, soll er ihn – nach der erst um 1115 geschriebenen, aber auf einer älteren Quelle beruhenden Chronica Polonorum des sog. Gallus Anonymus – zum *frater et cooperator imperii* bestimmt und *amicus et socius populi Romani* genannt, ja, ihn zum König erhoben haben. Die unbezweifelbare Ehrung Boleslav Chrobrys, die Thietmar (Chron. V, 10) vorwurfsvoll in die Worte faßte, der Kaiser habe Boleslav vom *tributarius* zum *dominus* gemacht, wird zwar keine formelle Königserhebung gewesen sein, zumal Boleslav auch weiterhin den Herzogstitel führte und erst nach dem Tod Heinrichs II. den Königstitel angenommen hat (1025); vielleicht stellte sie eine *Patricius*titel-Verleihung (Stellvertreterschaft des Kaisers in Polen) dar; aber gewiß wurde damals für Polen eine Form gesucht, die die lehnrechtliche Bindung an das deutsche *Regnum* durch eine Einbeziehung in das höherwertige christliche *Imperium Romanum* weniger bedeutend erscheinen lassen sollte.

Anbahnung der Kirchenordnung in Ungarn. Der Gedanke, über Kirche und Mission eine höhere Ordnung, die des Imperiums, zu stabilisieren und die Randvölker an diese heranzuführen, war breit konzipiert. Bereits auf dem Zug nach Gnesen wurde die Parallelmaßnahme für das Verhältnis zu Ungarn eingeleitet: der Abt Anastasius (Aschericus), ein Vertrauter Adalberts, wurde zum Missionserzbischof von Ungarn bestimmt. Er hatte dadurch beim Großfürsten Waik, der noch vom hl. Adalbert die Taufe auf den Namen Stephan erhalten und, wohl auch unter Adalberts Vermittlung, Gisela, eine Tochter Herzog Heinrichs des Zänkers, geheiratet hatte und der 997 seinem Vater Géza nachgefolgt war, die

Grundlagen für eine Kirchenorganisation vorzubereiten, die Papst und Kaiser dann ein Jahr später (1001) in Kraft setzen sollten.

Aachen und Karlstradition. Aus Gnesen begab sich Otto III. zurück nach Aachen, wo er, der sich mit seinen letzten Handlungen ganz in der großen Kaisertradition stehen sah, zu Pfingsten des Jahres 1000 das Grab Karls des Großen öffnen ließ und ihm dessen goldenes Brustkreuz entnahm, um seinem Vorbild seine Verehrung darzubringen und um wohl auch ein Zeichen dauernder Verpflichtung bei sich zu haben: eine Symbolhandlung und ein Bekenntnis von höchster Eindringlichkeit. Zumal damals auch noch die Ehe des polnischen Regentensohnes Mieszko II. mit Richeza, einer Nichte des Kaisers, verabredet wurde, ist noch einmal die Absicht unterstrichen worden, Polen und sein Piastenhaus mit dem Imperium zu verbinden.

Ottos III. Sicht der Kaiserrechte in Rom und im Kirchenstaat. Schon bald wurde aber deutlich, daß Otto den Bogen der Kaiserpolitik in zu kühnem Wollen überspannte. Im Sommer 1000 nach Rom zurückgekehrt, wurde er gleich nach Jahresbeginn 1001 durch einen Aufstand der Bevölkerung von Tivoli überrascht, der freilich rasch niedergeworfen werden konnte. Offensichtlich um der Ausbreitung weiterer Mißstimmung entgegenzutreten, fand Otto sich jetzt auch zu einer klaren Äußerung über seine Rechte in Rom und im Kirchenstaat bereit. In einer berühmt gewordenen, von Leo von Vercelli unter Mitwirkung Silvesters II. stilisierten Urkunde (DO III, 389), in der er sich jetzt wohl erstmalig (was dann beibehalten wurde) – sinngleich mit der päpstlichen Legitimationsformel *servus servorum Dei* – als *servus apostolorum* und *secundum voluntatem Dei salvatoris Romanorum imperator augustus* nannte und sich damit gleichsam in eine hierokratische, geistlich-weltliche Doppelfunktion stellte, restituierte er der Kirche zwar die acht schon lange reklamierten Grafschaften in der Pentapolis, – aber in welchen Worten! Er bekenne zwar Rom als das Haupt der Welt und daß die Römische Kirche die Mutter aller Kirchen sei, aber durch die Leichtfertigkeit und Unwissenheit der Päpste seien lange die Grundlagen ihres Glanzes verdunkelt worden. Die früheren Päpste hätten das Kirchengut erst verschleudert und wären danach auf die Inanspruchnahme fremden Gutes, nämlich des Eigentums des Imperiums, ausgewichen. Die Konstantinische Schenkung, auf die sich die Päpste stützten, sei gefälscht! Wenn er nach diesen Worten, die ihn als eigentlichen Herrn des Kirchenstaates aufzeigen sollten, die acht Grafschaften, die rechtens ihm gehörten, schenke, so überlasse er sie dem hl. Petrus aus seiner Hochherzigkeit, nicht weil sie der Kirche gehören würden, und zwar aus Liebe zu Papst Silvester, seinem Lehrer, den er selbst zum Papst erwählt, ordiniert und gemacht habe. – Eine noch höhere Steigerung der Kaiseridee war schwerlich denkbar.

Aufstand der Römer. Doch kaum war die Urkunde geschrieben, brach im Februar 1001 in Rom selbst der Aufstand gegen Ottos Kaiserherrschaft los. Vergeblich beschwor Otto von einem belagerten Turm herab den Stolz der Römer und stellte er ihr Handeln als Undank der Söhne gegen ihren Vater, die dieser dennoch nicht zu lieben aufhören könne, dar. Zusammen mit Silvester II. mußte er Rom verlassen. Von Ravenna aus erbat er Truppen aus Deutschland zur Vorbereitung seiner Rache; dort selbst wie im nahen Pereum (im Podelta), einer Eremitensiedlung Romualds von Camaldoli, suchte er aber auch Läuterung in strengen Bußübungen. Der Aufstand der Römer hatte ihn in seiner innersten Überzeugung, die rechte Weltordnung zu erfüllen, getroffen. Aber an seinen Plänen eines christlichen Universalreiches hielt er weiter fest.

Anschluß Ungarns an das Imperium. Vor einer von Papst und Kaiser gemeinsam im April 1001 in Ravenna geleiteten Synode erschien der schon im Vorjahr bei der Gnesenfahrt zum Missionserzbischof für Ungarn geweihte Anastasius. Silvester II. und Otto genehmigten jetzt die von Stephan (Waik) durchgeführte Organisation der ungarischen Kirche und die Errichtung eines Erzbistums in Gran (Esztergom). Ungarn wurde dabei dem hl. Petrus übereignet und Anastasius mit der Königsweihe an Stephan, um die dieser selbst nachgesucht hatte, betraut. Die Krone stiftete wohl der Kaiser, auf den Stephan auch weiterhin schaute, wie die Übernahme von Personal aus der Kanzlei Ottos III. für die eigene Urkundentätigkeit und die Ausgestaltung seines Stuhlweißenburger Herrschersitzes nach dem Vorbild Aachens zeigt. Nicht Teil des *Regnum*, sondern Glied des *Imperium* sollte Ungarn damit werden.

Ungebrochen in seinen Idealen zeigte sich Otto auch darin, daß er mit dem Dogen von Venedig zu Geheimverhandlungen zusammentraf und das Heiratsprojekt mit einer byzantinischen Prinzessin vorantrieb. Im Sommer 1001 brach er zu seinem Rachezug gegen das störrische Rom auf, blieb aber erfolglos. Ehe Otto am Beginn des Jahres 1002 seinen Angriff auf Rom wiederholen konnte, starb er an einer plötzlichen Fiebererkrankung am 24. Januar 1002 auf der Burg Paterno (am Soracte nördl. Rom), noch keine 22 Jahre alt. Seinem Wunsche gemäß wurde er aus dem sofort von Aufruhr durchtobten Italien nach Aachen gebracht und im Marienmünster, wo schon sein Vorbild Karl der Große ruhte, beigesetzt.

Wertung Ottos III. Die Bewertung Ottos III. war schon bei den Zeitgenossen uneinheitlich. Sahen die einen in ihm den ideenreichen Schöpfer einer neuen Ordnung, ein 'Wunder der Welt', so äußerten andere – vor allem wegen der Schwächung der Erzbistümer Magdeburg und Salzburg durch die Schaffung neuer außerdeutscher Metropolen in Gnesen und Gran – Vorbehalte. Bei der rückblikkenden Historikerschaft überwog lange seine Einstufung als Phantast bzw. realitätsferner Idealist. Erst die Erhellung [vor allem durch 747: P. E. SCHRAMM] von Ottos – aus der *Renovatio*-Idee resultierender – Gesamtkonzeption eines universalen christlichen Imperiums, in dem die verschiedenen Völker des Abendlandes gedeihlich miteinander leben sollten, brachte ihm, der durch seinen frühen Tod gar nicht zur vollen Entfaltung seiner Gaben kam, eine angemessenere Bewertung. Die mit der Einrichtung eigener Kirchenorganisationen in Polen und Ungarn von Otto III. ermöglichte tiefere Verankerung dieser beiden Länder und

Völker im abendländischen Christentum und westlichen Kulturkreis hat ja – über die von Otto I. gelegten Anfänge hinaus – bleibende Bedeutung erlangt. – Aus der christlichen Universalreichsidee ist es auch verstehbar, daß Otto III. für die Bewahrung der stämmischen Grundlagen des deutschen Reiches keinen Sinn hatte, daß er sich über die fein abgestufte unterschiedliche Behandlung der süddeutschen Herzogtümer bezüglich Königsaufenthalte, Inanspruchnahme der dortigen Fiskalgüter und Reichskirchen etc. seitens seiner Vorgänger hinwegsetzte und damit auch eine neue Stufe in der Vereinheitlichung des Reiches einleitete. Die Verlagerung des Schwergewichts des Reiches aus Deutschland nach Rom war indessen auf alle Fälle eine schwere Hypothek, gegen die sich im letzten Regierungsjahr Ottos III. in Sachsen schon Widerstände anmeldeten, mit der sich aber vor allem sein Nachfolger unweigerlich auseinandersetzen mußte.

e) Bewältigung der Realitäten: Heinrich II.

Die Thronkandidaten von 1002. Mit Ottos III. Tod hat nicht nur die größte europäische Konzeption seit dem Ende des Karolingerreiches ein abruptes Ende gefunden, sondern war auch die Mannesstammlinie der Ottonen erloschen, ohne daß eine Regelung über die Nachfolge bestand. Beim Vorherrschen geblütsrechtlicher Grundüberzeugungen (s. S. 33), die nach ihrer Krise an der Wende vom 9. zum 10. Jahrhundert seit Heinrichs I. erfolgreicher Regierung eine erneute Festigung erfahren hatten, war es selbstverständlich, daß nur Männer aus der näheren oder weiteren Blutsverwandtschaft der Ottonen als Nachfolgekandidaten hervortraten und um ihre Anerkennung als König rangen, während andere mächtigere Große – wie der Sachsenherzog Bernhard – sich zurückhielten. Als Nächstverwandte existierten die Söhne von Ottos III. Schwester Mathilde, doch waren sie noch minderjährig; zudem galt Mathildes Gemahl, der Pfalzgraf Ezzo, bei vielen als nicht standesgemäß. So ging man sofort über sie hinweg. Herzog Otto von Kärnten, durch seine Mutter Liudgard ein Enkel Ottos des Großen, verzichtete selbst auf seine Anrechte zugunsten des Bayernherzogs Heinrich, der durch seinen Vater Heinrich den Zänker ein vom gleichnamigen Bruder Ottos des Großen abstammender echter Mannesstamm-Liudolfinger war. (Die Herzöge Otto von Niederlotharingien und Dietrich von Oberlotharingien, die Ottos des Großen Schwestern Gerberga und Hadwig zu ihren Ahnen zählten, hatten wegen der französischen Zwischenglieder wohl ebensowenig Chancen wie der gleichfalls von Hadwig abstammende König Robert II. von Frankreich, Hugo Capets Sohn: – ein deutliches Zeichen für das gestärkte völkische Bewußtsein, wie wir es schon 984 sahen. Neben Herzog Heinrich von Bayern meldete indessen noch der Markgraf Ekkehard von Meißen, der von einem Bruder König Heinrichs I. abstammte und sich im Heer Ottos III. einen glanzvollen Namen gemacht hatte, auf einem sächsischen Fürstentag in Frose (b. Magdeburg) seine Kandidatur an;

und Herzog Hermann II. von Schwaben, ein Sproß der durch Konrad I. schon einmal zu Königsrang gelangten Konradinerfamilie, der zudem mit der burgundischen Königstochter Gerberga eine ottonenblütige Prinzessin zur Frau hatte und wohl ebenfalls von einem Bruder König Heinrichs I. abstammte, erhielt in Aachen von den bei der Beisetzung Ottos III. anwesenden Großen, voran Erzbischof Heribert von Köln, Hilfe für eine Kandidatur zugesichert. Zumal kein Gremium existierte, in dem Beratungen und Einigung auf einen gemeinsamen Kandidaten erfolgen konnten, mußten die Waffen entscheiden. Da Ekkehard, der auf einer neuen sächsischen Fürstenversammlung in Werla von einem Anhänger Heinrichs schon weitgehend überspielt worden war, am 30. IV. 1002 in einer Privatfehde ums Leben kam und sein jüngerer Bruder Bruno danach keine rechte Förderung mehr fand, mußte die Entscheidung zwischen Heinrich von Bayern und Hermann II. von Schwaben fallen.

Erfolg Heinrichs II. Heinrich hatte sich noch vom Totengefolge Ottos III. die Reichsinsignien, vor allem die Hl. Lanze, zu besorgen gewußt. Das Übergewicht erhielt er aber erst, als Willigis von Mainz – gestützt auf das päpstlicherseits seinem Erzbistum verbriefte Krönungsrecht – ihn nach Mainz einlud. Dort wurde Heinrich am 6. oder 7. Juni 1002 von seinen Anhängern aus Bayern, Franken und Oberlotharingien offiziell zum König gewählt und von Willigis unter Assistenz seiner Suffragane gesalbt und gekrönt. Es war der Anfang einer stufenweisen Anerkennung. Denn nun konnte Heinrich – nach einem ergebnislosen Alemannienfeldzug – zunächst Mitte Juli 1002 die Huldigung der Thüringer, am 25. Juli in Merseburg die der Sachsen unter Herzog Bernhard empfangen, anschließend in Duisburg und in Aachen (8. IX.) die des hohen Klerus und der hohen Adligen vom Niederrhein und aus Niederlotharingien erhalten und schließlich am 1. X. in Bruchsal auch die Unterwerfung Hermanns II., der die Aussichtslosigkeit seiner Bewerbung einsah, entgegennehmen.

Persönliche Daten zu Heinrich II. Heinrich II. war am 6. Mai 973 als Sohn Herzog Heinrichs des Zänkers und Giselas, der Tochter König Konrads von Burgund – was für ihn noch bedeutsam werden sollte – geboren; z. Z. der Verbannung des Vaters war er offenbar an der Hildesheimer Domschule erzogen und möglicherweise dort zum Kanoniker bestimmt worden, weshalb ihm von den Anhängern Hermanns II. zunächst seine Eignung für die Königswürde bestritten werden konnte. Vom Vater schon kurz vor dem Tod (995) zum Mitherzog und Nachfolger durchgesetzt, hatte er sich – um 1000 – mit Kunigunde aus dem Geschlecht der Grafen von Luxemburg vermählt, die von Willigis während der 'Stufenwahl' am 10. August 1002 in Paderborn zur Königin gekrönt wurde.

Heinrichs Regierungsbeginn als Zäsur. Der Regierungsantritt Heinrichs II. brachte, obgleich die Ottonendynastie und die auf die Mitwirkung des Adels gestützte Innenpolitik weitergeführt und hinsichtlich der bisherigen ottonischen Kirchenpolitik nur noch weiter intensiviert wurde, dennoch eine gewisse Zäsur. Die als übersteigert und unrealistisch erachtete *Renovatio*-Konzeption Ottos III.

mit ihrer Zentrierung auf Rom wurde sofort aufgegeben; an die Stelle der *renovatio imperii Romanorum* trat – schon 1003 als Bullenlegende nachweisbar – die *renovatio regni Francorum*. Konzentration auf Deutschland, Festigung der Königsmacht durch Ausbau der Kirchenhoheit und stärkere Kontrolle der erstarkten adligen Gewalten hatten somit Vorrang vor imperialen Fragen, die aber keineswegs ganz vernachlässigt, sondern mehr unter dem Aspekt der nüchternen Zweckmäßigkeit und des Vorteils behandelt wurden. Die Politik gegenüber Italien, Polen, Burgund mußte dabei ebenso wie die innenpolitischen Aspekte langfristig geplant und verfolgt werden, so daß sich auch wegen der weitgehenden Gleichzeitigkeit aller Maßnahmen fortan eher eine mehr komplexbezogene als eine vorwiegend chronologische Betrachtung empfiehlt.

Heinrichs II. Ostpolitik. Der auffälligste Umschwung trat im Verhältnis zu Polen ein. Der durch den Akt von Gnesen in seinem Selbstgefühl angespornte Boleslav Chrobry, der mit der Familie Ekkehards von Meißen freundschaftlich und verwandtschaftlich verbunden war, nutzte nämlich die deutschen Thronwirren zur Besetzung großer Teile der bisherigen Grenzmarken Ekkehards, erschien aber beim Merseburger Huldigungstag (25. VII. 1002) und ließ sich dort von dem – mit Rücksicht auf die ungeklärte Gesamtlage – zugeständnisbereiten Heinrich mit der Lausitz und dem Milzener Land belehnen. Da er die Mark Meißen jedoch nicht erhielt und überdies bei seinem Abzug – wenngleich ohne Heinrichs Schuld – überfallen wurde, war das Verhältnis von vornherein lädiert. Noch gespannter wurde es, als Boleslav Chrobry 1002 den nach einem Aufstand seiner Untertanen zu ihm geflohenen Böhmenherzog Boleslav III. (den Roten), den Nachfolger des 999 gestorbenen Přemysliden Boleslav II., bei sich aufnahm, während der von den Böhmen ins Land gerufene und mit Boleslav Chrobry verfeindete Pole Wlodowej als neuer Böhmenherzog bei Heinrich in Regensburg huldigte. Vollends zum Gegner wurde der soeben noch als *amicus populi Romani* gepriesene Polenfürst, als nach dem plötzlichen Tod Wlodowejs 1003 Boleslav Chrobry zunächst Boleslav III. wieder nach Böhmen entsandte, dann selbst dort erschien, Boleslav III. blenden und sich selbst zum Herzog erheben ließ, für Böhmen aber bei Heinrich die Huldigung verweigerte. Ein expansives großpolnisches Reich – von der Ostsee bis zu den Karpaten und von der Weichsel bis zum Böhmerwald reichend und Mähren mitumfassend – stand damit dem Deutschen Reich gegenüber. (Daß dabei nationale Überlegungen und Stimmungen auf polnischer wie auf deutscher Seite leitend waren, ist die übliche, aber unzutreffende Literaturmeinung.) Dazu fand der Pole Bundesgenossen in Markgraf Heinrich vom Nordgau, der sich vergebens von Heinrich II. die durch die Königswahl freigewordene bayerische Herzogsposition erhofft hatte, und im Königsbruder Brun. Zur Abwehr der doppelten Gefahr sah sich Heinrich II. zu seinem seinerzeit als sehr problematisch empfundenen Schritt genötigt, der noch einmal das ganze Dilemma der von Otto III. hinterlassenen Situation offenbart: er mußte (noch 1003) mit den gleichfalls vom Sog Polens bedrohten Elbslawen, den bislang bekämpften, noch immer heidnischen Liutizen – unter Verzicht auf jeden Missionsversuch – ein Bündnis gegen den neuen christlichen Polenstaat eingehen.

Drei Phasen im Polenkrieg. Im Herbst 1004 begannen die offenen Auseinandersetzungen. Sie haben – mit Unterbrechungen – 15 Jahre lang Heinrichs Kräfte beansprucht. Erfolgreich war nur die erste Kriegsphase 1004/05, in der es gelang, Boleslav Chrobry aus Böhmen zu verdrängen und dort Jaromir, einen Bruder Boleslavs III., also wieder einen přemyslidischen Herzog, der die Lehnshoheit des Reiches akzeptierte, einzusetzen und nach einem Zug bis vor Posen auch die Lausitz und das Milzener Land (um Bautzen) zurückzugewinnen. Die danach eingekehrte Ruhe endete schon 1007 durch Vorstöße Boleslav Chrobrys gegen die Liutizen und gegen Böhmen. Es war der Auftakt zur zweiten, sich bis 1013 hinschleppenden, wiederum durch gegenseitige Verwüstungsfeldzüge, keine offenen Feldschlachten, gekennzeichneten Kriegsphase, in der Boleslav sich die Lausitz abermals aneignen konnte. Da die Kampfbereitschaft der Sachsen bei der Verkehrung der bisherigen Fronten nicht groß war, adlige Familienverbindungen nach Polen hinein bestanden, auch Hilfe von Liutizen und Böhmen (wo 1012 Jaromir von seinem Bruder Udalrich gestürzt und in der Herrschaft abgelöst worden war) nur spärlich kam, und da auch andere wichtige innen- und außenpolitische Fragen drängten, fand sich Heinrich 1013 zu einem in Merseburg geschlossenen Frieden bereit, der dem Polenherzog nach einem Vasalleneid die Lausitz und das Milzener Land als Lehen beließ. Auch die im Jahre 1000 verabredete Ehe des Boleslav-Sohnes Mieszko II. mit der ottonenblütigen Richeza (s. S. 144) kam nun zustande. Zumal Boleslav jedoch seine Zusage, beim Romzug Heinrichs Heeresfolge zu leisten, nicht erfüllte, brach 1015 eine dritte, wesentlich heftigere Kampfphase an. Eine umfassende militärische Kooperation mit Herzog Udalrich von Böhmen und König Stephan von Ungarn und vielleicht auch dem Großfürsten Jaroslav von Kiew gegen Boleslav Chrobry lief sich jedoch 1017 vor Nimptsch in Schlesien fest. Unter Vermittlung sächsischer Fürsten kam es Anfang 1018 schließlich zum wenig geschätzten Frieden von Bautzen, der nur die Merseburger Abmachungen von 1013 wiederholte. Meißen blieb immerhin in deutscher Hand und Böhmen aus dem Zugriff Großpolens eliminiert. Wie gewaltig die expansive Kraft Boleslav Chrobrys war, zeigt seine noch 1018 mit sächsischer Unterstützung gegen das Reich von Kiew gerichtete Politik, wo er seinen Schwiegersohn Swjatopolk, den Bruder und Rivalen Jaroslavs, nach der Einnahme Kiews – wenn auch nicht auf Dauer – durchsetzen konnte. Nach Heinrichs II. Tod verwarf der Polenherzog sogar die Lehnsbindung an das Reich und ließ sich – vermutlich mit päpstlicher Zustimmung – zum König erheben, starb aber bald danach (Juni 1025).

Ungarn. Die Beziehungen Heinrichs II. zu Ungarn, wo König Stephan seine Herrschaft mit Hilfe der Gerichtshoheit, der Kirchenhoheit und des königlichen Grundbesitzes festigte, gestalteten sich – vor allem auch wegen der bestehenden

Verschwägerung der beiden Regenten – stets freundschaftlich. Durch die Einrichtung von insgesamt 10 Bistümern vollendete Stephan die in den 70er Jahren des 10. Jahrhunderts von Regensburg und mehr noch von Passau aus in Gang gekommene Missionierung Ungarns, die mit der Gründung des Erzbistums Gran (und der schon wenig vorher erfolgten Einrichtung eines Bischofssitzes in Veszprém/Weißbrunn) zum Durchbruch gelangt war. Die Anbindung Ungarns an die abendländische Kulturgemeinschaft war damit eingeleitet, eine weitere wichtige Stufe in der Formierung der europäischen Staaten- und Völkergemeinschaft erreicht.

Nordische Welt. Mit der nordischen Welt, in der sich damals ein die Nordsee übergreifendes Großreich anbahnte (s. S. 138), kam es z. Z. Heinrichs II. zu keinen nennenswerten Beziehungen.

Frankreich. Auch an der Westgrenze gab es keinen Druck von außen. Das schwache frühkapetingische Königtum hat die von den letzten Karolingern noch immer aufrechterhaltenen Ambitionen auf Lotharingien in der Zeit Heinrichs II. nicht wieder aufgegriffen. Unruhig war hier nur der französische Kronvasall Graf Balduin IV. von Flandern, der auf Reichsgebiet in Niederlotharingien übergriff, das Bistum Cambrai bedrohte und Valenciennes besetzte. Deshalb kam es sogar zu persönlichen Absprachen Heinrichs II. mit König Robert II. (1006 a. d. Maas) und zur Bekämpfung Balduins und nach nur spärlichen Erfolgen stufenweise zur Belehnung Balduins mit Reichsgebiet (1009 Valenciennes, 1012 Walcheren), der damit französisch-deutscher Doppelvasall (Kronflandern/Reichsflandern) wurde. 1023 kam es nochmals zu einer Begegnung der beiden Herrscher in Ivois, die diesmal der Machtbegrenzung des für die französische Krondomäne ebenso wie für die Ansprüche Heinrichs II. auf Burgund gefährlichen Grafen Odo II. von Blois/Champagne diente.

Burgundpolitik Heinrichs II. Für die Beziehungen zu Burgund war zweierlei bedeutsam: dieses Königreich war seit langem vom Deutschen Reich lehnsabhängig, und dazu war auch Heinrichs II. Mutter Gisela eine Tochter König Konrads (937–993) und (Halb)Schwester des in zwei Ehen kinderlosen Königs Rudolf III. von Burgund (993–1032). Heinrich konnte deshalb ein Anwachsen Burgunds an sein Reich aus doppeltem Grund erstreben. In Odo II. von Blois, der eine weitere Schwester Rudolfs III. zur Mutter hatte, fand er allerdings einen nicht ungefährlichen Rivalen. Vertraglich ließ Heinrich sich deshalb schon 1006 von seinem Onkel die Nachfolge zusichern und als Faustpfand das seit 926 an Burgund überlassene Basel abtreten; und 1016 (Straßburg) und 1018 (Mainz) wurde diese Regelung auch noch mit lehnrechtlichen Formalakten bekräftigt: sehr zum Mißfallen einiger burgundischer Großer, die Heinrich trotz zweier Feldzüge in diesen Jahren nicht völlig auf seine Linie festlegen konnte. Aber zur Realisierung der Verträge kam es nicht: der Onkel überlebte den Neffen. Immerhin war aber die künftige Trias der Reiche Deutschland, Burgund, Italien vertraglich grundgelegt.

Italienpolitik Heinrichs II. Reichsitalien war gleich nach dem Tod Ottos III. von einer allgemeinen Erhebung gegen die deutsche Herrschaft erfaßt worden. Bereits am 15. II. 1002 hatte sich der Markgraf Arduin von Ivrea in Pavia zum König von Italien ausrufen und krönen lassen. Bei der Unsicherheit in Deutschland hatte nur Herzog Otto von Kärnten in Heinrichs Auftrag um die Jahreswende 1002/03 einen freilich erfolglosen Vorstoß nach Italien unternommen und der kleinen deutschfreundlichen Partei um den Markgrafen Tedald von Canossa und den Bischof Leo von Vercelli etwas den Rücken gestärkt. Heinrich selbst kam erst im Frühjahr 1004 nach Oberitalien, wurde am 14. V. 1004 in Pavia eigens zum *rex Langobardorum* gewählt und vom Mailänder Erzbischof gekrönt, womit er – anders als seine unmittelbaren Vorgänger – eine gewisse Selbständigkeit Italiens anerkannte. Er kehrte aber wegen der bevorstehenden Polenaktion rasch nach Deutschland zurück, ohne einen Bürgeraufstand in Pavia zu rächen und ohne Arduin völlig zu vertreiben. Dies wurde Leo von Vercelli und seinen Anhängern überlassen. Auch auf einen Zug nach Rom, wo die Crescentier wieder die Oberhand gewonnen und nach Silvesters II. Tod (1003) die Zeit außerrömischer Päpste beendet hatten, wurde vorerst verzichtet. Heinrich arbeitete sogar leidlich mit den beiden von den Crescentiern erhobenen Päpsten – Johann XVIII. (1003 bis 1009) und Sergius IV. (1009–1012) – so etwa in der Frage der Bistumserrichtung in Bamberg – zusammen. In Rom setzten sich dann aber nach dem Ableben des Johannes Crescentius (1012), eines Sohnes des 998 hingerichteten Crescentius II., die rivalisierenden Tuskulaner durch und brachten einen der ihren als Benedikt VIII. (1012–1024) auf den Papststuhl.

Kaiserkrönung Heinrichs II. Erst als Heinrich mit dem Frieden von Merseburg die 2. Phase seiner Polenkriege abgeschlossen hatte, konnte er eine intensivere Italienpolitik wagen. Nachdem er sich noch in Deutschland gegen einen vor ihm erschienenen crescentischen Gegenpapst ausgesprochen hatte, zog er zu Jahresende 1013 über die Alpen und erhielt zusammen mit seiner Gemahlin Kunigunde am 14. II. 1014 in Rom die Kaiserkrönung. Ein Aufstand der Crescentier, der bis nach Oberitalien Wirkung zeigte, wurde rasch niedergeworfen. Die tuskulanische Stadtherrschaft ließ er bestehen und konzentrierte sich mehr auf die Ordnung Reichsitaliens. Er knüpfte dabei, auch wenn er einige wenige Deutsche auf italienische Bistümer brachte und viele Kirchen reich privilegierte, mehr an die Gleichgewichtspolitik Ottos I. an, als daß er einen Anfang setzte, deutsche Praktiken bei Bistumsbesetzungen nach Italien zu übertragen. Auf Synoden in Ravenna, Rom und Pavia brachte Heinrich schon Fragen der gesamtkirchlichen Reform zur Sprache. Die Bekämpfung Arduins überließ er auch diesmal seinen Anhängern. Wenn dabei Bischof Leo von Vercelli eine Hauptrolle spielte, so erweist dies, daß die Bischöfe mit ihren Territorialherrschaften, die durch Privilegierung schon über die Stadtmauern hinausgewachsen waren, neben den Markgrafen und Grafen zu den bestimmenden Herrschaftsfaktoren wurden, auf deren Loyalität die deutsche Herrschaft wesentlich mitberuhte. Arduin gab schließlich auf, zog sich in seine Klostergründung Fruttuaria zurück, wo er am 14. XII. 1015 als Mönch verstarb. (Für mehr als 800 Jahre – bis zu Viktor Emanuel – war er der letzte einheimische König Italiens.)

Probleme Süditaliens. Benedikt VIII. blieb dem Kaiser verbunden. Er zeigte sich dabei auch kriegerischen Erfordernissen gewachsen. Zusammen mit den Pisanern und Genuesen gelang es ihm 1016, einen Sieg über die Sarazenen zu erringen und sie vom Festland und von Sardinien zu vertreiben. In Süditalien wurde er aber in eine antibyzantinische Bewegung verstrickt, die sich erstmals 1009 gegen den in der Sarazenennot untätigen oströmischen Kaiser gewandt hatte. Ihr hat der Papst nämlich die Hilfe von französischen Normannen vermittelt, die um 1016 auf der Rückfahrt von einem Jerusalem-Pilgerzug schon einmal dem Fürsten Waimar von Salerno gegen die Sarazenen beigestanden hatten. 1017 gegen die Byzantiner erfolgreich, aber 1018 vom byzantinischen Katapan Bojoannes bei Cannae geschlagen, mußte der apulische Aufstandsführer Melus fliehen, und der Papst hatte nach der Einnahme Capuas und Salernos die byzantinische Ausbreitung bis vor die Tore Roms zu befürchten. So wandten sich Melus und Benedikt VIII. an den Kaiser in Bamberg um Hilfe. Heinrich bestätigte jetzt nicht nur – in deutlicher Absage an Otto III. – das *Ottonianum* von 962, sondern zog auch Ende 1021 mit starker Heeresmacht an Rom vorbei über Benevent nach Apulien, wo er allerdings die Festung Troja trotz monatelangen Ringens nicht einnehmen konnte, den Byzantinern aber immerhin die von Otto I. gesetzten Grenzen aufzeigte. Dies war der letzte Kampf der westlichen mit der östlichen Kaisermacht auf italienischem Boden; mit den Normannen waren schon jene Kräfte erschienen, denen dort die nähere Zukunft gehören sollte.

Innenpolitik Heinrichs II. Daß Heinrich in seiner Außenpolitik die überkommenen Positionen ohne gewaltigen Kräfteverschleiß halten konnte, resultierte nicht zuletzt aus seiner erfolgreichen Innenpolitik. So wie auf der Ebene des Königtums nur der Sohn eines Regenten unangefochten Ansprüche auf die Nachfolge hatte und zwischen den weiteren Verwandten – wie sich 1002 zeigte – alles offen war bzw. das geschicktere Agieren bei der Gewinnung eines Anhangs (Königswahl) entschied, so galt seit langem auch auf der Herzogsebene die Nachfolge eines Sohnes (als Erbe des Lehens) als rechtens und für den König – auch wenn er andere, amtsrechtlich begründbare Besetzungsabsichten haben sollte – unabänderlich; direkte Eingriffe waren nur beim Fehlen eines Sohnes oder eines Bruders des bisherigen Herzogs oder nach offenen Konflikten möglich. In diesem vorgegebenen Rahmen hat sich auch Heinrich bewegen müssen.

Einzelne Herzogsnachfolgen. Die erste Entscheidung auf diesem Sektor war schon bald nach Heinrichs II. Königserhebung zu treffen. Auf Heinrichs II. bisheriges bayerisches Herzogtum hatte sich der Markgraf Heinrich vom bayerischen Nordgau, ein Babenberger, Hoffnung gemacht. Doch Heinrich II. zögerte. Der Aufstand des Babenbergers (s. S. 148) war die Folge. Nach dessen Niederwerfung im Sommer 1003 entschied sich der König mit Zustimmung seiner

Großen 1004 für einen Mann, von dem er Reichstreue und Stärkung der amtsrechtlichen Reichsauffassung am meisten erwarten konnte: für den stammesfremden Heinrich von Luxemburg, einen Bruder seiner Gemahlin. Inzwischen war auch sein Rivale von 1002, der Schwabenherzog Hermann II., im Jahre 1003 verstorben. Dort konnte dessen noch unmündiger, etwa drei- bis achtjähriger Sohn Hermann III. nachfolgen, wobei sich allerdings der König die Vormundschaft selbst vorbehielt; er war ja (durch die gemeinsame Abstammung von König Konrad von Burgund) dessen Vetter. Als 1004 Herzog Otto von Kärnten starb, wurde dessen Sohn Konrad Nachfolger; und in Sachsen trat 1011 Herzog Bernhard II. (1011–1059) an die Stelle seines gleichnamigen Vaters. Während es in Oberlothariningien keinen Wechsel gab, ließ Heinrich in Niederlotharingien nach dem Tod Herzog Ottos, des letzten Mannesstammkarolingers (1006), das Herzogtum zunächst unbesetzt. Erst die durch Balduin IV. von Flandern im Verein mit den machthungrigen Reginar-Nachkommen aufziehende Unruhe nötigte Heinrich II. hier zum Ausbau von Grenzmarken (Eename und Antwerpen) wie auch 1012 zur Einsetzung Gottfrieds, eines Sohnes Gottfrieds 'des Gefangenen' von Verdun (Ardennengrafen), zum Herzog von Niederlotharingien (1012–1023). Dieser vermochte in vielen Fehden den Widerstand gegen die Reichsgewalt niederzuhalten.

Luxemburger-Fehde. Inzwischen hatte Heinrich – wie einst schon Otto I. – erfahren, daß die Verwandtenheranziehung nicht die sicherste Gewähr für eine erfolgreiche Politik bot. Denn nachdem Kunigundes Bruder Dietrich 1006 schon das Bistum Metz entgegen anderen königlichen Plänen eingenommen hatte, wollte Heinrich sich 1008 nicht nochmals überspielen lassen, als ein weiterer Bruder Kunigundes, Adalbero, gegen seinen Kandidaten Megingoz das Erzbistum Trier an sich bringen wollte. Heftige Kämpfe 1008 und 1009 mit der gesamten Luxemburger Familie, bei denen dem Luxemburger Heinrich 1009 auch das bayerische Herzogtum abgesprochen werden mußte und in unmittelbare Königsverwaltung – wie schon Schwaben – kam, waren die Folge. Zeitweise schloß sich auch Pfalzgraf Ezzo, der samt seinen damals noch unmündigen Söhnen 1002 bei der Nachfolge Ottos III. übergangen worden war, der Erhebung an. Erst 1012 kam es zur Beilegung dieser 'Luxemburger-Fehde', wobei Heinrich seine Verfügungsgewalt über das Erzbistum Trier durchsetzte. Heinrich von Luxemburg erhielt erst 1017 das Herzogtum Bayern zurück († 1026).

Sorge vor Konradiner-Salier-Koalition. Als noch während der Luxemburger-Fehde der Herzog Konrad von Kärnten verstorben war († 1011), wich Heinrich, indem er dessen gleichnamigen noch unmündigen Sohn überging und das Herzogtum an Adalbero von Eppenstein gab, von der gängigen Grundlinie der Herzogspolitik ab. Er wollte offenbar einer der luxemburgischen Machtkonzentration ähnlichen salisch-konradinischen Koalition, die ihm gefährlich schien, nicht weiter Vorschub leisten. Vergeblich hatte er ja schon 1004 die Ehe Konrads von Kärnten mit Mathilde, einer Tochter Herzog Hermanns II. von Schwaben, wegen (angeblich) zu enger Blutsverwandtschaft – und damit die Salier-Konradiner-

Verbindung – zu trennen versucht. Gewisser Sorgen, die ihm wahrscheinlich der heranwachsende Herzog Hermann III. von Schwaben hätte bereiten können, wurde er aber durch den frühen Tod Hermanns III. 1012 enthoben; Heinrich konnte Schwaben damals an den landfremden Babenberger Ernst I. geben, der mit Hermanns III. Schwester Gisela (damals gerade Witwe aus einer kurzen Ehe mit dem Grafen Brun von Braunschweig) verheiratet wurde. (Auch der Eppensteiner stand übrigens dem salisch-konradinischen Familienkreis nicht ganz fern: er war mit Beatrix, einer weiteren Schwester Hermanns III., Giselas und Mathildes, verheiratet; das verdeutlicht, wie eingeschränkt die Verfügungsgewalt des Königs über die Herzogtümer letztlich doch war.) Daß Heinrich meinte, die Salier und Konradiner in Schranken halten zu müssen, zeigte er, als Herzog Ernst I. 1015 ums Leben gekommen war und Gisela, die er als Sachwalterin für ihren als Nachfolger akzeptierten unmündigen Sohn Ernst II. belassen hatte, sich 1016 mit Konrad, einem Enkel des Saliers Otto von Kärnten (dem künftigen Kaiser Konrad II.), vermählte: Sofort bestimmte Heinrich für Ernst II. einen anderen Vormund; Schwaben nahm er in eigene Verwaltung. Ab 1019 gab es sogar offenen Kampf mit Konrad, wie schon von 1018 an auch mit dem Konradiner Graf Otto von Hammerstein, den Heinrich mit dem Argument, er habe eine zu nahe Blutsverwandte geheiratet – Irmingard war eine Verwandte 7. Grades (3:4) Ottos – auszuschalten trachtete. Die Herzogspolitik Heinrichs II. war also zugleich bestimmt von dem Bemühen, Machtzusammenballungen bei einigen Adelsfamilien zu verhindern.

Heinrichs II. Kirchen- und Klosterpolitik. Eng mit der Herzogspolitik verbunden war Heinrichs Kirchenpolitik. Sie schuf ihm den nötigen Rückhalt bei seinen Auseinandersetzungen mit den weltlichen Gewalten, wobei er schon bewußter als die früheren Ottonen die Stärkung der Reichskirche gegen die Herzöge und andere weltliche Große – so etwa in Sachsen – betrieb. Bei jeder sich bietenden Gelegenheit hat er seinen Willen in der Auswahl der Kandidaten für Bistümer und Reichsabteien durchgesetzt (s. o.) und die Hofkapelle noch entschiedener, als es seit der Spätzeit Ottos I. üblich geworden war, zu einer Schaltstelle der Kirchen- und Reichsverwaltung gemacht. Das kirchliche Wahlverfahren, die vielfach verbriefte 'kanonische Wahl', wurde dabei zu einem reinen Zustimmungsakt herabgedrückt. Eine stärkere Inanspruchnahme der wirtschaftlichen Leistungskraft der Bischofskirchen und Reichsabteien, besonders für die Königsgastung *(servitium regis)*, gingen damit Hand in Hand. Hatten seine Vorgänger vornehmlich die Pfalzen und Königshöfe aufgesucht, so stehen im Itinerar Heinrichs II. die Besuche von Bischofskirchen gleichrangig neben, zum Teil sogar vor denen in den Pfalzen. Damit sie ihren Aufgaben nachkommen können, hat Heinrich die Kirchen reicher als seine Vorgänger mit Besitz und Einkünften privilegiert – bis hin zur Schenkung ganzer Grafschaften. Die eigenkirchliche Komponente wurde vor allem gegenüber den Klöstern stärker ausgebaut. Nicht nur, daß Heinrich ganz selbstverständlich die Ein- und nötigenfalls auch die Absetzung der Äbte fest in der Hand hatte, er hat auch Klosterbesitz an Bischofskirchen übertragen, von denen er höhere Leistungen fordern konnte. Das führte praktisch zu einer Gleichstellung von Reichsgut und Reichskirchengut. Staat und Kirche wuchsen näher zusammen (s. S. 55 ff.). Als geweihter Herrscher fühlte sich Heinrich zur Lenkung von Reich und Kirche gleichermaßen berechtigt und verpflichtet. Nicht nur, daß er bei der Bischofsauswahl die politische wie auch die religiöse Qualität der Kandidaten beachtete, er öffnete aus seiner religiösen Verantwortung heraus auch die wichtigsten Reichsklöster der monastischen Reform. Mit dem Reformkreis um Godehard von Niederalteich und Ramwold von St. Emmeram in Regensburg stand er schon seit Beginn seiner Regierung in engem Kontakt, später gewann Poppo von Stablo die größte Bedeutung. Wenn Heinrich dabei die von Lotharingien ausgehende Reformrichtung der cluniazensischen vorzog, dann vornehmlich deshalb, weil von ihr die Diözesanhoheit der Bischöfe, die seine Herrschaft in besonderer Weise stützten, nicht angegriffen wurde und sie sich für den Reichsdienst offener zeigte (s. S. 61 f.). Zudem bewirkte die Klosterreform auch eine wirtschaftliche Stabilisierung der Abteien und damit wiederum eine stärkere Nutzungsmöglichkeit für das Reich.

Verbunden ist Heinrichs Name zudem mit der Wiederherstellung des Bistums Merseburg (1004) und mit der Gründung des Bistums Bamberg (1007), die er mit päpstlicher Unterstützung gegen den Widerstand der Bischöfe der zu verkleinernden Nachbardiözesen Würzburg und Eichstätt durchsetzte: ein Signum seiner stark ausgeprägten (durch den Liutizen-Bund belasteten) persönlichen Religiosität, die man in Bamberg im Gedächtnis behielt und 1146 zu seiner Heiligsprechung anführen konnte.

Ausblick und Bewertung. Einem Schlaglicht auf das Kommende gleicht es, daß einerseits Heinrich aus verantwortungsbewußtem Herrscherethos 1022 – auf dem Rückweg von seinem 3. Italienzug – zusammen mit Papst Benedikt VIII. eine Synode in Pavia abhielt, die die später so wichtig werdenden Fragen der Ehelosigkeit der Geistlichen und der Sicherung des Kirchenbesitzes vor (erbenden) Priestersöhnen aufgriff, und daß andererseits der deutsche Episkopat 1023 und 1024 unter Führung Erzbischof Aribos von Mainz (1021–1031) im Hammersteinschen Eheprozeß (s. o.) eine vom Papst angenommene Appellation Irmingards von Hammerstein zu einer grundsätzlichen Auseinandersetzung über die höchste juridische Gewalt in der Kirche – Papst oder Kirchensynode – auszuweiten drohte. Das Ableben Benedikts VIII. (7. IV. 1024) und Heinrichs II. (13. VII. 1024), der mit den Bischöfen auf Verurteilung und Exkommunikation Ottos und Irmingards bestanden hatte, ließ indessen diese grundsätzlichen Fragen nicht weiter ausreifen. – Heinrich, der – wie später auch Kunigunde († 1033) – sein Grab in Bamberg fand, hatte mit seiner sofortigen Rückverlagerung des politischen Schwergewichts aus Italien nach Deutschland und mit der Vertiefung der politischen, religiösen und wirtschaftlichen Fundamente seines theokratischen Weihekönigtums das ottonische Erbe in seinen Wurzeln gesichert.

4. Machtvolles Erbe am Vorabend des Ringens um eine neue Weltordnung: Die Anfänge der Salierzeit

a) Weitere Stärkung der Reichsgewalt: Konrad II.

Die Thronkandidaten von 1024. Da Heinrich II. kinderlos war und vor seinem Tod auch keine Nachfolgerdesignation vorgenommen hatte, ergab sich 1024 eine gleiche Situation wie 1002. Wenn dabei von vornherein nur zwei Kandidaten im Gespräch waren – der ältere und der jüngere Konrad, die zwar beide (als Vettern) Urenkel Herzog Konrads des Roten und Liudgards, der Tochter Ottos I., und Enkel Herzog Ottos von Kärnten († 1004) waren, aber kaum über ansehnliche Machtmittel verfügten –, so zeigt das ganz eindeutig, daß es nicht auf freie Kandidaturen und mitreißende Macht ankam, sondern zuerst einmal auf den geblütsrechtlichen Anspruch: – auch wenn die Geschichtsschreiber diesen nicht ausdrücklich erwähnen. Der ältere Konrad, um 990 geboren, hatte als Sohn von Ottos von Kärnten frühverstorbenem ältesten Sproß Heinrich nicht einmal eine der vom Großvater bis 1004 verwalteten mittelrheinischen Grafschaften, geschweige denn das Herzogtum Kärnten, geerbt und war (wegen der Wiederverheiratung seiner Mutter) in der Obhut Bischof Burchards von Worms aufgewachsen; ein gewisses Gewicht hatte er nur durch den Reichtum und die Position seiner (1016 geheirateten) Gemahlin Gisela (s. S. 154); und Konrad der Jüngere war 1011 beim Tod seines Vaters Herzog Konrad von Kärnten als Minderjähriger in der Herzogtumsnachfolge übergangen worden (s. S. 153). Neben ihnen hätte man freilich noch einen der ottonenblütigen Ezzonen (s. S. 146) als Kandidaten erwarten können.

Wahl Konrads II. Als sich am 4. September 1024 in Kamba am Rhein (abgeg. gegenüber Oppenheim) die Großen aus den verschiedenen deutschen Stämmen versammelten – und zwar offenbar nach einer Einladung Erzbischof Aribos von Mainz, der damit als Primas der deutschen Kirche und Königskonsekrator, wie schon sein Vorgänger Willigis 1002, die Initiative bei der Königswahl an sich zog und damit die hohe Geistlichkeit in eine ihr z. Z. Ottos I. noch nicht zustehende Funktion brachte –, fiel durch den von Aribo vorgenommenen ersten Kürspruch rasch die Entscheidung für den älteren Konrad. Die beiden Kandidaten hatten sich vorher schon ihre gegenseitige Loyalität zugesichert. Dennoch verließen Erzbischof Pilgrim von Köln, der Herzog von Oberlotharingien und viele Niederlotharingier, als sich die Mehrheit für den älteren Konrad abzeichnete, den Wahlort. Aribo salbte und krönte den neuen König am 8. IX. 1024 in Mainz. Das Königtum war damit zu einer aus Franken stammenden Dynastie, die man später die Salier nannte, zurückgekehrt. – Die Kaiserwitwe Kunigunde hatte Konrad noch in Kamba die Reichsinsignien ausgehändigt, obgleich er nicht in der besonderen Gunst Heinrichs II. gestanden war. Vor allem hatte seine Ehe mit der Konradinerin Gisela zu Ärger geführt, der insofern nachwirkte, als gerade Erzbischof Aribo die Weihe Giselas zur Königin wegen ungeklärter persönlicher Beschuldigungen ablehnte. Aber Konrad II. überwand alle Anfangsschwierigkeiten. Gisela wurde am Beginn des Königsumritts durch die Stammesgebiete des Reiches, der nun in Anlehnung an die stufenweise erlangte Huldigung Heinrichs II. durchzuführen war, am 21. IX. 1024 von Erzbischof Pilgrim in Köln gekrönt, der auf diese Weise seine Versöhnung mit dem neuen König kundtat. Nach der Erhebung auf den Karlsthron zu Aachen und einer ruhigen Kontaktaufnahme mit den einzelnen Stammesbereichen huldigten als letzte die Niederlotharingier erst zu Jahresende 1025.

Kontinuität trotz Dynastiewechsel. Der Thronwechsel von 1024 brachte, anders als 1002, keinen größeren geschichtlichen Einschnitt mit sich, obgleich ein neues Königshaus begann. Man darf Konrad II. ja doch, will man eine Gesamtcharakteristik schon vorweg geben, als einen bedachtsamen, bewußten Fortsetzer der Politik seines Vorgängers ansehen.

Anfangsprobleme Konrads II. Überlegte Kontinuität wahrte Konrad II. sogleich im Verhältnis zu Italien. In Pavia war nach Heinrichs II. Tod die Königspfalz zerstört worden, und eine Gruppe weltlicher Großer hatte sich sogar an König Robert II. von Frankreich und – nach dessen Ablehnung – an Herzog Wilhelm V. von Aquitanien gewandt, um dessen Sohn die italienische Königskrone anzutragen. Da der hohe Klerus nicht mitzog, scheiterte jedoch das Unterfangen, Italien aus der Verbindung mit Deutschland zu lösen. Konrad setzte hier – wie Heinrich – weiter auf die Hilfe der Bischöfe, die zu gleichstarken Partnern der Markgrafen und Grafen geworden waren. Zumal 1025 auch der Versuch des jugendlichen Herzogs Ernst II. (Sohn Giselas aus ihrer 2. Ehe), aus persönlichem Anlaß zusammen mit Konrad dem Jüngeren u. a. eine Auflehnung gegen seinen Stiefvater zu inszenieren, in den Anfängen steckenblieb, konnte Konrad II. Anfang 1026 nach Italien aufbrechen.

1. Italienzug und Kaiserkrönung. Die Pavesen, denen Konrad schon von Konstanz aus auf den Versuch, die Pfalzzerstörung zu rechtfertigen, seine berühmten Worte von der Unvergänglichkeit der Reichsrechte und der Herrschaftskontinuität über den Tod des einzelnen Regenten hinaus entgegengehalten hatte (s. S. 28f.), sperrten sich freilich weiter; Konrad erhielt deshalb seine Krönung zum italienischen König in Mailand durch den dortigen Erzbischof Aribert. Mühsam und mit nur langsam sich einstellendem Erfolg wurden aber anschließend doch noch die oppositionellen oberitalienischen Adligen (Otbertiner, Aledramiden) und zuletzt auch Pavia in die Knie gezwungen. Mit dem Vorrücken bis an die Grenzen Burgunds konnte er zugleich unmißverständlich andeuten, daß er auch in die Rechte Heinrichs II. gegenüber Burgund eintreten werde. Dann erst zog er nach Rom weiter, wo er Ostern (26. III.) 1027 – in Anwesenheit der Könige Rudolf III. von Burgund und Knut von Dänemark-England und einer stattlichen Anzahl geistlicher und weltlicher Großer – von Papst Johann XIX. (einem Tuskulaner und Bruder Benedikts VIII.) die Kaiserkrönung erhielt. Die Stadtherrschaft der Tuskulaner hat der neue Kaiser ebensowenig angetastet wie die Tuskulaner-Päpste (Johann XIX. 1024–1032; Benedikt IX. 1032–1045). Bei einem kurzen

Abstecher in die Gebiete südlich Roms konnte Konrad auch die Huldigung der Fürsten von Benevent, Salerno und Capua entgegennehmen und eine Landnahme der seit ca. 1016 hier agierenden Normannen (s. S. 152) im Interesse der Sicherung des Reiches gegen Byzanz genehmigen.

Schnelle Nachfolgeregelung. Die deutsche Innenpolitik wurde von Konrad mit ruhiger und sicherer Hand geführt. Hatte er seinen und Giselas 1017 geborenen Sohn Heinrich (III.) schon vor Beginn der Italienfahrt zum Nachfolger designiert und nach der Kaiserkrönung für ihn in Byzanz – vergeblich – um die Hand einer Prinzessin geworben, so folgte nun nach der Rückkehr im Frühsommer 1027 Heinrichs Einsetzung zum Herzog in Bayern; denn dort war der bisherige Herzog, Heinrich (von Luxemburg), 1026 gestorben, und dessen zwei Söhne sowie seine Brüder hatten vor ihm den Tod gefunden. Zu Ostern 1028 erfolgte dann Heinrichs (III.) Königskrönung durch den Kölner Erzbischof Pilgrim (nicht den Mainzer Primas) in Aachen. Damit war nicht nur die Dynastie gesichert, seither galt auch als Rechtssatz, daß der gekrönte Kaiser seinen Sohn zum König krönen lassen dürfe und daß dies in Aachen durch den Erzbischof von Köln zu geschehen habe.

Herzogtumsfragen. Gegenüber den Herzögen war Konrad – wie seine Vorgänger – an das Erbrecht der Söhne und Brüder gebunden; fehlten diese, so war er bei der Besetzung eines Herzogtums in seiner amtsrechtlichen Verfügungsgewalt frei. Aus dieser Rechtslage ist der oben genannte Eingriff in Bayern leicht zu verstehen. In Alemannien gab es aber Probleme. Dort erhob sich der junge Herzog Ernst II. im Herbst/Winter 1026, während Konrad in Italien stand, erneut; wahrscheinlich ging es um Erbansprüche auf Burgund, die Ernst über seine Mutter Gisela und seine Großmutter, die burgundische Königstochter Gerberga, für sich erhob und damit Konrad II. absprach. Ernst II. mußte sich aber im Sommer 1027 nach Konrads Rückkehr, zumal die schwäbischen Grafen die Treue zum Kaiser über die zum Herzog stellten, bedingungslos unterwerfen und wurde auf dem Giebichenstein (b. Halle) inhaftiert. 1028 entlassen und wieder als Herzog eingesetzt, weigerte er sich jedoch, an seinem im Widerstand verharrenden Freund Graf Werner von Kyburg die Reichsacht zu vollziehen, was ihm im Frühjahr 1030 selbst die Reichsacht, Exkommunikation und den Verlust des Herzogtums eintrug und im Sommer 1030 den Tod im Kampf brachte. Das Herzogtum ging an Ernsts II. Bruder Hermann IV. über und wurde, als dieser 1038 bei Konrads zweitem Italienzug an einer Seuche gestorben und damit die schwäbische Linie der Babenberger erloschen war, vom Kaiser ebenfalls – wie schon Bayern – an seinen Sohn Heinrich (III.), (den Stiefbruder der beiden letzten Herzöge), gegeben. – Im Herzogtum Oberlotharingien folgte auf Dietrich I. († 1027?) und seinen Sohn, den Mitherzog Friedrich II. († 1026/27), der Enkel Friedrich III. (1027?–1033), mit dem dieses Geschlecht erlosch. Oberlotharingien wurde danach dem Herzog Gozelo, der 1023 schon seinem Bruder Gottfried in Niederlotharingien nachgefolgt war, übergeben, so daß er nun das gesamte Lotharingien verwaltete († 1044).

– In Sachsen trat durch die lange Amtszeit Bernhards II. (1011–1059) kein Wechsel ein. In Kärnten jedoch hat Konrad II. 1035 energisch eingegriffen und Herzog Adalbero – offenbar wegen außenpolitischer Eigenmächtigkeiten – durch einen Hofgerichtsspruch absetzen lassen. Es kam 1036 an Konrad den Jüngeren, seinen Gegenkandidaten von 1024, der damit eine späte Entschädigung erfuhr († 1039).

Grafen und Ministerialen. War also für den höchsten Adel die Erbberechtigung der großen Lehen gegeben, so übertrug Konrad diesen Usus – über die bisherige Praxis hinaus – auch auf die Grafen und die niederen Lehnsträger. Wipo zählt in seinen Gesta Chuonradi (c. 6) das Zugeständnis, daß die Lehen der *milites* erblich sein sollen, zu den ersten Regierungshandlungen Konrads. Offenbar war sein Ziel, das erreichte Kräftegleichgewicht zu stabilisieren und, wenn schon eine Änderung bei den obersten Lehnsträgern nicht mehr möglich war, dann auch durch Einfrieren der unteren lehnrechtlichen Gestaltungsspielräume dem Hochadel eine für die Reichsspitze gefährliche weitere Kräftekonzentration unmöglich zu machen. Dabei war das Problem in Deutschland weniger akut als in Italien, wo es zu Ende seiner Regierungszeit offen ausbrechen sollte (s. u.). In gleicher Richtung liegt, daß Konrad in Deutschland die im Reichsdienst stehenden Dienstmannen (Ministerialen) als Helfer der Königsgewalt förderte und bei der Verwaltung des Reichsgutes stärker einzusetzen begann. Deren bedeutungsvolle, erst seit der Investiturstreitszeit klarer faßbare historische Rolle wurde damit eingeleitet.

Kirchen- und Klosterpolitik. Konrad II. hat als *vicarius Christi* – wie er wiederholt bezeichnet wurde – auch die Kirchenhoheit in einer seinem Vorgänger vergleichbaren Weise wahrgenommen. Die Durchsetzung seiner Kandidaten für freigewordene Bischofsstühle erfolgte sogar komplikationsloser als in der Zeit Heinrichs II. Auch für ihn war dabei die Hofkapelle von größter Wichtigkeit. Wenn er freilich hie und da auf Abgaben und Leistungen neuernannter Bischöfe bedacht war, worin er sich von Heinrich II. kaum unterschied, so brachte ihn das aber in den Augen der späteren Reformer, die diese Praxis bei seinem Sohn nicht mehr sahen, nachträglich in den Geruch der Simonie. Und lange galt deshalb die Meinung, Konrad sei 'unkirchlich' gewesen [783: H. Bresslau], habe für kirchliche Reformgedanken und überhaupt für alles Geistliche wenig Sinn gehabt. Doch kann davon, wenn man Konrad II. als Initiator einer Reformsynode in Tribur im Jahre 1036, als Gründer des Familienklosters Limburg a. d. Hardt und des Kaiserdoms zu Speyer sieht und dazu seinen Auftrag an Poppo von Stablo beachtet, zahlreiche Klöster in Lotharingien und im ostrheinischen Deutschland zu reformieren, kaum noch ernstlich die Rede sein [782: Th. Schieffer].

Beziehungen zu Polen und Böhmen. Das außenpolitische Erbe seiner Vorgänger hat Konrad II. bedachtsam gewahrt. Bedrängt vom expansiven Polen, suchten die Elbslawen weiterhin die Anlehnung an das Reich und entrichteten ihre Tribute. Boleslav Chrobry ließ sich 1025 sogar zum König von Polen krönen, starb aber bald darauf. Sein Sohn Mieszko II., der 1013 Ottos II. Enkelin Richeza geheiratet hatte und sich unter Verdrängung seiner Geschwister nun zum König und Nachfolger krönen ließ, versuchte sofort, die expansive Westpolitik fortzuführen. Dabei kam es 1028 zu Übergriffen in die östlichen Marken Sachsens hinein. Vergeltungsfeldzüge, deren erster sich 1029 vor Bautzen festlief, hatten immerhin zur Folge, daß sich Mieszkos nach Rußland verdrängter Halbbruder Besprym mit Konrad II. in Verbindung setzte und 1031 ein Zweifrontenangriff von Rußland und vom Westen aus Mieszko zum vertraglichen Verzicht auf die Lausitz und das Milzener Land nötigte, ja, daß sich Besprym noch im selben Jahr in Polen durchsetzte und Mieszko II. zur Flucht nach Böhmen zwang. Besprym hat zum Dank für Konrads Hilfe auf die polnischen Königsambitionen verzichtet und die Krönungsinsignien seines Halbbruders an Konrad gesandt. Als Besprym 1032 ermordet wurde, konnte Mieszko II. zwar zurückkehren, mußte aber – in unsicherer Position – in einem in Merseburg 1033 abgeschlossenen Frieden nun auch seinerseits auf die Königswürde, die Lausitz und das Milzener Land verzichten. Nach seinem Tode (1034) versank Polen in innere Wirren, die den Kaiser dieser besonderen Sorge enthoben und ihm 1035 und 1036 sogar eine Auseinandersetzung mit den Liutizen ermöglichten. – Auch die Lehnsabhängigkeit Böhmens vom Reich blieb gewahrt. Als der in seinen Pflichten manchmal säumige Herzog Udalrich 1034 verstorben war, erkannte dessen Sohn Břetislav die Abhängigkeit vom Reich williger an und folgte dem Kaiser sogar gegen die Liutizen.

Verhältnis zu Ungarn. Unbekannt ist, wie es zu einer Verschlechterung der Beziehungen zu Ungarn kam. Möglicherweise erhob König Stephan von Ungarn für seinen Sohn Emmerich, dessen Mutter ja Kaiser Heinrichs II. Schwester Gisela war, Erbansprüche auf das bayerische Herzogtum. Jedenfalls brachen 1030 an der bayerisch-ungarischen Grenze Kämpfe aus. Ein Vorstoß des Kaisers bis zur Raab zeitigte keine Erfolge, im Gegenzug eroberten ungarische Truppen sogar Wien. 1031 schloß der Thronfolger Heinrich (III.) als Herzog von Bayern dann einen Frieden, auf Grund dessen ein schmaler Grenzstreifen südlich der Donau an Ungarn fiel.

Beziehungen zum Nordischen Großreich. Mit dem im Nordseeraum entstandenen dänisch-norwegisch-englischen Machtblock Knuts des Großen kam es 1025 durch Vermittlung des in der Nordmission tätigen Erzbischofs Unwan von Hamburg-Bremen zu einem Freundschaftsbund. Deshalb fand sich Knut auch bei Konrads Kaiserkrönung in Rom ein (s. S. 157). 1035 wurden die gutnachbarlichen Beziehungen durch die Verlobung des Thronfolgers Heinrich (III.) mit Knuts Tochter Gunhild – bei gleichzeitiger Abtretung einer Grenzzone nördlich der Eider an Dänemark – noch vertieft. Gunhild freilich, die 1036 von Heinrich heimgeführt wurde, starb schon 1038 bei der zweiten Italienfahrt Konrads und Heinrichs. Das nordische Großreich hat seinen Gründer Knut († 1035) nicht lange überdauert.

Westpolitik Konrads II. Die Beziehungen Konrads II. zu Frankreich waren anfangs dadurch belastet, daß der französische König Robert II. zunächst mit den

Aufständischen Oberitaliens sympathisierte und Beziehungen zu den Großen Lotharingiens pflegte, die Konrads Königskandidatur ablehnten. Auch Graf Odo II. von Blois und Champagne wurde in seinen Ambitionen auf Burgund von Robert unterstützt, zumal dieser nach Heinrichs II. Tod bessere Erbansprüche als Konrad hatte. Doch war dies nicht von Dauer, da Odo seinen Druck auch auf das französische Königtum verstärkte und den Nachfolger Roberts († 1031), König Heinrich I. von Frankreich (1031–1060), in der Ile-de-France einzuschnüren gedachte. So kam es zu einem friedvollen Nebeneinander, in dessen Folge auch König Heinrich I. die deutsche Burgundpolitik ohne Zaudern billigte.

Angliederung Burgunds. Diese Burgundpolitik Konrads II. lief von Anfang an darauf hinaus, die – gemessen an den Erbrechten Heinrichs II. und Odos II. – minderberechtigten Erbansprüche seiner Gemahlin Gisela und ihres gemeinsamen Sohnes Heinrich (III.) mit einem betonten Eintritt in die Rechtsnachfolge Heinrichs II. zu verbinden und König Rudolf III. von Burgund zur Anerkennung derselben zu bewegen. Deshalb hielt er schon 1025 demonstrativ einen Hoftag in Basel – es war 1006 als Faustpfand für das Anwachsen Burgunds an das Reich zurückgenommen worden – ab und rückte auch 1026 von Süden her bis an die Grenzen Burgunds vor. Rudolf III. erschien darauf nicht allein zur Kaiserkrönung Konrads in Rom, sondern fand sich 1027 in Basel zu einem Vertrag bereit, der den Kaiser, der durch seine Vorgänger zugleich Lehnsherr über Burgund war, und dessen Sohn in alle Erb- und Heimfallsrechte Heinrichs II. eintreten ließ. Als Rudolf am 5. oder 6. September 1032 starb, wurden dementsprechend seine Kroninsignien Konrad übersandt. Und Konrad ließ sich am 2. Februar 1033 in Peterlingen (Payerne) zum Regenten Burgunds wählen und krönen. Aber Odo II. von Blois nahm sogleich einen Großteil Burgunds – vor allem die wichtigen Burgen Neuenburg und Murten – in Besitz, und viele burgundische Große akzeptierten ihn als neuen König. Dadurch wurden Absprachen Konrads II. mit König Heinrich I. von Frankreich (Mai 1033 in Deville a. d. Maas) und zwei Feldzüge (1033 und 1034) nötig, um den deutschen Standpunkt durchzusetzen und Odos und seiner Anhänger Widerstand zu brechen. Ab 1034 war Konrads und seines Sohnes Königtum in Burgund gesichert, die Trias der Reiche Deutschland, Burgund, Italien in Personalunion hergestellt. Alle Alpenpässe waren nunmehr in kaiserlicher Hand, wenngleich die Machtausübung im unteren Rhônegebiet – wie schon bei Rudolf III. – nur eine ephemere war und der Regionaladel dort den Ton angab.

Italienpolitik Konrads II. Zu Ausgang der Regierungszeit beanspruchte Italien zunehmend die Aufmerksamkeit Konrads. Dort hatte er die Gleichgewichtspolitik seiner Vorgänger fortgeführt und gelegentlich auch – wie Heinrich II. – Deutsche auf italienische Bischofsstühle gebracht. Zentralfigur des hohen Klerus war dabei der mächtige Erzbischof Aribert von Mailand, der Konrad sogar mit einem Truppenaufgebot bei der Erwerbung Burgunds unterstützt hat. Den hohen weltlichen Adel versuchte Konrad dadurch enger an das Reich zu binden, daß er offenbar Eheverbindungen in den Fürstenhäusern über die Alpen hinweg anregte: Markgraf Bonifaz von Tuszien heiratete die oberlotharingische Herzogstochter Beatrix, Graf Azzo von Este die Welfin Chuniza, Otto von Schweinfurt und Herzog Hermann IV. von Schwaben die Schwestern Irmingard und Adelheid von Turin.

Valvassorenaufstand und Lehnsgesetz 1037. Aber Konrads II. Hauptstütze, Erzbischof Aribert (1018–1045), geriet immer mehr in Konflikt mit dem aufstrebenden städtischen Bürgertum und den niederen Lehnsträgern Oberitaliens, den sog. *valvassores* bzw. *milites secundi*, denen die Erblichkeit ihrer Lehen bislang noch nicht grundsätzlich zustand. Was dem hohen, mit Reichslehen ausgestatteten Adel, den *capitanei* bzw. *seniores*, und den bischöflichen Stadtherren bei der Behauptung und Konsolidierung ihrer Herrschaftskomplexe dienlich war, sollte im kleineren Bereich zumindest Rechtssicherheit beim bescheidenen wirtschaftlichen oder sozialen Aufstieg bieten. Als Aribert 1035 solche Lehen zur Mehrung des Kirchengutes einzog, war bald die Lombardei in die zwei Lager der *capitanei* und der *valvassores* gespalten. Nachdem auch noch ein Heer der Valvassoren das Aufgebot der Bischöfe und Capitane bei Campo Malo (b. Lodi) bezwungen hatte, wandten sich beide Parteien an den Kaiser um Recht. Konrad erschien zu Jahresende 1036 in Italien und ergriff nun – entsprechend der schon in Deutschland befolgten Praxis (s. S. 159) – Partei zugunsten der Valvassoren. Den auf einem Gerichtstag in Pavia (März 1037) nicht zum Nachgeben bereiten Aribert mußte der Kaiser wegen Verletzung der Treuepflicht sogar festnehmen lassen und nach seiner Flucht in die Reichsacht tun. Mailand, Ariberts Rückhalt, wurde vergeblich belagert. Mit der *Constitutio de feudis* vom 28. V. 1037, in der die Erblichkeit aller Lehen im Mannesstamm festgelegt, die Verhandlung von Streitfällen in von *pares* besetzten Lehnsgerichten verfügt und die Appellationsmöglichkeit an den Kaiser eingeräumt wurde, tat Konrad damals seine Rechtsauffassung kund. Die Einsetzung eines Gegenbischofs hatte ebensowenig Erfolg wie der andererseits von Aribert unternommene Versuch, nun eine Koalition mit Odo II. von Blois aufzubauen und Konrad zu stürzen. Denn der in Lotharingien einfallende Odo wurde bei Bar-le-Duc am 15. XI. 1037 von Herzog Gozelos Truppen besiegt und getötet. Nachdem Konrad wegen der Sommerhitze die Belagerung Mailands aufgegeben hatte, half auch eine nachträgliche – auf Wunsch Konrads von Papst Benedikt IX. ausgesprochene – Exkommunizierung Ariberts (1038) nichts.

Süditalien und Normannen. So blieb dieses Problem ungelöst, als Konrad nun auch in Süditalien gegen Übergriffe des Fürsten Pandulf IV. von Capua einschreiten mußte. An dessen Stelle wurde Waimar V. von Salerno mit Capua belehnt, zugleich aber erhielt auch der Normannenführer Rainulf als salernitanischer Vasall die Grafschaft Aversa zu Lehen. Ein erster Kristallisationspunkt für die etwa zwei Jahrzehnte zuvor in Italien erschienene und nach eigener Herrschaft strebende neue Bevölkerungsgruppe war damit gegeben.

Tod Konrads II. Im Sommer 1038, nach dem Ausbruch einer Epidemie im Heer, die mit dem Tod der Thronfolgergemahlin Gunhild auch einen Blutzoll in der Kaiserfamilie forderte, nach Deutschland zurückgekehrt, starb Konrad, etwa fünfzigjährig, am 4. VI. 1039 in Utrecht; er wurde in Speyer begraben. Seinem Sohn hinterließ er ein in der Ausdehnung vergrößertes, an den Grenzen gut gesichertes, auch innerlich – mit Ausnahme Mailands – fest befriedetes Reich.

b) Synergismus von Reich und Kirche: Heinrich III. (bis 1046)

Herrschaftsantritt Heinrichs III. Der Herrschaftsantritt des knapp 22jährigen Heinrich III. in seinem dreifachen Königtum (Deutschland, Italien, Burgund) vollzog sich, da er in allen drei Reichen längst zum König gekrönt war, reibungslos: – ein Faktum, wie es seit 973 nicht mehr vorgekommen war. Der Umritt, der ihn bis Ostern 1040 von Aachen durch Lotharingien, Sachsen, Bayern, Schwaben und Franken führte, diente deshalb auch nicht vornehmlich der Entgegennahme der Huldigung, sondern glich eher einem Akt der Repräsentation. Als im fränkischen Ingelheim auch burgundische und italienische Große huldigten, wurde sogleich der Konflikt mit dem unkanonisch abgesetzten Erzbischof Aribert von Mailand beigelegt; nach seiner Unterwerfung setzte ihn Heinrich wieder in sein Amt ein. Das Vorgehen des Vaters in dieser Frage hatte er sowieso als überzogen empfunden.

Verhältnis zu den östlichen Nachbarn. Außenpolitisches Handeln zur Aufrechterhaltung der überkommenen Ordnung war schon bald im Osten erforderlich. Dort hatte der Böhmenherzog Břetislav die seit dem Tod Mieszkos II. in Polen anhaltenden Wirren benutzt, um Krakau zu plündern und aus Gnesen die Gebeine des hl. Adalbert nach Prag zu entführen. Ein neues großslawisches Reich, nur diesmal nicht von Polen, sondern von Böhmen ausgehend, schien im Plan Břetislavs zu liegen, zumal der Bischof von Prag, im Besitz der Adalbertsreliquien, sogleich die Erhebung Prags zum Erzbistum, und d. h. die Loslösung von Mainz und vom Reich, betrieb. Nach einem erfolglosen Vorstoß 1040 brachte erst der zweite, 1041 bis nach Prag reichende Feldzug Břetislav dazu, sich zu unterwerfen, Tributzahlungen zuzusagen und auf einem Reichstag in Regensburg (Oktober 1041) die Lehnshuldigung vor Heinrich III. zu leisten. Der 1037 während der Wirren aus Polen vertriebene Sohn Mieszkos II., Kasimir I., konnte damals mit Heinrichs Hilfe seine polnische Herzogsstellung wieder festigen und leistete Heinrich ebenfalls seinen Lehnseid. So war hier eine Befriedung unter deutscher Vorherrschaft eingeleitet.

Beziehungen zu Ungarn. In Ungarn war auf König Stephan († 1038) dessen Neffe Peter I. (Orseolo) nachgefolgt. Dieser wurde indessen 1041 von einem Schwager Stephans, Aba-Samuel, gestürzt und vertrieben, wonach es auch zu Plünderungen der bayerischen Ostmark und zum Eingreifen Heinrichs III. kam.

Erst der letzte von drei Feldzügen (1042–1044) führte 1044 nach dem Sieg von Menfö (a. d. Raab) zur Ergreifung und Hinrichtung Abas und zur Wiedereinsetzung Peters, der ins Reich geflohen war, als König. Nachdem dieser gleichfalls in ein Lehnsverhältnis zu Heinrich III. getreten war, wurde er freilich 1046 durch einen weiteren Neffen Stephans I., den aus dem Exil in Kiew zurückkehrenden Andreas I. († 1060), gestürzt. Hier braute sich also ein Gefahrenherd zusammen, der weiterer Beobachtung bedurfte.

Herzogtumsfragen. Der Unruheherd Ungarn beeinflußte auch Heinrichs III. Herzogspolitik. War 1039 Herzog Konrad von Kärnten kinderlos verstorben, was den Heimfall Kärntens an die Krone ermöglichte – die Söhne des 1035 gestürzten und gleichfalls 1039 gestorbenen Herzogs Adalbero aus dem Hause Eppenstein hatten ja keinen Nachfolgeanspruch –, so daß Heinrich III. bald nach seinem Regierungsbeginn alle drei süddeutschen Herzogtümer Bayern, Schwaben und Kärnten in direkter Verwaltung hatte, so führte dies dennoch nicht zum Versuch einer grundsätzlichen Aufhebung der Herzogsgewalt. Gerade die Unruhen in Ungarn machten die Präsenz eines starken königlichen Amtswalters im Südosten notwendig. Mit dem Herzogtum Bayern wurde deshalb 1042 der landfremde und somit nur vom königlichen Amtsrecht getragene Luxemburger Heinrich belehnt, der 1047 kinderlos starb. Danach erhielt Bayern ein weitläufiger rheinischer Verwandter, der Ezzone Konrad (1049–1053), der sich indessen nicht bewähren sollte. Schwaben hatte vorher schon dessen Onkel, der Ezzone Otto (1045–1047), erhalten, und nach dessen kinderlosem Tod übergab Heinrich III. es dem Babenberger Otto (1048–1057), einem Sohn Heinrichs von Schweinfurt. In Kärnten schließlich wurde 1047 desgleichen ein Landfremder, der kinderlose Welf III. († 1055), eingesetzt, mit dem das alte, im schwäbisch-bayerischen Grenzgebiet begüterte Welfenhaus auszusterben schien. Die amtsrechtlichen Grundlagen der Herzogsgewalt erhielten mit all dem einen eminenten Auftrieb. – In Sachsen bot sich durch die lange Lebenszeit Herzog Bernhards II. noch immer keine Möglichkeit, aber auch keine direkte Notwendigkeit, einzugreifen. Mit König Magnus von Norwegen-Dänemark verwandtschaftlich verbunden, wandten die Billunger ihre Aufmerksamkeit der Slawenmission und der Ausdehnung ihres Einflusses im Osten zu; unter ihrem Schutz baute der christliche Abodritenfürst Gottschalk seine Herrschaft auf. Eine Konkurrenz erwuchs ihnen aber im ehrgeizigen Erzbischof Adalbert von Hamburg-Bremen, dem Heinrich III. Grafschaftsrechte und weiteren Kirchenbesitz zuwies und der sich seinerseits mit Elan der Nordmission zuwandte. – Im Westen wiederum ging Heinrich einem Konflikt mit Gottfried dem Bärtigen, einem Sohn Herzog Gozelos I. († 1044), nicht aus dem Wege, um eine zu starke Herzogsgewalt, die bei der Ruhe an der Westgrenze und der Schwäche des kapetingischen Königtums nicht im Reichsinteresse zu liegen schien, gar nicht erst aufkommen zu lassen. Er teilte nämlich nach Gozelos Tod Lotharingien wieder in die beiden vor 1033 vorhandenen Grundblöcke und gab nur Oberlotharingien an Gottfried den Bärtigen, Niederlotharingien aber an dessen (wahrscheinlich nicht recht regierungsfähigen) jüngeren Bruder Gozelo II. († 1046). Als Gottfried das nicht hinnahm und Verhandlungen mit König Heinrich I. von Frankreich begann, mußte Heinrich III. einschreiten (1045): durch Fürstenspruch wurde Gottfried aller Lehen verlustig erklärt und zunächst auf dem Giebichenstein bei Halle gefangengehalten, 1046 aber begnadigt und wieder in Oberlotharingien eingesetzt, während nun der Luxemburger Friedrich, der Bruder des Bayernherzogs, Niederlotharingien erhielt. Da Gottfried der Bärtige insgeheim weiter im Groll verharrte, schwelte auch hier ein Krisenherd weiter, der in Verbindung mit anderen Kräften ungeahnt gefährlich werden konnte.

Wesenszüge Heinrichs III. Begnadigung, Vergebung und Versöhnungsbereitschaft mögen im Falle Herzog Gottfrieds des Bärtigen nachträglich als Fehler Heinrichs III. erkannt werden können. Aber sie lagen zutiefst in seinem Wesen begründet. Einerseits herrisch ernst, stets pflichtbewußt und von der hohen Würde seines Herrscheramtes durchdrungen, war er andererseits auch von einem tiefreligiösen Demutsbewußtsein geprägt. *Iustitia*, aber auch *pax* und *misericordia* waren Leitworte aus seiner engsten Umgebung. Und in Taten wollte er seine Friedensliebe, Versöhnungsbereitschaft und Bußgesinnung – hierin schon von der oszillierenden Unruhe einer anbrechenden neuen Zeit berührt – offenbaren. Symptomatisch für ihn ist, wie er bei Synoden in Konstanz und Trier (1043), von den erhöhten Stufen des Versammlungsortes herab 'predigend', um Frieden, gegenseitige Verzeihung und Sündenvergebung warb, auf dem Schlachtfeld von Menfö (s. S. 164) barfuß und in härenem Büßergewand Gott für den Sieg dankte, all seinen Schuldnern und Feinden vergab und alle Anwesenden beschwor, seinem Vorbild zu folgen, oder wie er bei der Vermählung mit seiner zweiten Gemahlin Agnes von Poitou (1043) die Spielleute und Gaukler von seinem Hof verwies. Durch Agnes, die Tochter Herzog Wilhelms V. von Aquitanien, die mit dem von ihren Vorfahren gestifteten Kloster Cluny in engem Kontakt stand, dürfte er sogar noch weiter in dieser Haltung beeinflußt und dazu an die sich in Frankreich und Burgund ausbreitende Gottesfriedensbewegung *(treuga Dei)* herangeführt worden sein, in der für alle hohen Festtage und für die Wochentage von Mittwoch abends bis Montag früh ein grundsätzliches Fehdeverbot gefordert wurde. Wenn er – in Distanzierung von dieser kirchlichen Selbsthilfe – sich selbst öffentlich in Appellen um Friedensbewahrung bemühte, so bedeutete das bei seinem von religiösem Ernst geprägten Herrscherethos zugleich Intensivierung der Herrschaft wie auch Erfüllung einer christlichen Regentenpflicht.

Kirchenpolitik Heinrichs III. Die religiöse Empfindsamkeit prägte auch Heinrichs Kirchenpolitik. Als ein durch die Königsweihe 'Gesalbter des Herrn' fühlte er sich eben nicht nur für die Interessen des Reiches, sondern zugleich für das Wohl der Kirche verantwortlich. Insofern war es für ihn ganz selbstverständlich, daß er – wie seine Vorgänger – die Bischofsauswahl als seine Aufgabe ansah. Er investierte sogar die neuernannten Bischöfe – dies erstmalig in der Geschichte – mit den geistlichen Symbolen Ring und Stab in ihr Bischofsamt und den zugehörigen Kirchenbesitz. Anders jedoch als Konrad II. sah er von Geldforderungen bei solchen Anlässen ab. Diese schienen ihm dem alten Grundübel der Simonie, dem Streben nach Ämtern und Weihen unter Geldangeboten (s. S. 65), zu nahe zu stehen. Auch achtete er strikt darauf, daß seine Bischofskandidaten nicht nur reichstreu waren, sondern ebenso die sittliche Eignung für ihre kirchlichen Aufgaben mitbrachten. Desgleichen präsidierte er Synoden und ergriff auf ihnen sogar das Wort. Auch die Klosterreform war seiner regen Anteilnahme sicher. Der monastische Reformgedanke griff damals freilich schon weit über die Klostermauern hinaus und erfaßte den Weltklerus: in ihm sollten vor allem die alten kanonischen Grundsätze der unbestechlichen Amtsführung und des Zölibats wieder lebendig gemacht werden. Heinrich machte sich diese Reformgedanken ganz zu eigen: die Konkordanz von *Regnum* und *Sacerdotium* war somit im theokratischen Weihekönigtum Heinrichs III. auf das innigste verwirklicht.

Reform der Kirchenspitze und Kaiserkrönung. Sein weltliches Herrschertum von priesterlichem Charakter war deshalb geradezu herausgefordert, als Heinrich Nachrichten aus Rom von einem Schisma an der Kirchenspitze erhielt. Der Tuskulanerpapst Benedikt IX., Neffe seiner beiden Vorgänger, der Heinrich im Kampf gegen den ungarischen Usurpator Aba voll unterstützt hatte, war um die Jahreswende 1044/45 aus Rom vertrieben worden, und an seine Stelle war der von den Crescentiern unterstützte Bischof Johann von Sabina als Silvester III. getreten. Nach wenigen Wochen hatte aber Benedikt wieder die Oberhand erlangt und Silvester verdrängt; Benedikt war jedoch (im Mai 1045) bereit, sein Amt zugunsten des in Reformerkreisen gut angesehenen Archipresbyters Johannes Gratianus aufzugeben, der als Gregor VI. zu amtieren begann. In Rom, Italien, Deutschland und Frankreich galt dieser bald als der einzig rechtmäßige Papst. Nun hatte Heinrich III. schon Ende 1044 den Kölner Kanoniker Widger zur Nachfolge auf dem gerade freigewordenen Ravennater Erzbischofsstuhl bestimmt, im Sommer 1045 von Deutschland aus Maßnahmen der Reichsordnung Italiens ergriffen und für den verstorbenen Mailänder Erzbischof Aribert den Nachfolger, Guido, vorgesehen. Als Heinrich aber im Frühjahr 1046 den wegen unwürdigen Verhaltens beklagten Widger auf einer Reichsversammlung in Aachen zur Abdankung bringen mußte – was von Bischof Wazo von Lüttich als unzulässiger Eingriff in alleinige Rechte des Papstes bezeichnet wurde („Dem Papst sind wir Gehorsam, Euch Treue schuldig. Euch haben wir für das Weltliche, jenem für das Geistliche Rechenschaft zu geben . . .") –, schien ihm eine persönliche Prüfung der Verhältnisse in Italien, die zugleich mit der Kaiserkrönung zu verbinden war, notwendig. Seit Frühsommer 1046 liefen die Vorbereitungen für den Italienzug, der im Herbst mit einer größeren Anzahl geistlicher Würdenträger im Gefolge durchgeführt wurde. Im Oktober fanden ein Reichstag und eine erste Reformsynode in Pavia statt, die auf Heinrichs Betreiben ein ausdrückliches Verbot der Simonie erließ; in Piacenza traf Heinrich mit dem ihm entgegengeeilten Papst Gregor VI. in ehrenvoller Weise *(honorifice)* zusammen. Aber bald darauf muß ihm das Unfaßbare, das er wohl als Gerücht gekannt, aber nicht ernst genommen hatte, zur Gewißheit geworden sein, daß nämlich auch Gregor VI. sein Amt nur durch Zahlung großer Ablösesummen an Benedikt IX. erhalten hatte, er also genau mit jener Simonie befleckt war, die man soeben noch in Pavia verdammt hatte, die schon allgemein als ein Grundübel galt, ja, als eine Gefahr für die Gesamtkirche und die persönliche Errettung im Weltgericht betrachtet wurde. In Heinrichs Augen stand also gleichsam das Heil der Menschheit auf dem Spiel, wenn er da nicht eingriffe. Am 20. XII. 1046 sollten sich deshalb alle drei in den letzten Jahren ins Gerede gekommenen Päpste vor einer Synode in Sutri verantworten. Unter Heinrichs Vorsitz wurde auf ihr Silvester III. abgesetzt, Gregors VI. Erhebung für ungültig befunden. Der nicht erschienene Benedikt IX. wurde drei Tage später in Rom auf einer weiteren Synode für abgesetzt erklärt. Gregor VI., der den größten Anhang gehabt zu haben scheint und von dem Heinrich wohl – zumal er als Kandidat der Reformer galt – am meisten enttäuscht war, wurde sogar (mit seinem Kaplan Hildebrand, dem späteren Papst Gregor VII.) nach Köln ins Exil geschickt. Auf Heinrichs Vorschlag wurde, nachdem Erzbischof Adalbert von Hamburg-Bremen abgelehnt hatte, Bischof Suitger von Bamberg am 24. XII. zum neuen Papst gewählt. Tags darauf, am Weihnachtstag (25. XII. 1046), erhielt er – als Clemens II. – die päpstlichen Weihen und vollzog anschließend die Kaiserkrönung an Heinrich III. und dessen Gemahlin Agnes. Danach nahm Heinrich noch die Würde eines *Patricius* an, die ihm ein entscheidendes Wort bei künftigen Papstwahlen sichern sollte. Heinrich hatte damit sein theokratisches Herrschertum zur letzten möglichen Höhe sublimiert und zugleich die Kirche vom verderblichen Einfluß des stadtrömischen Adels befreit; er hatte einer Reform der Kirche von ihrer Spitze her lautersten Herzens den Weg bereitet. Dadurch aber, daß mit der Befreiung des Papsttums von der römischen Stadtadelsverstrickung auch die Idee der Freiheit der Kirche von jeglicher außerkirchlichen Beeinflussung und Kontrolle – auch der kaiserlichen – in Gang gesetzt war, brach nunmehr eine neue Zeit der Geschichte an, in der man die ganze Weltordnung anders zu sehen begann.

E. RÜCKSCHAU UND AUSBLICK

Durch die Reformtat Heinrichs III. vom Jahresende 1046 wurde Kräften in der Kirche freier Raum geschaffen, die der folgenden Zeit ihr unverwechselbares Signum aufdrücken sollten. Von deren Ideen, von deren Vorstellungen über die rechte Ordnung in der christlichen Welt sind die nachfolgenden Entwicklungen in der Kirche und – wegen ihrer Verquickungen mit dem staatlichen Verwaltungsapparat – auch die Geschehnisse in der profanen Welt beeinflußt und vorangetrieben worden: hin zu Kirchenreform, Reformpapsttum, Investiturstreit und gravierenden Änderungen in der gesamten Reichsverfassung. Diese Problemkreise bilden die innere Mitte der folgenden Zeit. Nicht, daß die neuen Kräfte sogleich mit den fundamentalsten Forderungen hervorgetreten wären und den Einschnitt gleich allen bewußt gemacht hätten – auch sie hatten eine angemessene Anlaufzeit bis zu ihrer vollen Entfaltung nötig –, aber mit der Befreiung des Papsttums aus den bisherigen stadtrömischen Verstrickungen, mit der Öffnung Roms für die besten von religiöser Gesinnung, ja Leidenschaft erfüllten Kräfte des gesamten Abendlandes war doch ein Zeichen gesetzt, das man als Wendemarke im historischen Geschehen werten kann. Insofern rechtfertigt sich ein Abbrechen unserer Betrachtung an diesem Punkt der Geschichte.

Daß mit der Reformierung der Zustände am Zentrum des christlichen Glaubens ein Aufbruch in eine bessere, reinere Zukunft – mit intensiverer Verwirklichung der Gottesgebote auf Erden – erfolgen werde, davon war man überzeugt. Aber ganz anders als erhofft und gewollt, führte der tatsächliche Weg bald sichtbar aus der das Frühmittelalter (und insbesondere die ottonisch-frühsalische Zeit) kennzeichnenden „Zweieinigkeit“ von Regnum und Sacerdotium [F. Kempf in 45] heraus und endete schließlich in einem klaren Auseinandertreten und sogar in der Gegensätzlichkeit der zwei höchsten gottunmittelbaren Gewalten. Desgleichen forderten die Fürsten nunmehr eine größere Mitverantwortung im Staat wie z. B. bei der Bestimmung des Königs in unbeeinflußter freier Wahl und leiteten damit die Umstrukturierung der bisherigen festen Verfassungsgrundlagen ein. Auch andere Merkmale einer kommenden Zeit schlossen sich rasch an: im Streit der beiden höchsten gottgesetzten Gewalten veränderte sich das bislang gültige innerlich gefestigte Weltbild, die bisher unangefochtene Glaubens- und Erlösungsgewißheit vieler Menschen geriet in erste Krisen; eine Entwicklung zu dialektischem Denken und zur Frühscholastik, zur Sammlung und rationalen Bearbeitung des Kirchenrechts wie auch eine stärkere Heranziehung des wiederentdeckten römischen Rechts brachen an; ebenso entstand nun eine neue Laienkultur, das Rittertum trat hervor, und eine viel stärkere Mobilität der Menschen setzte ein;

vermehrter Handel und verstärkter Verkehr, die Zunahme technischer Innovationen, Bevölkerungswachstum und Hinwendung zu intensiverer Binnenkolonisation, zur Gründung neuer Städte und zur Ostkolonisation gingen damit Hand in Hand. Das Wissen um alle diese aufkommenden neuen Merkmale kann nun Anlaß sein, sich die markantesten Eigenheiten des bislang durchmessenen Zeitabschnittes nochmals zu vergegenwärtigen.

Der behandelte Zeitausschnitt war besonders gekennzeichnet vom Untergang einer alten und der Ausbildung und Konsolidierung einer neuen staatlichen Grundordnung in Europa. Aus dem einen umfassenden Karlsreich, das von den Pyrenäen im Südwesten und den beneventanischen Gebirgsketten im Süden bis zur Eider im Norden und der Elbe-Saale-Linie, dem Böhmerwald und zum Rand der Pannonischen Ebene im Osten reichte, entstand eine Reihe von Nachfolgestaaten, die fortan das Gesicht Europas bestimmten und den Kern einer weiter fortdauernden Staatenordnung zu bilden begannen. Das Großfränkische Reich der Karolinger war in einen Desintegrationsprozeß geraten, in dem strukturelle Mängel – wie besonders die Teilbarkeit des Reiches unter die Königssöhne entsprechend den Prinzipien des Erbrechts – und desgleichen viele persönliche Fehlentscheidungen der Regenten – so etwa Ludwigs des Frommen oder Lothars I. –, auch rein familiäre Probleme in der Königssippe und unvorhersehbare Zufälle etc., eine gravierende Rolle spielten. Der Adel hatte überdies in immer stärker werdendem Maße durch Parteinahme, am Ende gar durch notwendig gewordene Eigeninitiativen die Geschicke des Reiches beeinflußt. Im Mit- und Gegeneinander von Königtum und Adel waren so innerhalb einer wenig entwickelten Reichsstruktur bis zum Beginn des 10. Jahrhunderts aus dem Großfränkischen Reich die neuen Staaten Ostfrankenreich/Deutschland, Westfrankenreich/Frankreich, das *regnum Italiae* und dazu die *regna* Hoch- und Niederburgund geworden. Unter ihnen hat aber nicht etwa – wie man es bei den bisherigen inneren Gewichtungen im Karlsreich hätte erwarten können – das Westreich, sondern das erst unter den Karolingern dem Frankenreich fester angegliederte Gebiet des Ostreiches das neue Gravitationszentrum gebildet. Von ihm aus wurden unter einer neuen, nicht mehr zum Frankentum zählenden Dynastie, den sächsischen Ottonen, die schwierigsten und zugleich höchstes Ansehen bringenden Aufgaben wie Beseitigung der Ungarngefahr, Vorantreiben der Heidenmission, Erringung einer Hegemonieposition im Abendland und der sie symbolisierenden Kaiserwürde gemeistert. Ein signifikantes Merkmal der neuen europäischen Gesamtordnung ist somit auch die Verlagerung des politischen und machtmäßigen Schwergewichts aus dem Gebiet von Paris, der Ile-de-France, Aachen, Metz und Trier weiter nach Osten, nach Sachsen und Thüringen, geworden. Erst seit der Mitte des 10. Jahrhunderts sollte das Mittelrheingebiet die königlichen Kernlande dieses nunmehrigen Reiches der Deutschen verstärken.

Aber nicht nur neue Staaten traten seit dem Beginn des 10. Jahrhunderts aus einem latenten und – solange das karolingische Familienerbrecht für weitere Aufteilungen und ebenso für Wiederzusammenlegungen galt – immer wieder veränderbaren Zustand in eine Dauerexistenz ein; es formierten sich auch – was nicht minder kennzeichnend ist – innerhalb der neu gewordenen staatlichen Einheiten 'echte' neue Völker, Nationen, heraus. War etwa in dem 843 für Ludwig den Deutschen ausgesonderten ostfränkischen Teilreich zunächst noch ein mehr oder weniger unverbundenes Nebeneinander von Franken, Alemannen, Bayern, Sachsen, Thüringern und Friesen vorhanden, so brachte das 10. Jahrhundert sodann das Werden und Wachsen eines die engeren Grundlebenseinheiten, die Stämme, übergreifenden Gemeinschaftsbewußtseins mit sich. Durch das Vereintsein in einem Reich und vornehmlicher wohl noch dadurch, daß dessen König den bei der Umbildung der Staatsordnung verlorengegangenen inneren Frieden wiederherstellen und dazu auch noch die äußeren Feinde in gut organisierten gemeinsamen Aktionen abwehren konnte, wurden die stämmeübergreifenden Verbindungen in der adligen Führungsschicht enger und das Bewußtsein einer schicksalhaften Zusammengehörigkeit bei allen stärker. Die Reichskirchenpolitik, in der Bischöfe über Stammesgrenzen hinweg im Dienst für Kirche und Reich ihre Kräfte einsetzten, sorgte nicht minder für ein Zusammenwachsen des deutschen Nordens und Südens. Die Tradition des ostfränkischen Teilbereiches war gleichfalls von Bedeutung. Dabei konnte aber auch nach und nach die seit dem 8. und 9. Jahrhundert schon bezeugte Wortwendung *theodisc,* die die Umgangssprache des Volkes germanischen Idioms im Gegensatz zur damaligen Schriftsprache der Gebildeten, dem Latein, meinte, zu einer zusammenfassenden Bezeichnung für die Angehörigen der im neuen gemeinsamen Staatsverband vereinten und dieses Idiom sprechenden Stämme werden. Bis weit ins 10. Jahrhundert dauerte es allerdings, bevor dieses Wort, das sich lange an die ältere, aus der klassischen Antike bekannte Volksgruppe der Teutonen anlehnen mußte, zu eigener voller Lebenskraft gelangte und das stämmeübergreifende Gemeinschaftsgefühl recht zum Ausdruck bringen konnte. Auf die Auflösung des Karlsreiches hatten erwachende nationale Regungen demgemäß noch keinen relevanten Einfluß.

Aber nicht nur das deutsche Volk entstand im Verlauf des 10. Jahrhunderts als bewußte politische und kulturelle Willenseinheit. Auch von einem französischen und einem italienischen Volk kann man seit dieser Zeit sprechen. Im Westen gingen damals – trotz heftigster Kämpfe zwischen den um mehr Einfluß und Macht ringenden Adligen und dem Königtum – die gleichen Entwicklungen zu einem übergreifenden Gemeinschaftsbewußtsein vor sich wie im Osten. Ethnisch gesehen waren dabei die Bevölkerungsteile, die das neue Volk bildeten, viel ungleichartiger als jene des Ostreiches. Es handelte sich ja doch um romanisierte Kelten, Splitter echter Romanen wie auch um zugewanderte germanische Franken und um Normannen. Das Westreich stand bei diesem Verschmelzungsprozeß und der Entwicklung eines Zusammengehörigkeitsgefühls offenbar viel bewußter unter dem Signum der gesamten fränkischen Tradition als das Ostreich. Denn die alle gleichermaßen erfassende, schon vom Vulgärlatein zum Altfranzösischen weiterentwickelte 'Romana lingua' hat ja nicht als namengebende und alles zusammenbindende Kraft gewirkt und die Bildung eines eigenen völkischen Bewußtseins – wie im Osten die Bezeichnung *theodisc/diutisc* – zu unterstützen vermocht. Vielmehr blieb der germanische Frankenname, der dem bisherigen Reich seinen Namen gegeben hatte, das Bindeelement für die Bewohner des Westreiches, ja er konnte eigentlich erst dann zur ausschließlichen Klammer werden, als man im Osten keinen besonderen Wert mehr auf ihn legte, d. h. als dort das sächsische Element dominierte und bald auch der Eintritt in die Tradition des *Imperium Romanum* schwerer wog. Seit der Mitte des 10. Jahrhunderts weisen die Quellen – neben den Kämpfen etwa des Herzogs von Franzien gegen seinen König – doch auch ein westfränkisch-französisches Gemeinschaftsgefühl auf, das es z. B. Otto II. schon 978 nicht mehr gestattete, innenpolitische Rivalen gegeneinander auszuspielen, was Otto I. beim Aufbau seiner Hegemoniestellung noch vermocht hatte. Vielmehr schlossen sich nun, als es um die Abwehr eines deutschen Angriffs ging, der König und sein Rivale zusammen. Das Gemeinschaftsgefühl obsiegte, alle internen Rivalitäten wurden hintangesetzt. Ausgesprochen völkisch-nationale Empfindungen sieht man dann bei dem zu Ende des 10. Jahrhunderts in Reims arbeitenden Geschichtsschreiber Richer durchbrechen. Ein seiner selbst bewußtes französisches Volk ist also am Ausgang des 10. Jahrhunderts vorhanden, als der ihm zugehörige Staat schon lange bestand und unteilbar geworden war.

Ähnliches ergibt sich für das italienische Volk. Im 10. Jahrhundert fand es zwar nicht zu einer politischen Einheit; die Dreigliederung der Apenninenhalbinsel in die drei Großbereiche Regnum, Kirchenstaat und byzantinische Einflußzone konnte nicht überwunden werden; aber dennoch wurde – unter Rückgriff auf den klassisch-antiken Namen *Italia* und die davon abgeleitete Bezeichnung der Bewohner als *Itali* – etwa seit der Mitte des 10. Jahrhunderts der Ausdruck *Italienses* bzw. die Bezeichnung *Italici* für die Gesamtheit der Bewohner des *Regnum Italiae* gebraucht, und nach und nach fanden diese beiden Bezeichnungen auch für die Bewohner Mittel- und Süditaliens Anwendung. Meinte man die Gesamtheit der Bewohner Ober- und Mittelitaliens, so zählte man nun nicht mehr einfach *Langobardi, Tusci, Etruri, Romani, Ravennates* etc. auf und gebrauchte auch nicht mehr allein den Langobardennamen, der seit der Aufhebung des Langobardenreiches 774 und der Auswechslung der Führungsschicht durch nordalpine *fideles* der Karolinger ja nicht einmal mehr für die tonangebende Adelsschicht zutraf. Das Einschmelzen der Langobarden, vieler fränkischer, alemannischer und bayerischer Zuwanderer in die romanische Grundsubstanz und das Werden eines italienischen Volkes gingen allerdings als ein rein auf das Kulturelle begrenzter Vorgang wesentlich langsamer vor sich als das völkische Bewußtwerden in Deutschland und Frankreich.

An diese neuen europäischen Staaten und ihre werdenden Volksgemeinschaften sind seit der Mitte des 10. Jahrhunderts weitere Komplexe angewachsen. Im polnischen Raum begann sich nämlich ebenfalls eine Zusammenfassung verschiedener Slawenvölkerschaften abzuzeichnen. In Missionsbemühungen dem Christentum und der heranwachsenden europäischen Kultur erschlossen, wurde Polen an der Jahrtausendwende kirchlich organisiert, wobei dies der Ansatzpunkt für eine Stärkung der staatlich-politischen Herrschaft Boleslav Chrobrys wurde. So ist seit dem Ausgang des 10. Jahrhunderts die neue staatlich-völkische Einheit Polen entstanden und zu einem Faktor in der weiteren Geschichte geworden.

Auch Ungarn ist damals unter Mitwirkung der Ottonen – und durch ähnliche kirchliche Missionsmaßnahmen wie in Polen vorbereitet – dem abendländischen Ordnungsgefüge angeschlossen worden. Hier war das gentile Substrat als Ausgangspunkt freilich in eindeutiger Weise eine schon vorhandene Grundlage für die Staatsgründung und den Aufbau einer funktionstüchtigen Verwaltung samt Kirchenorganisation. Das Problem der Priorität von Volk oder Staat stellt sich hier mithin nicht.

Der nordeuropäische Raum hat damals indessen noch nicht – wie der mitteleuropäische – zu seiner auch spätere Zeiten kennzeichnenden Form gefunden. Hier ist die innere Unruhe einer Wanderungszeit mit wechselnden Reichsgründungen bei gleichzeitigen „archaischen Lebensformen" im Innern [K. Wührer in 39] noch nicht überwunden, auch wenn sich nach der Jahrtausendwende ein nordisches Großreich – unter Einschluß Englands – herauszubilden schien.

Im Innern der neuen in Mitteleuropa entstandenen Reiche ist seit dem Beginn des 10. Jahrhunderts vor allem eine neue Auffassung von Macht und vom Staat, von öffentlichen Angelegenheiten im Unterschied zu privaten Bereichen signifikant geworden. Man begann, den Staat als ein abstraktes, für sich selbst bestehendes Wesen zu begreifen, das nicht identisch ist mit der Person des Königs bzw. auch der *stirps regia*. Die Verzichtsbitte etwa König Konrads I. an seinen Bruder Eberhard (918) und die Einsicht König Odos vom Westreich, der bei seinem Tode (898) die Königsherrschaft im Westreich weder seinem Sohn noch seinem Bruder Robert anheimgab, sondern sie seinem bisherigen Gegner König Karl dem Einfältigen überantwortete, sind sprechende Anzeichen für die neue Staatsauffassung, die schließlich ihren sichtbarsten Ausdruck in der neuen Unteilbarkeit der Reiche fand. Deutlich formuliert wurde sie dann gegen Ende unserer Betrachtungszeit in den von König Konrad II. den Pavesen nach der Zerstörung der dortigen Königspfalz entgegengehaltenen Worten: *si rex periit, regnum remansit, sicut navis remanet, cuius gubernator cadit* (Wipo, Gesta Chuonradi c. 7).

In den neuen Staatsgebilden beruhte auch nicht mehr – im Unterschied zum großen Karlsreich – die Verwaltung und innere Organisation allein auf einer einigermaßen gleichmäßig mit Macht und Amtskompetenzen ausgestatteten Grafenschicht, die lediglich durch *missi* zu kontrollieren war, sondern jetzt existieren zwischen dem Grafenadel und der königlichen Spitze die Herzöge bzw. *Principes* als Mittelgewalten, die die Grafen unter ihren Einfluß gebeugt halten oder ihnen zumindest in Rang und Ansehen voranstehen. Die zu Ende des 9. Jahrhunderts immer spürbarer gewordenen Hierarchisierungsprozesse im Adel rasch zu beenden und die kaum mehr beseitigbaren Mediatgewalten der Herzöge/*Principes* entschlossen und geschickt über Lehensbezüge und Freundschaftsbünde, später auch wieder unter zunehmender Betonung der amtsrechtlichen Herrschaftsauffassung in den Staatsbau zu integrieren, war im Osten die besondere Leistung Heinrichs I. und Ottos des Großen, die nicht zuletzt dadurch ihr Reich zu größtem Ansehen und zur Hegemonie in Europa führen konnten. In Frankreich ist dies für das Königtum viel schwieriger gewesen und wesentlich langsamer – wenngleich im Endergebnis für das Königtum effektiver – und erst jenseits unserer Betrachtungszeit gelungen.

Bei der inneren Konsolidierung der Königsherrschaft in Deutschland kam es aber zugleich auch unter Weiterentwicklung fränkischer Wurzeln zur Entfaltung der ottonisch-salischen Reichskirchenherrschaft, die ihre markanten systemgleichen Züge jedoch noch nicht z. Z. Ottos des Großen, sondern erst unter Heinrich II., Konrad II. und Heinrich III. erhielt. Die starke Kohärenz, ja gleichsam die Deckungsgleichheit von Anliegen des Reiches und der Kirche nahm bis zu Heinrich III. stetig zu. Dadurch, daß die Könige die Bischöfe zu verantwortungsvollem Dienst an Kirche und Reich heranzogen, war die Stärkung der einmal gewonnenen Einheit nicht nur ein Werk der Könige und des hohen weltlichen Adels, sondern ebenso ein Mitverdienst der Bischöfe und Reichsäbte. An ihnen lag es besonders, daß neben allem Verwaltungsdienst für das Reich die Sorge um Glaube und Kultur nicht zu kurz kam. Vornehmlich von ihnen begünstigt, begannen Kunst und Wissenschaft – die Literatur freilich erst in geringerem Maße – junge starke Keime zu treiben. Mit dem 10. Jahrhundert beginnt die Zeit der romanischen Kirchen und Dome, die uns in ihrer massiven Wuchtigkeit noch heute stark beeindrucken (Hildesheim, Gernrode, Quedlinburg, St. Pantaleon zu Köln, Essen, Werden, St. Georg in Oberzell auf der Reichenau). Es erwacht das Gefühl für jene mehr in Gebärden sprechende Plastik, die man noch in den Hildesheimer Domtüren des Bischofs Bernward und seiner Künstler bewundern kann und die uns Heutigen wieder stärker anspricht als manche exakt naturalistisch ausgeformte Statue eines späteren Meisters. Ganz Überzeugendes hat auch die damalige Buch- und Wandmalerei hervorgebracht. Erinnert sei besonders an das wohl eindrucksvollste Beispiel, das uns in der St. Georgskirche zu Reichenau-Oberzell erhalten ist. Gerade dort sieht man, wie jene Zeit Kunst und tiefste Glaubensüberzeugung zu vereinen wußte. Gott ist nicht als der Leidende und uns durch sein Leiden Erlösende dargestellt; immer wieder erscheint uns Christus als der Wunderwirker und Weltbeherrscher, als derjenige, der die Elemente Meer und Sturm beruhigt, Kranke heilt, Teufel austreibt und sogar Tote auferweckt. Ihn zu verherrlichen und an seine Kraft zu glauben – und zwar in einer Uneingeschränktheit des Glaubens, die für uns kaum noch erfaßbar ist –, zeichnete eben den Menschen der damaligen Zeit aus. Gerade auf der Basis dieses ottonisch-frühsalischen Menschen- und Gottesbildes, in dem alles in einer festen gottgewollten Ordnung steht, Kirche und Staat quasi eins sind, wird es verständlich, daß die nachfolgende Zeit, in der aus noch weiter sich vertiefendem christlichen Geist eine Reform der Kirche als notwendig empfunden wurde und in der es bald um eine grundsätzliche Neubewertung aller Ordnungen und des Verhältnisses von Seele und Leib, Himmlischem und Irdischem – sowie daraus folgernd auch von Papst und Kaiser – ging, zu einem wahrhaft gigantischen „Ringen um die rechte Ordnung in der Welt“ [527: G. TELLENBACH] werden mußte.

F. EXKURSE ZUR FORSCHUNGSLAGE

Von den vielfältigen, trotz intensiver Diskussion noch immer offenen Problemen, den nicht beendeten und in manchen Fällen wohl gar nicht beendbaren Forschungskontroversen des hier behandelten Zeitraums, können aus Raumgründen nachfolgend nur die wichtigsten vorgestellt werden. Diskussionsmeinungen, die von der in den Abschnitten A–E gebotenen Sicht zwar abweichen, aber das Gesamtbild nicht allzu stark tangieren und eher Einzelpunkte betreffen, finden daher nur in den verschiedenen Literaturangaben des Abschnitts G Berücksichtigung. Dieser Bandteil zielt somit nicht darauf ab, die im Abschnitt G nur grob nach dem Aufbauschema der Abschnitte A–D angeordneten und dabei nur jeweils einmal genannten Literaturtitel, die indessen durchweg an mehreren verschiedenen Stellen angeführt werden müßten, hier zusätzlich – mit kurzer Kommentierung versehen – aufzuschlüsseln; er soll vielmehr den Benutzer in die Lage versetzen, anhand ausgewählter Forschungsberichte verschiedene Grundauffassungen und divergierende Interpretations- bzw. Verstehmöglichkeiten, auch manche Forschungsumwege nachvollziehen zu können.

1. Die Anwendung der Begriffe 'Staat', 'Adel', 'Adelsherrschaft' und 'Grundherrschaft'

Bis vor einem halben Jahrhundert war es durchaus umstritten, ob man die Königsherrschaften des Früh- und Hochmittelalters überhaupt als 'Staat' benennen soll, zumal das Wort *status* erst seit dem 15. Jahrhundert zur Bezeichnung von Herrschaftsordnungen diente und dabei ausgesprochen moderne Vorstellungen von hoheitlicher Gewalt in seine Bedeutung aufgenommen hat; [ältere Literatur bei 237: G. v. Below]. Beim Zweifel am 'Staats'-Charakter der mittelalterlichen Gemeinwesen ging man an dem immer wieder in Urkunden und erzählenden Quellen gebrauchten Begriff *res publica*, der freilich aus der Antike übernommen, aber doch von den Zeitgenossen für die eigene Gemeinschaftsbildung als zutreffend erachtet und entsprechend verwendet worden ist, zu achtlos vorüber, betonte viel zu stark die patrimonialen oder lehnsbedingten Herrschaftselemente und sah nur deren stark privatrechtlichen Hintergrund. So wurden – insbesondere von O. v. Gierke [218: Genossenschaftsrecht] – Lehnswesen, Immunität und Grundherrschaft ganz dem Bereich des Privatrechts zugewiesen. A. Waas [239] wiederum sah den Staat „im wesentlichen in Herrschaftsrechten begründet“, die aus der privatrechtlich zu fassenden Muntherrschaft (Vogtei) resultierten.

Daß aber auch damals das Zusammenleben der Menschen einem Gemeinschaftszweck diente und daß sich die Gemeinschaftsbeziehungen und die Abhängigkeitsverhältnisse nicht allesamt und nicht nur auf private Berechtigungen und Verpflichtungen (auf dem Hintergrund von Gewalt und Faustrecht – d. h. auf autogene Grundherrenmacht, auf Dienstverträge, Lehensbezüge, Muntherrschaft etc. –) zurückführen lassen, obgleich jene gewiß ihre große, unbestreitbare Bedeutung hatten, ist erst durch die gegen O. v. GIERKE und seine Anhänger gerichteten engagierten Untersuchungen von H. BRUNNER [160], G. v. BELOW [237], F. KEUTGEN [238], A. DOPSCH [240], O. BÖGL [241], etc. recht deutlich geworden. Ihre Sicht vom durchaus anstaltlich geprägten 'Staat des Mittelalters', in dem allein der König rechtmäßige Staatsgewalt – persönlich oder durch Delegierung – über einen allgemeinen Untertanenverband ausübte, bedarf allerdings ebenfalls einiger Korrekturen. Sie konnte nämlich – vor allem durch die von O. BRUNNER [113] ausgehenden Impulse (und dabei besonders durch E. W. BÖCKENFÖRDE, Die deutsche verfassungsgeschichtliche Forschung im 19. Jahrhundert, Berlin 1961) – als zeitgebundenes Derivat staatsrechtlichen Denkens des späten 19. Jahrhunderts erklärt werden. Trotz der Richtigkeit dieser Feststellung bleibt aber dennoch die in diesem Zusammenhang schon vor O. BRUNNERS Kritik von H. MITTEIS [60, 177] entwickelte Auffassung zutreffend, daß man niemals von einem fertigen Zustand staatlich-politischer Organisationsformen (einschließlich der heutigen) ausgehen kann und daß man folglich eine „jede Ordnung des Volkes zur Erreichung seiner politischen Ziele" – also auch die der heutigen gegenüber noch recht unfertige mittelalterliche – als Staatswesen zu begreifen hat. Der Versuch – etwa von K. BOSL [195: Frühformen S. 136, 149] –, das mittelalterliche Gemeinschaftsleben allein unter dem Begriff der 'Herrschaft' bzw. als „ein System von Über- und Unterordnungen von großen, mittleren und kleinen (adligen) Herrschaften und Herrschaftsträgern" erfassen zu wollen, geht von einer Verabsolutierung autogener Adelsmacht aus (s. u.) und hat kaum Aussicht, sich durchzusetzen [K. F. KRIEGER, Die Lehnshoheit der deutschen Könige im Spätmittelalter, Aalen 1979, S. 20]. Da also das allseits gebilligte Handeln, der Gemeinschaftszweck und die Gemeinschaftsbeziehungen im Vordergrund eines undogmatischen, auch für zukünftige Entwicklungen offenen Staatsbegriffs stehen müssen und es nicht darauf ankommt, ob alle den neuzeitlichen, bürokratisch organisierten 'Territorial- und Anstaltsstaat' auszeichnenden Elemente – Behörden, Beamte, Dauereinkünfte, Gerichts- und Gewaltanwendungsmonopol, volle Souveränität etc. – immer (d. h. im Früh- und Hochmittelalter: bereits) vorhanden sind, gilt es für die Mediävisten lediglich, diejenigen Eigenheiten herauszustellen und dem Staatsbegriff erläuternd zur Seite zu stellen, die den früh- und hochmittelalterlichen Staat am besten charakterisieren. Das ist weder der grundherrlich-patrimoniale noch der lehnrechtliche oder der muntherrschaftliche Hintergrund oder gar der korporative Charakter so mancher Erscheinungen, sondern es sind die unverkennbare Mitträgerschaft des Staates durch Vornehme/Adlige – zusammen mit dem aus der höchsten *nobilitas* entstammenden Königtum – und die vorwaltende Personenbezogenheit aller (freiwilligen, vasallitischen wie auch leibherrlichen) Bindungen, Einrichtungen, Abgaben etc., die diesen Staatstyp als sog. „aristokratischen Personenverbandsstaat“ von dem späteren, stärker auf das Staatsgebiet und die Institutionen bezogenen sog. „institutionellen Flächenstaat“ abheben [244: TH. MAYER, S. 290 ff.]. Dabei erscheint die mittels Amtsrecht, Lehnsnexus und Freundschaftsbünden *(amicitiae)* funktionierende Form der Personenerfassung – bei bereits gegebener fester Niederlassung der Personen in einem bestimmten Gebiet (Siedlungsraum) – als die Endstufe des Gesamttyps ‘Personenverbandsstaat’ (den wir schon in den wandernden Volksgemeinschaften der Völkerwanderungszeit – aber in jener Zeit eben noch ohne feste Gebietsverwurzelung [244: W. SCHLESINGER, S. 179] – vor uns haben). Das von uns zu betrachtende späte Großfränkische Reich und seine Nachfolge-*regna* wie auch die Gemeinschaftsformen in den benachbarten Gebieten, deren Zusammenhalt ebenfalls ganz vornehmlich auf persönlichen Bindungen, auf Autorität und Unterordnung, Führung und Gefolgschaft, Treue und Vertrauen beruhte, wird man also gewiß als ‘Staaten’ und dazu im engeren Sinne als ‘aristokratisch (d. h. von Königtum und Adel) geprägte Personenverbandsstaaten’ bezeichnen dürfen. Ihr inneres Funktionieren in ottonischer Zeit ist zuletzt von H. KELLER [674] trefflich beschrieben worden.

Ähnlich kontrovers wie ehedem über den Staatsbegriff wird gegenwärtig über die Verwendung des Adelsbegriffs für die Zeit vor dem 12. Jahrhundert diskutiert. (Als Materialsammlung nützlich W. SCHNEIDER, Wider die These von der ‘Adelsherrschaft’ [336]; vgl. auch besonders H. K. SCHULZE, Reichsaristokratie [200], DERS., Rodungsfreiheit [199], DERS., Begriffsgeschichte [248].) Dabei ist nicht strittig, daß es eine Oberschicht gab, die durch reichen Grundbesitz, großes Ansehen, Abstammung von vornehmen Eltern etc. gekennzeichnet ist und mit deren Hilfe – als *comites, missi, marchiones, duces* und sonstige Amtsträger – der König über sein Reich gebot, die aber andererseits mittels eigener Herrschaftsansprüche auch dem jeweiligen Regenten gefährlich werden konnte. Ob man jedoch diese in den Quellen zudem als *primores, potentes, maiores natu, nobiles* etc. hervortretenden Leute auch als Adel bezeichnen könne, sei die Frage; denn ihnen habe vor dem 12. Jahrhundert ja gerade jene rechtliche Abgrenzung nach unten gefehlt, die aus einer sozial zwar herausragenden, für Auf- und Abstieg aber noch immer prinzipiell offenen Eliteschicht (einer ‘classe de fait’) erst einen eigentlichen Geburtsstand (eine ‘Classe juridique’) gemacht habe [so 57: M. BLOCH] und die man heutzutage als besonderes Merkmal im Adelsbegriff stets mit vor Augen habe. Die durch Abstammung zustehende, d. h. angeborene Zugehörigkeit zu einem rechtlich abgeschlossenen Stand, nicht allein das Partizipieren – etwa durch Leistung, Auszeichnung, Bevorzugung – an einer für Auf- und Abstiegsprozesse offenen Ober- bzw. Führungsschicht, wird also zum Hauptkriterium für die Adelsqualität genommen [so vor allem zuletzt 200: H. K. SCHULZE, Reichsaristokratie]. Wenig berücksichtigt wird dabei, daß bei soliden Adelsforschungen und genealogischen Untersuchungen der letzten Jahrzehnte auch schon für die Großen der späten Karolingerzeit wie für die des 10. und 11. Jahrhunderts zunehmend ein Connubium innerhalb derselben sozial herausgehobenen Schicht und das Erblichwerden der als Lehen erhaltenen Ämter nachgewiesen worden ist [z. B. 416: G. TELLENBACH, 372: F. VOLLMER, 373: K. SCHMID, 374: J. FLECKENSTEIN, 395: K. F. WERNER, 392: E. HLAWITSCHKA, 376: H. SCHWARZMAIER etc.].

Aber bei allen berechtigten Bemühungen um begriffsgeschichtliche Prägnanz (so vor allem bei H. K. SCHULZE) ist diese Zurückhaltung in der Terminologie sicherlich nur zum Teil angebracht. Von einem 'Adelsstand' wird man für die Zeit vor dem 12. Jahrhundert gewiß nicht allgemein sprechen dürfen. Aber das Wort Adel selbst auszuklammern, ist unnötig, wenn man (1) das Vorhandensein des *nobilis*-Epithetons in den Quellen bzw. die *adal*-Bezeichnungen in den entsprechenden Glossen bedenkt und sieht, daß etwa die Sachsen, die doch unbestrittenermaßen schon in der karolingerzeitlichen *Lex Saxonum* einen Adelsstand im Rechtssinn (mit höherem Wergeld) kannten, dieselben Termini *(nobilis, edel)* für ihre Großen gebrauchten, und wenn man sich (2) der steten lebendigen Fortentwicklung aller Begriffe samt der ihnen zugrundeliegenden Erscheinungen bewußt ist und in diesem Prozeß den rechtlichen Abschluß nach unten hin nur als Entwicklungsstufe (nicht als Geburtsdatum) nimmt. In dieser Auffassung wird man bestärkt, wenn man bedenkt, daß eine so rigorose Kriterienfestlegung aus heutiger Sicht konsequenterweise dazu führen müßte, aus einer Behandlung des Frühmittelalters auch viele andere wesentliche Begriffe streichen zu müssen: so etwa 'Staat' (da diesem ja bestimmte Komponenten der Moderne wie etwa das Wehr-, das Rechtsprechungs- und das Strafverfolgungsmonopol fehlten), 'Ehe' (da die heutzutage für sie unverzichtbare freie Willensentscheidung der Partner keinesfalls immer gefragt war), 'Freiheit' (da diese auch weitgehende Bindungen in sich schloß) usw. Man wird also unter der ständigen Beachtung der Prämisse, daß eine rechtliche Abschließung nach unten noch nicht erfolgt ist (s. S. 42f.), auch für die hier zu behandelnde Zeit von Adel, Adelsfamilie und Adelsherrschaft sprechen dürfen. [Vgl. K. F. WERNER, Adel in: 34.]

Eine andere Frage, die neuerdings von K. KROESCHELL [215] und H. VOLLRATH [219] aufgeworfen wird, ist, ob in jener Zeit des 9.–11. Jahrhunderts, in der das Rechtsleben so sehr durch die *consuetudo*, das Gewohnheitsrecht, geprägt war (s. S. 19), den Adligen überhaupt ein großer Handlungsspielraum zur 'Herrschaft', d. h. zur Durchsetzung von Entscheidungen, gegeben war und ob man bei dessen Fehlen, d. h. beim Eingebundensein der adligen Grundherren in ein vorgegebenes Beziehungsgeflecht, überhaupt noch von 'Adelsherrschaft' sprechen solle. Der tatsächlich erfolgte Aufbau der 'Stammesherzogsherrschaften' bzw. der westfränkischen Principautés territoriales, der nicht ohne Herrschaftsdurchsetzung bis in die kleinsten Lebensbereiche möglich war, scheint jedoch gegen eine solche Abschwächung zu sprechen. Daß die Aufrechterhaltung der *consuetudo* und der aus ihr resultierenden Abgaben und Leistungen nur durch „herrschaftliche Zwangsgewalt" aufrechtzuerhalten war, daß Wandlungen der Herrschaftsverhältnisse – auch Verschärfungen – durchaus möglich und üblich waren – durch Vertrag wie gleichfalls durch nackte Gewalt –, ist zudem erst jüngst von H.-W. GOETZ [219a] den Ausführungen VOLLRATHS entgegengehalten worden.

Der Begriff der 'Grundherrschaft' ist – im Gegensatz zum Adelsbegriff und seinen Quellenentsprechungen in *nobilis, maiores natu, adal* etc. – den früh- und hochmittelalterlichen Quellen fremd, die sich zur Kennzeichnung des Sachverhalts nur allgemeiner Begriffe wie *potestas, dominatio, ius et dominium* etc. bedienten. Er ist – zur Bezeichnung des agrarisch fundierten, Wirtschafts- und Rechtsbezüge einschließenden Sozialsystems, in dem bodenbebauende, zinspflichtige unfreie wie freie Leute ökonomisch, sozial, rechtlich und politisch an einen Herrn gebunden erscheinen – erst eine Wortprägung des späten 18. und frühen 19. Jahrhunderts [114: K. SCHREINER]. Gleichwohl ist er zur zusammenfassenden Bezeichnung eines nur ausführlich beschreibbaren, sich auch stets weiterentwickelnden und dabei landschaftlich mitunter differenzierenden Sachverhalts notwendig. Trotz aller Versuche, ihn etwa durch 'Herrschaft über Land und Leute' zu ersetzen [113: O. BRUNNER; 224: W. SCHLESINGER S. 264, ND S. 178; 417: W. SCHLESINGER S. 12, 115], hat er sich – und zwar mit gewissem Recht [114: K. SCHREINER; H. K. SCHULZE, Grundherrschaft in: 38] – behauptet.

2. Rechtsständische Freiheit in der ausgehenden Karolingerzeit und die Problematik um die sog. Königsfreien

Die älteren Rechts- und Verfassungshistoriker [z. B. 159: G. WAITZ, Verfassungsgesch.; 160: H. BRUNNER, Rechtsgesch.] erblickten in den als *liberi, ingenui, Franci homines* in den Volksrechten, Capitularien, Urkunden und erzählenden Quellen aus der Frankenzeit bezeichneten rechtsständisch freien Leuten, den sog. Gemeinfreien, die den fränkischen Staat eigentlich tragende voll berechtigte und voll verpflichtete breite Bevölkerungsschicht. Ihnen habe besonders die Teilnahme an Volks- und Gerichtsversammlungen und an den Heereszügen obgelegen. Über ihnen habe nur das Königtum und ein Adel mit schwach ausgeprägten Vorrechten mehr persönlicher als politisch-rechtlicher Art gestanden, und unter ihnen die in ihren Freiheitsrechten Geminderten (die Halbfreien) und die persönlich ganz Unfreien. Wie in der Zeit der Merowinger hätten auch während der gesamten Karolingerzeit „die Gemeinfreien . . . immer noch den Kern und die große Mehrzahl der Bevölkerung" gebildet [161: SCHRÖDER–KÜNSSBERG, Lehrbuch S. 234]. Schließlich sei desgleichen die Zeit bis ins 11. Jahrhundert von den Gemeinfreien entscheidend mitgeprägt worden (ebd. S. 483 ff.). Deshalb muß hier auf die 'Freienfrage' kurz eingegangen werden.

Der Lehre von den 'Gemeinfreien' ist nämlich seit Ausgang der 30er Jahre unseres Jahrhunderts die Auffassung entgegengesetzt worden, daß nicht ein Normalzustand von Freiheit in germanisch-fränkischer Frühzeit bestand, an dem sich Halbfreiheit und Unfreiheit maßen, sondern daß Freiheit nur der Ausfluß von Schutz und Herrschaft eines Mächtigeren bzw. des Mächtigsten (des Königs) gewesen sei [190: E. OTTO; 191: A. WAAS; 192 und 193: H. DANNENBAUER; 194: TH. MAYER; 195: K. BOSL]. Dem Worte 'frei' sei zuerst der Sinn 'geschützt, geschont' eigen gewesen. In dieser Sicht galt Freiheit, die ohne das Pendant des Schutzes nicht zu denken sei, als 'vom König gewährt': sie war verliehene Freiheit, nicht ein staatsbürgerlicher Urzustand [vgl. besonders 194: TH. MAYER, Die Königsfreien]. Herrschaft, Schutz und Munt waren an die Spitze eines Erklärungsmodells für den Sozialaufbau des fränkischen Reiches gerückt, was nicht ohne Konsequenzen für die Gemeinfreien-Lehre (wie ebenso für die Staatsauffassung – vgl. S. 176 –) bleiben konnte. Für Schutz und eben für Freiheit habe man selbstverständlich einen Zins zu entrichten gehabt (Königszinser DANNENBAUERS) und als Folge der Ansiedlung auf Königsland den Heeresdienst geleistet. Kriegsdienst sei deshalb von Siedlern auf Königsland und Königsvasallen erbracht worden, freier Besitz von Grund und Boden (Allod) habe keine Heeresdienstverpflichtung bewirkt, während doch die ältere Forschung von einer Art allgemeiner Wehrpflicht ausgegangen war. Auch wenn man als Höriger oder Leibeigener in den Dienst des Königs gelangte, sei man in ein besonderes Verhältnis zum König getreten und dadurch ein 'unfreier Freier' (bzw. 'freier Unfreier') geworden [195: K. BOSL]. Absinkende Altfreie und neu aufsteigende Königsfreie hätten „die Entwicklung eines neuen Standes der 'Staatsfreien' angebahnt, der sich von der Masse der Unfreien abhob, aber auch deutlich von der Voll- und Altfreiheit des . . . Adels" [195: K. BOSL S. 191]. An die Stelle der 'Gemeinfreien' waren damit die 'Königsfreien' als diejenigen *liberi* und *ingenui* getreten, die uns in den Quellen begegnen. Neben Königtum und autogener Adelsmacht, die nunmehr als alleinige Gestalter von Staatlichkeit und Sozialordnung galten, existierte – besonders in den Augen K. BOSLS, während TH. MAYER, W. SCHLESINGER u. a. dieser Monopolisierung der Königsfreien nicht folgten – kein Freiraum und keine Mitverantwortung mehr für ursprüngliche Gemeinfreie. Mit dem Ende der Karolingerherrschaft seien die Königsfreien freilich in neuen politischen und sozialen Formationen aufgegangen: in Frankreich z. B. in die Schicht der *villani* abgesunken [195: K. BOSL S. 192], in Deutschland z. T. in die Unterschicht der Gotteshausleute und der entstehenden Ministerialität. – Deshalb konnte G. DILCHER 1964 [in 38/I S. 1514] in bezug auf die Gemeinfreien zusammenfassend sagen: „Die Erforschung einzelner Gruppen von *liberi, Franci homines, barigildi* zeigt nun, daß es sich hier um Leute handelt, die zum Königtum in einem besonderen, engeren Rechtsverhältnis stehen. Sie wohnen auf Königsland (Rodungsland, erobertes Land) und sind dafür zu einer 'öffentlich-rechtlichen' Abgabe und zu Kriegsdienst verpflichtet . . . Es handelt sich um die heute sog. Königsfreien, Militärkolonisten; sie genießen also eine Form der 'unfreien Freiheit'."

Damit war aber auch der Bogen bei der Interpretation der Quellen überspannt. Hatte schon E. MÜLLER-MERTENS [197] 1963 von marxistischer Seite die besondere Herauskehrung und Verallgemeinerung der Königsfreien abgelehnt und war 1964 von G. DILCHER [38/I S. 1515] die Meinung als zu weitgehend kritisiert worden, daß „in den *liberi* u. ä. der Quellen nur Königsfreie" zu sehen seien, so zeigte dann H. KRAUSE [196] am Beispiel der *liberi* der *Lex Baiuvariorum* 1969, daß diese *liberi* mitnichten in das Schema von Königsfreien (bzw. auch Herzogsfreien) gehören. Und zumal G. TABACCO [198] 1966 auch von italienischer Seite Kritik vorgetragen hatte, konnte H. K. SCHULZE [199: Rodungsfreiheit] 1974 anhand einer Überprüfung der von TH. MAYER, H. DANNENBAUER und K. BOSL für ihre Sichtweisen herangezogenen zentralen Quellenstellen feststellen, daß weder Siedlung auf Königsland zur Freiheit führte noch eine durch Rodung, Königslandbesiedlung, Heeresdienst oder Königsdienst erworbene spezielle Form der rechtsständischen Freiheit nachweisbar ist. Sätze wie „Königsdienst machte frei, Siedlung auf Königsland machte frei" [G. DILCHER in 38/I S. 1231] oder „Rodung macht frei", „Waldluft macht frei" [K. BOSL in 195 S. 210] etc. haben keine Entsprechung in den Quellen und sind allein moderne Forschertheorie.

Obgleich weitere gründliche Aufarbeitungen ausstehen, ist doch abzusehen, daß die Königsfreien-Lehre keine Zukunft mehr hat. Sie wird heute als überzogene Reaktion auf den bürgerlichen Verfassungs- und Freiheitsbegriff des 19. Jahrhunderts gewertet. Ideologiekritik hatte in eine neue Ideologie hineingeführt (als Materialsammlung nützlich W. SCHNEIDER [202] S. 289ff.). Übrig bleibt – wie auch G. KÖBLER [201] und J. SCHMITT [203, S. 245] betonen –, daß die *liberi* der Quellen – auch der spätkarolingischen – keine in sich homogene soziale Schicht bildeten, sondern verschiedenen sozialen Gruppen angehörten, zwischen denen durchaus Übergänge und Überschneidungen vorkamen: man findet sie als kleinere wie auch als größere Allodbauern, die mit Königsland und Königsgut nichts zu tun hatten; man findet *liberi* unter Königs- und Kirchenvasallen, als Königslandsiedler wie auch als Zugehörige zu königlichen, adligen und kirchlichen Grundherrschaften. *Liber* hat also gewiß nichts mit einer Sozialgruppierung zu tun; mit diesem Begriff ist allein die Zuordnung innerhalb einer rechtsständischen Gliederung verbunden, auch wenn dieses Gliederungsprinzip im Verlauf des 10. Jahrhunderts an Bedeutung einbüßte.

3. Das Problem der Grafschaftsverfassung und des Wesens der Grafschaft: 'Amtsgrafschaft' oder 'Bereich autogener adliger Herrengewalt'

Die stark systematisierenden älteren deutschen Rechts- und Verfassungsgeschichten [z. B. 159: G. WAITZ, Dt. Verfassungsgesch., 160: H. BRUNNER, Dt. Rechtsgesch.; in jüngerer Zeit noch 162: H. CONRAD, Dt. Rechtsgesch.] hatten – wie besonders E. W. BÖCKENFÖRDE, Die dt. verfassungsgeschichtl. Forschung im 19. Jh., Berlin 1961, herausgearbeitet hat – nach den „Vorstellungen der hierarchisch-institutionell organisierten Staaten des 18./19. Jahrhunderts" recht „unbefangen" das Bild einer während der ganzen Karolingerzeit vorhandenen und weitgehend von oben, d. h. vom Königtum, durchgeformten, die Reichsgebiete netzartig und lückenlos erfassenden Grafschaftsverfassung als der festen Grundlage von Verwaltung, Rechtspflege und Heerwesen gezeichnet, und der Graf war dabei als der abhängige Amtsträger mit genau begrenzten Funktionen, Pflichten und Rechten beschrieben worden, auch hatte man die Grafschaften mit den frühmittelalterlichen Gauen gleichgesetzt und folglich von Gaugrafen und Gaugrafschaften gesprochen (F. L. BAUMANN, Die Gaugrafschaften im Wirtenbergischen Schwaben, Stuttgart 1879). Diese Sichtweise ist jedoch bezüglich der postulierten Identität von Gau und Grafschaft seit Beginn unseres Jahrhunderts und hinsichtlich des Grafen als eines allein vom König eingesetzten Amtswalters seit dem Ende der 20er Jahre unseres Jahrhunderts schrittweise demontiert worden. Während so einerseits K. WELLER (1898) und A. BAUER (1927) die These von den 'Gaugrafschaften' ins Wanken brachten, trat andererseits O. v. DUNGERN [343: Adelsherrschaft] 1927 mit der Auffassung hervor, daß von der ausgehenden Karolingerzeit bis ins Ende des 12. Jahrhunderts eine Schicht untereinander verwandter Adelsfamilien alle öffentliche Gewalt ausübte – und zwar kraft eigenen angeborenen Adelsrechtes –, wodurch die Grafenrechte nicht mehr vom Herrscher ausgehend erschienen. Nach der Veröffentlichung des Buches 'Herrschaft und Staat im deutschen Frühmittelalter' von A. WAAS [413] 1938 verbreitete sich sodann – in Weiterführung des Ansatzes v. DUNGERNS – die Auffassung, daß es nur in den westlichen, römisch vorgeformten Gebieten des Karolingerreiches zur vollen Durchsetzung von „Amtsgrafschaften" gekommen sei, während in den Ostteilen lediglich „Grafschaften muntherrlichen Charakters" anzutreffen gewesen seien, die man als „Königsbannbezirke unter einem Grafen als königlichem Beauftragten" betrachten müsse und die sich fast ausschließlich auf die Verwaltung der Fiskalbesitzungen konzentriert hätten. In der ausgehenden Karolingerzeit seien bei der Schwäche des Königtums die „Amtsgrafschaften" untergegangen, und es habe sich – vornehmlich im Osten – ein dort schon länger sichtbarer anderer Typ durchgesetzt: die „allodiale Grafschaft". Diese sei für das deutsche Reich der ottonischen und salischen Zeit kennzeichnend.

In dieser „Allodialgrafschaft" habe „der dynastische Herr Grafengerichtsrechte ausgeübt, und zwar nicht kraft königlicher Verleihung, sondern kraft eigenen angestammten (Adels)rechtes". Fast zur gleichen Zeit (1941) ist von W. Schlesinger [417: Landesherrschaft] die in etwa damit korrespondierende Ansicht vertreten worden, im Osten sei die Grafschaftsverfassung nur auf Königsboden tatsächlich verwirklicht worden. Th. Mayer [in 244] hatte diese Sicht schon 1939 mit seinen Darlegungen über die Ausbildung der Grundlagen des modernen Staates im hohen Mittelalter weiter vorbereitet.

Von dieser Basis ausgehend ist schließlich in einer Reihe von vornehmlich landesgeschichtlich ausgerichteten Arbeiten (Dissertationen bei H. Dannenbauer und K. Bosl) die Lehre entwickelt worden, die Grafschaften in spätkarolingischer und ottonischer Zeit hätten sich nur auf Königsgut bezogen – man sprach von sog. Königsgutsgrafschaften – bzw. der Graf sei ein „Vertreter königlicher Interessen in seinem Raum, vor allem Wahrer und Verwalter des Königsgutes, auf dem die Macht des Königs in jedem Raum und in jeder Landschaft beruht" [K. Bosl, in 40, 8. Aufl. 6. ND 1962 S. 603, 9. Aufl. S. 720], gewesen. Weiterentwickelt wurde aber auch die Auffassung von der 'allodialen Grafschaft'. Da sich Allodien zumeist ebensowenig als Ausgangspunkte von Grafschaften wie Königsgüter als geschlossene Landschaften erweisen ließen, ergab sich bald die Ansicht, daß sich die gräfliche Gewalt nicht über einen zusammenhängenden Bereich erstreckt habe, sondern durch eine Streuung der Herrschaftsrechte gekennzeichnet gewesen sei (Streugrafschaften). So gehen z. B. die Untersuchungen S. Krügers zur Sächsischen Grafschaftsverfassung [381] von der These aus, daß die von Karl dem Großen eingeführte Grafschaftsgliederung in Sachsen nicht auf den alten Gauen beruhte, sondern den Allodialbesitz des übernommenen einheimischen Adels widerspiegelte und die liudolfingisch-ottonischen Grafschaften somit selbstverständlich Streugrafschaften gewesen sein müßten.

Die Auffassung von den Königsgutsgrafschaften, Allodialgrafschaften und Streugrafschaften hat dann H. Mitteis [60] noch kurz vor seinem Tode (1952) zu der eindrucksvollen und lange Zeit vorherrschenden Lehre zusammengefaßt: „Niemals sind die altfränkischen Grafschaften genau abgegrenzte Gebiete . . . geworden, die sich wie Waben eines Bienenstocks geometrisch genau aneinander angeschlossen hätten. Die Grafschaft war der Machtbereich eines Grafen, innerhalb dessen die Intensität der Herrschaft verschieden war und von einem Machtmittelpunkt aus nach den Grenzen zu immer abnahm. Der Graf war mehr Graf im Gau als Graf des Gaues; er war viel weniger ein Beamter, ein Funktionär, der . . . ganz genau bestimmte Staatsaufgaben erledigt hätte, als ein Sachwalter, ein Vertrauensmann des Königs, dem es weitgehend überlassen bleiben mußte, den Kreis seiner Tätigkeit selbst zu bestimmen und unter eigener Verantwortung die Aufgaben zu lösen, die er als vordringlich erkannte" (S. 44f.). – Aber selbst dabei ist es nicht geblieben. Die Grafschaftsstruktur ist als ein gänzlich „ahistorisches Phantom" angesehen worden, dem die Forschung seit mehr als einem Jahrhundert – notwendigerweise vergeblich – nachjage (F. Prinz in: ZBLG 30, 1967, S. 967f.) Das altvertraute Bild der lückenlosen Erfassung des Reiches durch eine Gliederung in Grafschaften war damit aufgegeben.

In verständlicher Reaktion auf diese Demontierung eines geschlossenen Lehrgebäudes hat es H. K. SCHULZE [405: Grafschaftsverfassung] 1973 unternommen, die Befunde der Urkunden, auf die sich die landesgeschichtlichen Untersuchungen in erster Linie stützten, noch einmal mit den normativen Quellen (Volksrechten und Capitularien) zu konfrontieren und hierdurch zu einer besseren Einschätzung des Problems zu gelangen. Ihm erwies sich dabei eine Grafschaftsverfassung des Großfränkischen Reiches als durchaus existent, sogar „als eines der wesentlichsten Instrumente der Herrschaft des Königs über das Reich und als die grundlegende Institution der Reichsorganisation hinsichtlich Rechtspflege, Verwaltung und Heerwesen". Daß Grafschaften allein auf Königsgut beschränkt gewesen seien, das Allod des Adels ausgeklammert hätten, oder daß der Fiskalbesitz auch nur der Kern der Grafschaften war, lasse sich nicht nachweisen. Und weiter: „Ihrem Wesen nach war die gräfliche Gewalt eine vom Königtum delegierte Amtsgewalt, die jedoch von Vorstellungen aus der Ideenwelt des Adels nachhaltig beeinflußt wurde . . . In der Person des Grafen verband sich in besonderer Weise der königliche Amtsauftrag mit dem Anspruch des Adels auf Herrschaft und Führung" (S. 347). Diese Sicht hat bei U. NONN [406] für Niederlotharingien prinzipielle Zustimmung gefunden, sie hat aber auch für den alemannischen Raum von M. BORGOLTE [407 und 378], der das Problem von den als Grafen bezeugten Personen her anging, stärkere Präzisierung und manche Modifizierung erfahren. „Die Geschichte der Grafengewalt in Alemannien läßt sich nicht auf einen Nenner bringen." Gaue und als Amtsbezirke der *comites* erwiesene Grafschaften waren nicht identisch; und eine restlose Einteilung Alemanniens in königsherrschaftliche Grafschaften hat es ebenfalls nicht gegeben. Zwar wurden unter König Pippin dem Jüngeren (durch die Grafen Warin und Ruthard) und unter Ludwig dem Frommen (ab 817) erhebliche Anstrengungen gemacht, „die Grafschaftsverfassung flächendeckend durchzuführen, doch blieben bei Pippins Verwaltungsorganisation nichtgräfliche Sonderbezirke (für den Fiskus) ausgespart, während sich Ludwigs Zugriff einzelne Adelsherrschaften in Inneralemannien entziehen konnten" und dort die Adelsfamilien den Grafentitel mehr „kraft eigenen Rechtes führten" (S. 257f.). Ähnlich wie in dem durch seine gute Quellenlage ausgezeichneten Beispielfall Alemannien, an dem sich die Geschichte der Grafschaftsverfassung vom ersten Aufbau – über Streugrafschaften auf Königsgut, Aussparung von Sonderbezirken und die Einbindung vorhandener Adelsherrschaften aus der alemannischen Herzogszeit – bis hin zur möglichst flächenerfassenden Verwaltungsorganisation in hochkarolingischer Zeit zeigen läßt, darf man sich wohl auch die Verhältnisse in den anderen ostrheinischen Gebieten des Karolingerreichs vorstellen. Von den von BORGOLTE aufgezeigten Zuständen ausgehend ist es gut möglich, die Umstrukturierung des Reiches, wie sie sich am Ende der Karolingerzeit vollzog, zu verstehen: mit dem Grafenamt im Hintergrund bzw. als Ausgangspunkt konnten erfolgreiche Adlige zur Steigerung ihrer Macht – und d. h. auch zum Ausbau ihrer 'allodialen Herrengewalt' – bis zur neu konsolidierten Herzogsgewalt voranschreiten; und andererseits ist es leicht erklärbar, daß Otto I. nach Heinrichs I. recht lockerer, auf lehnrechtlicher Basis und mit Freundschaftsbünden *(amicitiae)* erreichter Zusammenbindung des Reiches dann die 'amtsrechtliche' Herrschaftsauffassung gegenüber Herzögen und Grafen bewußt in den Vordergrund stellen konnte. Es ist aber auch verständlich, daß in der Ottonen- und Salierzeit der Anspruch der Adelsfamilien auf Vererbung ihrer Herrschaftsbereiche (Herzogtümer, Grafschaften) nicht verlorenging, vielmehr zunehmend Auftrieb gewann (s. S. 152f. und 158f.). Die Beobachtung, daß bei den Grafen der ottonischen Zeit weniger die Königsgutsfürsorge als die Gerichtsherrlichkeit dominierte [D. Willoweit: in 38/I S. 1783; O. Engels: 805], paßt desgleichen hierzu. Soeben hat aber schon H. K. Schulze [407a] gegen grafschaftsfreie Zonen, Königsgutsgrafschaften und allodiale Grafschaften des Adels im Bilde Borgoltes nachhaltige Bedenken erhoben.

4. Das Verhältnis von Erbanspruch und Wahlrecht bei den Thronwechseln in der Karolingerzeit und in der ottonisch-frühsalischen Zeit

Seit langem ist unbestritten, daß das fränkische Großreich der Karolinger – obgleich de facto nur Mitglieder der Karolingerfamilie Könige wurden – hinsichtlich der Verfassungslage an der Reichsspitze kein reines Erbreich darstellte. Und noch weniger war es ein Wahlreich, auch wenn von *eligere* und *electio* in den Quellen zu den Thronwechseln durchweg die Rede ist. Wirksam waren in ihm besonders Vorstellungen vom angeborenen, im Königsgeblüt weitervererbten höheren Thronrecht der Angehörigen der karolingischen Königssippe (Geblütsrecht). Diese Vorstellungen wurzelten sowohl im uralten (heidnischen) Glauben an eine besondere Heilskraft und Begnadung zu Erfolg und Sieg bestimmter Herrengeschlechter als auch in der durch die kirchliche Salbung 751 und besonders durch die päpstliche Weihe 754 vermittelten besonderen Auszeichnung und Herrschaftslegitimierung König Pippins und seiner Nachkommen. [254: F. Kern, Gottesgnadentum S. 13ff.; 291: H. Mitteis, Königswahl; 293: Ders., Krise]. Sie bildeten den Hintergrund sowohl für ein 'Anwachsungsrecht', auf das die überlebenden Brüder eines verstorbenen Königs bei der Erbaufteilung pochen konnten, als auch für das 'Eintrittsrecht' des Sohnes eines verstorbenen Königs – also für die beiden Prinzipien, die beim Auflösungsprozeß des Großfränkischen Reiches eine beachtliche Rolle mitspielten [596: H. Mitteis, Verdun]. Die erb- bzw. geblütsrechtlichen Vorstellungen konnten sogar so stark dominieren, daß in Gefahrenzeiten die ergänzenden Wahlhandlungen – wiewohl diese trotz ihres bloßen Zustimmungscharakters stets als notwendig galten – auch entfallen konnten (so z. B. 876 im Ostreich nach dem Tode Ludwigs des Deutschen; aber ausschließlich und gleichsam automatisch galten sie nicht [291: H. MITTEIS, Königswahl; 293: DERS., Krise; 292: W. SCHLESINGER, Karlingische Königswahlen; 294: G. TELLENBACH, Geistige und polit. Grundlagen]. Die Erhebung des Nichtkarolingers Boso zum König in der Provence 879 in den Formen einer der Bischofsbestimmung nachgebildeten Wahl wurde als Usurpation gegen die bestehende Ordnung angesehen [292: L. BOEHM, Rechtsformen]. Die Heimat für eine zunehmende Betonung von Wahl- und Amtsvorstellungen um das Königtum war unbestritten das Westreich Karls des Kahlen [260: P. E. SCHRAMM, König von Frankreich]. Von dort über Lotharingien und Italien vordringend fanden die Wahlgedanken auch im Ostreich zunehmend Beachtung.

Brachte aber schon der Sturz Kaiser Karls III. mit der nachfolgenden Erhebung neuer, weitgehend selbständiger Könige in verschiedenen Reichsteilen einen Wechsel von der Dominanz des Geblütsrechts zur Dominanz des Wahlgedankens? Man kann diese Meinung vertreten [292: W. SCHLESINGER, Karlingische Königswahl], unterschätzt dabei jedoch, wenn man die Wahlfrage zu stark betont, eine Reihe anderer an der Staatskrise von 887/88 beteiligter Faktoren (s. S. 88f. und 188ff.) und weiterer Gründe, die auch 900, 911 sowie 918/19 bei den Thronwechseln mitwirkten.

Kontrovers sind dazu noch immer mehrere das Wahl- und Erbrecht betreffende Komplexe aus der anschließenden frühdeutschen Zeit. Da ist zunächst die durch den Tod der beiden Kontrahenten H. MITTEIS und F. RÖRIG (beide 1952 gestorben) unbeendete Diskussion. H. MITTEIS [291: Königswahl] hatte gemeint, die ganze Zeit bis zur Doppelwahl des Jahres 1198 als eine einheitliche Epoche der „unformalisierten Volkswahl" zusammenfassen zu dürfen, auch wenn der Adel dabei tatsächlich die entscheidende Rolle gespielt habe; und wegen der weitgehenden Berücksichtigung der im Geblüt der Angehörigen eines Königshauses wirksamen Heilskräfte hatte er diese Spanne als langen „Zeitraum einer Wahl nach Geblütsrecht" bezeichnet, dem die Zeit der ausschließlichen und zum Kurfürstenkolleg sich verengenden „Fürstenwahl" nachgefolgt sei, in der „der Wahlvorgang ein streng formalisiertes Rechtsgeschäft war". Im Gegensatz hierzu hat F. RÖRIG [293: Geblütsrecht] bereits die Zeit des Investiturstreits als die große Wende herausgestellt, in der der Ruf nach der „freien Wahl" die Dominanz der in der Ottonenzeit wieder zu voller Kraft erstarkten geblütsrechtlichen Thronfolgevorstellungen gebrochen und eine entscheidende Änderung bei der Königsbestimmung herbeigeführt habe. Obgleich MITTEIS seinen Standpunkt demgegenüber noch verteidigen konnte [293: Krise], haben doch neuere Arbeiten die Berechtigung des eigentlich nicht mehr in unseren Berichtszeitraum fallenden Betrachtungsansatzes Rörigs untermauert [z. B. W. GIESE, Konrad III. in: ZRG germ. Abt. 95, 1978, S. 210ff.; 301: H. KELLER, Schwäbische Thronbewerber].

Ein Teilaspekt aus dieser Diskussion wurde mit der Frage aufgegriffen, ob die in der ottonisch-frühsalischen Zeit besonders übliche Nachfolgerdesignation durch einen sterbenden oder seine Nachfolge rechtzeitig regelnden König tatsächlich die Reichsangehörigen in einer Folgepflicht „band" (H. Mitteis) oder nur ein ablehnbarer „Vorschlag" war (W. Schlesinger, M. Lintzel, vgl. S. 206).

Die Frage nach der Kraft der seit der Wahl Heinrichs I. sich sichtlich wieder verstärkenden geblütsrechtlichen Grundvorstellungen um das Königtum war indes damit berührt. Zentral ging diese Frage dann K. Schmid [293: Thronfolge] an, der bei einer Neuinterpretation des vielzitierten Diploms Ottos I. vom 13. IX. 936 Otto stark in geblütsrechtlichen Denkweisen verhaftet erwies und dieses DO I, 1 aus der Reihe derjenigen Belegstücke ausschied, die bislang für eine (auch von den ersten Ottonen akzeptierte) allgemeine Grundauffassung einer wahlrechtlichen Thronvergabe angeführt wurden. Kein Wunder, daß er damit auf den lebhaften Widerstand von W. Schlesinger und H. Hoffmann stieß (s. S. 210f.), während H. Jakobs [293: Thronfolgerecht] den Ausgangspunkt von Schmids Argumentation – die Gegenüberstellung von *generatio* und *cognatio* in DO I, 1 (vgl. unten S. 211) – durch Herleitung des *generatio*-Begriffs aus der Bibel und Rückführung der Designation Ottos I. aus dem „Hausrecht" Heinrichs I. nur etwas modifiziert hatte. Die Einwände überzeugen freilich inzwischen nicht mehr (s. unten S. 211).

Die von Schmid herausgeforderte und noch immer stark beachtete Auffassung, daß das Prinzip der „freien Wahl" seit den Wahlen Konrads I. und Heinrichs I., d. h. seit dem Beginn der deutschen Geschichte, ungeschmälert gegolten habe [297: W. Schlesinger, Erbfolge; 293: M. Lintzel, Zu den dt. Königswahlen; 785: Ders., Wahl Konrads II.], wiewohl man in praxi zur Dynastiebildung der Ottonen überging, stützte sich im wesentlichen auf drei Beweise: eben auf das DO I, 1 von 936, auf die 1002 nach dem Tod Ottos III. erfolgte Thronkandidatur des nicht als ottonenblütig erachteten Markgrafen Ekkehard von Meißen und schließlich auf die damals gleichfalls erfolgte Kandidatur des Herzogs Hermann II. von Schwaben, für den ebenso Nichtzugehörigkeit zur Königsverwandtschaft galt. Nun ließ sich indessen die Ottonenblütigkeit Ekkehards von Meißen – wider Erwarten – aufzeigen [299: E. Hlawitschka, Merkst Du nicht], wodurch die eine der beiden 'freien' Kandidaturen von 1002 ausschied, und auch gegen Zweifel [228: G. Althoff, Totengedenken S. 217ff.] erhärten [303: E. Hlawitschka, Thronwechsel]. Dazu konnte dem Versuch von H. Keller [301: Schwäbische Thronbewerber], schon 1002 eine virulente Wahlstimmung bei den deutschen Großen aufzuzeigen und damit das Wachsen der 1077 offen hervorgetretenen Auffassung von freier Wahl und sich darin äußernder stärkerer Fürstenmitverantwortung bis zur Jahrtausendwende zurückzuverlegen, der Nachweis entgegen(bzw. auch zur Seite)gestellt werden, daß ebenso Hermann II. – wie der künftige König Heinrich II. und wie Ekkehard von Meißen – als Ottonenblütiger zur Kandidatur antrat und daß sich die Wahltendenzen der damaligen Großen noch nicht auf völlig „freie Kandidaturen" richteten [302: E. Hlawitschka, Thronkandidaturen; 303: Ders., Thronwechsel]. Es kandidierten 1002 – wie dann auch 1024 – offenbar nur solche Männer, die selbst in einer engeren oder weiteren Blutsverwandtschaft mit dem bisherigen König standen. Das Thronrecht kannte offenbar für den Fall, daß kein Königssohn vorhanden war, als nächste Wählbare die Blutsverwandten, ohne indessen aus deren Kreis eine Rangfolge festzulegen. Hierdurch konnte das Wahlrecht jeweils zu größerer Effizienz und Achtung gelangen, war aber statt auf den einen (immer schon designierten) Königssohn auf den Kreis der Blutsverwandten – noch nicht im Sinne der völlig freien Wahl auf jeden Freien oder Großen – als Wählbare gerichtet. Und das entspricht genau den oben S. 33 zitierten Vorstellungen des in den Herrschaftsfragen seiner Zeit sehr versierten Bischofs und Geschichtsschreibers Thietmar von Merseburg.

5. Die Auflösung des Großfränkischen Reiches und das Werden des Deutschen Reiches: Ursachen, Triebkräfte, Verlaufshöhepunkte, Beobachtungskriterien

Zu den viel erörterten und heftigst umstrittenen Problemen des hier betrachteten Zeitabschnittes gehört die Frage nach den Ursachen und Triebkräften, die zur Auflösung des Großfränkischen Reiches und – Hand in Hand damit gehend – zur Ausbildung einer neuen Staaten- und Völkerordnung führten, in der die Entstehung des Deutschen Reiches einen Teilaspekt bildete. Einig ist man sich dabei, daß dieser Umwandlungsprozeß von vielen Faktoren beeinflußt wurde, eine monokausale Erklärung mithin verfehlt ist.

Allgemein ist akzeptiert, daß der Chance, dem Frankenreich Karls des Großen und Ludwigs des Frommen die Einheit auf Dauer zu bewahren, eine ganze Reihe negativ wirkender Vorgegebenheiten entgegenstanden, die einzeln jedoch in ihren Wirkungsgraden nicht recht meßbar sind. Zu diesen zählen seit der Expansionspolitik Karls des Großen die – gemessen an den Verkehrs- und Verteidigungsmöglichkeiten der Zeit – unüberschaubare gebietsmäßige Übergröße des Reiches und ebenso dessen Uneinheitlickeit in geographischer, historischer, kultureller, ethnischer und sprachlicher Hinsicht. Auch die Rechtszersplitterung ist zu nennen.

Öfter ist auch auf die Unterentwicklung der staatlichen Verwaltung überhaupt, auf die nur lückenhafte Raumerfassung durch ein festes Netz von Grafschaften, auf den Mangel einer Behördenorganisation und eines besoldeten Beamtentums, desgleichen auf die Notwendigkeit, als Entgeltung für das Ausüben eines Amtes bzw. für die Ausführung eines Auftrags königlichen Grundbesitz (als Schenkung oder Leihe) zu vergeben, hingewiesen worden. Es wurde betont, daß in dieser Staatsstruktur zuviel (wenn nicht gar alles) von der zu hoch veranschlagten 'Fidelität' der Adligen und der sonstigen Gefolgschaft abhing. Aber mehr als bloße Begünstigungsfaktoren für einen Zerfall der Staatsordnung waren diese Tatsachen gewiß nicht. Denn auch in den Nachfolgestaaten, die sich im gleichen Maße herausbildeten und festigten, wie andererseits das Karlsreich zerfiel, ist diese Struktur nicht anders geworden. Auslöser selbst waren diese Faktoren mithin nicht.

Einig ist man sich in der Forschung ebenfalls darüber, daß die von außen kommenden Bedrohungen des Reiches durch die Sarazenen und die Normannen, zuletzt auch noch durch die Ungarn, nicht ursächlich den Reichszerfall bedingt haben. Daß die Abwehrkämpfe die einzelnen Reichsteile und deren Bevölkerung ganz unterschiedlich tangierten und für diese jeweils andere Prioritäten setzten, ist zwar nicht zu verkennen, aber daß daran schon das allgemeine Interesse an der Einheit des Reiches zerbrochen wäre, ist kaum zutreffend. Die Auseinandersetzungen mit den äußeren Feinden wirkten eher wie ein Ferment der Beschleunigung und Verstärkung in einem längst in Gang gesetzten, ganz anders bedingten Prozeß der Auflösung.

Zu den Faktoren, die der Bewahrung der Reichseinheit besonders abträglich waren und die die Auflösung einleiteten, zählte an wichtigster Stelle die von den Karolingern aus den merowingischen Königs- und Reichsvorstellungen übernommene Auffassung von der Teilbarkeit des Reiches unter die Anzahl der regierungsfähigen bzw. erbberechtigten Königssöhne. Selbst Karl der Große hatte dieses 'Teilbarkeitsprinzip', das aus dem Familienerbrecht auf das wie ein großes Landgut behandelte Königreich übertragen worden war, nicht verworfen (806, *Divisio regnorum*); und nur durch den vorzeitigen Tod der älteren Brüder Ludwigs des Frommen war nach Karl dem Großen die Reichseinheit erhalten geblieben. Bereits der Usus, zur intensiveren Verwaltung oder auch zur besseren Integrierung neu angegliederter Herrschaftskomplexe Unterkönigreiche (besonders Italien, Aquitanien, Bayern) für die Söhne eines Regenten auszusondern, war für die Reichseinheit nicht förderlich; er bereitete letztlich nur die endgültigen Teilungen nach dem Tod eines Regenten vor.

Die Reichseinheit hing somit letztlich davon ab, ob ein König bei seinem Tod einen oder mehrere erbberechtigte Söhne hatte. Damit wiederum verknüpften sich noch andere Gesichtspunkte: ob der König in einer Munt- oder Friedelehe gelebt hatte, ob auch im Falle des Fehlens legitimer Söhne den Friedelsöhnen noch Erb- und Nachfolgerechte – wenngleich also lediglich subsidiäre, nachgeordnete – zustehen sollten oder nicht, ob einem König überhaupt Kinder beschieden waren und wem im Negativfalle Erbe und Herrschaft zufallen sollten. Durfte zudem ein König das Erbe eines verstorbenen Bruders an sich ziehen, um nach einer Zeit geteilter Herrschaft die Reichseinheit wiederherzustellen (Anwachsungsrecht), oder mußte er dessen Söhne, seine Neffen, in die Nachfolge ihres Vaters eintreten lassen (Eintrittsrecht)? Die Durchsetzung bzw. Bewahrung des Anwachsungsrechts gegen das sich ausbreitende Eintrittsrecht hing indessen besonders davon ab, ob ein Regent die für sein hohes und aufreibendes Amt erforderlichen Fähigkeiten und Gaben und eine entsprechende Gesundheit mitbrachte, ob er entscheidungsfreudig, beeinflußbar, mutig oder auch unfähig war.

Durch diese rein dynastischen wie individuellen Momente wurde der Prozeß des Aufteilens und der Auflösung in erster Linie in Gang gesetzt, beschleunigt oder auch verlangsamt. Ganz konkret gesprochen: Ludwigs des Frommen Entscheidung, nach dem Tod seiner ersten Frau eine zweite Ehe einzugehen, die Geburt Karls des Kahlen, Ludwigs Führungsschwäche und Nachgiebigkeit beim Wunsch seiner zweiten Frau Judith, Karl den Kahlen gleichrangig mit den drei Söhnen der ersten Ehe auszustatten, waren es, die zur Aufgabe der 817 in der *Ordinatio imperii* beschworenen Reichseinheit führten sowie die für den ältesten erstehelichen Sohn Lothar I. vorgesehene oberherrliche und zugleich kaiserliche Stellung, in der sich die Reichseinheit manifestieren sollte, untergruben. Dadurch wurde eine tiefe Vertrauenskrise in der Karolingerfamilie ausgelöst; und der interne Machtkampf, der bald das ganze Reich erfaßte, war – da jedes der streitenden Familienmitglieder sich nach Anhängern umsah – die ganz natürliche Folge. Offener Kampf mußte, als mit dem Tod des Kaisers Ludwig des Frommen (840) die letzte verbindliche Instanz in Streitfragen wegfiel, eine Entscheidung bringen. Mit der Niederlage Lothars war indessen die Gleichrangigkeit aller Söhne Ludwigs durchgesetzt; das Teilbarkeitsprinzip hatte damit über die Bewahrung der Reichseinheit obsiegt und wurde im Vertrag von Verdun (843) dokumentiert. Eine der wichtigsten Entscheidungen in der *stirps regia* danach war – wiederum von ganz persönlichen Interessen der Söhne Ludwigs des Frommen diktiert –, auch noch die 843 in Verdun beschworene Absicht aufzugeben, das Reich in *caritas fraterna*, in einer Brudergemeinschaft, zu regieren, was weitere Unterteilungen des Reiches hätte begrenzen können. Die Söhne eines Königsbruders vermochten dadurch in das Recht ihres Vaters einzutreten. Mit der Durchsetzung des Eintrittsrechtes waren jedoch weitere Reichsteilungen zu erwarten.

Neben den Königen trug aber auch der in den verschiedenen Gegenden des Reiches tätige Adel unbestritten ein bestimmtes Maß an Mitverantwortung am Zerfallsprozeß. Aber an der Frage der Größe dieses Maßes scheiden sich die Meinungen, wie noch näher auszuführen ist. [Für alles Bisherige vgl. zusammenfassend 616: W. Schlesinger, Auflösung.]

Die Differenzen beginnen bereits bei der Frage, ob sich ein Kulminationspunkt im Wandlungsprozeß vom Großfränkischen Reich zu den Nachfolgestaaten feststellen läßt oder ob mehrere aufeinanderfolgende Ereignisse in einem langgestreckten Kettenprozeß als fundamental wichtig für die Formierung der neuen Staaten- und Völkerordnung zu benennen sind. Verschiedene politische Ereignisse wurden dabei ins Gespräch gebracht: (1) der Vertrag von Verdun, durch den die Söhne Ludwigs des Frommen nach blutigen, die Kräfte des Reiches dezimierenden Kämpfen 843 das fränkische Großreich teilten; (2) die im Herbst 887 in Tribur/Frankfurt erfolgte Absetzung Kaiser Karls III., des Enkels Ludwigs des Frommen, der nach den unvorhersehbar frühen Todesfällen seiner Brüder, Vettern und Neffen nochmals das riesige Imperium im ehemaligen gesamten Umfang unter seiner Herrschaft wiedervereinigt hatte, und damit verbunden die Thronerhebung Arnulfs von Kärnten, auf die wiederum verschiedene Königsproklamationen in Westfranken, Italien und Burgund folgten, die das erneute Auseinanderbrechen des fränkischen Großreiches offenbarten; (3) die Erhebung des Nichtkarolingers Konrad I. zum König im verselbständigten Ostreich 911, worin die Lösung von der staatstragenden karolingischen Dynastie zum Ausdruck kam und die mögliche Wiedervereinigung mit dem karolingisch regierten Westreich verneint wurde; (4) die Übertragung dieses Ostreiches 919 an den Sachsen Heinrich I., mit der das bisherige Vorherrschen des Frankentums im Reich sein Ende fand und die 921 im Vertrag von Bonn mit dem westfränkischen Karolinger Karl dem Einfältigen sanktioniert wurde; und (5) noch Ottos des Großen Regierungsantritt 936, bei dem sich die neugewonnene Einheit des Ostreiches in der Huldigung aller seiner Stammesherzöge, auf deren Mitträgerschaft das Reich gegründet war, sinnvoll dokumentierte.

Aber weder ist eines der angeführten Daten und Ereignisse als überzeugender 'Endpunkt' für die alte oder als 'Gründungszeitpunkt' für die neue Ordnung allseitig akzeptiert worden, noch hat sich die Auffassung vom gestreckten Entstehungsprozeß des Deutschen Reiches, in dem alle diese Problempunkte einigermaßen gleichwertige Marksteine bedeuteten, völlig durchsetzen können.

Seinen tieferen Grund hat dies hauptsächlich darin, daß – wenn man überhaupt so weit generalisieren und viele abweichende Einzelzüge außer acht lassen darf – zwei verschiedene Grundkonzeptionen bei der Ermittlung der Triebkräfte für diese Wandlung seit langem einander gegenüberstehen und entsprechend verschiedene Wertungen verursachen: eine von 'volkhaften Kräften' als Movens der Geschichte ausgehende Richtung, die die Auflösung des großen Karlsreiches und das Werden der neuen Staaten- und Völkerwelt auf die Wirkung eines zunehmend größer werdenden Distanzbewußtseins zwischen den in ihrer Grundsubstanz romanisch oder germanisch sprechenden Bevölkerungsteilen und auf den Effekt eines werdenden Nationalbewußtseins zurückführt, d. h. eine virulent werdende Bewegung hin zu einem deutschen Volk, das sich von anderen Volks- und Sprachgemeinschaften abzusondern gewillt ist, bzw. hin zu einem französischen Volk voraussetzt oder zu erweisen sucht, wobei auch dem Adel in der Ausformung dieses Bewußtseins eine Leitfunktion zukommt; und eine zweite Richtung, die den politisch-dynastischen Momenten, der Staatsspitze sowie der Rolle des Staates überhaupt und seiner gemeinschaftsbildenden Kraft und Tradition einen höheren Wert beizumessen geneigt ist. Überspitzt gesagt verursachte nach der ersten Auffassung vornehmlich das Heranreifen eines deutschen Volkes den Zerfall des Großfränkischen und die Entstehung eines deutschen Reiches; das werdende bzw. neu gewordene deutsche Volk schuf sich also seinen neuen, ihm gemäßen Staat. Nach der zweiten Sichtweise hingegen veränderte sich vorwiegend durch politisch-dynastische Maßnahmen bzw. Ereignisse das vorhandene Staatsgefüge; und erst innerhalb der neugeschaffenen staatlichen Ordnungen entstand schließlich das sich seiner Eigenheit mehr und mehr bewußt werdende deutsche Volk bzw. noch langsamer in den anderen Bereichen das französische und das italienische Volk.

Eine dritte – von DDR-Historikern verfochtene marxistische – Sichtweise, die den großen Wandlungsprozeß vom fränkischen Großreich zum Deutschen Reich bzw. zu den anderen karolingischen Nachfolgestaaten als „Veränderung der Staatsform“ und als „Geburt des frühfeudalen Staates“ begreifen will, ja ihn aus einer „Verschärfung des Klassenkampfes zwischen den feudalabhängigen sowie den noch freien Bauern, die unmittelbar vor ihrer Einbeziehung in die feudale Grundherrschaft standen, auf der einen und den Feudalherren auf der anderen Seite“, gepaart mit einer „Verschiebung der Machtverhältnisse zwischen Königtum und Aristokratie“ und einer „Konkurrenz innerhalb der Feudalherrenklasse“, herleitet [630: H. J. BARTMUSS, Geburt S. 263], kann hier vernachlässigt werden. Sie ist mehr Deduktion aus einem vorgefaßten, im Osten tagespolitisch opportunen Philosophem als ein Ergebnis quellennaher Interpretation. Zudem hat die damit verbundene Zuspitzung auf ein Wendejahr 919 schon internen Widerspruch erfahren [668: W. EGGERT, 919].

Im einzelnen bietet sich der Stand der Kontroverse folgendermaßen dar: Hatte im letzten Jahrhundert lange Zeit die 1843 von G. WAITZ schon im Titel seiner Darlegungen ‘Über die Gründung des Deutschen Reiches durch den Vertrag von Verdun’ (Kiel 1843) programmatisch zum Ausdruck gebrachte Auffassung vorgeherrscht, daß völkische Kräfte bereits 843 hinter der Reichsteilung von Verdun gestanden hätten und die Könige nur die Repräsentanten „der sich von einander sondernden Nationalitäten“ gewesen seien, weshalb man – auch wenn noch über viele Jahrzehnte hin karolingische Ideen, Teilungen und Wiedervereinigungen vorgekommen seien – durchaus von einer Gründung des Deutschen Reiches durch den Vertrag von Verdun sprechen könne [vgl. auch 159: G. WAITZ, Verfassungsgesch. IV S. 701], so hat sich daneben schon in der 2. Hälfte des vergangenen Jahrhunderts – vornehmlich durch die Werke von W. B. WENCK (Das Fränkische Reich nach dem Vertrag von Verdun, 1851), E. DÜMMLER [594: Geschichte des Ostfränk. Reiches, 1862ff.] und E. MÜHLBACHER [595: Deutsche Geschichte unter den Karolingern, 1896] – die zweite schon angedeutete Sicht breite Anerkennung verschafft. Diese negiert für die Mitte des 9. Jahrhunderts das Vorhandensein eines zur nationalen Selbständigkeit tendierenden deutschen Gemeinschaftsgefühls und eines Gegensatzes von Germanen- und Romanentum. Die Ursachen für die zur Reichsteilung führenden Kämpfe werden vornehmlich in den dynastischen Erbstreitigkeiten und im Streben der Aristokratie nach größerem Einfluß und mehr persönlichem Reichtum gesehen. Zum Egoismus der Könige und zum Eigennutz des Adels sei allenfalls noch das stets vorhandene Sonderstreben der Provinzen und Stämme, ein regionaler Faktor, gekommen.

Im großen Streit zwischen J. FICKER und H. v. SYBEL über Nutzen und Nachteil der Italien- und Kaiserpolitik der mittelalterlichen deutschen Könige (s. S. 220f.) verneinte J. FICKER die Wirksamkeit völkischer Elemente und lenkte die Aufmerksamkeit vor allem auf Heinrich I., der das aus 5 Hauptstämmen vereinigte und unteilbare, nach außen hin abgeschlossene deutsche Staatsganze geschaffen habe, während H. v. SYBEL auf ein – in den Quellen freilich nicht faßbares, aber dennoch vorhandenes – unbewußtes Gemeinschaftsgefühl, das auf gleicher Abstammung, gleicher Sprache und gleichen Neigungen und Abneigungen basiert habe, verwies. Das „Streben nach nationaler Besonderheit" habe – nach letzterem – dem „kaiserlich-kirchlichen Einheitsgedanken" entgegengestanden und schließlich obsiegt. – Im Gefolge dieser Diskussion rückte seit dem Ausgang des letzten Jahrhunderts Heinrich I. mehr und mehr in die Position eines deutschen Reichsgründers (K. W. NITZSCH, K. LAMPRECHT, D. SCHÄFER), während J. HALLER (Epochen der deutschen Geschichte, 1922) Konrad I. und die Entscheidung der deutschen Stämme 911, nicht mehr den karolingischen Westfranken Karl den Einfältigen zur Regierungsübernahme im Ostreich aufzufordern, als Kulminationspunkt der Entwicklung herausstellte. Ihm folgte darin 1941 R. HOLTZMANN [662: Sächs. Kaiserzeit]. Eine stärkere Betonung der großen schöpferischen Persönlichkeit wurde damit als Variante des zweiten Erklärungsmodells spürbar. – Die Wirksamkeit der volkhaften Kräfte, die Auffassung von der nationalen Sonderung und Neugruppierung der nach Eigenstaatlichkeit strebenden germanischen wie bald auch der romanischen Völker ist dann in den 30er Jahren des 20. Jahrhunderts wieder stärker betont worden, so z. B. von F. STEINBACH [Frankenreich: in 41], im Zusammenwirken mit dem Germanisten L. WEISGERBER, den die Ursprünge des Wortes 'deutsch' besonders interessierten [633], und teilweise von E. KLEBEL [622: Herzogtümer].

Einen Neubeginn der Diskussion rief dann G. TELLENBACH mit seinem 1939 erschienenen Buch "Königtum und Stämme in der Werdezeit des Deutschen Reiches' [416] hervor. Er ging von der Feststellung aus, daß den deutschen Stämmen im 9. Jahrhundert eine einheitliche Führung und ein politischer Organisationsrahmen noch weitgehend fehlten, daß die Führungsrolle des Königtums auch in der Zeit Ludwigs des Deutschen und seiner Söhne – auch wenn die Stämme damals politisch stärker hervorgetreten seien – noch nicht wesentlich erschüttert war und daß somit „das heranreifende Zusammengehörigkeitsgefühl der deutschen Stämme noch keine politischen Wirkungen auslöste". Den Sturz Karls III. hätten nicht die Großen und nicht die Stämme entscheidend herbeigeführt, sondern Arnulf von Kärnten durch seinen bewaffneten Anmarsch und seinen Huldigungsanspruch. Dessen Autorität, sein „zwingendes Handeln", charakterisierten den Zustand des Reiches am treffendsten. Nur seine außereheliche Geburt habe Arnulf in den ersten Monaten seiner Regierung gehindert, die Herrschaft auch in den anderen, den nichtostfränkischen, Reichsteilen zu gewinnen. Die Stämme scheiden damit für TELLENBACH als politisch relevante Faktoren kurz vor dem Ende des 9. Jahrhunderts aus. Wenn nun schon eine allgemeine, aber eben unorganisierte „Steigerung politischer Aktivität innerhalb der Stämme" und auch „Schwäche und Entartung des spätkarolingischen Königtums" nicht hinreichten, den großen Wandlungsprozeß zu erklären, so vermöge indessen die Beachtung jener Gruppe weltlicher (und auch geistlicher) Großer, die dem höchsten Adel entstammte, zumeist mit der Königsfamilie und auch untereinander vielfach verwandt war und neben dem König ausschlaggebenden Anteil an der Reichspolitik nahm, das Geschehen hinreichend deutlich zu erhellen. Diese als „Reichsaristokratie" bezeichnete Gruppe, die weit über das Reich verstreuten, im Königsdienst erworbenen Besitz und hohe Ämter innegehabt, zumeist auch die Feldherren, Diplomaten und königlichen Ratgeber gestellt habe und zum größten Teil fränkischer Herkunft gewesen sei, habe kaum landschaftliche und stämmische Gebundenheit aufgewiesen. Aus ihr heraus sei es erst nach dem Tode Ludwigs des Kindes 911 zur Entwicklung der Stammesherzöge gekommen. Einige wenige durch Kriegs- oder sonstigen Königsdienst zu erhöhter Autorität gelangte Männer, die den 887/88 erhobenen Königen verglichen werden könnten, deren Wort auch schon viele andere band, hätten sich angesichts des Todes des letzten ostfränkischen Karolingers und des Fehlens einer Institution zur verfassungsmäßigen Regelung der Thronfolge vereint und hätten – indem Otto der Erlauchte, der mächtigste Mann Sachsens, mit seinem *consultus*, Konrad von Franken zum neuen König zu erheben, den Part des alten Königs, der seinen Thronnachfolger bezeichnet, übernommen habe – nur das beste aus der vorhandenen Grundordnung gemacht. Da einzeln ein jeder für eine Verselbständigung 911 noch zu wenig an organisierter Raum- und Personenerfassung hinter sich hatte, sei ein Auseinanderbrechen des ostfränkischen Staates damals noch nicht zu befürchten gewesen. Erst in der Zeit Konrads I. (911–918), der seine Autorität nicht weiter stärken konnte, hätten die werdenden Stammesherzöge sich festigen, ihren wachsenden Einflußbereich als Herzogtümer, die sich auf Stämme gründeten, ohne sich aber grundsätzlich auf einen ganzen Stamm erstrecken zu müssen, ausbauen bzw. gestalten können. Durch diesen aus eigener Kraft entstandenen und von Heinrich I. nach 919 akzeptierten Faktor der Innenpolitik, den auch Otto I. nicht mehr ausschaltete und der somit zum Wesensmerkmal des neuen deutschen Reiches wurde, „hängen die Entstehung des Stammesherzogtums und das Werden des deutschen Reiches eng miteinander zusammen" (S. 83). „In den Jahrzehnten, da sich die Stammesherzogtümer entwickelten, haben Reich und Königtum ihr Wesen verändert. Aus dem karolingischen Ostreich wurde ein deutsches Reich" (S. 100). – Ergänzend machte Tellenbach [250: Unteilbarkeit] dann auch auf ein weiteres Hauptmerkmal des aus der Umwandlung hervorgegangenen neuen deutschen Reiches, das Unteilbarkeitsprinzip, aufmerksam. Dieses wird als Ergebnis der Mitträgerschaft des Reiches durch Herzöge und Herzogsgleiche aufgefaßt; eine Reichsteilung hätte einem Königssohn nur einen oder zwei dieser Großen zuteilen können, sie somit aus der Mitverantwortung für das Ganze drängen müssen, an das sie durch die Tradition des *regnum Francorum* gebunden gewesen seien, was diese aber schwerlich hingenommen hätten. Auch das pyramidale Schema der Lehnshierarchie, an deren Spitze Heinrich I. mit der von ihm erreichten lehnsmäßigen Erfassung der Stammesherzöge in seinem Reich trat, und ebenso das weitere Vordringen theokratischer Amtsgedanken habe zusätzlich gegen jede weitere Reichsteilung gewirkt.

In der Auseinandersetzung mit dieser Konzeption hat zunächst W. Schlesinger [622: Kaiser Arnulf] die Auffassung bestritten, daß 887 Arnulfs Anmarsch und Huldigungsanspruch entscheidend für den Sturz Karls III. gewesen sei. Er machte eine „Bewegung“ des Adels der späteren deutschen Stämme hierfür verantwortlich, durch dessen Haltung Arnulf erst Erfolgsaussichten haben konnte. Er stellte diesen Komplex auch mehr unter den Aspekt der „Wahl“ und des Wahlrechts und erblickte zugleich in jenen Vorgängen einen Ausdruck des Zusammengehörigkeitsgefühls der Beteiligten. „Deutsches Volkstum und deutsches Reich im Gegensatz zum gesamtfränkischen Reiche waren im Bewußtsein oder besser im Willen der Männer von 887 bereits lebendig, wenn nicht dem Namen, so doch der Sache nach“ (ND S. 102).

In seiner Replik [622: Zur Geschichte Kaiser Arnulfs] verteidigte Tellenbach seinen Standpunkt, daß zuerst die Nachricht vom Heranrücken Arnulfs nach Tribur eingetroffen sei und danach erst die Großen Arnulf einluden und wählten. (Warum hätte Arnulf auch – war er Eingeladener, dem man folgen wollte – noch mit starken Truppen heranziehen sollen?) Er bestritt auch die These von einer „Volksbewegung“ 887 und ebenso die Auffassung, daß sich Arnulf bald nur noch im Bund mit der Kirche gegen den immer mächtiger werdenden Adel behaupten konnte.

Tellenbachs Auffassung einer keinesfalls entscheidenden Bedeutung der ostfränkischen Aristokratie beim Sturz Karls III. und seine Ansicht von der relativ späten Entstehung der deutschen Stammesherzogtümer (911–918) bekämpfte sodann auch M. Lintzel [622: Zur Stellung]. Dessen Argumente gegen die Interpretation Tellenbachs vom „zwingenden Handeln“ Arnulfs 887 ähnelten denen Schlesingers. Nicht auf den ersten Schritt Arnulfs sei es angekommen, sondern wer die Entscheidung in diesem ganzen Vorgang hatte; der Ansatz Tellenbachs für die Entstehung der Stammesherzogtümer wurde als zu spät verworfen; dazu führte Lintzel das Aufkommen dieser Institution nicht vornehmlich auf die Herzöge, sondern auf die Stämme selbst zurück. Sie hätten „im allgemeinen ein entscheidendes Wort oder vielmehr das entscheidende Wort mitzureden“ gehabt (S. 170). Bezüglich der gesamten Metamorphose meinte Lintzel [620: Die Anfänge S. 15f.], „daß in dem Vertrag von 843 tatsächlich der Wille des deutschen Volkes zur Selbständigkeit zum Durchbruch gekommen ist und daß dieser Wille seine endgültige staatsrechtliche Realisierung mit der Erhebung Arnulfs gefunden hat“. Der effektive Auseinanderfall des Imperiums nach dem Sturz Karls III. 887 wird als der bewußte Verzicht Arnulfs und der deutschen Stämme auf die Einheit des Universalreiches gewertet, ja, vom Adel und den Stämmen, die 887 den Ausschlag gegeben hätten, sei offenbar auch die Beschränkung der Herrschaft des neuen Königs auf das Ostreich ausgegangen. Die Staatsordnung der Ottonenzeit beginne deshalb schon mit Arnulf von Kärnten, da die bei seiner Erhebung befolgten Grundsätze nicht wieder aufgegeben worden seien. Der neue Staat sei mithin ein Ergebnis des Willens der deutschen Stämme und desgleichen auch dessen weitere Unteilbarkeit.

Nachdem 1942 auch noch der Rechtshistoriker H. Eichler [619: Entstehung] seine Ansicht dargelegt hatte, daß der entscheidende Schritt „vom rein dynastischen fränkischen Reich zum deutschen Stammesreich", in dem alle deutschen Stämme gleichberechtigt zusammengefaßt wurden, mit der Wahl Heinrichs I. geschehen sei, nahm G. Tellenbach [622: Wann ist] nochmals zu den kontroversen Auffassungen Stellung. Er fragte nun eindringlich nach den entscheidenden Zäsuren innerhalb des Umwandlungsprozesses, wies besonders auf 911 hin, erwog für das langsame Heranwachsen von Stammesführerschaften nun auch die Zeit vor 911, arbeitete jedoch deutlich heraus, daß verschiedene Entwicklungslinien zu beobachten sind, die keineswegs alle gleichzeitig kulminierten. So sei es am sinnvollsten, von Stufen der Entwicklung des deutschen Reiches zwischen 843 und 936 auszugehen, die je einzeln nach den diversen Kriterien sorgfältig zu wägen seien.

Gerade die unterschiedliche Auswahl der Kriterien, die dem einzelnen Historiker besonders wichtig erscheinen, ist es in der Tat, die eine einheitliche Sicht bisher verwehrte und weiterhin erschwert. – Nach dem Ende des 2. Weltkriegs hat dann W. Schlesinger [622: Anfänge der Königswahl] mit Hilfe einer stärkeren Beachtung der Thronwechsel und des Gesichtspunktes der Königswahl versucht, seine Auffassung von der steigenden Gewalt des Adels, die man gerade am Indikator Thron- bzw. Machtwechsel am besten ablesen könne, zur Geltung zu bringen sowie seine Ansicht vom Epochencharakter des Jahres 887 wie auch davon, daß das deutsche Reich „nicht von Anfang an und in erster Linie ein Werk seiner Könige", sondern nicht minder eine Leistung „aristokratisch-volkhafter Kräfte" war, zu untermauern. Die Wähler von 887 seien nur Angehörige der deutschen Stämme gewesen, was den Schluß nahelege, daß sie auch nur „einen deutschen König wählen wollten"; das Unteilbarkeitsprinzip sei bereits 889 bei Arnulfs versuchter und vom Adel mit Konditionen versehener Nachfolgeregelung im Spiel gewesen und wirksam geworden; und 911 habe bei der Nichteinladung des westfränkischen Karolingers Karl des Einfältigen und der Wahl Konrads I. „über das Geblütsrecht das werdende Deutschbewußtsein" gesiegt. Diese Auffassungen hat Schlesinger 1958 [292: Karlingische Königswahl] und 1960 [621: Deutsche Einheit] noch stärker betont, wobei er auch das Werden einer deutschen Sprachgemeinschaft im letzten Drittel des 9. Jahrhunderts nachzeichnete (ohne freilich eine politische Relevanz für diese erweisen zu können). Die Ereignisse von 887 wurden schließlich so gedeutet [616: Schlesinger, Auflösung], daß „eine Bewegung" zu erkennen sei, die „nur die später deutschen Stämme ergriff", und daß diese „Bewegung von vornherein auf die Herauslösung (des Ostreichs) aus dem Gesamtreich Karls gerichtet gewesen sein muß".

Damit war – obgleich H. Mitteis [293: Krise] 1951 ähnlich wie Tellenbach das Jahr 911 stärker im Gesamtprozeß des Werdens des Deutschen Reiches betonte – die Problemlösung auf eine noch intensivere Klärung der Ereignisse von 887 hingedrängt. Mit dieser befaßte sich zunächst 1966 H. Keller [292: Zum Sturz], der in fruchtbarer Weise die Tendenzen der Hauptquellen für die Geschehnisse untersuchte, diese Ergebnisse aber mit einer Ablaufrekonstruktion verband, der 1968 E. HLAWITSCHKA [627: Lotharingien] in wichtigen Punkten widersprach. HLAWITSCHKA setzte sich – vom Blickwinkel Lotharingiens her – ausführlicher jedoch mit SCHLESINGERS Ansichten auseinander. Daß nur Angehörige der später deutschen Stämme in Tribur und Frankfurt beteiligt waren, wird aus der Durchführungspraxis von Reichs- und Hoftagen, die der Kaiser seit Jahren nach einzelnen Reichsteilen getrennt einberief, erklärt: eine von selbst hervortretende „deutsche Bewegung", die Grundlage für den Schluß auf ein bewußtes „deutsches" Wollen, wird damit ausgeschlossen. Aus der Faktenrekonstruktion – vor allem daraus, daß die in Tribur bereits angekommenen Großen angesichts des zunehmenden körperlichen und geistigen Verfalls des Kaisers dessen Sturz schon zu erwägen begonnen hatten, daß aber Karl III. sie noch beim Heranrücken des seine Ausbootung in der Nachfolgefrage nicht widerstandslos hinnehmenden und folglich zum Handeln entschlossenen Arnulf von Kärnten zum Mitabziehen nach Frankfurt bewegen konnte, wo sie erst auf Arnulfs weitere Drohung hin den siechen Kaiser verließen und Arnulf zum Kommen und zur Machtübernahme einluden, ihm huldigten und ihn als neuen König proklamierten – wird auf eine fundamentale Bedeutung sowohl der Initiative Arnulfs wie ebenso der Entscheidung der Großen zur Beendigung der Krise geschlossen. Die beiden Extrempositionen, die allein Arnulf oder allein den Großen die Entscheidungsrolle beimaßen, werden überwunden, die Bedeutung der Initiative Arnulfs und desgleichen die zunehmende Kraft des Adels – ohne daß allerdings schon nationale oder pränationale Regungen für ihn relevant waren – werden nicht bestritten. Zugleich wird nachgewiesen, daß bei der Beratung der Nachfolgefrage im Jahre 889 noch nicht der Unteilbarkeitsgedanke im Spiel war, sondern die Illegitimität der beiden Arnulfsöhne Zwentibold und Ratold im Vordergrund stand. Die Teilbarkeit – und damit die noch immer karolingische Grundstruktur – galt sogar noch 895 bei der Abtrennung Lotharingiens für Zwentibold; dessen Nachfolge – trotz illegitimer Geburt – verweist desgleichen auf die Fortdauer, ja auf die Reaktivierung der karolingischen Grundauffassungen (s. u.). Diese bewährten sich sogar noch bei der Verlassung des ungeliebten, illegitimen Zwentibold durch die Lotharingier 900 – er fand dabei im Kampf den Tod – und bei deren Hinwendung zu Ludwig dem Kind und kamen erst 911 in die Krise. Das Unteilbarkeitsprinzip wurde – wie weiter von HLAWITSCHKA [627: Lotharingien S. 214 ff.] herausgearbeitet werden konnte – im Zusammenhang mit der Durchsetzung einer neuen, vom Königtum stärker gelösten Staatsauffassung (unter Rückgriff auf ältere karolingische Versuche und unter Einsicht in Notwendigkeiten angesichts der von außen und innen drohenden Gefahren) erst in den beiden ersten Jahrzehnten des 10. Jahrhunderts als bedeutsam und unerläßlich erkannt und erstmals 912 in Hochburgund (auf Königtumsebene) praktiziert, bevor es dann 936 – nach entsprechenden Vorentscheidungen Heinrichs I. 929 – im ostfränkisch-deutschen Reich zum Zuge kam. Auf Stammesführerschafts- bzw. Prinzipatsebene wurde es seit dem 1. Jahrzehnt des 10. Jahrhunderts angewandt [vgl. 251: E. HLAWITSCHKA, Unteilbarkeit]. Das stärker gewordene Abstraktionsvermögen, den Staat deutlicher von der Person und der Familie des Königs zu trennen, hat sich im Westen schon 898 beim Tod König Odos und im Osten 918 beim Tod König Konrads I. gezeigt.

Damit kristallisierten sich die beiden ersten Jahrzehnte des 10. Jahrhunderts als die Zeit heraus, in der sich eine Kulmination der wichtigsten Entwicklungslinien vom fränkischen zum deutschen Reich feststellen läßt bzw. in der sich eine Bündelung für die wesentlichsten Kriterien im betrachteten Wandlungsprozeß einstellte. Zu diesen Kriterien, die zwischen 900 und 920 eine Änderung von Wesen und Struktur des Reiches nahelegen und den Umschlag in eine neue Ordnung anzeigen, zählen:

1. die Durchsetzung des Unteilbarkeitsprinzips bzw. der Individualsukzession (letzte geblütsrechtlich bedingte Teilung 895, danach noch bis 900 politisch bzw. durch Machtkampf bedingte Realteilungen im Westen und im karolingischen Nachfolgeland Italien, erstes Abweichen von einer geblütsrechtlich gegebenen Teilungsmöglichkeit 912 in Hochburgund, dann 936 – nach Vorentscheidung von 929 – im Ostreich);
2. an die Stelle der Teilbarkeit und der eine Teilung vorbereitenden Einrichtung von Unterkönigtümern trat – seit 929 offen erkennbar – die Designation eines einzigen Nachfolgers, die ab 961 in das Mitkönigtum des (ältesten) Königssohnes einmündete;
3. Schwinden des Thronvorrangs der karolingischen Dynastie bei den Bewohnern des Ostreichs (911) und des Frankentums überhaupt (918/19) bei
4. gleichzeitigem Erreichen der Gleichwertigkeit aller Stämme im Ostfrankenreich (Anbahnung seit den letzten Jahren Arnulfs von Kärnten, vgl. oben S. 90) und bei
5. gleichzeitigem Vordringen des Wahlprinzips aus subsidiärer Funktion zu eminenter Bedeutung (911, 919); dieses wird auch nach der Etablierung einer neuen Königsdynastie und der alsbaldigen Rückkehr zur Dominanz geblütsrechtlicher Vorstellungen (s. S. 187f.) nie mehr ganz schwinden; ohne formelle Wahl wird es hinfort – anders als etwa noch bei der Nachfolge nach Ludwig dem Deutschen – kein Königtum mehr geben;
6. Ausbildung einer inneren Organisation der Stämme bzw. Erfassung der Stämme in Stammesherzogtümern, die bis 920 zum Abschluß kam (im Westen dagegen Entstehung von Principautés territoriales);
7. Eintritt der Stammesherzöge in die Mitverantwortung für das Reich (911 und 919–921), wodurch
8. auch die bis dahin einem söhnelosen König offenstehende Möglichkeit der Nachfolgerbestimmung durch Adoption eines entfernteren Verwandten (oder gar eines Fremden) hinfort ausgeschlossen wurde; letzter Adoptionsversuch 887 [vgl. 624: E. HLAWITSCHKA, Adoptionen];
9. endgültige Ausscheidung des – wenn auch nur noch bei wenigen als subsidiär

geltenden und seit längerem schon völlig bestrittenen – Nachfolgeanspruchs illegitim geborener Königssöhne (letzter Illegitimer als König: Zwentibold, † 900; zum Problem vgl. [692: E. HLAWITSCHKA, Verwandtschaftl. Verbindungen; 308 a: H. HAGN, Zur Thronfolgeproblematik Illegitimer];

10. das Westreich und das Ostreich akzeptieren – durchgeführt 921 in Bonn – ihre staatsrechtliche, von Dynastien gelöste Unabhängigkeit; an den Machtwechsel von 918/19 schloß sich bald das Bewußtsein eines Neubeginns an, das sich schon in der Mitte des 10. Jahrhunderts nachweisen läßt [663: W. GIESE, Sachsenstamm];
11. das Königtum konzentriert sich seit Beginn des 10. Jahrhunderts im einzelnen *rex*, nicht mehr in der gesamten *stirps*; das hat zur Folge, daß der regierende König für seinen zur Nachfolge ausersehenen Sohn – um dessen herausragenden Rang zu dokumentieren – nicht mehr eine einheimische Adlige zur Gemahlin wählt, sondern eine auswärtige Königstochter (erstmals 929 mit Heinrichs I. Brautwerbung für Otto I.); 817 hatte noch Ludwig der Fromme in seiner *Ordinatio Imperii* (c. 13) dies ausdrücklich seinen Nachkommen untersagt.

Demgegenüber hat das Eintreten von W. EGGERT [629: Ostfränkisch-deutsches Reich] für 833 und 887 als entscheidende Entwicklungsschwerpunkte zu viele wichtige Kriterien unbeachtet gelassen. Und auch das Plädoyer von C. BRÜHL [632: Anfänge] für die Zeit zwischen 1000 und 1025 als entscheidende Geschichtszäsur, nach der erst „Deutschland und Frankreich als ausgereifte, selbständige politische Größen faßbar werden“ und bei deren Beachtung die Ottonenzeit als „Spätphase der fränkischen Geschichte“ zu behandeln sei, dürfte in der zukünftigen Diskussion nur wenig Beachtung finden, da die zum Kriterium erhobenen „ausgereiften“ Zustände – von der jeweils späteren Zeit her betrachtet – stets etwas sehr Relatives sind.

Jüngere Spezialuntersuchungen aus diesem Fragenkomplex berühren ‘Das Problem der Reichseinheitsidee nach der Teilung von Verdun’ [598: U. PENNDORF], die Nachfolgeprojekte aus der Spätzeit Karls III. [625: E. HLAWITSCHKA] und daneben – mit dem Vorschlag, „Sunthoffen curte“ statt „Franchenefurd pal.“ im letzten nur als Palimpsest erhaltenen Diplom Karls III. als Ausstellungsort zu lesen – den Versuch einer Abänderung des Herrscheritinerars in den letzten Tagen Karls III. und damit auch der den Sturz dieses Kaisers betreffenden Faktenrekonstruktion [628: H. SCHWARZMAIER, Neudingen; dagegen E. HLAWITSCHKA in Protokoll 180 der am 16. XII. 1977 abgehaltenen Sitzung der Arbeitsgemeinschaft f. gesch. Landeskunde am Oberrhein, Karlsruhe, vom 23. XI. 1978]. K. H. REXROTH [636: Volkssprache] behandelte nochmals – im Wiederaufgreifen von Bemühungen W. HESSLERS [634: Anfänge], die indessen mehr gentile (stämmische) als supragentile (auf ein Volk ausgerichtete) Bewußtseinsschichten bei den Geschichtsschreibern des endenden 9. und des 10. Jahrhunderts aufgedeckt hatten [vgl. auch 314: G. A. BEZZOLA S. 191 ff.] – das im 9. und beginnenden 10. Jahrhundert allmählich sich vollziehende Bewußtwerden der in der Volkssprache ruhenden völkischen Einigungskraft, während H. BEUMANN [660: Bedeutung des Kaisertums] der Frage nachging, ob nicht auch die vom Kaisergedanken ausgehende Einheitsidee das Werden und Wachsen der Unteilbarkeit in den zu Beginn des 10. Jahrhunderts vorhandenen Nachfolgestaaten günstig beeinflußte. BEUMANN hat dabei auch den *regnum-teutonicorum*-Beleg aus den in Admont erhaltenen, in der Mitte des 12. Jahrhunderts kopierten älteren Salzburger Annalen als zeitgenössisch für die Spanne Heinrichs I. zu erweisen versucht (dazu s. S. 208). – In der Frage der Priorität des deutschen Staates oder des deutschen Volkes (s. o.) hat er sich indessen jetzt klar zu der Auffassung bekannt, die sich nun doch wohl weitgehend durchgesetzt hat, daß das westfränkische und das ostfränkische Reich „am Ende den Rahmen für die Bildung des französischen und des deutschen Volkes darstellen sollten“ [661: H. BEUMANN, Unitas ecclesiae]. – W. SCHLESINGER [669: Fritzlar] hat seine Ansicht zuletzt insofern etwas revidiert, als er jetzt die Ereignisse vom Herbst 887 als einen „Aufstand der ostrheinischen Großen unter Führung Arnulfs“ von Kärnten betrachtet; von einer Bewegung der Stämme wird nicht mehr gesprochen; und das Jahr 919, d. h. die Zeit der Beendigung der fränkischen Vorherrschaft im ostrheinischen Bereich und der Wahl Heinrichs I., wird „zugleich als ein Endpunkt und ein neuer Ausgangspunkt in der Geschichte der Entstehung des deutschen Reiches und des deutschen Volkes“ gewertet [vgl. auch 670: W. SCHLESINGER, Heinrich I.]. Die frühere besondere Hervorhebung von 887 und die Priorität der Entstehung eines deutschen Volkes vor der Herausbildung des entsprechenden staatlichen Rahmens sind damit offenbar fallengelassen. – G. TELLENBACH verdeutlichte schließlich nochmals seine Sicht in einer Abhandlung über die geistigen und politischen Grundlagen der karolingischen Thronfolge [294]. Er geht dabei vornehmlich der Frage nach, wie kollektive Willensbildung und kollektives Handeln bei den an Thronwechseln Beteiligten zustande kamen, – leider nur für die Zeit von Ludwig dem Frommen bis 887. Dabei wird abermals herausgearbeitet, daß es gerade 887 noch nicht zu einem neuartigen, nicht von oben gelenkten kollektiven Wollen und Handeln – etwa der Stämme – kommen konnte, während sich zu dieser Zeit im Westen die Verhältnisse schon weiter entwickelt hatten. Aber auch für diese begann erst nach 887, nicht schon mit Karl dem Kahlen [so noch 597: P. CLASSEN, Verträge], das entscheidende Neue. J. EHLERS [680: Anfänge S. 44] hat dies jüngst programmatisch formuliert: „Die französische Geschichte hat in den Jahren 888–922 begonnen.“ [Vgl. auch 681: B. SCHNEIDMÜLLER, Französisches Sonderbewußtsein.]

„Die Unteilbarkeit der Herrschaft im sich auflösenden Karolingerreich“ ist soeben von K. SCHMID [253: Problem S. 14] als „eine ganz natürliche Folge erfolgreichen Herrschaftsgewinns durch Könige, die auf das Bündnis mit dem Adel angewiesen waren“, erklärt worden. Dadurch, daß die Großen „mehr Einfluß auf die Herrschaft und damit auf die Thronfolge nahmen . . ., war eine Herrschaftsteilung unter die Söhne damit ausgeschlossen“. Denn: „Teilung setzte Stärke voraus" (S. 11). Wenn hierdurch der erstarkte Adel wieder hervorgehoben wird, ohne aber den geistigen Reifeprozeß in der Führungsschicht (s. oben S. 197f.) gebührend anzuerkennen, bleibt dies nur teilweise richtig, da ja z. B. noch 879, als König Ludwig der Stammler ohne klare Nachfolgeregelung gestorben und das westfränkische Königtum quasi inexistent war, gerade der Adel des Westreichs die Reichsteilung unter die Söhne Ludwigs des Stammlers durchsetzte.

Die ursprünglichen Standpunkte haben sich damit etwas angenähert. Die oben in den Abschnitten D 1–2 vorgetragene Blickweise versucht daraus das Fazit zu ziehen. Daß damit aber ein Schlußpunkt der Diskussionen erreicht wäre, ist kaum anzunehmen.

6. Unterschiedliche Grundstrukturen in der staatlichen Entwicklung Deutschlands und Frankreichs im 10. Jahrhundert

Die divergierenden Ergebnisse im Prozeß der Staatsentwicklung in Deutschland und Frankreich werden von vielen Historikern auf die unterschiedlichen Grundstrukturen in beiden Bereichen an der Wende vom 9. zum 10. Jahrhundert zurückgeführt. Die tieferen Gründe für die spätere deutsche Entwicklung zu Landesherrschaften und Landeshoheit deutscher Fürsten, d. h. generell für einen deutschen 'Partikularismus' [F. Rörig, Ursachen und Auswirkungen des deutschen Partikularismus, 1937], auf der einen Seite und zum französischen 'Zentralismus' auf der anderen Seite werden mit manchem Recht schon in der Entstehungsgeschichte dieser Staaten, speziell in den Entwicklungen um die Wende vom 9. und 10. Jahrhundert, gesucht. Als damals das karolingische Königtum kraftlos geworden war, drängten ja neue, von einem königlichen Mandat nur teilweise herleitbare Adelsherrschaften – wie oben S. 38f. und S. 45ff. geschildert – empor. Unter dem zunächst noch mehrdeutigen, sowohl Stammesführerschaft als auch Heeresleitung bezeichnenden *dux*-Titel (wie auch als *princeps*) treten uns die jeweils Erfolgreichsten dieses Hierarchisierungsprozesses innerhalb des Adels in den Quellen entgegen. Ihre Machtbereiche – Dukate/Prinzipate – hat man – was den ostfränkisch/deutschen Bereich anbetrifft – zumeist als die wiederauflebenden, von den Karolingern einst zerschlagenen Stammeskomplexe, in denen ein eigenes 'Stammesbewußtsein' weitergelebt habe, gewertet und als „(jüngere) Stammesherzogtümer" [so besonders 412: G. Läwen; 416: G. Tellenbach; 434 u. 435: K. Bosl; 60: H. Mitteis; 622: W. Schlesinger; 420: H. Stingl], als „neue Herzogsherrschaften" wie auch nur als „sogenannte Stammesherzogtümer" [J. Flekkenstein in 40] benannt, die vom König (Heinrich I. und Otto I.) geschickt und in aufopferungsvollem Ringen in „Amtsherzogtümer" [60: H. Mitteis] umgeformt wurden; oder man hat sie – was Westfranken/Frankreich anbelangt – als „Territorialfürstentümer" (principautés territoriales) [422: J. Dhondt, u. a.] und als „Lehnsfürstentümer" (duchés feodaux) auf rein regionaler Grundlage [165:

R. Holtzmann; 60: H. Mitteis; 260: P. E. Schramm] sowie einfach als „Prinzipate" [427, 428, 640: K. F. Werner] charakterisiert; bzw. man meinte, sie – unter Herausarbeitung prinzipiell gleicher Strukturen in Ost und West (und in Fortführung von Auffassungen K. F. Werners) – generell als „jüngere fränkische Fürstentümer", die jeweils in der Nachfolge eines karolingisch-fränkischen Reichsteils oder Teilreichs stünden [419: K. Brunner; 421: H.-W. Goetz], bezeichnen zu dürfen. Dabei verbergen sich natürlich hinter diesen Begriffen Vorstellungen von grundsätzlich verschiedenen Herrschaftsgrundlagen in Ostfranken/Deutschland und Westfranken/Frankreich bzw. von prinzipieller Gleichheit derselben. Deutlicher gesprochen heißt das Problem: Sind die *duces* und ihre Dukate/Prinzipate im Westen wesensverschieden von denen östlich des Rheins? Oder sind sie wesensgleich? Und wenn letzteres bejaht wird, gibt es dann auch im Westen eine vergleichbare stämmische Grundlage für die neuen, stark autogenen Herrschaftskomplexe, wie man sie für das werdende deutsche Reich zu kennen meint? Bzw. sind umgekehrt solche Stammesgrundlagen für die ostfränkisch-deutschen Verhältnisse, d. h. sind lebendige Verbindungen der hohen Adligen zum in Stämme gegliederten Volk nur ein Mißverständnis oder eine falsche Prämisse der Forschung, und haben wir auch hier eher reine Profilierung und Elitebildung von hohen Adligen vor uns, wobei die räumliche Begrenzung der neuen Herrschaftsgebilde nicht durch die Wohnbereiche von Stämmen, sondern durch die älteren traditionellen *regna*-Strukturen vorgegeben waren? Und eine weitere Frage verquickt sich mit den schon genannten: Konnten die sich neu entwickelnden Zwischengewalten für ihren Aufstieg sich jeweils auf ein königliches Mandat stützen, oder wurden sie aus eigener Kraft und aus eigenem Anspruch aktiv? – Über die grundsätzliche Möglichkeit des Vergleichs und darüber, daß in Ost und West der *dux/princeps* ohne enormen eigenen Machtwillen und Führungsanspruch seinen *ducatus* nicht zustande gebracht hätte, besteht wohl Einigkeit. Jedoch über alles Weitere hat sich in der Forschung noch keine einheitliche Meinung gebildet.

Ohne der zu erwartenden intensiven Diskussion vorzugreifen, wird man doch mit einiger Sicherheit jetzt schon sagen können, daß der von J. Dhondt [422] und vor allem von W. Kienast [425] propagierte ethnisch-gentile Einschlag bei der Ausbildung der Prinzipate des Westens gewiß in der Normandie und wahrscheinlich auch in der Bretagne und in der Gascogne gegeben und auch wirksam war, seine Postulierung bei den anderen principautés indessen überspitzt erscheint [426: F. L. Ganshof]. Schon der mächtigste der *duces*, der *'dux Francorum'*, erfaßte nicht die gesamte *'Francia'*, d. h. den Raum, in dem die fränkische Volkssiedlung am stärksten gewesen war; die Fürstentümer Flandern, Vermandois, Anjou und der König selbst teilten sich diesen Bereich mit ihm. Und in der Bourgogne – um noch ein anderes Beispiel zu nennen – ist gewiß kaum noch ein altburgundisches ethnisches Substrat (allenfalls die Erinnerung an dieses) lebendig gewesen. Hier bleibt also doch wohl der regional-territoriale Gesichtspunkt beim Herrschaftsaufbau der duchés überzeugender. Auch die Annahme [425:

W. KIENAST], daß sich im 10. Jahrhundert die „französischen Stämme" erst zu bilden begannen, hilft wenig, weil ein noch nicht vorhandenes bzw. erst entstehendes „stämmisches Substrat" nicht schon Auslöser einer Entwicklung zu neuen Machtkristallisationskernen sein konnte.

Ebenso wird man sagen dürfen, daß die Anwendung des *regna*-Struktur-Modells [427: K. F. WERNER, Genèse; 419: K. BRUNNER, Fürstentitel] auf die ostfränkisch-deutschen Verhältnisse wie auch auf die Prinzipate im nordfranzösischen Raum nicht voll überzeugt. Für den Herrschaftsbereich des *dux Saxonum* z. B., der Teile Frieslands und Thüringen mit umschließt, fehlt die „regnale Grundlage" gleichermaßen wie für das neu entstehende tatsächliche *regnum* Hochburgund. Gewiß wurde gelegentlich auf ehemalige *regnum*-Begrenzungen zurückgegriffen; das aber ist auch nicht allzu auffällig, weil im Frankenreich die einstigen Stammesgebiete und *regna* ja nicht ganz spurlos aufgegangen waren und als Geltungsbereiche von differierenden Stammesrechten und als ethnisch-kulturelle Sonderblöcke mit eigener Tradition im Bewußtsein der Menschen haften geblieben waren [E. ZÖLLNER, Die polit. Stellung der Völker im Frankenreich, Wien 1950]. So läßt sich aus den Grenzen der neuen Herrschaftsbereiche zumeist weder ein volles Argument für die *regna*-Struktur-These noch für die Stammesbezogenheit der Entwicklung entnehmen.

Die Ansicht, daß jeweils ein königliches Mandat, ein Amtsauftrag für den vorlag, dem der Aufstieg zum *dux* gelang (oder auch schon für dessen Vater ausgestellt war) [428: K. F. WERNER, Missus], scheitert gewiß an den Fakten zum Werden des alemannischen Herzogtums, das ganz eindeutig gegen die Bestrebungen König Konrads I. entstand [420: H. STINGL].

Die *duces* östlich des Rheins haben es aber immerhin im Zuge ihrer Übernahme von Aufgaben, die über ein spezielles Mandat – sofern es überhaupt vorlag – hinausgingen, und bei ihrer Ausdehnung autogener Herrschaftsansprüche schließlich bis zum Ende der ersten zwei Jahrzehnte des 10. Jahrhunderts geschafft, in etwa die Bevölkerung ganzer Gebiete von früheren (vorkarolingischen) Stammesherzogtümern, in denen das jeweilige (wenn auch schwächer werdende) Stammesrecht, die Stammesbräuche, das auf gleicher Abstammung beruhende Stammesbewußtsein und die Sprachfärbung eine engere Zusammengehörigkeit weiterbewirkten, und vor allem auch deren Grafen hinter sich zu bringen. Trotz aller Unklarheiten an den Grenzsäumen dieser Stammesgebiete, die nicht in Abrede zu stellen sind und die auf die Entscheidungen von einzelnen Adligen dieser Bereiche zurückzuführen sein dürften, wurde doch die Erfassung bzw. herrschaftliche Zusammenfügung zumindest der wesentlichsten Teile der Stämme erreicht. Am *dux Saxonum* ist der Vorgang selbst wie auch die Bezogenheit auf den Stamm leicht ablesbar: zunächst findet man in den Quellen lediglich den *dux orientalium Saxonum* (Liudolf), dann zeigen sie dessen Sohn (Bruno) als denjenigen, der bereits *ducatum administrasset totius Saxoniae* (was indessen eine Übertreibung aus späterer Sicht sein könnte); schließlich begegnet einem des letzteren Bruder (Otto der Erlauchte) als *magnus dux*, der *filio suo Heinrico totius Saxoniae reliquit ducatum*. Und von diesem wurden bald auch Thüringen und Teile Frieslands seinem sächsischen Dukat, ohne daß es zu einer Minderung in der Betonung des Sachsentums gekommen wäre, zugeordnet. Auch die Tatsache, daß das alemannische Herzogtum alemannisch besiedelte Teile des Bistums Straßburg außerhalb seiner Grenzen ließ, zeigt die nicht vorwiegend ethnisch bedingte, sondern politisch gewordene neue Gliederung [431: H. MAURER]. Daß sich aber die deutschen *duces* des 10. Jahrhunderts – dank der weitgehenden Deckungsgleichheit ihrer Herrschaftskomplexe mit den Stammessiedlungs- und Stammesrechtsgebieten – als Repräsentanten ihrer Stämme ansahen wie auch daß sie als solche betrachtet wurden, machen die vielen Quellenbelege deutlich, in denen vom *Baioariorum dux, dux Alamannorum, Saxonum ducatus* und *dux Francorum* etc. gesprochen wird, also eine zuordnende Verbindung von *dux* und Stamm *(gens)* oder Stammesgebiet vorgenommen ist. In diesem Sinne ist die Verwendung des Begriffs des „jüngeren" bzw. – präziser gesagt – eines „wiederentstehenden Stammesherzogtums", obgleich er jüngst völlig abgelehnt wurde [427: K. F. WERNER; 419: K. BRUNNER; 421: H.-W. GOETZ], für die ostfränkisch-deutschen Verhältnisse an der Wende vom 9. zum 10. Jahrhundert durchaus vertretbar [420: H. STINGL]. Auch die (freilich spärlichen) Hinweise auf Herzogswahlen, die für Westfranken/Frankreich ganz fehlen, sind – obgleich sich keine konkreten Vorstellungen mit ihnen verbinden lassen – in dieser Richtung zu deuten. Daß die Stämme dabei von sich aus aktiv wurden – und nicht von oben her erfaßt wurden –, darf man allerdings aus einem solchen Vorgang nicht ohne weiteres folgern [vgl. 416 und 294: G. TELLENBACH]; dieser bezeugt aber immerhin die Aktivität und das Zusammenwirken der unter die Herzogsgewalt geratenen und dadurch im engeren gegenseitigen Kontakt stehenden Adligen und ist wohl auch dem *consensus fidelium* bei den (geblütsrechtlich gebundenen) Königswahlen (s. S. 30) vergleichbar. Das Problem der gemeinsamen Willensbildung in den kleineren Bereichen des Lebens (herzogliche Hoftage und Stammeslandtage) ist noch durchaus unerforscht (Ansätze hierfür bei E. ROSENSTOCK [414] und H. MAURER [430]).

So bleibt auch weiterhin – was die auseinanderlaufenden Entwicklungen der Verfassungsstrukturen in Deutschland und Frankreich betrifft – vieles bedenkenswert an der Meinung von H. MITTEIS [596: Vertrag von Verdun S. 91], der im romanisch bestimmten Westen die ethnischen Unterschiede schon seit der Römerzeit weitgehend eingeebnet und durch die Einschmelzung der Franken noch mehr überlagert sieht und deshalb formulierte: „In der regionalen Struktur Frankreichs im Gegensatz zur stammesmäßigen deutschen liegt der Schlüssel zum Verständnis weiter Partien der mittelalterlichen Verfassungsgeschichte . . . In Frankreich gelang der Zentralgewalt" – freilich nach einer nicht zu übersehenden langen Zeit der Schwäche – „die Überwindung partikularistischer Strömungen deshalb leichter, weil diese sich nicht ethnisch verfestigen und an geschlossene Volkskörper anlehnen konnten." – Doch sollte man nicht verkennen, daß diese Frage der regionalen oder stämmischen Grundstruktur bei der Erklärung der später so deutlichen Unterschiede im Staatsaufbau Deutschlands und Frankreichs nur eine untergeordnete Rolle spielen kann. Viele andere Komponenten der Wirtschafts-, Sozial-, Rechts- und Geistesgeschichte müßten daneben betrachtet werden, wollte man die unterschiedliche Entwicklung einigermaßen hinreichend erklären; und vor allem auch die politisch-dynastischen Entwicklungen, die in den hier nicht mehr zu betrachtenden Zeitraum nach der Mitte des 11. Jahrhunderts fallen und in Frankreich gar erst im 12. und 13. Jahrhundert hervortraten, wären hierfür heranzuziehen. Dazu gehören – dies sei nur angedeutet – der in Deutschland und Frankreich ganz unterschiedliche Verlauf des Investiturstreits und – da es in Frankreich nicht zu einer so engen Verbindung von Bischöfen und Königtum wie in der ottonisch-salischen Reichskirchenherrschaft gekommen ist – auch die unterschiedlichen Folgen, die in Deutschland das Königtum, in Frankreich vornehmlich die *principes*, in deren Hände die Bistumsbesetzungen geraten waren, trafen. Dazu gehörten auch unterschiedliche Entwicklungen im Gerichts- und im Lehnswesen. Vor allem hat H. Mitteis [60] deutlich herausgearbeitet, wie durch Voranschreiten der Erblichkeit und Rücksichtnahme auf die adligen Führungsschichten in Deutschland die Vasallenseite im Lehnrecht schon seit dem 11. Jahrhundert ein zunehmend stärkeres Gewicht erhielt (– man dient, weil man ein Lehen innehat, und man erhält nicht mehr ein Lehen, weil man Vasall ist –) und wie durch die Entwicklung horizontaler Schichtungen in der Lehnspyramide die Untervasallen nicht mehr in direkter Fidelität zum obersten Lehnsherrn, dem König, standen und dem Königtum die Gewinnung eines effektiven Verwaltungsstabes neben den Lehnsbezügen unmöglich gemacht wurde, während in Frankreich nach einer langen Phase dekompositorischer Wirkung des Lehnrechts durch eine stärkere Akzentuierung der *fidelitas ligia* die Herrenseite eine Stärkung erfuhr, der König nicht nur mit den Kron-, sondern auch den Untervasallen verbunden blieb und durch Ausbildung von Rechtssätzen wie „nulle terre sans seigneur" alles Land in den Lehnsnexus eingebunden und dem König als Oberherrn unterstellt angesehen wurde, wie aber auch das Königtum von einer gut durchorganisierten Krondomäne aus mit Hilfe neuartiger Hofbeamter, unter denen vom Ende des 12. Jahrhunderts an die 'baillis' die wichtigste Rolle spielen sollten, und Rechtsberater, die alle Möglichkeiten des Lehnrechts nutzten, von der Wende zum 13. Jahrhundert an konsequent und zäh durch Konfiskation, Erbschaft, Kauf und Eroberung ganze Fürstentümer geschlossen an die Krongewalt zurückgebracht werden konnten. Der gezielten Entfaltung eines Königsmythos in Frankreich und bewußten Rückgriffen auf karolingische Traditionen stand dazu auf deutscher Seite kein vergleichbarer, auf nationale Sammlung der Kräfte hinwirkender Impetus gegenüber. – Neben diesen Faktoren konnte gewiß die aus dem 10. Jahrhundert überkommene unterschiedliche, dort mehr regionale und hier mehr von Stämmen geprägte Grundstruktur gewiß nur ephemere Bedeutung haben. Sie sollte zwar nicht übersehen, aber auch nicht überbetont werden.

7. Probleme um Heinrich I.

Für Heinrich I. sind – entsprechend den einander gelegentlich widersprechenden und in großer zeitlicher Distanz verfaßten Quellenberichten (Widukind von Corvey, Continuator Reginonis, Liudprand von Cremona, Thietmar von Merseburg) – schon die Thronerhebungsumstände umstritten. Liefern diese Quellen überhaupt eigenständige Nachrichten oder spiegeln sie nur eine bewußt gesteuerte „ottonische Hoflegende" wider [so 56: F. Schneider, Mittelalter; dagegen besonders 677: H. Heimpel, Bemerkungen]? Nach langer Diskussion ist großes Mißtrauen [sehr betont von 293: M. Lintzel, Designation, u. Miszellen] – weniger in bezug auf die Hoflegende als überhaupt hinsichtlich der Möglichkeit sicheren Wissens der Quellenautoren – geblieben [670: W. Schlesinger, Heinrich I.; 669: Ders., Fritzlar]. Bei aller grundsätzlichen Skepsis sind verschiedene Einzelfragen noch immer kontrovers. Hatte die vor allem von Widukind deutlich herausgestellte Empfehlung Konrads I., Heinrich als Nachfolger anzunehmen, bzw. die darauf fußende Designation durch Konrads Bruder Eberhard von Franken entscheidendes Gewicht – im Sinne eines „bindenden Wahlvorschlags" bzw. einer „befohlenen Wahl" [so 291: H. Mitteis, Deutsche Königswahl S. 42; 293: Ders., Krise S. 45f., ND S. 255f.; 677: H. Heimpel, Bemerkungen ND S. 26; 293: F. Rörig, Geblütsrecht ND S. 84] – oder berührte die Designation die Wahl nicht und blieben die Wähler, d. h. in erster Linie die Aristokratie, in ihrer Entscheidung frei [so 293: M. Lintzel, Designation ND S. 62, 70; 293: Ders., Zu den deutschen Königswahlen ND S. 208f.; 296: W. Schlesinger, Anfänge ND S. 341]? Beide Auffassungen überzeugen nicht angesichts der Tatsache, daß einerseits die Designationen stets verwirklicht wurden und daß andererseits selbst in der Königsfamilie eine Ablehnung der Designation (z. B. 936) möglich war. Auch darf man Unterschiede zwischen den sonst üblichen 'Sohnesdesignationen' und der 'Fremddesignation' von 919 nicht übersehen. – Spielten 919 neben der Insignienübergabe auch Thronsetzung und Huldigung eine bestimmte Rolle, obwohl sie in unseren Quellen gar nicht genannt sind [669: W. Schlesinger, Fritzlar]? Und welche Bedeutung hatten 918/19 charismatische Vorstellungen? Verbarg sich, wenn Widukind den sterbenden Konrad I. sagen läßt, daß *fortuna atque mores* von den Konradinern bereits zu Heinrich I. übergegangen seien, hinter einer solchen Wendung eine lebendige Überzeugung von einem auf ein neues Geschlecht transferierten und ein neues Königshaus begründenden 'Königsheil'? [So vor allem 579: H. Beumann, Widukind S. 238ff. 264: Ders., Legitimierung S. 12ff., ND S. 158ff.; 296: W. Schlesinger, Anfänge ND S. 336f.] Während M. Lintzel [293: Miszellen S. 42–51] nur einschränkende Kritik dazu äußerte, die sich vornehmlich gegen H. Mitteis [293: Krise S. 18, ND S. 229] wandte, der das Königsheil gar als eine „objektive Grundnorm" des Geblütsrechts betrachtet hatte, verwarf W. Baetke [269: Yingvi S. 179f.] eine solche Inbezugsetzung völlig. Er sah in der *fortuna* nur die antike Glücksgöttin. H. Wolfram [270: Methodische

Fragen S. 485ff.] meinte wiederum hierzu, „daß auch eine außerpersönliche Fortuna im Mittelalter als immanentes Heil verstanden werden konnte“, und sah dadurch BEUMANNS ‘Königsheil’-Interpretation als gerechtfertigt an. Wichtig ist, daß es BEUMANN [717: Kaisertum Ottos des Großen S. 22 A. 4 bzw. S. 544 A. 4] gelungen ist, die Phrase *fortuna cum moribus* in Widukinds Stilvorbild Sallust (Catilinae coniuratio 2) wörtlich nachzuweisen. Ob sich damit die Meinung von einer autochthonen Königsheilvorstellung, die Widukind mit der lateinischen Phrase wiedergegeben haben soll, aufrechterhalten läßt, bleibt dadurch wohl noch mehr eine offene Frage.

Verschiedene Erklärungsversuche gibt es auch für Heinrichs quellenmäßig gut überlieferte Zurückweisung des Salbungsangebotes von seiten Erzbischof Herigers von Mainz. Daß diese nur der von Widukind angedeuteten Bescheidenheit Heinrichs entsprang, wird allgemein bezweifelt. Hatte C. ERDMANN [671: Der ungesalbte König] die Salbung bereits als ostfränkische Tradition zu erweisen versucht, so konnte in seinen Augen die Salbungsablehnung nur eine Absage an die gesamte fränkische Tradition sein und vor allem mit der Auffassung erklärt werden, Heinrich habe die Salbung durch den Papst erstrebt. Und waren von H. BÜTTNER – I. DIETRICH [653: Weserland] besonders die älteren Konflikte des Mainzer Erzbischofs mit dem bisherigen Sachsenherzog um Besitzungen in Thüringen als mögliche Ursache angeführt worden, ja, hat man auf andersartige sächsische Königsvorstellungen – ohne fränkische Salbungstradition – zusätzlich hingewiesen [672: M. LINTZEL, Heinrich I. u. fränk. Königssalbung; 663: W. GIESE, Stamm der Sachsen], auch auf die für Heinrich ungewöhnlichen kirchlichen Formen (*prostratio* und *promissio*), die der möglicherweise damals zur Benutzung anstehende ‘Frühdeutsche Ordo’ dem Elekten vorschreibt [670: W. SCHLESINGER, Heinrich I.; 669: DERS., Fritzlar; 305: U. REINHARDT, Untersuchungen S. 144f., 153f.], ergänzend aufmerksam gemacht, so bleibt bei allem als plausibelster Erklärungshintergrund aber doch die seit dem letzten Jahrhundert schon gängige communis opinio [675: G. WAITZ, Jahrbücher Heinrichs I.; 662: R. HOLTZMANN, Sächs. Kaiserzeit; etc.] bestehen, daß nämlich der neue König gegenüber Herzögen und Kirche einen anderen Weg einzuschlagen gedachte als sein (mit der starken Anlehnung an die Kirche) gescheiterter Vorgänger und daß er dies mit einem sichtbaren, auch von den ihn noch ablehnenden süddeutschen Herzögen erkennbaren Zeichen zum Ausdruck bringen wollte.

Die Frage, ob Herzog Arnulf von Bayern 919–921 ein bayerisches Sonderkönigtum anstrebte, wie es seine Selbstbeschränkung auf Bayern nahelegt [so besonders 379: K. REINDEL, Luitpoldinger S. 127ff.; 622: DERS., Hzg. Arnulf S. 233ff., ND S. 265ff.; DERS.. in 43: Spindler, Handbuch I S. 284f.], oder ob er für ein Königtum im gesamten bisherigen ostfränkisch-deutschen Herrschaftsbereich Konrads I., d. h. als Gegenkönig oder Alternativkönig gegen den vom sterbenden Konrad I. empfohlenen Heinrich von Sachsen antrat [so vor allem 677:

H. Heimpel, Bemerkungen ND S. 35; R. Buchner in 675: G. Waitz, Jahrbücher ND S. 297ff.; 670: W. Schlesinger, Heinrich I.; 669: Ders., Fritzlar; 667: H. Beumann, Regnum Teut.] – ob gleichzeitig, vor oder nach dessen Fritzlarer Wahl wissen wir nicht –, ist trotz intensiver Diskussion noch immer offen. Da der oben (S. 105) zitierte Begriff *regnum teutonicorum* der (uns nur in einer Admonter Schülerkopie aus der Mitte des 12. Jahrhunderts erhaltenen) älteren Salzburger Annalen – diese selbst sind offenbar bald nach der Mitte des 10. Jahrhunderts verfaßt worden – für das 10. Jahrhundert, in dem wir *theodiscus* bzw. *teutonicus* fast nur zur Kennzeichnung der Sprache überliefert finden, ganz singulär steht, sind angesichts des nur abschriftlichen Überlieferungsbefundes Zweifel an dessen Zeugniswert für das 10. Jahrhundert erhoben worden und wohl auch angebracht. Diese sind noch dadurch genährt worden, daß in der Admonter Abschrift die beiden ersten Buchstaben von *teutonicorum* auf Rasur stehen. Der Begriff kann Korrektur (aus ursprünglich *bawariorum*) oder einfache Zufügung des nachweisbar recht unzuverlässig arbeitenden Admonter Schreibschülers bzw. schon eines Vorgängerkopisten sein [632: C. Brühl, Anfänge S. 171f.]. Die Bedenken von E. Müller-Mertens [666: Regnum Teut. S. 36ff., 105ff., mit ausführlichem Forschungsbericht], die sich zusätzlich darauf gründen, daß dieser Begriff auch dem ganzen geistig-politischen Vorstellungsbereich des Salzburger Annalisten nicht zugehörig erscheint, und von H. Thomas [665: Regnum], die für die Mitte des 10. Jahrhunderts hinter der für das Volk notwendigen parallelen Wortbildung *diutiscono richi* noch einen Anachronismus verspüren (die althochdeutsche Form *diutisk* tritt erst um 1000 bei Notker dem Deutschen erstmalig auf), sind auch im letzten Beitrag von H. Beumann [660: Bedeutung S. 342ff., 363ff.; vgl. auch 670: W. Schlesinger, Königserhebung Heinrichs I. S. 542f.] nicht stringent beseitigt worden. Nach einer Quarzlichtuntersuchung der Rasurstelle konnte er immerhin die beiden ersten Wortbuchstaben *te* als Verbesserung von *to* (Beginn der 2. Silbe?) erklären und damit für ein ursprüngliches Vorhandensein des Wortes *teutonicorum* in der Schreibschülervorlage plädieren. (Warum mußte aber – für eine Verbesserung von *to* zu *te* – überhaupt am 1. Buchstaben, und zumal im Oberlängenbereich, den ein *t* gar nicht aufweist, radiert werden?) Jedoch auch wenn man Beumanns 'Rasurerklärung' akzeptiert, ist das Problem nur auf die Kopistenvorlage (11. Jahrhundert – 30er Jahre des 12. Jahrhunderts?), die in Admont verwendet wurde (man hatte dort sicher nicht das Salzburger Autograph für die Schreibübungen zur Verfügung), verlagert und somit letztlich ungelöst. Ohne auf diese Spezialfrage einzugehen, hat zuletzt G. Wolf [673: Gegenkönigtum] für einen Thronanspruch Arnulfs im Reichsganzen plädiert.

In einem anderen Komplex, in dem lange Zeit ebenso vehement gestritten wurde, scheint sich nunmehr ein akzeptables Ergebnis abzuzeichnen: in den Fragen, welche Bedeutung die Hl. Lanze für Heinrich I. hatte und welche näheren Umstände zu ihrem Erwerb führten. Hatte noch G. Waitz [675: Jahrbücher S. 66f.] die Hl. Lanze – nach den Angaben Liudprands von Cremona, der im

Zusammenhang mit der Schlacht von Birten über sie berichtet – lediglich als „kostbare Reliquie" gewertet, die Heinrich 922 wohl „als Preis seiner Zustimmung" zur Heirat von Herzog Burchards II. Tochter Berta mit König Rudolf II. von Hochburgund empfangen habe, so war dann von A. HOFMEISTER [Die Hl. Lanze, 1908] der Charakter eines weltlichen Herrschersymbols, an dem der Anspruch auf die Herrschaft in Oberitalien gehaftet habe, aus der von Liudprand mitgeteilten Vorgeschichte der Lanze (Übergabe derselben durch den aufständischen oberitalienischen Grafen Samson an Rudolf II.) erschlossen und stärker betont worden. Von Rudolf II. habe Heinrich die Lanze erst 926 erworben, da – nach Liudprand – Rudolf die Lanze persönlich *(cominus)* übergeben habe und ein *Ruodulfus rex* nachweislich im November 926 beim Reichstag in Worms zugegen gewesen sei. Auch sei es gerade damals möglich gewesen, daß Heinrich – angesichts des Todes Herzog Burchards II. in Oberitalien und der Neuvergabe des Herzogtums Schwaben – die von Liudprand gleichfalls berichtete Dankgabe eines Teiles von Schwaben (Basel und südliche Hochrheingebiete) an Rudolf überlassen habe. Dies blieb communis opinio [vgl. 684: M. LINTZEL, Heinrich I. und Schwaben], bis 1937 der Germanist O. HÖFLER [HZ 157] im Bemühen, eine Kontinuität germanischer Lebensbereiche aufzudecken, die Hl. Lanze als altgermanische Königslanze bzw. als Wotansspeer auffaßte und Liudprands Bericht zur frommen Legende erklärte. Vornehmlich A. BRACKMANN [686: Mauritiusverehrung; 687: DERS., Hl. Lanze] verteidigte daraufhin den Liudprandbericht und betonte dabei zugleich den Reliquien- und den Herrschaftssymbolcharakter, den die Hl. Lanze in den Augen Heinrichs I. gehabt haben muß, während H.-W. KLEWITZ [688: Hl. Lanze] Liudprands Angabe, daß diese Lanze früher dem Kaiser Konstantin gehört haben solle, was sich mit Kaisertumsansprüchen des jeweiligen Besitzers verbinden ließ, ablehnte und als „höchstpersönlichen Erklärungsversuch" des Cremonesen verwarf. Der Insigniencharakter der Lanze könne allein im langobardischen Staatsrecht, nicht auch in römisch-imperialen Vorstellungen gesucht werden. – Hatte man dabei das Jahr 926 als Zeitpunkt des Übergangs der Hl. Lanze von Rudolf II. auf Heinrich I. nicht bezweifelt, vertrat 1941 R. HOLTZMANN [662: Sächs. Kaiserzeit S. 103] die Ansicht, dieses „Sinnbild für den Anspruch auf Italien und das Kaisertum" sei erst 935 beim Dreikönigstreffen von Ivois – auf dem Zenit von Heinrichs Ansehen – in Vorbereitung eines Romzugs an Heinrich gelangt. W. HOLTZMANN [689: Heinrich I. und die Hl. Lanze] hat dies 1947 ausführlich zu begründen versucht. Mit einem weiteren Argument aus der Interpretation eines Rundschreibens hat H. E. MAYER [690: Rundschreiben; 691: DERS., Alpen] diesen Ansatz abzustützen getrachtet. Erster Widerspruch hiergegen kam 1964 von H. BÜTTNER [683: Heinrichs I. Südwest- u. Westpolitik], der zunächst erhärtete, daß der 926 in Worms anwesende König Rudolf der Hochburgunder (nicht Raoul von Frankreich) war und dann auf einen 928 im Thurgau hervortretenden Grafen Ludwig aufmerksam machte. Da dieser mit einem Bruder Rudolfs II. von Hochburgund zu identifizieren ist, befanden sich jene Gebiete südlich des Hochrheins (als

Dankgabe für die Lanze) 928 wohl schon in Hochburgunderhand, der Lanzenerwerb mußte vorher, d. h. 926, geschehen sein. H. REXROTH folgerte 1973 [Protokoll 185 des Konstanzer Arbeitskreises f. mittelalterl. Gesch.] sodann aus Liudprands Angabe, Heinrich habe mit dieser siegverleihenden Lanze stets seine Feinde erschreckt und vertrieben, daß eine Erwerbung in Heinrichs kampfloser Endphase, d. h. 935, ausscheiden müsse. Und schließlich zeigte E. HLAWITSCHKA [692: Verwandtschaftliche Verbindungen S. 57], daß 929 eine Verschwägerung des liudolfingischen und hochburgundischen Königshauses zustande kam; wenn dies möglich war, müssen die Könige, die nach Liudprand vor der Lanzenaushändigung *inimici* waren und durch sie zu *amici* wurden, schon vor 929, also 926, zu einem Ausgleich gelangt sein. – In letzter Zeit ist der Reliquiencharakter der Hl. Lanze wieder stärker betont worden von K. HAUCK [583: Erzbischof Adalbert] und W. GIESE [663: Sachsen S. 90f.]. Während dabei einerseits die literarische Gestaltung der Lanzengeschichte durch Liudprand als Ausdruck eines unmittelbaren Gottesgnadentums Ottos I., als Nachweis seiner göttlichen Bestimmung zum römischen Kaiser, gedeutet wird und andererseits die Meinung vertreten wird, erst Heinrich I. habe der Lanze ihre Bedeutung als Staatssymbol gegeben, um in diesem Stück den sächsischen Neubeginn (gegenüber älteren Stücken fränkisch belasteter Staatssymbolik) im Reich zu dokumentieren, geraten doch die Erwerbsumstände, der Weg der Lanze (durch Aufständische) von Italien nach Burgund und schließlich zu Heinrich, die staatssymbolische Bedeutung der Lanze bereits bei ihrer Übergabe (926), da sich ja Rudolf II. mit ihr selbst an Heinrich überantwortete *(eo dantem se)*, und der „geradezu exorbitante" Erwerbspreis [272: P. E. SCHRAMM, Herrschaftszeichen 2 S. 535], der seinen Grund gehabt haben dürfte, in solchen Erklärungen sehr in den Hintergrund.

Die früher vieldiskutierte Frage, ob sich hinter den von Widukind im Zusammenhang mit Heinrichs I. Abwehrmaßnahmen gegen die Ungarngefahr genannten *agrarii milites* eventuell „Ministerialen" (R. KÖPKE), „abhängige Leute des Königs" (G. WAITZ), „gewöhnliche Freie" (C. RODENBERG), „bäuerliche Krieger unfreien Standes" ohne vasallitische Qualität (E. E. STENGEL), „Reste des altgermanischen Volksaufgebotes" (E. SANDER), „grundherrliche Dienstmannen des Königs wie auch anderer Grundherren" [695: C. ERDMANN; 696: H. BÜTTNER], ja „Königsfreie" [697: G. BAAKEN, Königtum, mit Forschungsrückblick] verbergen, ist seit K. LEYSER [676: Henry I], der das Problem von der Corveyer Grundherrschaft anging und Widukinds Ausdrucksweise aus den Corveyer Verhältnissen erklärlich machte, zur Ruhe gekommen.

Im Prozeß der Abklärung und Festigung befindet sich die von H. HOFFMANN [700: Zur Geschichte Ottos d. Gr.] bestrittene Deutung der von K. SCHMID [293: Thronfolge] herausgestellten und interpretierten Maßnahmen Heinrichs I. von 929. Hatte SCHMID aus der Vergabe des *rex*-Titels an Otto I. in einer schon auf 929/30 zu datierenden Reichenauer Gedenkaufzeichnung [vgl. besonders 293: DERS., Neue Quellen] den Schluß gezogen, daß Heinrich I. bereits 929 (nicht erst kurz vor seinem Tod) im Zusammenhang mit Ottos Verehelichung die Nachfolge im Königtum im Sinne der Einzelsukzession und einer neuen Dynastieerrichtung geregelt habe, was auf eine recht starke Stellung Heinrichs schon nach den ersten 10 Regierungsjahren (und noch vor dem Ungarnerfolg) schließen ließe, so ist dies von H. Hoffmann bestritten worden. Der von Reichenauer Mönchen an Otto 929/30 gegebene *rex*-Titel wird als unverbindliche Panegyrik abgewertet, ein *iam olim designatus* bei Widukind (zu 936), das nach Schmid eine längere Designationszeit vor 936 bestätigt, wird als zu unpräzise bezeichnet und auf Maßnahmen Heinrichs angesichts seines Todes bezogen. Die von Schmid aus DO I, 1 gefolgerte Auffassung, daß Otto I. – durch seine vorherige Designation bestärkt – schon bei seinem Regierungsbeginn (936) an eine Fortführung des Königtums nur noch durch sein Geschlecht gedacht haben kann und eine freie Königswahl, solange männliche Nachkommen von ihm existierten, für ausgeschlossen hielt, wird ebenfalls zurückgewiesen. Die Gegenüberstellung der beiden Passagen nämlich – wenn jemand aus der *generatio nostra* König sei, so solle Quedlinburg in Zukunft in seiner Gewalt und seinem Schutz sein, und: wenn *alter e populo eligatur rex*, so solle dieser zwar die direkte Gewalt in Quedlinburg haben, jedoch der mächtigste *nostrae cognationis* den Schutz, die Vogtei, wahrnehmen – zeige keinesfalls eine Spaltung der Ottonenverwandten in einen Mannesstamm *(agnatio)* und Blutsverwandte der Frauenseite *(cognatio)*. Beide Begriffe – *generatio* und *cognatio* – seien seinerzeit synonym im Sinne allgemeiner Verwandtschaft gebraucht worden, und folglich habe auch Otto 936 mit einem Wahlgedanken, der sich auf andere als Mitglieder seiner Familie richten könne, gerechnet [so auch 297: W. Schlesinger, Erbfolge S. 20ff.]. Stärke und Ansehen Heinrichs I. 929 und die Geltungskraft von Geblütsrecht und freier Wahl in den Anfängen der deutschen Geschichte stehen hier auf dem Prüfstand. Nicht zu übersehen ist jedenfalls, daß im Reichenauer Gedenkeintrag von 929/30 nur Heinrich I. und Otto I. den *rex*-Titel erhalten haben (Ottos mitgenannte Brüder aber nicht), und daß ein – wenn auch sehr später – Lausanner Annaleneintrag eine Königsweihe Ottos I. 930 in Mainz festhält. Beachtlich ist auch nach wie vor das Faktum, daß zwei verschiedene Begriffe (nicht nur ein und derselbe) in DO I, 1 gebraucht werden. *Generatio* dürfte wohl direkte (männliche) Nachkommen und *cognatio* die darüber hinausgehende Verwandtschaft bezeichnen [s. auch oben S. 33 und künftig 303: E. Hlawitschka, Untersuchungen zu den Thronwechseln].

Die Besonderheit der gesamten Herrschaftskonzeption Heinrichs I., nämlich die Akzeptierung der weitgehend autochthon gewachsenen Herzogsgewalten mit Hilfe von *amicitia*-Bünden abzusichern, ist erst vor kurzem von G. Althoff und H. Keller in ihrer biographischen Studie zu Heinrich I. und Otto dem Großen [698a] stärker ins Gespräch gebracht worden. Hatte man früher schon Heinrich I. – seinem ganzen Verhalten nach – mehr oder weniger als einen *primus inter pares* bezeichnet [662: R. Holtzmann, Sächs. Kaiserzeit S. 83], so erweisen jedenfalls die vornehmlich aus Gedenkeinträgen und sonstigen Memorialnotizen gewonnenen Belege der *amicitia*-Verbindungen Heinrichs I. seine starke genossenschaftlich geprägte Denkweise und Art der Politik, die gewiß das große Befriedungswerk nach der Übergangskrise der Jahrzehnte um 900/920 erleichterten. Das Aufhören dieser vom König ausgehenden 'Freundschaftsbünde' unter seinem Sohn Otto I. zeigt dann aber auch die innere Distanz der gerade in den Anfangsjahren so konfliktbeladenen Politik Ottos I. zu derjenigen seines Vaters Heinrich I. deutlich auf. Otto hat – anders als Heinrich I. – offenbar gerade die Hoheit des Königs, das Amtsrecht und das besondere königliche Gottesgnadentum viel stärker betont, wogegen dem Adel, wenn er sich dadurch verletzt und in seinem Eigenwert gekränkt glaubte, nur die Möglichkeit offenblieb, sich in der Form der Fehde – auch gegen den König – zur Wehr zu setzen. Auf diesem Feld sind offenbar noch weitere Aufschlüsse zu erwarten.

8. Otto I. und das sog. ottonisch-salische Reichskirchensystem

Die oben S. 53ff. skizzierte 'ottonisch-salische Reichskirchenherrschaft' wird in der Literatur häufig als ein zielbewußt gestaltetes Herrschaftssystem dargestellt, das als Schöpfung Ottos I. zu gelten habe. Schon A. HAUCK hat in seiner hochangesehenen Kirchengeschichte Deutschlands [69: Bd. 3, S. 28ff.] diese Auffassung vorbereitet. Und zwar sei das sog. ottonisch-salische Reichskirchensystem wegen des im Liudolf-Aufstand (953) offenbar gewordenen Scheiterns eines früheren Reichsplans Ottos, in dem der innere Reichsfrieden auf die Beteiligung der engsten Verwandten an der Herrschaft über die „Stammesherzogtümer" gegründet gewesen sei, notwendig geworden [so z. B. 498: L. SANTIFALLER; 75: H. E. FEINE; 163: MITTEIS-LIEBERICH; 40: GEBHARDT-FLECKENSTEIN; ähnlich 708a: F.-R. ERKENS]. Die Wurzeln, die Otto weiterentwickelt habe, hätten sowohl im spätantiken Staatskirchentum, in der Sakralstellung des geweihten Königs, im vom Adel geprägten Eigenkirchenwesen, als auch im Eindringen des adligen Herrschaftsanspruchs und der adligen Geisteswelt in die Kirche etc. gelegen: in Faktoren also, die einerseits die Stellung des Königs in und gegenüber der Kirche rechtfertigten und andererseits das Eingehen der aus dem Adel stammenden Bischöfe auf die Erfordernisse des Reichs – *servitium regis*, Heerfolge, Verwaltungsaufgaben etc. – erleichterten, ja angesichts reicher königlicher Gunsterweise geradezu nahelegten. Otto habe vor allem die Reichskirche zu einem „wirksamen Gegengewicht" gegen die Herzöge und das weltliche Fürstentum ausgebaut [54: J. FLECKENSTEIN, Grundlagen S. 146; 447: L. AUER I S. 322, 335].

Diese Zuspitzung auf Otto I. und den Liudolf-Aufstand dürfte indessen eine zu starke Vereinfachung und zu enge Konzentrierung einer sich über viele Generationen hinziehenden, erst unter Heinrich II. zu voller Ausprägung gelangenden gegenseitigen Zuordnung von königlicher Gewalt und hoher Geistlichkeit sein, in der Otto I. eigentlich nur ein Mittelglied in einem schon aus dem großfränkischen Erbe herkommenden Entwicklungsgang bildete. Eine direkte und generelle Hinwendung Ottos I. zur hohen Geistlichkeit als Reaktion auf den Liudolf-Aufstand ist jedenfalls in den Quellen nicht zu bemerken, weshalb H. Sproemberg [711: ND Lothr. Politik, Nachwort] 1959 auf das Teilen von Herzogtümern und Marken als eigentlicher Reaktion Ottos auf den Liudolf-Aufstand hinwies. Sie lag schon deshalb nicht nahe, weil sich mancher Bischof beim Aufstand gegen Otto gestellt bzw. sich nicht für ihn entschieden hatte (z. B. Erzbischof Friedrich von Mainz, Erzbischof Herold von Salzburg). Außerdem boten die selbst durchweg aus dem hohen Adel hervorgegangenen Bischöfe auch fürderhin gewiß nicht die sichere Gewähr, daß sie sich ohne weiteres gegen ihre eigenen Blutsverwandten einsetzen ließen oder den König stets unterstützten (vgl. Probleme um die Einrichtung des Magdeburger Erzbistums). Ein Bischof, der gegen seinen König Position bezogen hatte, ließ sich zudem noch weniger leicht absetzen als ein Graf oder Herzog. Auch hat sich Otto I. nach dem Liudolf-Aufstand keinesfalls von der Verwandtenberücksichtigung bei der Ämtervergabe abgewandt (vgl. oben S. 121f. und 124f.). Allenfalls indirekt hatte dieser Aufstand eine bestimmte Bedeutung für Ottos zunehmend stärker werdende Beachtung der Reichskirche. Als nämlich 953 während des Liudolf-Aufstandes Brun, der jüngste Bruder Ottos I., zunächst zum Erzbischof von Köln erhoben und nur wenige Wochen später in Lotharingien mit der Reichsverwaltung (anstelle des abgesetzten Herzogs Konrad des Roten) beauftragt wurde, dabei in den Jahren seiner Reichsverweserschaft im Westen (bis 965) 5 seiner Kölner Schüler und Freunde auf lotharingische Bischofsstühle brachte, da trug dies wesentlich zur Beruhigung der Verhältnisse an der Westgrenze bei. Und das wiederum dürfte den König nach Bruns Tod (965) bewogen haben (– auch dies ist nicht zweifelsfrei bezeugt, nur naheliegend –), das Beispiel Bruns, nämlich die Bischofskandidaten aus einem ausgebildeten und in der Treue erprobten Schülerkreis zu nehmen, am Hofe fortzuführen, d. h.: in der Hofkapelle geschulte, mit Hof- und Reichsproblemen vertraute und für die Erfüllung von Reichsaufgaben zuverlässige Kleriker auf freigewordene Bischofsstühle zu bringen. Denn erst mit dem Jahre 967 setzte die auffallende Bischofspromotion von Kapellänen ein [499: J. Fleckenstein, Hofkapelle II], die die bisherige, vom König nach landschaftlichen und familiären Herkunftskriterien vorgenommene Kandidatenauswahl für das Bischofsamt – wenn eine solche überhaupt stattfand – ablöste. – Von einem „Gegengewicht gegen die Herzöge“, das die Bischöfe und Reichsäbte nunmehr gebildet hätten, kann man ebenso kaum sprechen; es gab nach 953/54 ja keine Spannungen zwischen Otto I. und den Herzögen mehr, an denen man diese den Bischöfen zugeschriebene Funktion kontrollieren könnte; in den 'Zänker'-Aufständen z. Z. Ottos II. (s. S. 132f.) standen die Bischöfe ebenfalls nicht einheitlich auf des Kaisers Seite. Es bahnte sich vielmehr – so wird man wohl sagen müssen – seit der Zeit Ottos I., und besonders seit dessen letzten Jahren, in den Bischöfen eine zweite Säule in der Mitträgerschaft des Reiches (neben den Herzögen, nicht gegen sie) an, die dann, wie vor allem J. FLECKENSTEIN gezeigt hat, erst in der Zeit Heinrichs II. klar erkannt und gefördert wurde.

Zu meinen, daß das „ottonisch-salische Reichskirchensystem seinen Abschluß durch den unter Otto I. erfolgten Einbau des Papsttums fand" [498: L. SANTIFALLER S. 37; ähnlich 58: H. KAMMLER S. 159; 75: H. E. FEINE S. 220f.] bedeutet wohl gleichfalls eine unkorrekte Vermischung verschiedener Entwicklungslinien. Von Ottos I. „Notwendigkeit", nach Rom ziehen zu müssen, um den deutschen Episkopat (durch seine Spitze, den Papst, der ja „ein zweites, vom König unabhängiges, auswärtiges Oberhaupt" gewesen sei) besser in die Hand zu bekommen [498: L. SANTIFALLER S. 29], wissen jedenfalls nur die modernen Interpreten, nicht die Quellen! [Vgl. schon 727: M. LINTZEL, Kaiserpolitik S. 58ff., und die dort abgelehnte ältere Literatur S. 122; auch 729: F. RÖRIG, Kaiserpolitik Ottos d. Gr.] Das Anwachsen des herrscherlichen Ansehens auch den deutschen Bischöfen gegenüber, das sich durch Ottos I. Romzug und Kaiserkrönung 962 zweifellos ergab, ist mehr 'Nebengewinn' der Kaiserpolitik als spezielles Ziel Ottos I. gewesen. Aber auch die Gemeinsamkeit von Kaiser und Papst hat nicht durchweg bedingt, daß die Bischöfe stets lenkbare Werkzeuge in der Hand des Kaisers/Königs wurden, wie die Probleme bei der Errichtung des Erzbistums Magdeburg oder des Bistums Bamberg zeigen (s. S. 127ff. u. 155). Die Vorstellungen vom Papst als 'oberstem Reichsbischof' und von den Bischöfen als einem leicht zu handhabenden und stets königstreuen 'Herrschaftsinstrument' sind gewiß obsolet.

Verständlicherweise ist deshalb neuerdings der ganze 'System'-Charakter in der ottonisch-frühsalischen Reichskirchenherrschaft und damit die Auffassung von der planvollen bzw. ganz bewußten Heranziehung der Kirche als Herrschaftsinstrument in Frage gestellt worden. TH. REUTER [502: Imperial Church System] bestreitet aber nicht nur ein planvolles Agieren der deutschen Könige auf diesem Sektor der Politik, womit er Überinterpretationen gewiß berechtigt entgegentritt – schon TH. SCHIEFFER [39] spricht ja z. B. nicht vom „Reichskirchensystem" –; REUTER verneint dazu auch die Sonderstellung, die die ottonisch-salische Reichskirche in ihrem Verhältnis zum König – im Vergleich mit anderen Landeskirchen – nach allgemeiner Auffassung hat, wobei freilich die zum Vergleich herangezogene Stellung des französischen Königs zu fest fundiert gesehen wird und die relative Machtlosigkeit der italienischen Kleinbistümer unbeachtet bleibt. Hierin ist ihm J. FLECKENSTEIN [503: Problematik] sofort begründet entgegengetreten. – In der Ablehnung der Bedeutung des 'Königskanonikates', das seit der Zeit Ottos III. die sakrale Stellung des deutschen Königs und seine Einflußmöglichkeiten auf die Domkapitel noch untermauert und verstärkt haben soll [493: J. FLECKENSTEIN Rex canonicus], hat REUTER jüngst Unterstützung erhalten durch M. GROTEN [494: Gebetsverbrüderung – Königskanonikat], der die Ausformung eines eigentlichen, auf Dauer konzipierten Königskanonikates erst in das 12. Jahrhundert setzt und die vorangehenden Verbindungen der Könige mit Domkapiteln nicht ganz unberechtigt bei den Gebetsverbrüderungen anreiht, die die Könige vorher vornehmlich mit Klöstern gesucht hatten. GROTEN hat inzwischen Widerspruch erfahren [H. FUHRMANN u. H. BOOCKMANN in Fleckenstein-Festschrift 1984]. Aber ganz offensichtlich geht hier die Forschungstendenz dahin, durch differenzierte Betrachtungsweisen einen 'Systemwechsel' Ottos I. 953 und überhaupt den 'Systemcharakter' in den politischen Maßnahmen der Ottonen vor Heinrich II. – d. h. eine langfristig geplante Entwicklung – zu relativieren.

9. Probleme aus dem Umfeld der Kaiseridee bei den Karolingern, Ottonen und frühen Saliern

Zu den unreflektierten Prämissen der Geschichtsforschung des letzten Jahrhunderts gehörte die Auffassung, daß das Kaisertum, um das sich die Vorstellung von 'Universalität' und 'eines mehr als königlichen Ranges' rankte, auch schon im 9. und 10. Jahrhundert rechtens allein vom Papst in Rom vergeben worden sei, wie dies für die nachfolgenden Jahrhunderte voll zutrifft. Doch wurden dabei 'nichtromgebundene Kaiservorstellungen' ganz übersehen. Die bereits für das 9. und 10. Jahrhundert (zumeist unbewußt) vorgenommene Verknüpfung des Kaisertums und der Kaiseridee mit Rom und den Päpsten hatte wohl ihren tieferen Grund darin, daß Karl der Große, dem die Wiederaufnahme der Kaiserwürde im Abendland nach dem 3 1/4 Jahrhunderte zurückliegenden Zusammenbruch des weströmischen Kaisertums zuzuschreiben war, zu Weihnachten 800 eben in Rom und durch den Papst zum Kaiser erhoben und daß bei dieser Proklamation auch der Titel *Imperator Romanorum* verwendet worden war. Eine Kontinuität einer an Rom gebundenen Kaiseridee schien somit seit den Tagen Karls des Großen ungebrochen zu bestehen. Doch hatte Karl den bei der Akklamation verwendeten Titel freilich gar nicht angenommen, sondern aus verschiedenen Gründen zur '*Romanum-gubernans-imperium*-Formel' modifizieren lassen, was wenig beachtet wurde. Daß 800 tatsächlich eine 'kurial-römische Kaiservorstellung' existierte, dieser aber auch eine offensichtlich davon abweichende Kaiserauffassung Karls des Großen gegenüberstand, kann hier nicht ausführlich behandelt werden, obgleich es zu den Grundlagen der Kaiserauffassung der folgenden Zeit gehört. Nur das Wesentlichste kann – muß aber auch – kurz gestreift werden; denn das Verdikt von P. E. SCHRAMM [Die Anerkennung Karls d. Gr. als Kaiser, in: HZ 172, 1951, S. 479 ff.; überarbeitet in 63: Kaiser 1 S. 251 ff.], eine „fränkische Kaiseridee" sei „ein Phantom moderner Wissenschaft", das einer weiteren Erörterung nicht bedürfe, hat sich ja nicht durchgesetzt.

Für die Einsicht in nicht auf Rom bezogene Kaiservorstellungen hat vor allem E. E. STENGEL mit seiner Untersuchung von 1910 über 'Den Kaiser macht das Heer' [317] anregend gewirkt, indem er auf eine aus der Doppeldeutigkeit der Begriffe *imperator* (Feldherr/Kaiser) und *imperium* (Befehlsgewalt/Herrschaftsbereich des Römischen Kaisers) entstehende und bei den Angelsachsen und auch in Spanien entwickelte nichtrömische Kaiseridee hinwies, die ein hegemoniales, mehrere Stammesherrschaften als Oberherrschaft übergreifendes Führertum bezeichnet habe: eine Vorstellung, die eben auch schon Karl dem Großen (über Alcuin) bekannt gewesen sei und später über Ottos I. Gemahlin Edgith in Sachsen stärkere Verbreitung gefunden habe, so daß Widukind von Corvey dementsprechend seine Auffassung vom (auf dem Lechfeld erworbenen) 'Kaisertum' Ottos I. zur Kritik an Ottos Italienpolitik habe ausbreiten können [vgl. auch 318: Ders., Kaisertitel]. M. Lintzel stellte sich 1938 mit seinen Darlegungen, daß bei Karl dem Großen nach 800 „die Idee eines nichtrömischen, . . . christlich-fränkischen Kaisertums", das wegen seiner Konzentrierung auf Aachen von ihm auch als 'Aachener Kaisertum' bezeichnet wird, an Stengels Seite [316: Das abendländische Kaisertum]. Allerdings sah er dabei das nichtrömische Kaiserdenken nicht, wie dieser, schon vor 800 heranwachsen und auch nicht als das Produkt des staatsrechtlichen Prinzips 'Den Kaiser macht das Heer' an, sondern er betrachtete es als natürliche Folge der Etablierung Karls des Großen nach 800 in Aachen und des Hineinwachsens Karls in eine europäische Führerrolle über das fränkische Großreich hinaus bei gleichzeitigem Anspruch auf Gleichrangigkeit mit dem Basileus in Byzanz. Zugleich wies Lintzel darauf hin, daß Karl – ohne Papst und ohne Römer – 813 seinen einzigen überlebenden Sohn Ludwig den Frommen selbst in Aachen zum Kaiser erhob. Und er betonte, daß nach der *Ordinatio imperii* Ludwigs des Frommen von 817 der Kaiser als ein „Oberherr von Königen (und Königreichen)" erschien und das Kaisertum – ganz vom römischen Ursprung entfernt – als „die Verkörperung der fränkischen Reichseinheit" verstanden wurde. Ferner hob Lintzel hervor, daß diese Auffassung des Kaisertums in den Päpsten, da sie an deren Entstehung unbeteiligt waren, die natürlichen Rivalen haben mußte, die durch „Nachkrönungen", zu denen sie selbst ins Frankenreich kamen (816/Ludwig der Fromme) oder den schon zum Kaiser Erhobenen nach Rom einluden (823/Lothar I.), die Bindung des Kaisertums an Rom zu erreichen wußten. Seit Lothar I. – nach dem Scheitern der Reichseinheitsbemühungen – seinen Sohn Ludwig II. selbst 850 nach Rom sandte, um dort die Kaiserkrönung zu erhalten, war offenbar die an die fränkische Reichseinheit geknüpfte Kaiserauffassung der römisch-bedingten unterlegen; und so konnte sich sogar der ausschließliche Anspruch des Papstes, durch seine Krönung den Kaiser zu erheben, etablieren. Erst in Widukinds von Corvey Darstellung der Kaiserproklamation Ottos I. auf dem Lechfeld nach dem großen Ungarnsieg (955) begegne dann wieder der Nachweis, daß der „nichtrömische" Kaisergedanke von 817 „über seinen Untergang 843 hinaus lebendig" geblieben war, wenngleich er von Otto aus realpolitischen Erwägungen zugunsten der Kaiserkrönung in Rom (962) nicht aufgenommen worden ist.

Hatte Stengel die romfreie Kaiseridee der Angelsachsen als „ein Stück germanischer Staatsgestaltung" [318: Kaisertitel S. 23, 49] angesehen, so betonte ihm gegenüber C. ERDMANN [324: Forschungen S. 14]: „Auch der nichtrömische imperiale Gedanke war im Ursprung römisch." ERDMANN zeigte dazu die direkte wie indirekte Abhängigkeit auch der sog. 'Aachener Kaiseridee' Karls des Großen vom Vorbild des spätrömisch-byzantinischen Kaisertums, obgleich jene sich grundsätzlich von Rom und vom Universalismus abhob und lediglich von einem Großkönigtum, einer Oberherrschaft über mehrere Reiche oder Teilreiche, ausging (S. 25f.). Indem er LINTZELS Darlegungen vom Zusammenbruch der 'Aachener Kaiseridee' in den Bruderkriegen vertiefte und die Durchsetzung der römisch-universalen Kaiserauffassung vornehmlich seit der Kaiserkrönung Karls des Kahlen 875 in Rom unterstrich (wiewohl jene in Realität den Universalitätsanspruch mehr und mehr einbüßte und sich mehr zum bloßen Herrschaftsanspruch über Italien reduzierte), konnte er für das Ende der Karolingerzeit eine noch nicht endgültig abgeklärte Einschätzung der Kaisertumsgrundlagen diagnostizieren, bei der aber auch Arnulf von Kärnten schließlich durch seinen Zug zur Krönung durch den Papst in Rom (Februar 896) die römische Sichtweise akzeptierte. Das Wiederaufleben der nichtrömischen Kaiseridee, für das – wie bei STENGEL – die engen Verbindungen der Ottonen nach England als ausschlaggebend angesehen werden, dokumentierte ERDMANN aber erstmals nicht allein mit Widukinds Heerkaiserauffassung; er verwies auf die Existenz des um 960 (neben dem *Ordo Romanus*) entstandenen Kaiser-Krönungsordos *secundum occidentales* im sog. Mainzer Pontifikale, in dem (gerade durch Einsetzen des bekannten und wie in den Formulae je nach Bedarf zu ersetzenden Demonstrativpronomen-Kürzels) mit der Wendung vom *ill. imperium* (anstatt des *Romanum imperium* des *Ordo Romanus*) die Möglichkeit verschiedener Imperien ins Auge gefaßt ist. Auch verwies er auf den 966 in verschiedenen Kaiserurkunden auftretenden Titel Ottos *Imperator Romanorum ac Francorum*, der zwei geistige Pole der Kaiserherrschaft zu erkennen gibt [vgl. 323: C. ERDMANN, Das ottonische Reich].

Gegen STENGELS und ERDMANNS Auffassung, daß in England eine Wurzel der nichtrömischen hegemonialen Kaiseridee zu suchen sei, hat R. DRÖGEREIT massiv opponiert [325: Kaiseridee]. Er kam zu dem Ergebnis (S. 72f.), „daß es weder eine angelsächische Kaiseridee noch einen angelsächsischen Kaisertitel gegeben hat". Ihm gegenüber hat aber E. E. STENGEL [326: Imperator bei den Angelsachsen] die bestrittene Quellengrundlage für seine und ERDMANNS Auffassung erfolgreich verteidigt [zuletzt 317: ND Heerkaiser; zur Interpretation der *Imperium*-Belege bei Beda vgl. jetzt auch H. VOLLRATH-REICHELT, Königsgedanke u. Königtum bei den Angelsachsen bis zur Mitte des 9. Jh., 1971].

Auf diesem Forschungsstand sind vor allem mehrere Arbeiten von H. BEUMANN zu Widukind von Corvey [579] und seiner politischen Konzeption von Bedeutung [580]. Der nichtrömischen hegemonialen Komponente in der Kaiseridee seit den 50er Jahren des 10. Jahrhunderts ist zudem in jüngeren Arbeiten von K.-U. JÄSCHKE und H. KELLER nachgegangen worden [327: Königskanzlei; 328: Kaisertum Ottos], wobei auch Erzbischof Brun von Köln, Ottos I. Bruder, stärker in den Kreis der Vertreter solcher Vorstellungen einbezogen wurde, ja Otto selbst diese Ideen reflektierend erscheint. Sein Kaisertum ist jedenfalls nicht allein von römisch-kurialen Kaiservorstellungen geprägt, sondern fast noch mehr von der hegemonialen Stellung, die Otto sich schon vor seiner Kaisererhebung erworben hatte, dazu auch vom Glauben an seine (durch die Erfolge gegen innere Gegner und äußere Feinde sichtbar gewordene) unmittelbare Gottesauserwählung [583: K. HAUCK, Erzbischof Adalbert]. Daß das hegemoniale Denken dabei nicht allzu weit von den universalen Reichweite-Vorstellungen entfernt war und darin über die (angelsächsische) partikulare Kaiseridee hinausging, womit sich eine Brücke zu der universalen kurial-römischen Kaiseridee ergab, ist gewiß zu Recht betont worden [581: W. OHNSORGE, Widukinds Stellung]. Der nichtrömische Kaisergedanke ist daneben freilich von anderen wie P. E. SCHRAMM [63: Kaiser 3, S. 126f., 423ff.] ganz negiert worden. Daß Otto wesentlich von der Kaisernennung in liturgischen Gebeten (besonders in der Karfreitagsliturgie) und vom Missionsgedanken beeinflußt gewesen sei [481: H. HIRSCH, Kaisergedanke], ist schon vorher von C. ERDMANN [481: Heidenkrieg] relativiert worden. Wichtig ist bei allem, daß Otto – auch mit Rücksicht auf Byzanz – den Titel *Imperator augustus* (ohne *Romanorum*!) führte.

Nach Ottos I. Tod sind allerdings – mit Ausnahme von Sachsen, wo sie bis zum Ende der Ottonenzeit lebendig blieben [663: W. GIESE, Stamm S. 137f.] – die romfreien Kaiservorstellungen zusehends verblaßt. Otto II. begann ab 982, sich *Romanorum imperator augustus* zu nennen, was die nunmehrige Prävalenz der rombezogenen Kaiseridee ebenso anzeigt wie Ottos II. zunehmendes Engagement in der Italienpolitik. Wie das Vordringen der römischen Idee in der Zeit Ottos III. zu einem Höhepunkt gelangt ist, so daß sich von 996 an der rombezogene Kaisertitel uneingeschränkt darbietet, hat vor allem das grundlegende Renovatio-Buch von P. E. SCHRAMM [747] verdeutlicht. SCHRAMM hat den Romgedanken als stärkste Kraftquelle der Kaiseridee sowohl auf politische Gründe, auf die Rivalität mit Byzanz wie auf stadtrömische Rücksichten, zurückgeführt als auch in die breite geistige Strömung einer *Renovatio*- und Erneuerungsgesinnung eingebettet, die in den verschiedensten Lebensbereichen zu bemerken ist. Die 'gelehrte Römerreichsidee', die aus der Beschäftigung mit der Geschichte erwuchs, und die zunehmende Kirchenreform, die ein *Imperium Christianum* erstrebte, haben gemeinsam dahin gewirkt, daß die romfreien Kaiservorstellungen abstarben. Es war nur folgerichtig, daß Otto III. seinen Kaisertitel als *Romani orbis imperator augustus* (DO III nr. 390) interpretierte. Nach einem Rückschlag unter Heinrich II., der mit seiner Devise *Renovatio regni Francorum* die starke Rom-, aber nicht Papstbezogenheit seines Kaisertums gemindert hatte, drang dann z. Z. Kaiser Konrads II. – wie wiederum C. ERDMANN [324: Forschungen; 323: Ottonisches Reich] betonte – die Bezeichnung *Imperium Romanum* für das Reich in die Kaiserurkunden ein. Konrad II. bekannte sich wieder in aller Form zur römisch-universalen Kaiserauffassung mit seiner Metallbulle: *Roma caput mundi regit orbis frena rotundi*. Bei Heinrich III. ist auch schon für den deutschen König vereinzelt der Titel *Romanorum rex* festzustellen, der ab Heinrich V. zur Regel wurde [329: H. BEUMANN, Der deutsche König als Romanorum rex]. Auf dieser Basis konnte schließlich die Auffassung uneingeschränkt gelten, daß das Kaisertum die Fortsetzung des universalen alten Römerreiches darstellte [321: R. SCHLIERER, Weltherrschaftsgedanke]. Wenn im 11. Jahrhundert, als der Titel *Romanorum imperator augustus* schon zur Standardbezeichnung für den Kaiser geworden war, gelegentlich der *Caesar*-Begriff für den durch Siege über auswärtige Feinde zu erhöhtem Ansehen gelangten, aber noch nicht in Rom zum Kaiser gekrönten deutschen König verwendet wurde, so könnten darin eventuell noch letzte Nachklänge von Vorstellungen einer „von Rom weitgehend unabhängigen höchsten Würde" weiterleben [so 704: W. EGGERT-B. PÄTZOLD, Wir-Gefühl S. 287ff.], doch eine Zukunft hatten sie nicht mehr.

An der Entwicklung und Entfaltung der Kaiseridee waren aber nicht allein die verschiedenen Kräfte des Abendlandes beteiligt. Dadurch, daß das Kaisertum nicht nur seinen spätrömischen Vorläufer, sondern auch seinen byzantinischen Bruder und Rivalen hatte, sind die Einflüsse aus Byzanz nicht zu übersehen. Hier sind freilich die ersten Auseinandersetzungen mit Byzanz um Inhalt und Bedeutung des Kaisertitels Karls des Großen und der 812 gewonnene Modus vivendi nicht mehr zu berühren.

Hinzuweisen ist nur auf die vor allem von W. OHNSORGE [331: Zweikaiserproblem; 334: Abendl. Kaisertum] herausgestellte Beobachtung, daß das westliche Kaisertum gerade zu jenem Zeitpunkt, als es sich unter Ludwig II. auf Italien zurückzuziehen begann und dadurch stärker auf Rom und Italien konzentrierte, womit die Vorstellung von der Oberherrschaft über mehrere Reiche automatisch schwand, auch sogleich von Byzanz als Rivale empfunden wurde. Über die Bedeutung von Byzanz für die Neubegründung des 924 bzw. 928 (mit dem Tod Kaiser Berengars I. bzw. Kaiser Ludwigs des Blinden) erloschenen, zuletzt ohne allgemeine Achtung gebliebenen abendländischen Kaisertums durch Otto den Großen 962 bestehen allerdings manche unterschiedliche Auffassungen; sie werden vor allem von W. OHNSORGE [335: Konstantinopel S. 91ff.] stärker betont. Die Einrichtung des Mitkönig- bzw. des Mitkaisertums scheint auf alle Fälle direkt (oder indirekt über die Mitregentschaft bei den italienischen Kleinkönigen des ausgehenden 9. und der 1. Hälfte des 10. Jahrhunderts) von Byzanz beeinflußt [zuletzt 333: W. OHNSORGE, Mitregentschaft]. Daß freilich auch der Gedanke der 'Unteilbarkeit des Reiches' ein Import aus Byzanz wäre (ebd.), wird man bezweifeln dürfen.

Ein grundsätzlicher Unterschied zwischen dem byzantinischen und dem westlichen Kaisertum war und blieb aber, daß es im Osten ein Kaisertum als realen Staatskörper gab, im Westen das Kaisertum immer nur eine schmückende Zierde für einen auf seine frühere Königsmacht gestützten und auch weiter König bleibenden Regenten war [596: F. DÖLGER, Europas Gestaltung; 335: W. OHNSORGE, Konstantinopel S. 99f.; 309: F. KEMPF, Kaisertum S. 239f.].

Ganz anders, aber doch eng damit verbunden ist die Frage, ob das mittelalterliche Kaisertum – vergleichbar dem spätantiken – mit der Durchsetzung der römischen Grundkomponenten auch zu einem Weltherrschaftsanspruch gelangte. Während etwa W. Rüsen [320: Weltherrschaftsgedanke] 1913 einen wirklichen Anspruch auf Weltherrschaft bei den Kaisern von Otto I. bis Heinrich VI. zeigen zu können meinte und vor allem R. Schlierer [321: Weltherrschaftsgedanke] 1934 dem entschieden widersprach und allenfalls solche Gedankengänge im Bereich der Dichter und schmeichlerischen Hofleute anerkannte, hat 1938 R. Holtzmann [322: Weltherrschaftsgedanke; auch 662: Sächs. Kaiserzeit S. 194] über den *auctoritas*-Begriff aufzuzeigen unternommen, daß Kaiser wie Karl der Große und Otto der Große oder Otto III., Konrad II. und Heinrich III. doch eine „Weltstellung in Anspruch" nahmen. Vor dem Investiturstreit sei es bei der noch nicht voll durchreflektierten geistigen Situation den europäischen Nachbarstaaten noch möglich gewesen, über die juristisch undefinierbare, irrationale Größe *auctoritas* „eine ideelle Unterordnung mit voller politischer Unabhängigkeit" zu vereinbaren, obgleich „mit dem Kaisergedanken derjenige der Weltherrschaft von vornherein unlöslich verknüpft" gewesen sei. In dieser Frage laufen indessen die Tendenzen dahin – wie vor allem Arbeiten zu dem hier nicht mehr zu behandelnden Reichsgedanken in der Spätsalier- und der Stauferzeit verdeutlichen [F. Rörig in DA 7, 1944, S. 200ff.] –, die Weltgeltung der deutschen Kaiser doch stärker zu reduzieren und entsprechende Äußerungen aus den seinerzeitigen Situationen zu erklären [309: F. Kempf, Kaisertum; 727: M. Lintzel, Kaiserpolitik S. 115ff.; ND S. 211f. mit vielen Literaturhinweisen]. Sicher ist jetzt schon, daß die vornehmste Kaiseraufgabe, die *defensio ecclesiae Romanae* (s. S. 36), sogar zur Unterordnung des Kaisers unter das Papsttum herangezogen werden konnte, sobald man den Kaiser erst als einfachen *advocatus ecclesiae Romanae* verstand [330: W. Goez, Imperator].

10. Der Streit um Nutzen oder Nachteil der Italien- und Kaiserpolitik der deutschen Könige

Die Erneuerung der abendländischen Kaiserwürde und Ottos I. Italienpolitik gehören seit dem Erscheinen von W. v. Giesebrechts 'Geschichte der deutschen Kaiserzeit' (1855ff.) zu den vielumstrittenen, zum Teil affektbeladenen und mit zeitbedingten Ressentiments diskutierten Problemen der Mediävistik, ja der Geschichtswissenschaft. Auf dem Hintergrund des für Österreich und das Kaiserhaus mit dem Verlust der Lombardei an Piemont-Sardinien endenden Krieges von 1859 war das Thema der Italienpolitik zu einem tagespolitisch heißen Eisen im Ringen zwischen Preußen und Österreich um die Vorherrschaft in Deutschland, d. h. im Ringen um die 'großdeutsche oder kleindeutsche Lösung' geworden. H. v. Sybel und seine Anhänger haben Ottos I. Kaiserpolitik angegriffen,

J. Ficker und viele andere Historiker verteidigten sie. Grundthese v. Sybels war, daß Ottos und seiner Nachfolger Bestreben, Deutschland und Italien zugleich zu beherrschen, zur Katastrophe des deutschen Staates im Hochmittelalter geführt und die Ausbildung eines deutschen Einheits- und Nationalstaates verhindert habe. Das von vornherein aussichtslose Unterfangen habe für lange Zeit die besten deutschen Kräfte nutzlos verzehrt, eine sinnvolle Außenpolitik zur Gewinnung der benachbarten und näheren Ostlande unmöglich gemacht und die innere Konsolidierung des Deutschen Reiches gehemmt. Der Weg nach Süden und nach Rom sei ein Irrweg gewesen; und Otto I. habe ihn eingeleitet. Nach Ficker habe Ottos Italienpolitik indessen den Interessen des deutschen Staates im 10. Jahrhundert ganz entsprochen. Das Scheitern im 13. Jahrhundert habe nicht zwangsläufig geschehen müssen; es sei erst durch das Hinzukommen späterer Komponenten, vor allem durch die Verbindung des Reiches mit Sizilien seit der Zeit Heinrichs VI., ausgelöst worden. Ottos I. Italien- und Kaiserpolitik habe hingegen erst den deutschen Staat des 10. Jahrhunderts gefestigt, soweit dies überhaupt möglich gewesen sei, und habe diesem nicht nur eine Weltstellung, sondern auch großen Nutzen eingebracht. [Streitschriften-ND in 723: Universalstaat oder Nationalstaat.]

Im großen und ganzen hatten Fickers Darlegungen die meiste Anerkennung gefunden. Man verwies darauf, daß Italien ein aufblühendes Wirtschaftsgebiet und ein altes Kulturland war, demgegenüber die dünnbesiedelten, nur kargen Ackerertrag abwerfenden Sandebenen Brandenburgs überhaupt keinen vergleichbaren Wert hatten, daß Rom der Sitz des auch für die deutschen Bischöfe zuständigen Papsttums war, daß die Anbindung Deutschlands an den Mittelmeerhandel auf dem Spiel stand, daß Otto bei seinen Zeitgenossen volle Zustimmung fand, als er die gebotene Gelegenheit ergriff, Erbe und Nachfolger Karls des Großen zu werden usw. In unserem Jahrhundert haben von angesehenen Historikern nur G. v. Below [724] und F. Kern [725] in Ottos I. Schritten ein fehlerhaftes, unverantwortliches Verhalten erblickt; der magische Glanz der Kaiserkrone habe die bis zum Ende der 50er Jahre des 10. Jahrhunderts bewiesene staatsmännische Vorsicht Ottos ausgeschaltet und keine weitere Realpolitik gegenüber dem Osten mehr zugelassen. – In der Abwehr solcher Invektiven wurden einige der Fickerschen Argumente sogar noch verschärft: So etwa ist die Ansicht, daß die Italien- und Kaiserpolitik die Ostpolitik nicht nur nicht behindert und ihr eher nützlich gewesen sei, zu der These gesteigert worden, daß „ohne Kaiserpolitik keine Ostpolitik" durchführbar war [726: A. Brackmann, Streit ND S. 31]. Gescheitert sei schließlich das „universale deutsche Kaisertum an der universalen römischen Kirche, nicht an seiner Italienpolitik oder an einer Überspannung seiner Expansionspolitik" (ebd. S. 37). Durch das von Otto noch nicht vorhersehbare Erwachen theokratischer Vorstellungen in der Reformkirche sei das In- oder Nebeneinander von Kirche und Staat der fränkischen und frühdeutschen Zeit gesprengt worden und die Rolle des Kaisertums zerbrochen. 1943 hat dann M. Lintzel

[727: Kaiserpolitik] das Pro und Contra erneut umfassend abgewogen. Verschiedene Meinungen waren ja im Laufe der Zeit noch zusätzlich zur Erklärung des Handelns Ottos vorgebracht worden: – so etwa, daß Otto unter einem starken Einfluß der großfränkischen Tradition, insbesondere nach dem Vorbild Karls des Großen gehandelt habe, daß ihn antike Kaisertradition oder die geschichtsphilosophische Lehre von der Fortdauer des *Imperium Romanum* als vierter und letzter Monarchie vor dem Weltende beeinflußt und zur Sicherung der Weiterexistenz der Welt bewogen habe, daß er wegen der besseren Herrschaft über die deutsche Kirche oder der leichteren Durchführung einer Missionspolitik im Osten nach Rom gezogen sei oder daß er auch zur Unterbindung einer eigenen Südpolitik der süddeutschen Stämme seine Italien- und Kaiserpolitik begonnen habe, daß danach die Gewinnung Roms zur Absicherung des gewonnenen *Regnum Italiae* und schließlich Süditaliens zur Sicherung Roms erforderlich gewesen sei etc. LINTZEL vermochte demgegenüber aufzuzeigen, daß alle diese Begründungen nichts wirklich Überzeugendes beinhalten, wenngleich ihnen allen – mit Ausnahme der behaupteten Notwendigkeit des Ausgriffs auf Süditalien – ein kleiner beachtenswerter Kern auch nicht bestreitbar ist. Sein Ergebnis: „Die Kaiserpolitik Ottos war für die innere und äußere Sicherung des deutschen Staates nicht notwendig, und sie hat einzelne Bezirke der innerpolitischen Stellung des Königs vielleicht, die deutsche Politik im Osten und Norden höchstwahrscheinlich beeinträchtigt" (S. 101), d. h.: sie war dem deutschen Staat nicht uneingeschränkt nützlich, wenngleich andererseits einige Vorteile nicht zu übersehen sind. Auch sei es nicht angebracht – wie etwa von H. HEIMPEL vorgeschlagen wurde – Otto einfach aus der Vorstellung seiner Zeit heraus „als Held" zu verstehen. Weder Nutzen noch Schaden der Kaiserpolitik seien so groß gewesen, wie moderne Interpreten behaupteten; daß die Vorteile die Nachteile überwogen haben müssen, könne man letztlich aber daran ablesen, daß man diese Politik nicht aufgab. Von F. RÖRIG [729: Kaiserpolitik] hat LINTZEL 1952 einigen Widerspruch erhalten. Nicht von bloßer karolingischer „Tradition" und ihrer Kraft sei auszugehen, sondern von einem „Fortbestehen" der bisherigen karolingischen Weltsicht. Unterschätzt habe LINTZEL auch die bis in die Anfangszeit Ottos hineinreichende selbständige Außenpolitik der süddeutschen Herzöge und, daß es hier zugleich für den König um die Wiedergewinnung des Monopols der Außenpolitik ging. Und neben der größeren Erfolgsaussicht – was Ehre, Beute, Lebensgenuß anbetrifft –, die eben Italien und nicht der Osten bot, müsse Ottos Kaiserpolitik so gesehen werden (auch wenn sie noch nicht absehbare Konsequenzen hatte), daß er mit seinem erfolgreichen Zugriff nur eine „in den allgemeinen Zeitverhältnissen liegende Tendenz zu einer erneuten Realität verdichtet" habe (S. 222). Neuere Forschungen haben zudem gezeigt, daß Ottos I. Italienpolitik eigentlich nur in einer konsequenten Linie politischer italienisch-nordalpiner Beziehungen stand [397: E. HLAWITSCHKA, Franken], daß ihr die Verantwortung, einen falschen „neuen Weg" eingeschlagen zu haben, also nicht voll aufzubürden ist. W. SMIDT [730:

Deutsches Königtum] hat zwar 1964 noch einmal die nachteiligen Folgen stärker betont, die dem Mutterland durch die langen Italienaufenthalte der deutschen Könige entstanden, und dabei auf die vielen Blutopfer selbst in der königlichen Familie hingewiesen und den Unterschied zwischen einer Beherrschung nur Ober- und Mittelitaliens und derjenigen auch Süditaliens herausgearbeitet; aber auch für ihn ist eine gewisse Folgerichtigkeit der einmal eingeschlagenen Südpolitik, die über Süddeutschland hinauszugreifen hatte, nicht bestreitbar.

So scheint sich nach dem Abschütteln der tagespolitischen Implikationen die alte Streitfrage zu entkrampfen. Unbestreitbar ist bei allem, daß für Otto I. offensichtlich die Italienpolitik – auch wenn gegen sie vornehmlich in Sachsen langsam Unmut aufkam [663: W. GIESE, Sachsen S. 125f.] – einen hohen Rang hatte: „Von den letzten 12 Jahren seines Lebens weilte er nämlich nur zweieinviertel Jahre nördlich der Alpen und neundreiviertel Jahre in Italien“ [49: G. TELLENBACH, Saeculum-Weltgesch. 4 S. 256]. Was bleibt, ist der Eindruck, daß die Menschen des 10. Jahrhunderts offensichtlich dem alten Kulturland Italien wie auch dem Kaisertum einen höheren und erstrebenswerteren Rang zumaßen als dem dünnbesiedelten, ungerodeten, ertragsarmen, aber gefahrenreichen und auch militärisch nicht einfach [449: K. SCHÜNEMANN, Deutsche Kriegführung] zu gewinnenden Ostland. Die weiteren Implikationen waren aber im 10. Jahrhundert noch unvorhersehbar.

Nicht vergessen sollte man jedoch neben allem Abwägen der seinerzeitigen (wie auch der späteren) politischen Vor- und Nachteile, d. h. neben den rein rationalen Erwägungen, den gleichsam überrationalen Aspekt, der bei Otto selbst zu suchen ist und aus dem heraus auch seine ganze engere Umgebung lebte: dem der göttlichen Berufung Ottos zu seinem Handeln. Es ist nicht zu übersehen, daß für Otto – nach der Überwindung aller inneren Schwierigkeiten und nach der Niederwerfung aller äußeren Feinde, besonders der Ungarn – mit Rom und dem Papsttum die letzte Anerkennung seiner göttlichen Berufung zur Hegemonie über Europa, zur geachtetsten Stellung über allen anderen Königen und Fürsten des bekannten Erdkreises verbunden war. Otto war sich seiner Auserwählung durch Gott sicher [vgl. 583: K. HAUCK, Erzbischof Adalbert als Geschichtsschreiber S. 304ff.], der nicht zu widersprechen bzw. zuwiderzuhandeln war. „Er wußte, tat und liebte, was in Gottes Rat ist“ (Liudprand, Historia Ottonis c.4), d. h. er wußte sich – in letzter Glaubensgewißheit – mit dieser Politik als Ausführer eines göttlichen Heilsplanes, als Wahrer der göttlichen Ordnung.

11. Die späten Ottonen und frühen Salier in der gegenwärtigen Forschung: umstrittene Einzelfragen neben gefestigter Gesamtsicht

Daß Kaiser Otto III. als Ideologe, weltfremder Phantast und religiöser Schwärmer zu werten sei, der sich wie ein Epigone an der Größe früherer Zeiten berauschte und dabei leichtfertig das große politische Erbe seiner Vorgänger aufs

Spiel gesetzt habe – wie man bis in die ersten Jahrzehnte unseres Jahrhunderts vornehmlich meinte –, ja daß er als ein „undeutscher Kaiser Deutschland um Roms willen verschmäht hatte" [J. HALLER, Altdeutsches Kaisertum, 1926], gilt seit den grundlegenden Forschungen von P. E. SCHRAMM [747: Kaiser, Rom, Renovatio] von 1929, die um die Jahrhundertmitte von C. ERDMANN [324: Forschungen] und M. UHLIRZ [746: Jahrbücher] bestätigt und vertieft wurden, nicht mehr. Die Erkenntnis, daß die von Otto III. mit einem Synergismus von Kaisertum und Papsttum verbundene Idee der *Renovatio imperii Romanorum* nicht nur an Vor- oder Nachteilen für die nationalstaatliche Entwicklung Deutschlands gemessen werden darf, und ebenso, daß Ottos III. 'Geburtshelferfunktion' beim Aufbau eigener nationaler Staatswesen in Polen und Ungarn, die selbst schon bei Zeitgenossen wie Thietmar von Merseburg auf Kritik stieß, auch andere, über das Nationalstaatliche hinausweisende kulturelle und religiöse Bindungen und Werte geschaffen hat, ist wohl erst durch den Zusammenbruch der deutschen nationalstaatlichen Entwicklung 1945 offenbarer und bewußter geworden. Seither hat sich jedenfalls die 'europäische' Sicht Ottos III. durchgesetzt; und seither bestimmt mehr die Klärung von Einzelfragen den Gang der weiteren Forschung. So ist erst jüngst deutlich geworden, daß das vielerörterte *Dagome-iudex*-Regest [Literatur bei M. HELLMANN in 38: Handbuch d. Europ. Gesch. I S. 913] wohl keine Übereignung Polens an den Hl. Stuhl darstellte, sondern den Anfang zur Gründung eines von deutschen Kirchen unabhängigen polnischen Landesbistums in Gnesen [761: Ch. WARNKE, Ursachen; auch J. FRIED, Formen päpstlichen Schutzes für Laienfürsten, in: Proceedings of the Fifth Internat. Congress of Medieval Canon Law, Vatican 1980, S. 348 ff.], wodurch Ottos III. Handeln im Jahre 1000 nur als Vollendung älterer polnischer Initiativen erscheint. Schon lange vorher hatte A. BRACKMANN [748: Römischer Erneuerungsgedanke] zur Erklärung der Haltung Ottos III. gegenüber Polen nicht allein die übergreifende *Renovatio*-Idee und Ottos Vorstellungen vom christlichen Universalreich herangezogen, sondern die Notwendigkeit unterstrichen, in Boleslaw Chrobry den bisherigen Kampfgefährten Ottos III. gegen die heidnischen Liutizen zu sehen, für den der Akt von Gnesen nicht nur Ehrung, sondern auch reale Unterstützung bedeutete. Des weiteren ist die von SCHRAMM stillschweigend übergangene ältere und zuletzt von A. BRACKMANN [753: Anfänge des polnischen Staates ND S. 182 ff.; 754: Ks. Otto III. ND S. 245 ff.] vertretene Auffassung, unter den vom Gallus Anonymus in seiner Chronik berichteten Ehrungen Boleslav Chrobrys als *frater et cooperator imperii* bzw. als *amicus et socius populi Romani* durch Otto III. sei eine Ernennung des Polenherzogs zum *Patricius* zu verstehen, von H. APPELT [755: Angebliche Verleihung] und M. UHLIRZ [746: Jahrbücher Ottos III. S. 549 ff.] angezweifelt worden, während C. ERDMANN [324: Forschungen S. 99 ff.] diesen Patriziat bejahte und in ihm eine mehr nominelle als wirkliche Stellvertretung des Kaisers erblickte. M. UHLIRZ [746: Jahrbücher] hat zudem einen ursprünglichen Plan Ottos III. nachzuweisen versucht, Boleslav Chrobry – wie später Stephan von Ungarn – sogar zum König zu erheben, was nur am Widerstand der deutschen Fürsten und wohl ebenso an der Weigerung Boleslavs, die Gebeine Adalberts von Prag vollständig auszuhändigen, gescheitert sei. Nach einem Widerspruch von R. Wenskus [in 758: H. Beumann – W. Schlesinger, Urkundenstudien S. 250ff.] dazu zuletzt H. Ludat [760: An Elbe und Oder S. 153ff.]. Nachdem schon H. Beumann und W. Schlesinger [758: Urkundenstudien] das Spiel der politischen Kräfte an der Ostgrenze des Deutschen Reiches stärker verdeutlicht hatten, ist es dann H. Ludat [760: An Elbe und Oder] – unter Aufarbeitung auch der polnischen und tschechischen Forschung – gelungen, eine geschlossene Sicht der Politik Boleslav Chrobrys gegenüber dem Reich unter Otto III. und Heinrich II. wie auch gegenüber Böhmen und den anderen slawischen Nachbarn vorzulegen und zugleich durch Analyse der damaligen deutsch-polnischen Adelsverflechtungen zu zeigen, wie inadäquat es ist, hinter den Entwicklungen jener Frühzeit schon nationale Triebkräfte sehen zu wollen. Vor kurzem ist noch die gesamte Missionspolitik im Osten unter dem Gesichtspunkt eines Taufpatronats der Ottonen ergebnisreich beleuchtet worden [315: A. Angenendt, Kaiserherrschaft].

Auf andere Forschungen, die den personellen Umkreis Ottos III. wie auch Heinrichs II. besser erfassen [770: H. Büttner, Willigis; 771: A. Brück, Willigis; 772: H. Bloch, Leo v. Vercelli; 773: H. Müller, Heribert v. Köln; 774: U. Lindgren, Gerbert v. Aurillac; 584: H. Lippelt, Thietmar v. Merseburg], die sich auch der inneren Reichsstruktur samt dem Ausbau der Reichskirchenherrschaft [769: H. Keller, Reichsstruktur; 663: W. Giese, Sachsen], der Ostmission [481: H.-D. Kahl, Compellere], und den außenpolitischen Beziehungen Ottos III. zuwenden [314: G. A. Bezzola, Ottonisches Kaisertum; 768: G. Györffy, Anfänge], kann hier nur aufmerksam gemacht werden.

Zur Forschungskontroverse, die über den Herrschaftsübergang von Otto III. auf Heinrich II. geführt wird, vgl. den Bericht 4.

Das Bild Heinrichs II. ist dank der ausführlichen Nachrichten Thietmars von Merseburg, mit deren Hilfe zuletzt R. Holtzmann [662: Sächs. Kaiserzeit] die Ereignisgeschichte aus dem Umkreis dieses letzten Ottonen und H. L. Mikoletzky [777] Heinrichs II. Verhältnis zur Kirche zusammenfassend darstellen konnten, seit Jahrzehnten relativ konstant. Eine Berichtigung der verbreiteten Vorstellung, zwischen den Regierungen Heinrichs II. und Konrads II. sei schon wegen ihrer Zugehörigkeit zu zwei verschiedenen Dynastien ein tieferer Einschnitt anzusetzen, brachte 1951 eine Studie von Th. Schieffer [782: Heinrich II. und Konrad II.]. In ihr wird aufgezeigt, daß nicht 1024 beim Dynastiewechsel von den Ottonen auf die Salier, sondern schon 1002 – zwischen Otto III. und Heinrich II. – der eigentlich relevante Einschnitt, wenn nicht gar Bruch, eintrat. Der – gemessen an Otto III. – völlig andere Stil Heinrichs II. in den Grundsatzfragen der Außen- und Innenpolitik wurde herausgearbeitet, der Konzeptionswechsel von Ottos III. Streben nach einem christlich-abendländischen Universalimperium mit Rom als Weltzentrum zu einem 'realpolitischen' Kurs der Besinnung auf die Machtgrundlagen im ostfränkisch-deutschen Reich Ottos I. und zu deren systematischer Stärkung durch Heinrich II. wurde für wichtiger erkannt als die dynastische Kontinuität zwischen Otto III. und Heinrich II. Darüber hinaus bemerkte SCHIEFFER, daß in größeren Teilen der Geschichtsüberlieferung wie auch in der neueren Geschichtsschreibung trotz aller überprüfbaren geradlinigen außen-, innen- und vor allem kirchenpolitischen Kontinuität von Heinrich II. zu Konrad II. das Bild dieser beiden Herrscher ganz gegensätzlich gezeichnet worden war: es wurde nämlich durch die Kirchenreform des 11. Jahrhunderts umgeprägt und fand in dieser Form Eingang in unsere Geschichtsschreibung. Unter dem von den Reformern neu gefaßten Simoniebegriff sah sich ja die Inanspruchnahme von Leistungen der Reichskirche ganz anders an als z. Z. Konrads II. selbst. Und während sich das Bild Heinrichs II. schon damals zum Heiligen hin zu wandeln begonnen hatte [vgl. W. v. D. STEINEN; Kaiser Heinrich II. der Heilige, 1924; 778: R. KLAUSER, Heinrichs- u. Kunigundenkult], verdunkelte sich in der neuen Sicht dasjenige Konrads II. zum simoniebefleckten Sünder, das selbst der verdienstvolle Bearbeiter der Jahrbücher Konrads II., H. BRESSLAU [783], für richtig befand. BRESSLAUS Gesamturteil: Konrads II. Haltung gegenüber der Kirche sei mehr oder weniger „indifferent" gewesen, ja, man könnte Konrad wohl als „unkirchlichen" bzw. als den „ungeistlichsten aller deutschen Kaiser" charakterisieren. Durch SCHIEFFER ist also die Gesamtbewertung, nach der Konrad II. bis zur Mitte unseres Jahrhunderts als ein realpolitisch zupackender, aber kirchenpolitisch gleichgültig gesonnener Regent galt, gravierend berichtigt worden. Ein Versuch, die Grundzüge der Sicht BRESSLAUS aufrechtzuerhalten [787: H. J. VOGT, Konrad II.] hat einer neuerlichen Überprüfung [782: ND TH. SCHIEFFER, Heinrich II. und Konrad II. – Nachwort; 788: K. J. BENZ, Konrad II.] nicht standhalten können.

Andere Forschungen haben sich bemüht, Einzelfragen im Umkreis der königlichen Familie abzuklären. Hierher gehören Ermittlungen zur Herkunft der Salier [392: E. HLAWITSCHKA, Habsburg-Lothringen] und zum Geburtsdatum der Kaiserin Gisela, das in vielen Arbeiten zur Adelsgeschichte eine wichtige Rolle spielt, wobei sich die Waage – trotz der originalen Überlieferung der Bleitafel mit den Lebensdaten Giselas aus ihrem Speyerer Grab, auf der 999 als Geburtsjahr angegeben ist – unter dem Zwang einer Vielzahl von Gegenargumenten für ein 10 Jahre früheres Geburtsdatum zu neigen scheint [zuletzt 789: E. HLAWITSCHKA, Bleitafelinschrift; und 303: DERS., Thronwechsel – mit älterer Literatur]. Auch Fragen der Herzogspolitik Konrads II. [791: I. HEIDRICH, Absetzung Adalberos; 364: A. KRAH, Absetzungen], der Entwicklung der Ministerialität [803: K. BOSL, Reichsministerialität], des erwachenden kommunalen Lebens in Oberitalien [792: G. DILCHER, Lombardische Stadtkommunen; 795: H. KELLER, Adelsherrschaft; 793: DERS., Verfassung Mailands; 796: C. VIOLANTE, Società milanese], zur beginnenden Umstrukturierung des Adels (s. S. 42) und zum Aufstieg neuer

Schichten [408: H. KELLER, Militia] stehen im gegenwärtigen Forschungsinteresse. Zeigen doch gerade die stärkere Heranziehung der Kirche, der Aufbau einer eigenen königlichen Dienstmannschaft und der Versuch des Königs, größere Verfügungsmöglichkeiten über das noch nicht vergabte Königsgut im ganzen Reich zu erlangen, wie sich das Königtum damals vom zunehmenden Einfluß des Adels zu befreien versuchte, aber gerade damit auch den Adel in ein Konkurrenzverhältnis versetzte, das ihn neue Formen der adligen Herrschaftsbildung suchen und entwickeln ließ, womit der Weg zur späteren Adelsherrschaft, ja adligen Landesherrschaft eingeleitet wurde.

Heinrichs III. Regierungszeit gilt seit langem unbestritten als Höhepunkt der mittelalterlichen deutschen Kaisergeschichte [zusammenfassend 799: Th. SCHIEFFER, Heinrich III.; und zuletzt 64: R. SCHIEFFER, Heinrich III.]. Nur auf Heinrich VI. scheint noch mehr Glanz zu fallen. Wie Heinrich III. durch sein Königsprogramm zur Verwirklichung von Recht und Friede vor allem Stabilität und Wohlergehen für das Reich – mehr noch als sein Vater – zu erreichen trachtete, haben J. SPÖRL [800: Pie rex] und K. SCHNITH [801: Recht] herausgearbeitet, indem sie das Bild des glanzvollen Friedensfürsten zeichneten. Auf Heinrichs III. düstere, asketische, ja zur Habsucht neigende Veranlagung, die in zeitgenössischen Quellen nicht verschwiegen wird, hat dagegen zuletzt P. G. SCHMIDT [798: Heinrich III.] hingewiesen. Heinrichs Beharren auf seinem Entschluß, Agnes von Poitou zu heiraten – und zwar gegen den Widerstand aus kirchlichen Kreisen, die diese Ehe von Verwandten im Gradverhältnis 4:4 als unstatthaft ansahen –, wird bei H. THOMAS [808: Zur Kritik] erkennbar. Ob und wie mit diesem Charakterbild auch der Beschluß Heinrichs III. in Verbindung zu bringen ist, bei seinem Kaiserkrönungszug 1046 in Rom das Papsttum zu reformieren, vor allem, ob die Verwerfung aller drei seit 1045 mehr oder minder miteinander rivalisierenden römischen Päpste „schon längst geplant war" [so zuletzt 456: H. ZIMMERMANN, Papstabsetzungen] oder – was die Ablehnung auch des reformerisch gesonnenen Gregor VI. anbetrifft – erst „kurzfristig" auf dem Weg zwischen Piacenza und Sutri entschieden worden sein kann, wie K. SCHMID [810: Heinrich III.] aus einem Piacentiner Gedenkeintrag folgern möchte, bedarf wohl noch weiterer Klärung. Vgl. zuletzt dazu F.-J. SCHMALE [812: Absetzung].

Heinrichs III. Haltung zu Rom und Italien hatte schon vorher in P. F. KEHR [802: Vier Kapitel] einen aufmerksamen Betrachter gefunden. Dessen Grundthese, daß Universalismus und Italienfragen in Heinrichs III. Kaiserpolitik kaum eine größere Rolle spielten und diese aus „reichsegoistischem Interesse" auf eine Einbeziehung der römischen Kirche in das ottonisch-salische Reichskirchensystem abzielte, gilt heute allerdings als zu eng. Kritische Stimmen zu Heinrich III. wurden früher allenfalls darüber laut, daß er – wenn selbst auch lauteren Sinnes und in bester Absicht, dem Reich zu dienen – durch Unterstützung der Kirchenreform die künftigen Gegenkräfte des mittelalterlichen Kaisertums selbst großgezogen hätte. Seitdem jedoch die Reformbewegung in den Klöstern und der Kirche als ein Mittel zur Erlangung größerer Ordnung und höherer Effektivität, die wegen der kirchlichen Servitialleistungen an den König auch in dessen Interesse liegen mußte, erkannt worden ist und G. TELLENBACH darauf hingewiesen hat, daß Heinrich III. bei seinen Reformmaßnahmen „in Übereinstimmung mit den Anschauungen seiner Zeit" handelte, ja, daß der Rückgriff des erst einmal sittlich gereinigten Reformpapsttums auf jahrhundertealte, bislang kaum zur Geltung gebrachte Anschauungen über die rechte Hierarchie in der Kirche und der Welt seinerzeit unvorhersehbar war [527: Libertas S. 118ff.], und seitdem auch die Unterschiede zwischen der Klosterreformbewegung (s. unten) und dem Gregorianismus deutlich erkannt sind, ist dieser Vorwurf verstummt. Man sieht dafür klar die Risse im inneren Reichsaufbau, die den Ausbruch einer Krise ankündigten [807: E. BOSHOF, Reich; 806: DERS., Lothringen]. Diese begann sich freilich erst in den letzten, hier nicht mehr zu behandelnden Jahren Heinrichs III. – gleichsam wetterleuchtend – anzuzeigen. Dieser Aspekt wird soeben auch von F. PRINZ [54a: Grundlagen S. 220ff.] stärker betont und von F.-R. ERKENS [708a: Opposition] besonders mit der seit 1046 langsam einsetzenden theoretischen Kritik an der königlichen Kirchenhoheit Heinrichs III. in Verbindung gebracht.

12. Das Reformmönchtum und seine Ausprägung: War es Wegbereiter der Kirchenreform?

Seit langem hat das Reformmönchtum – und zwar schon wegen seiner offenkundigen säkularen Bedeutung und seiner länderübergreifenden Implikationen – das Interesse vieler Historiker und Theologen gefunden. Fragen nach seiner inneren Konsistenz oder Differenziertheit, seiner Kontinuität oder Diskontinuität zum älteren Mönchtum, seiner letzten Ziele im außer- wie im innerkirchlichen Bereich etc. bestimmen immer wieder die entsprechenden Forschungsansätze. Wegen der zeitlichen Begrenzung dieses Bandes sind hier freilich nur die das Reformmönchtum betreffenden Grundprobleme des 10. und der 1. Hälfte des 11. Jahrhunderts zu beachten, d. h. die Probleme seiner Anfangszeit, seiner ersten Gestaltung, seiner ursprünglichen Ziele. Unter letzteren ist vor allem umstritten, ob die Klosterreformbewegung – und dabei speziell die cluniazensische – über den monastischen Bereich hinaus eine weiterreichende Reform der Gesamtkirche intendierte und eventuell sogar auslöste. War das Reformmönchtum der Ausgangspunkt und Verursacher jener seit etwa 1050 selbstbewußt hervorbrechenden neuen Kräfte der 'Kirchenreform' (nicht nur der 'Klosterreform'), die eine ganz neue Weltsicht anvisierten und dabei aus einer Neubewertung des geistig-seelischen Bereiches als Lebenszentrum dessen prinzipielle Überordnung über die weltlich-irdischen Belange forderten und danach in letzter, die bisherige Ordnung umkehrender Konsequenz in praxi – im sog. 'Gregorianismus' – dem Kaisertum den höchsten Rang in der Welt bestritten, ja diesen für das Papsttum forderten? Gab es also direkte oder eventuell auch nur indirekte Verbindungen von Cluny zum 'Gregorianismus', oder standen Cluny und die Klosterreformbewegung eher indifferent zwischen unabhängig von ihnen sich anbahnenden Fronten?

Als Ausgangspunkt, in dem eine genügende Materialbasis erarbeitet worden ist, dient hinsichtlich all dieser Fragen noch immer das 1892/94 erschienene zweibändige Werk von E. Sackur über die Cluniacenser in ihrer kirchlichen und allgemeingeschichtlichen Wirksamkeit bis zur Mitte des 11. Jahrhunderts [521]. Indem in ihm neben Cluny auch die anderen Reformzentren und deren Aktivitäten mitbeleuchtet wurden, ergab sich erstmals ein geschlossenes, wenig differenziertes Bild der monastischen Bestrebungen der Vorinvestiturstreitszeit. E. Tomek hat diesem einheitlichen Reformbild die von Sackur beiseite gelassene Reform der Klöster Bayerns, vornehmlich im 11. Jahrhundert, 1910 angefügt [553]. Guy de Valous' Buch von 1935 über das cluniazensische Mönchtum [522] setzte dann insofern einen neuen Markstein in der Cluny-Forschung, als es in Ergänzung zu den mehr auf die Anfänge und die äußere Entfaltung gerichteten Forschungen Sackurs und Tomeks den Aufbau und die innere Gestaltung des von Cluny geschaffenen Klosterverbandes – und dabei vornehmlich die hier nicht mehr zu betrachtende Zeit des ausgehenden 12. Jahrhunderts – ins Blickfeld nahm. Die während des 10. und 11. Jahrhunderts in den Reformklöstern vorhandenen inneren Strukturen hat dann 1950/51 der Benediktiner K. Hallinger [544] umfassend untersucht und dabei gewisse Reformunterschiede aufgedeckt: Cluny und Gorze wurden als zwei gleichrangige, aber in ihren Lebensformen und Reformmaßnahmen unterschiedliche Reformzentren dargestellt. Hallingers Auffassung von regelrechten „Reformgegensätzen" in bezug auf die innere Klosterverfassung (Gorze: Dekanien, Cluny: Prioratsverfassung), auf Mönchskleidung, auf „reichsfreundliche" Haltung hier (Gorze) bzw. „reichsfeindliche" Gesinnung dort (Cluny) etc. hat nach emphatischer Bejahung [545: Th. Schieffer, Cluniazensische oder gorzische Reformbewegung] inzwischen zwar manche Abstriche hinnehmen müssen, und auch seine These von der „Kulturoffenheit" in Gorze und der „Kulturfeindlichkeit" in Cluny ist zurückgewiesen worden [532: J. Leclercq, Cluny, fut-il ennemi de la culture?; 524: Ders., Leben in Cluny; 507: J. Wollasch, Mönchtum]; Hallinger hat durch seine Prononcierung der Differenzen aber auch sehr befruchtend gewirkt. Das Wesen der Klosterreform in Lotharingien, ihre Ausstrahlung in die Gebiete östlich des Rheins, die Frage nach der Spiritualität des Mönchtums, des hohen Klerus und der Laienwelt des 10. Jahrhunderts, das Verhältnis der Reformer zum König und zur adligen Umwelt und die Probleme der innerkirchlichen Verbandsbildungen überhaupt haben in der Folge neue Beleuchtungen erfahren [546: H. Büttner, Verfassungsgeschichte und lothringische Klosterreform; 547: E. Hlawitschka, Giselbert und Remiremont; 548: E. Wisplinghoff, Lothringische Klosterreform; 552: H. Stehkämper, Brun von Köln und das Mönchtum; etc]. Hallingers Vorstoß, von den Äbten und deren Verbindungen her Reformzusammenhänge zu erhellen, bedarf auf alle Fälle der Ergänzung durch entsprechende Untersuchungen der Konventsbeziehungen und -verbrüderungen. Die von ihm erstellten „Filiationen" zwischen reformierenden und reformierten Abteien müssen als viel weniger dauerhaft, als er meinte, betrachtet werden; und vor allem ist von einer „Junggorzer Bewegung", die die alten Reichsbeziehungen auch nach der erneuten Reformierung Gorzes durch Wilhelm von S. Bénigne de Dijon weitergetragen habe, wohl ganz Abstand zu nehmen [507: J. WOLLASCH, Mönchtum; 510: DERS., Neue Methoden].

In eine ganz andere Richtung zielten die von der marxistischen Ideologie ausgehenden Untersuchungen E. WERNERS (Leipzig) über die gesellschaftlichen Grundlagen der Klosterreform [512]. Letztere soll dazu gedient haben, die Empörung der Gläubigen über den Sittenverfall im Klerus zu bremsen und somit die ökonomischen Grundlagen der Kirche und der Mächtigen in der Feudalgesellschaft zu sichern. Daß dieser Ansatz verfehlt ist, haben schon K. HALLINGER [513: Neue Fragen] und C. VIOLANTE [524: Cluniazensisches Mönchtum] gezeigt.

Neben diesen Streitfragen galt aber dem wachsenden Gregorianismus stets ein reges Interesse. Mit SACKUR [521: Cluniacenser II S. 449] hatte sich die Auffassung durchgesetzt, daß man eine ältere, relativ unpolitische bzw. kirchenpolitisch konservative Richtung, zu der auch das gesamte Reformmönchtum zu zählen sei, von einer jüngeren politisch aktiven, revolutionären Bewegung zu scheiden habe, daß mithin der Gregorianismus kein Vollstrecker cluniazensischer Ideen sei. So konnte 1911 die Engländerin L. M. SMITH zusammenfassend sagen: „In den Viten der ersten fünf Äbte Clunys ist kein Beweis für einen Zusammenhang zwischen den Kluniazensern und der Reform Gregors VII. zu finden" [524: Cluny S. 42]. Mit der Propagierung eines heiligmäßigen Lebens und der direkten Papstbezogenheit über den Diözesanbischof hinweg „scheint die einzige Rolle, die es in der Vorbereitung der Reform Gregors VII. gespielt hat, indirekter Art gewesen zu sein". Demgegenüber vertrat A. BRACKMANN [525: Politische Wirkung ND S. 26] 1929 bei der Suche nach den Gründen für den Zusammenbruch der deutschen Kaiserpolitik (s. S. 221) die Auffassung, daß Cluny mit „seinen Gedanken von der Unterordnung der Klöster unter ein zentrales Regiment (= Clunys Klosterverbandsbildung) und von der Überordnung der geistlichen Gewalt" am Anfang „einer ganz folgerichtigen und einheitlichen Entwicklung" zum Gregorianismus gestanden habe [etwas abgeschwächt 526: DERS., Ursachen der Wandlung]. Damit hat er freilich zunächst wenig überzeugt. G. TELLENBACH [527: Libertas] hat die in „cluniazensisch" und „gregorianisch" zu scheidenden Richtungen genetisch aus den im Mönchtum lebendigen asketischen und recht weltabgewandten, ihre letzte Verwirklichung erst im Jenseits erwartenden Werte- und Hierarchievorstellungen einerseits und den priesterlich-sakramentalen, auf Besserung dieser Welt abzielenden Grundüberzeugungen und Hierarchieansichten des Weltklerus andererseits erklärt. Er betonte dazu mit SACKUR die natürlichen Zusammenhänge

Clunys mit dem älteren staatsverbundenen karolingischen Mönchtum Benedikts von Aniane. G. LADNER [528: Theologie S. 60 ff.] präzisierte den Unterschied zwischen der konservativen Erneuerung monastischer Zucht aus dem Geist der Benediktsregel und dem Widerspruch gegen die königliche Kirchenhoheit, der viel eher aus der Richtung einer sich entfaltenden Kanonistik stamme. In lediglich „mittelbarer Wirkung" komme Cluny bei der Kirchenreform „nur eine vorbereitende Rolle" zu; seine Bedeutung liege „in der führenden Anteilnahme und der allgemeinen Stärkung der Religiosität, die in ihrer praktischen Durchsetzung allerdings schließlich zur kanonisch gefaßten, vom Papsttum geleiteten Kirchenreform führen sollte". Zudem wies er auf die besonderen Möglichkeiten der weitgespannten cluniazensischen Kongregation zur Vertiefung der Frömmigkeit hin. A. FLICHE [529: Réforme grégorienne I, S. 39 ff.] und J. HALLER [70: Papsttum 2 S. 273 ff., 613] vereinfachten wiederum das Problem, indem sie für eine scharfe Trennung von Cluny und Gregorianismus plädierten.

BRACKMANNS Sicht eines cluniazensischen, den Gregorianismus vorbereitenden Aktivismus hat aber auch Zustimmung erfahren – so hat G. SCHREIBER [530: Gemeinschaften S. 133] 1942 eine frühe Tendenz Clunys gegen das Eigenkirchenrecht ins Gespräch gebracht, und J. F. LEMARIGNIER [531: L'exemption] hat 1950 gemeint, die Exemtion Clunys aus dem Diözesanverband habe nicht nur Konflikte Clunys mit dem Diözesanbischof bewirkt, sondern die Cluniazenser zu Schützlingen und Helfern des Papsttums, ja Vorbereitern des Gregorianismus gemacht. Zudem habe der zentralistisch und monarchisch geordnete cluniazensische Klosterverband ein Vorbild für die Neuordnung der gesamten Kirchenstruktur abgegeben [514: J. F. LEMARIGNIER, Structures monastiques] und sei mithin auch in anderer Weise Vorbereiter des Gregorianismus gewesen. K. HALLINGER [544: Gorze-Kluny; 524: DERS., Zur geistigen Welt] hat mehrfach von einer „antifeudalen" Haltung Clunys gesprochen und darin einen Keim des Gregorianismus erblickt. – Demgegenüber haben H.-E. MAGER und G. TELLENBACH [533: Neue Forschungen; 524: DERS., Zum Wesen] beweiskräftig gezeigt, daß – zumindest in der Vorinvestiturstreitszeit, d. h. vor 1054 – die Cluniazenser keine Vorkämpfer des Reformpapsttums gegen das Eigenkirchenwesen waren und daß Clunys Exemtion keinen grundsätzlichen Gegensatz zum Episkopalismus (mit Folge der Stärkung des Papalismus) bewirkte. Die Auseinandersetzung Clunys mit dem Bischof von Mâcon habe keine nachwirkenden Folgen gegenüber den anderen Bischöfen gehabt. TELLENBACH wies zudem auf Beispiele hin, nach denen Cluny das Staatskirchentum der ottonisch-salischen Zeit durchaus akzeptierte. Cluny sei aber andererseits auch nicht als rein monastische Erscheinung zu isolieren [so 529: A. FLICHE]. Die Cluniazenser hätten durchaus mitten im Leben der ganzen Kirche gestanden und durch Liturgie und Gebetsdienst das geleistet, was die Menschen des 10. und 11. Jahrhunderts von wahren Mönchen erwarteten. Und gerade dies sei „die unentbehrliche Grundlage für das weltumordnende Schaffen des Reformpapsttums und eine der nicht wegzudenkenden geistigen und gesinnungsmäßigen Voraussetzungen des ersten Kreuzzuges" gewesen. Die Steigerung der allgemeinen Religiosität wurde somit – ähnlich wie schon von G. LADNER – als Clunys und des Reformmönchtums Anteil am Werden des Gregorianismus herausgestellt. Es war dies eine „unbewußte" Vorarbeit, wie auch TH. SCHIEFFER [524: Cluny] feststellte. Anders setzte danach H. HOFFMANN [524: Von Cluny zum Investiturstreit] 1963 die Akzente. Von der besonders von J. F. LEMARIGNIER betonten Exemtion ausgehend, sah er Cluny in einer beachtlichen „Quasisouveränität". Vor allem über den Ableger S. Bénigne de Dijon unter Abt Wilhelm [zu diesem zuletzt 541: N. BULST, Untersuchungen] habe Clunys Gedankengut in den burgundisch-lothringischen Grenzraum des Reiches ausgestrahlt, in dem die Schwäche der königlichen Präsenz fühlbarer als anderswo gewesen sei und zur Kritik geradezu herausgefordert habe, ja, wo sich bei den führenden Kirchenleuten die in Cluny praktizierte Freiheit der Einzelkirche nur noch zum Gedanken der Freiheit der Gesamtkirche zu erweitern brauchte. „Die Wurzeln der *Libertas*-Bewegung liegen letztlich in Cluny... Der Gedanke der Kirchenfreiheit führte von hier mit seltsamer Folgerichtigkeit erst zum Reformpapsttum, dann zum Investiturstreit" (ND S. 362). Andererseits zeigte aber J. FECHTER [534: Cluny] in einer Tübinger Dissertation, daß Cluny seit Abt Majolus in der 2. Hälfte des 10. Jahrhunderts in besonderer Weise die Verbindung zu den benachbarten Adelsfamilien suchte und sich in neuerworbenen Klöstern auch der Schirmvogtei der Gründerfamilien bediente, daß es sich also keinesfalls antifeudal verhielt und die Laien aus der Mitsprache und Mitverantwortung in Klosterbelangen verdrängte. Die von BRACKMANN, LEMARIGNIER u. a. betonte Beteiligung Clunys an der Gottesfriedensbewegung des 11. Jahrhunderts, d. h. an der kirchlichen Aktivität zur Friedenssicherung in der Welt, wird eher als locker und zurückhaltend bewertet: und zwar, weil Clunys Konvent sich zusehends aristokratisierte, die Gottesfriedensbewegung aber bischöflich-populare Ursprünge hatte.

Bei nochmaligem Überdenken seiner Position kam schließlich G. TELLENBACH [511: Reformmönchtum ND S. 397f.] zu der Überzeugung: „Von den eigentlichen mönchischen Idealen und von den Menschen, die vor dem Investiturstreit von diesen beherrscht wurden, sind die Hauptanstöße zu einer umwälzenden Neuordnung der kirchlichen Verfassung kaum ausgegangen . . . Es bedurfte kaum des Vorbilds der damaligen *Ecclesia Cluniacensis* mit ihrem Großabt und ihren abhängigen Klöstern und Kirchen, um das Reformpapsttum zu seinen hierarchischen Ansprüchen an der Spitze der *ecclesia universalis* anzuregen." Diese seien bereits in früheren Jahrhunderten der Kirchengeschichte vorformuliert worden und hätten auch schon ehedem gelegentlich zu praktischen Konsequenzen geführt. Für ihre Wiederaufnahme seien die Cluniazenser und die Reformmönche nicht notwendig, wenn auch gelegentlich „anregend" gewesen.

Das Thema ist also in den verschiedensten Variationen behandelt und bewertet worden. Die 1970 erschienene Arbeit von H. E. J. COWDREY, The Cluniacs and the Gregorian Reform [535], versucht zwar wiederum, die Verbindungen zwischen Cluny und dem Papsttum der Vorinvestiturstreitszeit enger zu sehen, hat aber darin nicht überzeugen können [vgl. 536: H. JAKOBS, Cluniazenser]. So bleibt vorläufig aus der gewiß noch nicht beendeten Debatte der Eindruck, daß sich tatsächlich erst mit dem Abbatiat Hugos (1049–1109), der schon jenseits unseres Betrachtungszeitraums liegt, „in Cluny offenbar etwas geändert“ hat [507: J. WOLLASCH, Mönchtum S. 168], Cluny aber vorher – was die verschiedenen Beobachtungsfelder wie etwa Clunys Verhältnis zum Eigenkirchenwesen, zur Vogteifrage, zu den Laien, zur königlich/kaiserlichen Theokratie etc. zeigen – noch sehr in den üblichen Anschauungen und Praktiken der karolingisch-ottonischen Zeit verhaftet war, also kaum eine prinzipielle Umgestaltung der Welthierarchie erstrebt haben kann. Mittelbar ist es indessen auch schon in der Vorinvestiturstreitszeit die reformerische, erzieherische, durch gelebtes Vorbild die Religiosität vertiefende Tätigkeit Clunys gewesen, die unverkennbare Impulse an die Gesamtkirche abgegeben hat und damit den tief in der älteren Kirchengeschichte angelegten Forderungen nach einer Änderung des bestehenden und mit absolut gesetzten christlichen Wertmaßstäben unvereinbaren Hierarchiegefüges zu neuer Kraft verhalf. Unverkennbar ist aber auch, daß Cluny – mehr als alle klösterlichen Reformbewegungen im Reich – dem innerkirchlichen Primatsanspruch Roms vorgearbeitet hat: und zwar allein schon durch seine frühe enge Bindung an Rom. Die Übereignung Clunys in den speziellen päpstlichen Schutz und die von Rom aus geförderte Exemtion aus dem Diözesaneinfluß lieferten von sich aus allen mit Cluny Befaßten einen Dauerhinweis auf Rom und seine übergeordnete Stellung und damit auf die latente päpstliche Primatsidee. [Zusammenfassend zuletzt 515: J. WOLLASCH, Einfluß der Mönche auf Reich u. Kirche; und 537: G. TELLENBACH, Gregorianische Reform.]

13. Neue Wege zur Erforschung von Einzelpersonen und Gemeinschaften

Nicht wegen einiger weniger Kontroverspunkte, sondern um Ansätze in der gegenwärtigen Forschung zu verdeutlichen, ist der folgende Bericht konzipiert. In ihm wird die gewiß nicht neue, von G. TELLENBACH [353: Personenforschung S. 10] programmatisch formulierte und auch von anderen vielfach bejahte Feststellung zum Ausgangspunkt genommen, daß die Erforschung der Schicksale und der Lebensumstände einzelner Personen wie ganzer Gemeinschaften gerade für das frühere Mittelalter von höchstem Erkenntniswert sein kann; denn da jener Zeitabschnitt „sich in seiner Staatlichkeit fundamental von späteren Epochen unterscheidet und – arm an Institutionen – seine Ordnungen auf Beziehungen von Personen beruhen“ (vgl. auch oben S. 177), sind Forschungsfortschritte und bessere Einsichten in die geschichtlichen Zusammenhänge – nach der schon im letzten Jahrhundert weitgehend geleisteten Untersuchung der Institutionen und ihrer funktionalen Organisation – vor allem über die präzise Erforschung der das frühere Geschehen erlebenden und mitgestaltenden Menschen, ihrer Ziele, aber auch ihrer nüchternen Lebensdaten wie ihrer feststellbaren persönlichen Beziehungen, Verwandtschaften oder selbstgewählten Bindungen zu erlangen. Andere Forschungsansätze – wie etwa die Aufdeckung der 'gesellschaftlichen Strukturen', um die sich die französische Annales-Schule und ihre Anhänger bemühen, die 'Mentalitätsforschung', oder die vornehmlich am Österreichischen Institut für mittelalterliche Realienkunde vorangetriebenen Bemühungen um Einblicke in die materielle bzw. 'Sachkultur des Mittelalters' und in das mittelalterliche Alltagsleben – können die Bedeutung der Personenforschung für die hier betrachtete Zeit schon deswegen nicht erreichen, weil sie – mehr auf die vergleichende Auswertung größerer Überlieferungskomplexe ausgerichtet – ihre Schwerpunkte naturgemäß vornehmlich im späteren Mittelalter haben.

Das Optimum aller Personenforschung – eine Prosopographie aller in den Quellen faßbaren früh- und hochmittelalterlichen Personen ('Prosopographia Regnorum Orbis Latini, 3.–12. Jh.') –, das von K. F. Werner (Deutsches Historisches Institut in Paris) seit vielen Jahren erstrebt wird [vgl. 354], hat für das 9.–12. Jahrhundert kaum reelle Verwirklichungschancen. Die Identifizierungsprobleme in der Zeit der Einnamigkeit (s. S. 3, 42f.) sind im großen Rahmen wohl kaum überwindbar. Jedoch sind anderweitig in Teilkomplexen bereits beachtliche Ergebnisse erzielt worden.

So ist es etwa – betrachtet man allein die Zeit von 840 bis 1046 – mit Hilfe der minuziösen Erfassung und Untersuchung aller als königliche Kapelläne feststellbaren Personen gelungen [499: J. Fleckenstein, Hofkapelle], nicht nur die *capella regis* als Institution genauer zu zeichnen, sondern der gesamten, auf den Ausbau der Kirchenhoheit ausgerichteten Politik der deutschen Könige wichtige, bislang unbekannte Züge abzugewinnen (vgl. S. 213f.). Durch möglichst vollzählige Erfassung der adligen Amtsträger (Herzöge, Markgrafen, Grafen, Vizegrafen) und ihrer Familienangehörigen, die dem König besonders nahestanden oder die in bestimmten, überschaubaren Landschaften die Verwaltungsaufgaben wahrnahmen, konnten politische Entscheidungen verstehbar, der Führungsstil und die Herrschaftsmethoden des 9. und 10. Jahrhunderts erkennbar gemacht werden. Hatte G. Tellenbach 1939 [416: Königtum und Stämme] eine bedeutende Adelsgruppe, die sich durch großen Landbesitz in verschiedenen, auch weit auseinanderliegenden Reichsteilen durch Königsverwandtschaft, gegenseitige Versippung, Bekleidung einflußreicher Positionen etc. hervorhob, als sog. 'Reichsaristokratie' bezeichnet und gerade bei dieser Gruppe sowohl ein langes Festhalten an Reichseinheitsvorstellungen festgestellt als auch gezeigt, daß aus ihr die späteren deutschen Stammesherzöge oder großen französischen Lehnsfürsten ebenso wie die Könige der karolingischen Nachfolgestaaten hervorgingen, wodurch ein tieferes Verständnis für den Aufstieg wie die schließliche Desintegration des karolingischen Großreiches ermöglicht wurde, so sind durch die nachfolgenden prosopographischen Arbeiten in Reichsteilen wie Sachsen [381: S. Krüger, Studien; 382:

R. Schölkopf, Sächsische Grafen], Italien [397: E. Hlawitschka, Franken; 398: H. Keller, Struktur; 403: W. Groneuer, Weltliche Gewalten] oder Alemannien [378: M. Borgolte, Grafen Alemanniens; 407: Ders., Grafschaften] grundsätzliche Maßnahmen der Königsherrschaft (z. B. radikale Auswechslung der ganzen Führungsschicht Italiens, sorgsame Heranziehung des eingesessenen sächsischen Adels an den fränkischen Staat, Durchsetzung und letzte Ausformung der Grafschaftsverfassung in Alemannien) erkennbar geworden. Interessante Fragen der Herrschaftspraxis, die die zeitgenössischen Quellen selbst nicht anschnitten, konnten gestellt und mittels prosopographischer Aufstellungen und Untersuchungen beantwortet werden. Auf einzelne Familien ausgerichtete Forschungen haben die Probleme der Kontinuität oder Diskontinuität in den adligen Führungsschichten, des Konnubiumsverhaltens oder der Grundlagen für spätere Herrschaftsbildungen erhellt, den adligen Familienzusammenhang, das Sippenbewußtsein, das Verhältnis zu einem Hauskloster und den Umstrukturierungsprozeß im Adel verdeutlicht. [Für den betrachteten Zeitraum einschlägig 372: F. Vollmer, Etichonen; 355: I. Dietrich, Konradiner; 374: J. Fleckenstein, Welfen; 375: K.-E. Klaar, Eppensteiner; 392: E. Hlawitschka, Habsburg-Lothringen; 383: R. Bork, Billunger; 384: H.-J. Freytag, Billunger; 385: R. Hucke, Stade; 379: K. Reindel, Luitpoldinger; 401: E. Hlawitschka, Widonen; 391: H. Renn, Luxemburger; 387: H. Bollnow, Werl; 388: P. Leidinger, Werl; 389: E. Kimpen, Ezzonen; 390: U. Lewald, Ezzonen; 380: K. Lechner, Babenberger; 393: M. Parisse, Noblesse lorraine; 395: K. F. Werner, Frühzeit; 373: K. Schmid, Bodenseeraum; 214: Ders., Problematik; auf zu hypothetischer Basis 386: R. Wenskus, Sächsischer Stammesadel; etc.] Rein genealogische Interessen waren und sind bei diesen Forschungen oft nur vordergründig im Spiel. Selbst ein Genealoge wie E. Kimpen ordnete z. B. manche seiner Abhandlungen dem Ziel zu, eine schon 1910 von O. v. Dungern [359: Thronfolgerecht und Blutsverwandtschaft] geäußerte Ansicht zu erhärten, daß nur Nachkommen Karls des Großen seit dem Ausgang der Karolingerzeit wie schon im Karolingerreich selbst zur Königswürde gelangen konnten [356: E. Kimpen, Abstammung Konrads I. und Heinrichs I.; 357: Ders., Zur Königsgenealogie; 358: Ders., Genealogie d. bayer. Herzöge; dagegen berichtigend 402: E. Hlawitschka, Wido und Lambert; 664: Ders., Herkunft der Liudolfinger]. Einem anderen Mediävisten – H. C. Faussner – geht es bei seinen genealogisch-personengeschichtlich untermauerten Thesen um den Erweis eines sich gegenüber dem Königtum durchsetzenden herzoglichen Geblütsrechts [369: H. C. Faussner, Kuno von Öhningen; 370: Ders., Königliches Designationsrecht], wobei hier das letzte Wort noch nicht gesprochen ist [vorläufig 371: E. Hlawitschka, Richeza]. A. Wolf versucht mit seinen genealogischen Darlegungen [367: Kuno von Öhningen], den Nachweis der alleinigen Gültigkeit geblütsrechtlicher Thronfolgeprinzipien in der Vorinvestiturstreitszeit zu erbringen. Wenngleich diese in der vorgelegten Form nicht überzeugten [368: E. Hlawitschka, Kuno], ist mit ihnen doch die Lösung des wichtigen Problems angeregt worden (s. S. 187).

Die Königsfamilien selbst sind inzwischen – was ihre Vorfahren und Nachkommen anbetrifft – gut aufgearbeitet [360: E. HLAWITSCHKA, Vorfahren Karls d. Gr.; 361: E. BRANDENBURG, Nachkommen; 362: K. F. WERNER, Nachkommen; 664: E. HLAWITSCHKA, Herkunft der Liudolfinger; 228: G. ALTHOFF, Adels- und Königsfamilien]. Für den gesamten Umkreis der *consanguinei regum* fehlt indessen noch eine zusammenfassende Arbeit [vorläufig 363: M. WENGER, Consanguinei]. Auch biographische Studien wurden – wiewohl das Quellenmaterial für echte, auch die innere Entwicklung eines Menschen erfassende Biographien bekanntlich nicht ausreichend ist – für die Herrscher selbst [z. B. 64, 678, 767, 799] wie auch für Personen der engsten königlichen Umgebung versucht [706: F. M. FISCHER, Politiker um Otto d. Gr.; 773: H. MÜLLER, Heribert von Köln; 765: R. WENSKUS, Brun von Querfurt; 591: F. J. TSCHAN, Bernward of Hildesheim].

Die jeweilige Stärke der Königsmacht gegenüber der sich in landschaftlichen Bereichen ausdehnenden adligen Herrschaft ist mit Hilfe prosopographischer Erfassung aller abgesetzten und verurteilten Amtsträger kontrollierbar geworden [364: A. KRAH, Absetzung]. Und eine Zusammenstellung aller Namenswechsel innerhalb der Königsfamilien läßt tiefe Prozesse im Bewußtsein der Herrscherdynastien offenbar werden [365: G. THOMA, Namensänderungen].

Die Bischöfe des früh- und hochmittelalterlichen Europa in einer Zusammenstellung nachzuweisen, die auf sämtlichen erhaltenen Quellenbezeugungen beruht, ist seit langem als Desiderat empfunden worden. In einem von O. ENGELS und ST. WEINFURTER betreuten internationalen Großunternehmen zur Neubearbeitung einer Series episcoporum ecclesiae catholicae occidentalis (ab initio usque ad a.1198) soll in den nächsten Jahren diese Aufgabe gelöst werden. Die Bischöfe Deutschlands, über die man sich bislang oberflächlich in A. HAUCKS Kirchengeschichte Deutschlands [69] und in zahlreichen, hier nicht aufzählbaren, auf Diözesen begrenzten Einzeluntersuchungen informieren konnte [für Italien z. B. 504: G. SCHWARTZ], die aber als Trägerorgane der ottonisch-salischen Reichskirchenherrschaft größtes Interesse verdienen, haben in der Zwischenzeit fundierte prosopographische Zusammenstellungen erfahren von H. ZIELINSKI [505] und A. GRAF FINCKENSTEIN [506].

Aber nicht nur den Einzelpersonen als Repräsentanten verschiedener zur Herrschaft gelangter Familien/Sippen bzw. als Leiter großer kirchlicher Institutionen gilt die besondere Aufmerksamkeit der modernen Forschung: den früh- und hochmittelalterlichen Lebensgemeinschaften – in Klöstern (Konvente), an Kathedralkirchen (Klerikergemeinschaften) oder im Alltagsleben (Verbrüderungen, Bruderschaften, Gilden) – haben sich die Forschungen von K. SCHMID und J. WOLLASCH sowie ihrer Schüler und Mitarbeiter (besonders G. ALTHOFF, O. G. OEXLE und D. GEUENICH) in besonderem Maße zugewandt [vgl. 221–230].

Verbrüderungsbücher *(Libri vitae, Libri memoriales)*, Gedenkaufzeichnungen, Nekrologien, Heiligenfestkalender mit Verstorbenenverzeichnissen etc. wurden als Schlüsselzeugnisse der Sozialgeschichte aus der liturgischen Praxis erkannt, die ein Netz von Beziehungen und Verbindungen mittelalterlicher Menschen offenbaren und nicht allein Namen oder Todestage von Einzelpersonen zu erkennen geben. Mit der (Neu-)Edition geht dabei die Erschließung und Interpretation der Memorialquellen einher. Ein Musterbeispiel ist das sog. Fulda-Werk [229]. Was etwa die Nekrologien von Lüneburg und Merseburg einerseits an Erkenntnissen für die Gedächtnis- bzw. Freundschaftsbeziehungen bis hin zur Erklärung oppositioneller Strömungen und aufbrechender *coniurationes* im Ottonenreich und andererseits für die führende Rolle des Königshauses bei der Sorge des einzelnen Menschen um sein Seelenheil, ja für die tiefreligiöse Untermauerung der auf *amicitiae* gegründeten Herrschaftsstruktur etwa Heinrichs I. hergeben und welchen Wert sie folglich für das Erfassen der geistig-religiösen Grundstrukturen der damaligen Menschen wie auch für die Herrschaftsauffassung einiger Könige haben, ist vor allem in einigen Arbeiten G. ALTHOFFS [bes. 228: Adels- und Königsfamilien] deutlich geworden (vgl. auch oben S. 211 f.). Von J. WOLLASCH erwarten wir, nachdem verschiedene Vorarbeiten vorgelegt sind, u. a. eine durch vergleichende Nekrologstudien erstellte Rekonstruktion der klösterlichen Gemeinschaft von Cluny und eine weitere Klärung ihrer Beziehungen zur laikalen Umwelt wie auch ihrer Stellung im innermonastischen Verband. Die von ihm und mehreren Mitarbeitern 1982 vorgelegte zweibändige 'Synopse der cluniacensischen Necrologien' weist dazu den künftigen Weg.

So sind im Bereich der früh- und hochmittelalterlichen Geschichte die personengeschichtlich ausgerichteten Forschungsansätze auf den verschiedensten Untersuchungsfeldern schon fruchtbar geworden und verheißen noch weitere aufschlußreiche Erfolge.

G. BIBLIOGRAPHIE

Nur eine schmale Auswahl aus den vorhandenen Quellen und der Literatur kann dieser Band – seiner begrenzten Zielsetzung entsprechend – anführen. Im Quellen-Teil ist auf die Nennung der Werke einzelner Geschichtsschreiber und auf die Auflistung der sie und andere 'erzählende Quellen' enthaltenden Editionen sowie desgleichen auf die Angabe regionaler Urkundenbücher und klösterlicher Urkundensammlungen verzichtet worden. Umfassende Zusammenstellungen der 'erzählenden Quellen' und Hinweise auf ihre Druckausgaben bieten die in Nrn. 20–29 genannten Repertorien und Quellenkunden; die wichtigsten Editionen aus dem Privaturkundenbereich hingegen sind in den unter Nrn. 23 und 30–33 genannten Werken bzw. in den Quellenverzeichnissen und Bücherlisten der unter Nrn. 14/I, 21/I und 397 angeführten Arbeiten aufgelistet; zu den Königsurkunden vgl. Nrn. 1/j, 4 und 5.

Die aufgenommene Literatur ist – nach einem allgemeinen Abschnitt mit Handbüchern und epochenübergreifenden Darstellungen – im wesentlichen gemäß der Abfolge und dem Gedankengang der einzelnen Kapitel zu den strukturellen Gegebenheiten und den ereignisgeschichtlichen Abläufen angeordnet und – im Anschluß an die Quellen – fortlaufend durchnumeriert. Einmal genannte Titel sind dabei – auch wenn sie in anderen Zusammenhängen wiederum zu nennen gewesen wären – nicht wiederholt. Deshalb wird der nacharbeitende Benutzer gelegentlich erst bei der Durchsicht mehrerer Abschnitte unseres Literaturverzeichnisses weitere gesuchte bibliographische Hinweise finden. Eine kleine Hilfe mögen ihm hierzu die des öfteren unter den Abschnittsüberschriften gebotenen Zahlenhinweise sein, die weitere einschlägige Titel im durchgezählten Verzeichnis leichter aufzufinden ermöglichen. Auch mag das beigefügte Autorenregister manchem beim Bibliographieren helfen. Sollte zusätzliche Literatur benötigt werden, so sei hierfür sowohl auf den Dahlmann – Waitz, Quellenkunde zur Deutschen Geschichte, 10. Aufl., hrsg. im Max-Planck-Institut für Geschichte von H. Heimpel und H. Geuss, Stuttgart 1965 ff., hingewiesen, in dem Titel – nach allgemeinen wie speziellen Interessengebieten angeordnet – umfassend aufgenommen sind, als auch auf die Auswahlbibliographien der in Nrn. 39–48 aufgeführten umfänglicheren Handbücher aufmerksam gemacht. Über das laufend weiter erscheinende Schrifttum informieren die im Abkürzungsverzeichnis angegebenen Zeitschriften, darunter besonders das DA, in dessen Nachrichtenteil jährlich ca. 1000 neue Buch- und Aufsatztitel angezeigt werden. – Auf die konsequente Angabe der Publikationsreihen, in denen viele der nachfolgenden Bände erschienen sind, ist aus Platzgründen verzichtet worden.

1. Abkürzungsverzeichnis

Abh. d. Ak. d. W.	= Abhandlungen der Akademie der Wissenschaften
AfD	= Archiv für Diplomatik
AKuG	= Archiv für Kulturgeschichte

AmrhKG	= Archiv für mittelrheinische Kirchengeschichte
AUF	= Archiv für Urkundenforschung
BDLG	= Blätter für deutsche Landesgeschichte
DA	= Deutsches Archiv für Geschichte (Erforschung) des Mittelalters
DHGE	= Dictionnaire d'histoire et de géographie ecclésiastique
FMSt	= Frühmittelalterliche Studien
GWU	= Geschichte in Wissenschaft und Unterricht
HDRG	= Handwörterbuch zur deutschen Rechtsgeschichte
HJb	= Historisches Jahrbuch der Görres-Gesellschaft
HVj	= Historische Vierteljahrschrift
HZ	= Historische Zeitschrift
JbffL	= Jahrbuch für fränkische Landesforschung
JbGMOD	= Jahrbuch für die Geschichte Mittel- und Ostdeutschlands
MGH	= Monumenta Germaniae Historica
MIÖG	= Mitteilungen des Instituts für österreichische Geschichtsforschung
NA	= Neues Archiv der Gesellschaft für ältere deutsche Geschichtskunde
ND	= Nachdruck, Neudruck
QFIAB	= Quellen und Forschungen aus italienischen Archiven und Bibliotheken
RHE	= Revue d'histoire ecclésiastique
Rhein. Vjbl.	= Rheinische Vierteljahrsblätter
Sb. d. Ak. d. W.	= Sitzungsberichte der Akademie der Wissenschaften
Settimane	= Settimane di studio del Centro italiano di studi sull'alto medioevo
VSWG	= Vierteljahrschrift für Sozial- und Wirtschaftsgeschichte
VuF	= Vorträge und Forschungen
WaG	= Die Welt als Geschichte
WdF	= Wege der Forschung
ZBLG	= Zeitschrift für bayerische Landesgeschichte
ZGO	= Zeitschrift für die Geschichte des Oberrheins
ZKG	= Zeitschrift für Kirchengeschichte
ZRG germ. Abt.	= Zeitschrift der Savigny-Stiftung für Rechtsgeschichte, germanistische Abteilung
ZRG kan. Abt.	= Zeitschrift der Savigny-Stiftung für Rechtsgeschichte, kanonistische Abteilung
Zs.	= Zeitschrift

2. Wichtige Quelleneditionen, Regestenwerke und Quellenkunden

1. Monumenta Germaniae Historica (MGH)
   a) Scriptores (SS) bzw. Scriptores rerum Germanicarum in usum scholarum (SS rer. Germ.) und Scriptores rerum Germanicarum, Nova Series (SS rer. Germ. NS). – In verschiedenen Einzelbänden der inzwischen bei den SS auf 34 Folio- (bzw. Quart-)Bände und bei den SS rer. Germ. (samt NS) auf über 80 Oktav-Bände an-

gewachsenen Publikationsreihe sind die für den hier behandelten Zeitraum einschlägigen Annalenwerke, Chroniken, Viten, Gesta, Carmina etc. kritisch ediert. Auflistung, genaue Titelangaben und Behandlung des Quellenwertes dieser erzählenden Quellen in den in Nrn. 20–29 genannten Quellenkunden.

b) Scriptores rerum Langobardicarum et Italicarum (SS rer. Langob.), 1878. – Mit Quellen zur Geschichte Italiens im 9. Jahrhundert.
c) Poetae Latini, 6 Bde., 1881 ff. – Dichter der Karolinger- und Ottonenzeit.
d) Capitularia regum Francorum, 2 Bde., 1883–1897. – Gesetze und Verordnungen der Karolingerzeit.
e) Constitutiones et acta publica imperatorum et regum, Bd. I (911–1197), 1893.
f) Concilia aevi Karolini (742–842), 1906; Die Konzilien der karolingischen Teilreiche 843–859, 1984; Die Konzilien Deutschlands und Reichsitaliens 916–1059, Teil I, 1985.
g) Leges (in Folio), 5 Bde., 1835 ff., und Leges nationum Germanicarum, 6 Bde., 1892 ff. – Volksrechte.
h) Formulae Merowingici et Karolini aevi, 1882/86.
i) Fontes iuris Germanici antiqui, Bd. 3: Hinkmar von Reims, De ordine palatii, 1980; Bd. 9: Ordines coronationis imperialis, 1960.
j) Diplomata, seit 1879. – Die Urkunden Lothars I., Lothars II., Ludwigs d. D., Karlmanns, Ludwigs d. J., Karls III., Arnolfs, Zwentibolds und Ludwigs d. K., Konrads I., Heinrichs I., Ottos I., Ottos II., Ottos III., Heinrichs II., Konrads II., Heinrichs III. und der burgundischen Rudolfinger (DD mit Namenskürzel).
k) Epistolae Karolini aevi, 6 Bde., seit 1892.
l) Briefe der deutschen Kaiserzeit, 4 Bde., seit 1949.
m) Necrologia, 5 Bde., 1886–1913.
n) Libri confraternitatum S. Galli, Augiensis, Fabariensis, 1883.
o) Liber memorialis von Remiremont, 1970.
p) Libri memoriales et necrologia NS, bisher 2 Bde. und 1 Suppl., seit 1979. – Verbrüderungsbuch von Reichenau, Totenbücher von Merseburg, Magdeburg und Lüneburg, Namen der Reichenau-Niederzeller Altarplatte.

2. Ausgewählte Quellen zur deutschen Geschichte des Mittelalters (= Frh. v. Stein-Gedächtnisausgabe), Darmstadt seit 1955. – Aus dem hier behandelten Zeitraum bisher 10 Bde. mit einschlägigem Quellenmaterial und beigegebener deutscher Übersetzung.
3. Geschichtsschreiber der deutschen Vorzeit, 2. Aufl. Leipzig 1884 ff., 3. Aufl. Köln-Graz 1943 ff. – Deutsche Übersetzungen der erzählenden Quellen aus den MGH-Ausgaben, wobei die 2. Aufl. 96 und die 3. Aufl. bisher 8 Bde. umfaßt.
4. Fonti per la storia d'Italia, Rom 1887 ff. – Von den ca. 100 Bänden besonders wichtig Nr. 35: I Diplomi di Berengario I; Nr. 36: I Diplomi di Guido e di Lamberto; Nr. 37: I Diplomi italiani di Lodovico III e di Rodolfo II; Nr. 38: I Diplomi di Ugo e di Lotario, di Berengario II e di Adalberto; alle ed. L. Schiaparelli, Roma 1903–1924; Nrn. 92, 96/I–II, 97/I–II: I Placiti del 'Regnum Italiae', ed. C. Manaresi, Roma 1955–1960.
5. Chartes et Diplômes relatifs à l'histoire de France. Recueil des actes de . . ., Paris 1908 ff. – Hier einschlägig die Bände mit den Urkunden der Könige Pippin I. und

Pippin II. von Aquitanien (814–848), Karl d. Kahle (840–877), Karl, Boso und Ludwig v. d. Provence (855–928), Odo (888–898), Karl d. Einf. (893–923), Ludwig IV. (936–954), Lothar und Ludwig V. (954–987).

6. Collection de textes pour servir à l'étude et à l'enseignement de l'histoire, 51 Bde., Paris 1886–1929. – Für unseren Zeitabschnitt wichtig die Bände: Les annales de Flodoard, ed. PH. LAUER, 1905; Lettres de Gerbert, ed. J. HAVET, 1889; Chronique de Nantes, ed. R. MERLET, 1896; Raoul Glaber, Le cinq livres de ses Histoires, ed. M. PROU, 1886; Adhémar de Chabannes, ed. J. CHAVANON, 1897.
7. Les Classiques de l'histoire de France au moyen âge, 25 Bde., Paris 1923 ff. – Davon bes.: Richer, Histoire de France (888–995), ed. R. LATOUCHE, 2 Bde., 1930–37. – Kritische Ausgabe mit französischer Übersetzung.
8. J. P. MIGNE, Patrologiae cursus completus ... Series Latina, Paris 1844 ff. – Von den 221 Bänden enthalten mehrere wichtiges, nicht anderweitig besser ediertes Quellenmaterial zur Kirchen- und Geistesgeschichte.
9. Corpus consuetudinum monasticarum, bisher Bde. I–V, ed. K. HALLINGER u. a., Siegburg 1963 ff.
10. Le Liber pontificalis, Bd. 2, ed. L. DUCHESNE, Paris 1892.
11. J. M. WATTERICH, Pontificum Romanorum, qui fuerunt inde ab exeunte saeculo IX usque ad finem saeculi XIII, vitae ab aequalibus conscriptae, 2 Bde., Leipzig 1862.
12. H. ZIMMERMANN, Papsturkunden 896–1046, Bd. I: 896–996 (= Österr. Akad. d. W., phil.-hist. Kl., Denkschriften Bd. 174), Wien 1984.
13. Historische Texte, Mittelalter, Germering bzw. Göttingen 1965 ff. – Handliche Sammlung zu Einzelaspekten; davon einschlägig bes.: H. 3 Politische Verträge des frühen Mittelalters, hrsg. von P. CLASSEN, 1966; H. 6 Cluny im 10. und 11. Jh., hrsg. von J. WOLLASCH, 1967; H. 14 Die deutsche Königserhebung im 10.–12. Jh., Teil I: Die Erhebungen von 911–1105, hrsg. von W. BÖHME, 1970.
14. J. F. BÖHMER, Regesta Imperii
    I) Die Regesten des Kaiserreichs unter den Karolingern 751–918, bearb. von E. MÜHLBACHER, mit Ergänzungen von C. BRÜHL und H. H. KAMINSKY, Hildesheim 1966.
    II) Die Regesten des Kaiserreichs unter Heinrich I. und Otto I. 913–973, bearb. von E. v. OTTENTHAL, mit Ergänzungen von H. H. KAMINSKY, Hildesheim 1967.
    III) Die Regesten des Kaiserreichs unter Otto II., 955 (973)–983, bearb. von H. L. MIKOLETZKY, Graz 1950.
    IV) Die Regesten des Kaiserreichs unter Otto III., 980 (983)–1002, bearb. von M. UHLIRZ, Graz–Köln 1956.
    V) Die Regesten des Kaiserreichs unter Heinrich II., 1002–1024, bearb. von TH. GRAFF, Wien–Köln–Graz 1971.
    VI) Die Regesten des Kaiserreichs unter Konrad II., 1024–1039, bearb. von H. APPELT, Graz 1951.
    VII) Papstregesten 911–1024, bearb. von H. ZIMMERMANN, Wien–Köln–Graz 1969.
15. Regesta pontificum Romanorum (–1198), ed. PH. JAFFÉ, 2. Aufl. bearb. von S. LOEWENFELD, F. KALTENBRUNNER, P. EWALD, 2 Bde., Leipzig 1885–1888; ND Graz 1956.
16. Regesta pontificum Romanorum, Germania pontifica, 5 Bde., bearb. von A. BRACKMANN bzw. H. BÜTTNER–H. JAKOBS und W. SEEGRÜN–TH. SCHIEFFER, Berlin bzw. Göttingen 1910–1981.

17. Regesta pontificum Romanorum, Italia pontificia, 10 Bde., bearb. von P. F. Kehr bzw. W. Holtzmann bzw. D. Girgensohn, Berlin bzw. Zürich 1906–1975.
18. F. Dölger, Regesten der Kaiserurkunden des Oströmischen Reiches von 565–1453, Teile 1 und 2 (bis 1204), München 1924/25.
19. Regesten zur Geschichte der Juden im fränkischen und deutschen Reiche bis zum Jahre 1273, bearb. von J. Aronius, Berlin 1902; ND Hildesheim 1970.
20. A. Potthast, Bibliotheca historica medii aevi. Wegweiser durch die Geschichtswerke des europäischen Mittelalters, 2 Bde., 2. Aufl. Berlin 1896; ND Graz 1957.
21. A. Potthast, Repertorium fontium historiae medii aevi, Rom 1962ff. – Bd. I: Series collectionum, ab Bd. II Behandlung der Einzelquellen in alphabetischer Reihenfolge.
22. U. Chevalier, Répertoire des sources historiques du moyen âge. Bio-bibliographie, 2 Bde., 2. Aufl. Paris 1905–07, ND New York 1960; Topo-bibliographie 2 Bde., Montbéliard 1894–1903, ND New York 1959.
23. R. C. van Caenegem – F. L. Ganshof, Kurze Quellenkunde des westeuropäischen Mittelalters, Göttingen 1964.
24. W. Wattenbach – W. Levison, Deutschlands Geschichtsquellen im Mittelalter. Vorzeit und Karolinger, bearb. von H. Löwe, Heft III ff., Weimar 1957ff.
25. W. Wattenbach – R. Holtzmann, Deutschlands Geschichtsquellen im Mittelalter. Die Zeit der Sachsen und Salier, 3 Teile, Neuausgabe von F.-J. Schmale, Darmstadt 1967–71.
26. Typologie des sources du moyen âge occidental. Directeur L. Genicot, Turnhout 1972ff.
27. W. Stammler – K. Langosch, Die deutsche Literatur des Mittelalters. Verfasserlexikon, 5 Bde., Berlin–Leipzig 1933–55, 2. Aufl. Berlin–New York 1978ff.
28. M. Manitius, Geschichte der lateinischen Literatur im Mittelalter (= Handbuch der Altertumswissenschaft IX, 2), Bde. 1 und 2, München 1911/23.
29. A. Lhotsky, Quellenkunde zur mittelalterlichen Geschichte Österreichs (= MIÖG Ergänzungsbd. 19), Graz–Köln 1963.
30. H. Oesterley, Wegweiser durch die Literatur der Urkundensammlungen, 2 Bde., Berlin 1885–86.
31. H. Stein, Bibliographie générale des cartulaires français ou relatifs à l'histoire de France, Paris 1907.
32. F. Lot u. a., Liste des cartulaires et recueils contenant des pièces antérieures à l'an 1000, in: Bulletin Du Cange 15, 1940, S. 5–24; Liste des cartulaires et recueils contenant des pièces antérieurs à l'an 1100, in: Bulletin Du Cange 22, 1952, S. 239 bis 259.
33. G. R. C. Davis, Medieval cartularies of Great Britain. A short catalogue, London usw. 1958.

3. Literatur

a) Allgemeines

(1) Nachschlagewerke und Handbücher

34. Lexikon des Mittelalters, München–Zürich 1977, bislang 2 Bde.
35. Geschichtliche Grundbegriffe. Historisches Lexikon zur politisch-sozialen Sprache in Deutschland, hrsg. von O. Brunner, W. Conze und R. Koselleck, Stuttgart 1972 ff., bislang 4 Bde.
36. Reallexikon der Germanischen Altertumskunde, hrsg. von J. Hoops, 2. Aufl. Berlin–New York 1973 ff., bislang 4 Bde.
37. Neue Deutsche Biographie, hrsg. von der Bayerischen Akademie der Wissenschaften, Berlin 1953 ff., bislang 13 Bde.
38. Handwörterbuch zur deutschen Rechtsgeschichte, hrsg. von A. Erler und E. Kaufmann, Berlin 1964 ff., bislang 2 Bde.
39. Handbuch der europäischen Geschichte, hrsg. von Th. Schieder, Bd. I: Europa im Wandel von der Antike zum Mittelalter, hrsg. von Th. Schieffer, Stuttgart 1976.
40. B. Gebhardt, Handbuch der deutschen Geschichte, 9. Aufl. hrsg. von H. Grundmann, Bd. I: Frühzeit und Mittelalter, Stuttgart 1970, ND 1973. Auch als dtv-Taschenbücher (WR Nr. 4201–4207), 5. Aufl. München 1980.
41. Handbuch der Deutschen Geschichte, hrsg. von L. Just, Bd. 1: Deutsche Geschichte bis zum Ausgang des Mittelalters, Konstanz 1957.
42. G. Ostrogorsky, Geschichte des byzantinischen Staates (= Handbuch der Altertumswissenschaft XII, 1, 2), 3. Aufl. München 1963.
43. Handbuch der bayerischen Geschichte, hrsg. von M. Spindler, Bd. I, 2. Aufl. München 1981, Bd. III, 1 und 2, 2. Aufl. München 1979.
44. Handbuch der Geschichte der böhmischen Länder, hrsg. von K. Bosl, Bd. I, München 1967.
45. Handbuch der Kirchengeschichte, hrsg. von H. Jedin, Bd. III, 1: Vom kirchlichen Frühmittelalter zur gregorianischen Reform, Freiburg–Basel–Wien 1966.
46. Handbuch der europäischen Wirtschafts- und Sozialgeschichte, hrsg. von H. Kellenbenz, Bd. 2: Europäische Wirtschafts- und Sozialgeschichte im Mittelalter, hrsg. von A. van Houtte, Stuttgart 1980.
47. Handbuch der deutschen Wirtschafts- und Sozialgeschichte, hrsg. von H. Aubin und W. Zorn, Bd. 1: Von der Frühzeit bis zum Ende des 18. Jahrhunderts, Stuttgart 1971.
48. Europäische Wirtschaftsgeschichte. The Fontana Economic History of Europe in 4 Bdn., hrsg. von C. M. Cipolla. Deutsche Ausgabe hrsg. von K. Borchardt, Bd. 1: Mittelalter, Stuttgart–New York 1978.

(2) Übergreifende Literatur

49. Saeculum Weltgeschichte, Bd. IV: Die Hochkulturen im Zeichen der Weltreligionen (2), Freiburg i. Br. 1967 (mit Zentralbeitrag von G. Tellenbach, Die Germanen und das Abendland bis zum Beginn des 13. Jh.).

50. Historia Mundi, Bde. V und VI, Bern 1956 und 1958 (mit G. TELLENBACH, Europa im Zeitalter der Karolinger, und: Kaisertum, Papsttum und Europa im Hohen Mittelalter).
51. Propyläen-Weltgeschichte, Bd. 5, hrsg. von G. MANN und A. NITSCHKE, Berlin 1963 (mit Beitrag von A. NITSCHKE).
52. Neue Propyläen-Weltgeschichte Bd. 2, Berlin 1940 (mit Beiträgen von H. AUBIN, Das Frankenreich, und H. GRUNDMANN, Das Hohe Mittelalter und die deutsche Kaiserzeit).
53. A. CARTELLIERI, Weltgeschichte als Machtgeschichte, Bd. I: 382–911. Die Zeit der Reichsgründungen, München–Berlin 1927, ND Aalen 1972; Bd. II: Die Weltstellung des Deutschen Reiches, München–Berlin 1932, ND Aalen 1973.
54. J. FLECKENSTEIN, Grundlagen und Beginn der deutschen Geschichte, Göttingen 1974.
54a. F. PRINZ, Grundlagen und Anfänge. Deutschland bis 1056 (= Neue Deutsche Geschichte I), München 1985.
55. K. HAMPE, Das Hochmittelalter. Geschichte des Abendlandes von 900–1250, Berlin 1932, 6. Aufl. Darmstadt 1977.
56. FED. SCHNEIDER, Mittelalter bis zur Mitte des 13. Jahrhunderts, Leipzig–Wien 1929.
57. M. BLOCH, La société feodale, 2 Bde., Paris 1939/40; deutsch: Die Feudalgesellschaft, Berlin 1982.
58. H. KAMMLER, Die Feudalmonarchien. Politische und wirtschaftlich-soziale Faktoren ihrer Entwicklung und Funktionsweise, Köln–Wien 1974.
59. K. BOSL, Europa im Aufbruch. Herrschaft, Gesellschaft, Kultur vom 10. bis zum 14. Jh., München 1980.
60. H. MITTEIS, Der Staat des hohen Mittelalters. Grundlinien einer vergleichenden Verfassungsgeschichte des Lehnszeitalters, Weimar 1940, 4., neubearb. Aufl. Weimar 1953; ND 10. Aufl. Köln 1980.
61. G. BARRACLOUGH, Die mittelalterlichen Grundlagen des modernen Deutschland, deutsch von F. BAETHGEN, 2. Aufl. Weimar 1955.
62. H. ZIMMERMANN, Das Mittelalter, Teil I: Von den Anfängen bis zum Ende des Investiturstreits, Braunschweig 1975.
63. P. E. SCHRAMM, Kaiser, Könige und Päpste. Gesammelte Aufsätze zur Geschichte des Mittelalters, Bde. I–IV, 2, Stuttgart 1968–71.
64. Kaisergestalten des Mittelalters, hrsg. von H. BEUMANN, München 1984 (mit biograph. Skizzen zu Otto d. Gr. und Otto III. vom Hrsg. und zu Heinrich III. von R. SCHIEFFER).
65. W. KIENAST, Deutschland und Frankreich in der Kaiserzeit (900–1270), Weltkaiser und Einzelkönige, 3 Bde., Stuttgart 1974/75.
66. F. L. GANSHOF, Le Moyen Âge, 2. Aufl. Paris 1958.
67. L. M. HARTMANN, Geschichte Italiens im Mittelalter, Bde. III, 1–2 und IV, 1, Gotha 1908–1915.
68. F. STENTON, Anglo-Saxon England, 2. Aufl. Oxford 1947.
69. A. HAUCK, Kirchengeschichte Deutschlands, Bd. 2 und 3, 7. Aufl. Berlin–Leipzig 1954.
70. J. HALLER, Das Papsttum, Idee und Wirklichkeit, Bd. 2: Der Aufbau, 2. Aufl. Stuttgart 1951.

71. F. X. Seppelt, Geschichte der Päpste. Von den Anfängen bis zur Mitte des 20. Jahrhunderts, Bd. 2: Die Entfaltung der päpstlichen Machtstellung im frühen Mittelalter von Gregor d. Gr. bis zur Mitte des 11. Jahrhunderts, 2. Aufl. München 1955.
72. W. Ullmann, Kurze Geschichte des Papsttums im Mittelalter, Berlin–New York 1978.
73. B. Schimmelpfennig, Das Papsttum. Grundzüge seiner Geschichte von der Antike bis zur Renaissance. Darmstadt 1984.
74. W. Plöchl, Geschichte des Kirchenrechts Bd. I, 2. Aufl. Wien 1960.
75. H. E. Feine, Kirchliche Rechtsgeschichte Bd. I: Die katholische Kirche, 3. Aufl. Weimar 1955.

(3) Überblicke zur Konturierung der Epoche

76. M. Seidlmayer, Das Mittelalter. Umrisse und Ergebnisse des Zeitalters. Unser Erbe. Regensburg 1948, 2. Aufl. von H. Grundmann, Göttingen 1967.
77. H. Fuhrmann, Das Mittelalter – Lebensformen und Leitideen, in: '. . . keiner, dem Geschichte nicht etwas Wichtiges zu sagen hätte', hrsg. von U. Reiter, München 1977, S. 21–45.
78. H. Grundmann, Über die Welt des Mittelalters, in: Propyläen-Weltgeschichte, hrsg. von G. Mann u. a., Bd. 11, Berlin–Frankfurt a. M.–Wien 1965, S. 363–446.
79. O. Brunner, Inneres Gefüge des Abendlandes, in: Historia Mundi Bd. 6, Bern 1958, S. 319–385; selbständiger ND unter dem Titel: Sozialgeschichte Europas im Mittelalter, Göttingen 1978.
80. H. Boockmann, Einführung in die Geschichte des Mittelalters, München 1978.
81. A. J. Gurjewitsch, Das Weltbild des mittelalterlichen Menschen, München 1980.
82. H. Fichtenau, Lebensordnungen des 10. Jahrhunderts. Studien über Denkart und Existenz im einstigen Karolingerreich, 2 Bde., Stuttgart 1984.
83. A. Borst, Lebensformen im Mittelalter, Frankfurt a. M.–Berlin 1973; ND Ullstein Sachbuch 34004, Frankfurt a. M.–Berlin–Wien 1980.
84. W. Ullmann, Individuum und Gesellschaft im Mittelalter, Göttingen 1974.
85. W. Goez, Gestalten des Hochmittelalters. Personengeschichtliche Essays im allgemeinhistorischen Kontext, Darmstadt 1983.
86. W. von den Steinen, Der Kosmos des Mittelalters, Bern–München 1959.
87. E. Ennen, Frauen im Mittelalter, München 1984.
88. F. Curschmann, Hungersnöte im Mittelalter. Ein Beitrag zur deutschen Wirtschaftsgeschichte des 8.–13. Jh., Leipzig 1900, ND Aalen 1970.
89. P. Riché, Die Welt der Karolinger, aus dem Französischen übersetzt u. hrsg. von C. und U. Dirlmeier, Stuttgart 1981.
90. H. Grundmann, Litteratus – illitteratus. Der Wandel einer Bildungsnorm vom Altertum zum Mittelalter, in: AKuG 40, 1958, S. 1–65; ND in: Ders., Ausgewählte Aufsätze, Teil 3, Stuttgart 1978, S. 1–66.
91. H. M. Schaller, Der heilige Tag als Termin mittelalterlicher Staatsakte, in: DA 30, 1974, S. 1–24.
91a. R. Sonntag, Studien zur Bewertung von Zahlenangaben in der Geschichtsschreibung des früheren Mittelalters: Die 'Libri Historiarum X' des Gregor von Tours und die 'Chronica' Reginos von Prüm. Diss. masch. München 1986.

b) *Grundlagen und strukturelle Charakteristika des 9.–11. Jahrhunderts*

(1) Wirtschaft

Vgl. auch Nrn. [39, 40] (mit eigenen Abschnitten zur Wirtschaftsgesch.), [46, 47, 48, 88].

Naturalwirtschaftliche Grundprägung

92. R. Koetzschke, Allgemeine Wirtschaftsgeschichte des Mittelalters, Jena 1924.
93. W. Abel, Geschichte der deutschen Landwirtschaft vom frühen Mittelalter bis zum 19. Jahrhundert, 3. Aufl. Stuttgart 1978.
94. J. Kulischer, Allgemeine Wirtschaftsgeschichte des Mittelalters und der Neuzeit, Bd. I: Mittelalter, 3. Aufl. München–Wien 1965.
95. H. Bechtel, Wirtschaftsgeschichte Deutschlands, Bd. 1: Von der Vorzeit bis zum Ende des Mittelalters, 2. Aufl. München 1951.
96. H. Mottek, Wirtschaftsgeschichte Deutschlands, 2 Bde., Berlin, I 5. Aufl. 1968, II 2. Aufl. 1969.
97. F. Lütge, Deutsche Sozial- und Wirtschaftsgeschichte, 3. Aufl. Berlin 1966.
98. E. Pitz, Wirtschafts- und Sozialgeschichte Deutschlands im Mittelalter, Wiesbaden 1979.
99. E. Ennen – W. Janssen, Deutsche Agrargeschichte vom Neolithikum bis zur Schwelle des Industriezeitalters, Wiesbaden 1979.
100. W. Janssen, Mittelalterliche Dorfsiedlungen als archäologisches Problem, in: FMSt 2, 1968, S. 305–367.
101. W. Janssen, Dorf und Dorfformen des 7.–12. Jahrhunderts im Lichte neuer Ausgrabungen in Mittel- und Nordeuropa, in: Das Dorf der Eisenzeit und des frühen Mittelalters, hrsg. von H. Jankuhn, R. Schützeichel, F. Schwind (= Abh. d. Ak. d. W. in Göttingen, Phil.-hist. Kl., 3. Folge Nr. 101), Göttingen 1977, S. 285–356.
102. Wort und Begriff 'Bauer'. Zusammenfassender Bericht über die Kolloquien der Kommission für die Altertumskunde Mittel- und Nordeuropas. Hrsg. von R. Wenskus, H. Jankuhn, Kl. Grinda (= Abh. d. Ak. d. W. in Göttingen, Phil.-hist. Kl., 3. Folge Nr. 89), Göttingen 1975.
103. Ch. Higounet, Les forêts de l'Europe occidentale du VIe– au XIe siècle, in: Agricoltura e mondo rurale in occidente nell'alto medio evo (= Settimane 13), Spoleto 1966, S. 343–398 mit Karte.
104. DFG (Deutsche Forschungsgemeinschaft), Archäologische und naturwissenschaftliche Untersuchungen an Siedlungen im deutschen Küstengebiet, Bd. 1: Ländliche Siedlungen, hrsg. von G. Kossack, K.-E. Behre und P. Schmid, Bd. 2: Handelsplätze des frühen und hohen Mittelalters, hrsg. von H. Jankuhn, K. Schietzel und H. Reichstein, Weinheim 1984.

Bevölkerungsstärke

105. J. C. Russell, Late ancient and medieval population, in: Transactions of the American Philosophical Society Bd. 43 Nr. 3, Philadelphia 1958.
106. J. C. Russell, Die Bevölkerung Europas 500–1500, in: [48] S. 13–43.
107. J. C. Russell, Recent Advances in Medieval Demography, in: Speculum 40, 1965, S. 84–101.

108. C. M. Cipolla, Wirtschaftsgeschichte und Weltbevölkerung, dtv-Taschenbuch, München 1972.
109. P. Donat, H. Ullrich u. a., Artikel 'Bevölkerung' in: [36] S. 331–361.
110. Raum und Bevölkerung in der Weltgeschichte (Bevölkerungs-Ploetz), hrsg. von E. Kirsten, E. W. Buchholz, W. Köllmann, 2 Bde., Würzburg 1955/56.

Grundherrschaft und Landleben

111. A. Dopsch, Die Grundherrschaft im Mittelalter, in: Festschr. f. A. Zycha, Weimar 1941, S. 87–102, ND in: Deutsches Bauerntum im Mittelalter, hrsg. von G. Franz (= WdF 416), Darmstadt 1976, S. 281–297 (Band mit reicher Bibliographie).
112. A. Dopsch, Herrschaft und Bauer in der deutschen Kaiserzeit, Jena 1939.
113. O. Brunner, Land und Herrschaft, 3. Aufl. Brünn–München–Wien 1943, 5. Aufl. Wien 1965.
114. K. Schreiner, 'Grundherrschaft'. Entstehung und Bedeutungswandel eines geschichtswissenschaftlichen Ordnungs- und Erklärungsbegriffs, in: Die Grundherrschaft im späten Mittelalter I, hrsg. von H. Patze (= VuF 27), Sigmaringen 1983, S. 11–74 (zur Begriffsklärung).
115. F. Lütge, Geschichte der deutschen Agrarverfassung vom frühen Mittelalter bis zum 19. Jahrhundert, 2. Aufl. Stuttgart 1967.
116. G. Franz, Geschichte des deutschen Bauernstandes vom frühen Mittelalter bis zum 19. Jahrhundert, 2. Aufl. Stuttgart 1976.
117. W. Rösener, Bauern im Mittelalter, München 1985.
118. L. Kuchenbuch, Bäuerliche Gesellschaft und Klosterherrschaft im 9. Jahrhundert. Studien zur Sozialstruktur der familia der Abtei Prüm, Wiesbaden 1978.
119. G. Duby, L'économie rurale et la vie des campagnes dans l'occident médiéval, 2 Bde., Paris 1962.
120. G. Duby, Die Landwirtschaft des Mittelalters 900–1500, in: [48], S. 111–139.
121. A. Verhulst, La génèse du régime domanial classique en France au haut moyen-âge, in: Agricoltura e mondo rurale in occidente nell'alto medioevo (= Settimane 13), Spoleto 1966, S. 135–160.
122. W. Abel, Landwirtschaft und ländliche Gesellschaft in Deutschland, in: Agricoltura [121] S. 161–181.
123. L. White jr., Die Ausbreitung der Technik 500–1500, in: [48] S. 91–110.
124. L. White jr., Die mittelalterliche Technik und der Wandel der Gesellschaft, München 1968.
125. H. J. Schmitz, Faktoren der Preisbildung für Getreide und Wein in der Zeit von 800 bis 1350, Stuttgart 1968.
126. R. Roehl, Nachfrageverhalten und Nachfragestruktur 1000–1500, in: [48] S. 67 bis 89.
127. D. Herlihy, The history of the rural seigneury in Italy, 751–1200, in: Agricultural History 33, 1959, S. 58–71.

Städte, Handel und Gewerbe

128. E. Ennen, Die europäische Stadt des Mittelalters, 3. erg. Aufl. Göttingen 1979 (mit reichen Literaturangaben).
129. E. Ennen, Frühgeschichte der europäischen Stadt, Bonn 1953.

130. E. Ennen, Gesammelte Abhandlungen zum europäischen Städtewesen und zur rheinischen Geschichte, Bonn 1977.
131. Die Stadt des Mittelalters I: Begriff, Entstehung und Ausbreitung, hrsg. von C. Haase (= WdF 243), Darmstadt 1969.
132. H. Jankuhn, Vor- und Frühformen der Stadt in archäologischer Sicht, in: Geschichtswissenschaft und Archäologie, hrsg. von H. Jankuhn und R. Wenskus (= VuF 22), Sigmaringen 1979, S. 241–268.
133. W. Schlesinger, Der Markt als Frühform der deutschen Stadt, in: H. Jankuhn, W. Schlesinger, H. Steuer, Vor- und Frühformen der europäischen Stadt im Mittelalter I (= Abh. d. Ak. d. W. in Göttingen, phil.-hist. Kl., 3. Folge nr. 83), Göttingen 1973, S. 262–293.
134. W. Schlesinger, Zur Frühgeschichte des norddeutschen Städtewesens, in: Lüneburger Blätter 17, 1966, S. 5–22.
135. W. Schlesinger, Städtische Frühformen zwischen Rhein und Elbe, in: Studien zu den Anfängen des europäischen Städtewesens, hrsg. von Th. Mayer (= VuF 4), Lindau und Konstanz 1958, S. 297–362.
136. W. Schlesinger, Vorstufen des Städtewesens im ottonischen Sachsen, in: Die Stadt in der europäischen Geschichte, Festschr. Edith Ennen, Bonn 1972, S. 234–258.
137. H. Jankuhn, Haithabu, ein Handelsplatz der Wikingerzeit, 6. Aufl. Neumünster 1976.
138. C. Haase, Grundfragen der nordwestdeutschen Städtegeschichte bis ins 13. Jahrhundert, in: Die Städte Mitteleuropas im 12. und 13. Jahrhundert, hrsg. von W. Rausch, Linz 1963, S. 117–136.
139. E. Herzog, Die ottonische Stadt. Die Anfänge der mittelalterlichen Stadtbaukunst in Deutschland, Berlin 1964.
140. H. Planitz, Die deutsche Stadt des Mittelalters. Von der Römerzeit bis zu den Zunftkämpfen, Graz–Köln 1954.
141. La città nell'alto medioevo (= Settimane 6), Spoleto 1959.
142. G. Dilcher, Bischof und Stadtverfassung in Oberitalien, in: ZRG germ. Abt. 81, 1964, S. 225–266.
143. G. Dilcher, Die Entstehung der lombardischen Stadtkommune, Aalen 1967.
144. F. Merzbacher, Die Bischofsstadt (= Arbeitsgemeinschaft f. Forschung d. Landes Nordrhein-Westfalen Heft 93), Köln u. Opladen 1961.
145. H. Stoob, Über Zeitstufen der Marktsiedlung im 10. und 11. Jahrhundert, in: Ders., Forschungen zum Städtewesen in Europa, Bd. 1: Räume, Formen und Schichten der mitteleuropäischen Städte. Eine Aufsatzfolge, Köln–Wien 1970, S. 43–50.
146. Das Marktproblem im Mittelalter, hrsg. von P. Schöller, in: Westfälische Forschungen 15, 1962, S. 43–95.
147. W. Metz, Marktrechtsfamilie und Kaufmannsfriede in ottonisch-salischer Zeit, in: BDLG 108, 1972, S. 28–55.
148. F. Hardt-Friederichs, Markt, Münze und Zoll im ostfränkischen Reich bis zum Ende der Ottonen, in: BDLG 116, 1980, S. 1–31.
149. W. Hess, Zoll, Markt und Münze im 11. Jahrhundert, in: Historische Forschungen f. W. Schlesinger, hrsg. von H. Beumann, Köln–Wien 1974, S. 171–193.
150. F. Friedensburg, Münzkunde und Geldgeschichte der Einzelstaaten des Mittelalters und der neueren Zeit, München 1926; ND 1972.

151. B. Schwineköper, Königtum und Städte bis zum Ende des Investiturstreits. Die Politik der Ottonen und Salier gegenüber den werdenden Städten im östlichen Sachsen und in Nordthüringen (= VuF Sonderband 11), Sigmaringen 1977.
152. W. Winkelmann, Archäologische Zeugnisse zum frühmittelalterlichen Handwerk in Westfalen, in: FMSt 11, Berlin–New York 1977, S. 92–126.
153. W. Schlesinger, Archäologie des Mittelalters in der Sicht des Historikers, in: Zs f. Archäologie des Mittelalters 2, 1974, S. 7–31.
154. S. L. Thrupp, Das mittelalterliche Gewerbe 1000–1500, in: [48] S. 141–176.
155. J. Bernard, Handel und Geldwesen im Mittelalter 900–1500, in: [48] S. 177–217.
156. Ch. Verlinden, Wo, wann und warum gab es einen Großhandel mit Sklaven während des Mittelalters? (= Kölner Vorträge z. Sozial- und Wirtschaftsgeschichte, Heft 11), Köln 1970.
157. W. Stein, Handels- und Verkehrsgeschichte der deutschen Kaiserzeit, Berlin 1922; ND Darmstadt 1977.
158. G. Jacob, Arabische Berichte von Gesandten an germanische Fürstenhöfe aus dem 9. und 10. Jahrhundert, Berlin–Leipzig 1927.

(2) Rechtsleben

Vgl. auch Nrn. [38] HDRG, mit Artikeln über Lehnrecht, Fehde etc., [60] Mitteis, Staat, [113] Brunner, Land, – über Fehde, Staat u. Recht, [519] Hoffmann, Gottesfriede.

159. G. Waitz, Deutsche Verfassungsgeschichte, 8 Bde., Kiel 1844–1878; Bd. 1 u. 2, 3. Aufl. Berlin 1880–1882, Bd. 3–6, 2. Aufl. Berlin 1883–1896.
160. H. Brunner, Deutsche Rechtsgeschichte, 2 Bde., T. 2 hrsg. von Cl. Frh. v. Schwerin, 2. Aufl. Leipzig 1906–28; ND Berlin-München 1961.
161. R. Schroeder, Lehrbuch der deutschen Rechtsgeschichte, 7. Aufl. bearb. von E. Frh. v. Künssberg, Leipzig 1932; ND 1965.
162. H. Conrad, Deutsche Rechtsgeschichte, Bd. I: Frühzeit und Mittelalter, 2. Aufl. Karlsruhe 1962.
163. H. Mitteis, Deutsche Rechtsgeschichte. Ein Studienbuch, neu bearb. von H. Lieberich, 16. Aufl. München 1981.
164. K. Kroeschell, Deutsche Rechtsgeschichte 1 (bis 1250), Reinbek b. Hamburg 1972.
165. R. Holtzmann, Französische Verfassungsgeschichte von der Mitte des 9. Jahrhunderts bis zur Revolution, München–Berlin 1910; ND Darmstadt 1965.
166. F. Kern, Recht und Verfassung im Mittelalter, in: HZ 120, 1919, S. 1–79; Separatausgabe: Tübingen 1952.
167. H. Krause, Dauer und Vergänglichkeit im mittelalterlichen Recht, in: ZRG germ. Abt. 75, 1958, S. 206–251.
168. H. Krause, Königtum und Rechtsordnung in der Zeit der sächsischen und salischen Könige, in: ZRG germ. Abt. 82, 1965, S. 1–98.
169. Th. Vienken, Die Geltungsdauer rechtlicher Dokumente im früh- und hochmittelalterlichen Reich, Marburg 1942.
170. R. Sprandel, Über das Problem neuen Rechts im früheren Mittelalter, in: ZRG kan. Abt. 48, 1962, S. 117–137.

171. E. KAUFMANN, Aequitatis iudicium. Königsgericht und Billigkeit in der Rechtsordnung des frühen Mittelalters, Frankfurt a. M. 1959.
172. G. KÖBLER, Land und Landrecht im Frühmittelalter, in: ZRG germ. Abt. 86, 1969, S. 1–40.
173. G. KOEBLER, Das Recht im frühen Mittelalter. Untersuchungen zu Herkunft und Inhalt frühmittelalterlicher Rechtsbegriffe im deutschen Sprachgebiet, Köln–Wien 1971.
174. P. E. SCHRAMM, Studien zu frühmittelalterlichen Aufzeichnungen über Staat und Verfassung, in: ZRG germ. Abt. 49, 1929, S. 180ff. (über Fehde).
175. R. KAISER, Selbsthilfe und Gewaltmonopol. Königliche Friedenswahrung in Deutschland und Frankreich im Mittelalter, in: FMSt 17, 1983, S. 55–72 (zu Fehde).
176. F. L. GANSHOF, Was waren die Kapitularien?, Darmstadt 1961.
177. H. MITTEIS, Lehnrecht und Staatsgewalt. Untersuchungen zur mittelalterlichen Verfassungsgeschichte, Weimar 1933; ND Darmstadt 1958.
178. F. L. GANSHOF, Was ist das Lehnswesen?, Darmstadt 1961, 4. Aufl. 1975.
179. O. BRUNNER, Feudalismus (= Ak. d. W. und der Literatur, Abh. d. geistes- u. sozialwiss. Kl., Jg. 1958, Nr. 10), Wiesbaden 1959, S. 589–627; ND in: Ders., Neue Wege der Verfassungs- und Sozialgeschichte, Göttingen 1956, 3. Aufl. Göttingen 1980, S. 128–159.
180. E. E. STENGEL, Immunität, in: Ders., Abhandlungen und Untersuchungen zur mittelalterlichen Geschichte, Köln–Graz 1960, S. 30–34.
181. E. E. STENGEL, Grundherrschaft und Immunität, in: [wie 180] S. 35–68; zuerst in: ZRG germ. Abt. 25, 1904, S. 286–324.

(3) Sozialgefüge / Gesellschaft

Vgl. auch Nrn. [39] u. [40] (mit eigenen Teilen zur Sozialgesch. von SCHIEFFER bzw. BOSL), [46, 47, 57, 58, 59, 82, 83, 84, 115–118].

Geburtsstände

182. G. KÖBLER, Zur Lehre von den Ständen in fränkischer Zeit, in: ZRG germ. Abt. 89, 1972, S. 161–174.
183. H. GRUNDMANN, Freiheit als religiöses, politisches und persönliches Postulat im Mittelalter, in: HZ 183, 1957, S. 23–53.
184. F. LÜTGE, Das Problem der Freiheit in der frühen deutschen Agrarverfassung, in: Ders., Studien zur Sozial- und Wirtschaftsgeschichte. Gesammelte Abhandlungen, Stuttgart 1963, S. 1–36.
185. R. SPRANDEL, Grundherrlicher Adel, rechtsständische Freiheit und Königszins, in: DA 19, 1963, S. 1–29.
186. H. FICHTENAU, Soziale Mobilität in Quellen des 10. und frühen 11. Jh., in: Wirtschafts- und sozialhistorische Beiträge. Festschr. f. A. Hoffmann, München 1979, S. 11–29.
187. F. MERZBACHER, Die Bedeutung von Freiheit und Unfreiheit im weltlichen und kirchlichen Recht des deutschen Mittelalters, in: HJb 90, 1970, S. 257–283.
188. J. FRIED, Über den Universalismus der Freiheit im Mittelalter, in: HZ 240, 1985, S. 313–361.

189. F. Irsigler, Freiheit und Unfreiheit im Mittelalter. Formen und Wege sozialer Mobilität, in: Westfäl. Forschungen 28 (1976/77), 1978, S. 1–15.
190. E. Otto, Adel und Freiheit im deutschen Staat des frühen Mittelalters, Berlin 1937.
191. A. Waas, Die alte deutsche Freiheit, München–Berlin 1939.
192. H. Dannenbauer, Die Freien im karolingischen Heer, in: Aus Verfassungs- und Landesgeschichte Bd. 1, Festschr. f. Th. Mayer, Lindau–Konstanz 1954, S. 49–64; ND in: Ders., Grundlagen der mittelalterlichen Welt, Stuttgart 1958, S. 240–256.
193. H. Dannenbauer, Königsfreie und Ministerialen, in: ND [192] S. 329–353.
194. Th. Mayer, Die Königsfreien und der Staat des frühen Mittelalters, in: Das Problem der Freiheit in der deutschen und schweizerischen Geschichte, hrsg. vom Inst. für geschichtl. Landesforschung des Bodenseegebiets in Konstanz, geleitet von Th. Mayer (= VuF 2), Sigmaringen 1955, S. 7–56.
195. K. Bosl, Frühformen der Gesellschaft im mittelalterlichen Europa. Ausgewählte Beiträge zu einer Strukturanalyse der mittelalterlichen Welt, München–Wien 1964; darin bes.: S. 135–155 Herrscher und Beherrschte im deutschen Reich des 10.–12. Jahrhunderts (zuerst als: Sb. d. Bayer. Ak. d. W., phil.-hist. Kl. Jg. 1963, H. 2); S. 180–203 Freiheit und Unfreiheit. Zur Entwicklung der Unterschichten in Deutschland und Frankreich (zuerst in: VSWG 44, 1957, S. 193–219); S. 204–219 Die alte deutsche Freiheit (zuerst in: Unser Geschichtsbild, hrsg. von K. Rüdinger, München 1955, S. 5–20).
196. H. Krause, Die liberi der lex Baiuvariorum, in: Festschr. f. M. Spindler, München 1969, S. 41–73.
197. E. Müller-Mertens, Karl der Große, Ludwig der Fromme und die Freien, Berlin 1963.
198. G. Tabacco, I liberi del re nell'Italia carolingia e postcarolingia, Spoleto 1966.
199. H. K. Schulze, Rodungsfreiheit und Königsfreiheit. Zur Genesis und Kritik neuerer verfassungsgeschichtlicher Theorien, in: HZ 219, 1974, S. 529–550.
200. H. K. Schulze, Reichsaristokratie, Stammesadel und fränkische Freiheit. Neuere Forschungen zur frühmittelalterlichen Sozialgeschichte, in: HZ 227, 1978, S. 353 bis 373, bes. S. 370ff.
201. G. Köbler, Die Freien (liberi, ingenui) im alemannischen Recht, in: Beiträge zum frühalemannischen Recht, hrsg. von C. Schott, Bühl 1978, S. 38–50.
202. W. Schneider, Arbeiten zur Verfassungs- und Sozialgeschichte (= Ders., Arbeiten zur Alemannischen Frühgeschichte H. V/VI), Tübingen 1977.
203. J. Schmitt, Untersuchungen zu den Liberi Homines der Karolingerzeit, Frankfurt a. M.–Bern 1977.
204. K. Arnold, Freiheit im Mittelalter, in: HJb 104, 1984, S. 1–21.

Anbahnung einer berufsständischen Sicht

205. O. G. Oexle, Die funktionale Dreiteilung der 'Gesellschaft' bei Adalbero von Laon. Deutungsschemata der sozialen Wirklichkeit im früheren Mittelalter, in: FMSt 12, 1978, S. 1–54.
206. O. G. Oexle, Die mittelalterlichen Gilden: ihre Selbstdeutung und ihr Beitrag zur Formung sozialer Strukturen, in: Miscellanea Mediaevalia Bd. 12/1: Soziale Ordnungen im Selbstverständnis des Mittelalters, Berlin–New York 1979, S. 203–226.

207. O. G. OEXLE, Gilden als soziale Gruppen in der Karolingerzeit, in: Das Handwerk in Mittel- und Nordeuropa in vor- und frühgeschichtlicher Zeit 1, hrsg. von H. JANKUHN u. a. (= Abh. d. Ak. d. W. in Göttingen, phil.-hist. Kl., 3. Folge Nr. 122), Göttingen 1981, S. 284–354.
208. G. DUBY, Krieger und Bauern. Die Entwicklung von Wirtschaft und Gesellschaft im frühen Mittelalter, 2. Aufl. Frankfurt a. M. 1981.
209. G. TELLENBACH, Irdischer Stand und Heilserwartung im Denken des Mittelalters, in: Festschr. f. H. Heimpel II, Göttingen 1972, S. 1–16.
210. K. BOSL, Über soziale Mobilität in der mittelalterlichen 'Gesellschaft', in: VSWG 47, 1960, S. 306–332; ND [195] S. 156–179.
211. G. DUBY, Les origines de la chevalerie, in: Ordinamenti militari in occidente nell'alto medioevo II (= Settimane 15), Spoleto 1968, S. 739–761.

Verankerung in 'familia' und 'stirps'

212. K. KROESCHELL, Die Sippe im germanischen Recht, in: ZRG germ. Abt. 77, 1960, S. 1–25.
213. W. SCHLESINGER, Randbemerkungen zu drei Aufsätzen über Sippe, Gefolgschaft und Treue, in: Alteuropa und die moderne Gesellschaft, Festschr. f. O. Brunner, Göttingen 1963, S. 11–59; ND in: Ders., Beiträge z. dt. Verfassungsgeschichte des Mittelalters 1, Göttingen 1963, S. 286–334.
214. K. SCHMID, Zur Problematik von Familie, Sippe und Geschlecht, Haus und Dynastie beim mittelalterlichen Adel, in: ZGO 66, 1957, S. 1–62; ND in: Ders., Gebetsgedenken und adliges Selbstverständnis im Mittelalter. Ausgewählte Beiträge, Sigmaringen 1983, S. 183–244.
215. K. KROESCHELL, Haus und Herrschaft im frühen deutschen Recht, Göttingen 1968.
216. L. BUISSON, Formen normannischer Staatsbildung, in: Studien zum mittelalterlichen Lehnswesen, hrsg. vom Konstanzer Arbeitskreis für mittelalterl. Gesch., gel. von Th. Mayer (= VuF 5), Lindau–Konstanz 1960, S. 95–184.

Herrschaft und Genossenschaft als Grundprinzipien

217. K. JORDAN, Herrschaft und Genossenschaft im deutschen Mittelalter, in: GWU 12, Stuttgart 1961, S. 104–115.
218. O. v. GIERKE, Das deutsche Genossenschaftsrecht 1: Rechtsgeschichte der deutschen Genossenschaft, Berlin 1868, ND 1954.
219. H. VOLLRATH, Herrschaft und Genossenschaft im Kontext frühmittelalterlicher Rechtsbeziehungen, in: HJb 102, 1982, S. 33–71.
219a. H.-W. GOETZ, Herrschaft und Recht in der frühmittelalterlichen Grundherrschaft, in: HJb 104, 1984, S. 392–410.
220. W. SCHLESINGER, Herrschaft und Gefolgschaft in der germanisch-deutschen Verfassungsgeschichte, in: HZ 176, 1953, S. 225–275; ND in: Herrschaft u. Staat [wie 244] S. 135–190.

Gebetsbünde – Person und Gemeinschaft

221. K. SCHMID, Über das Verhältnis von Person und Gemeinschaft im früheren Mittelalter, in: FMSt 1, 1967, S. 225–249; ND in: Ders., Gebetsgedenken [214] S. 363–387.

222. K. SCHMID – J. WOLLASCH, Die Gemeinschaft der Lebenden und Verstorbenen in Zeugnissen des Mittelalters, in: FMSt 1, 1967, S. 365–405.
223. K. SCHMID – J. WOLLASCH, Societas et fraternitas. Begründung eines kommentierten Quellenwerkes zur Erforschung der Personen und Personengruppen des Mittelalters, Berlin 1975; auch FMSt 9, 1975, S. 1–48.
224. O. G. OEXLE, Memoria und Memorialüberlieferung im früheren Mittelalter, in: FMSt 10, 1976, S. 70–95.
225. G. ALTHOFF, Zur Frage nach der Organisation sächsischer coniurationes in der Ottonenzeit, in: FMSt 16, 1982, S. 129–142.
226. J. WOLLASCH, Kaiser und Könige als Brüder der Mönche. Zum Herrscherbild in liturgischen Handschriften des 9.–11. Jahrhunderts, in: DA 40, 1984, S. 1–20.
227. Memoria. Der geschichtliche Zeugniswert des liturgischen Gedenkens im Mittelalter, hrsg. von K. SCHMID u. J. WOLLASCH, München 1984; darin bes. 649–665: G. ALTHOFF, Beobachtungen zum liudolfingisch-ottonischen Gedenkwesen.
228. G. ALTHOFF, Adels- und Königsfamilien im Spiegel ihrer Memorialüberlieferung. Studien zum Totengedenken der Billunger und Ottonen, München 1984.
229. Die Klostergemeinschaft von Fulda im früheren Mittelalter, 5 Bde., hrsg. von K. SCHMID, München 1978.
230. Listen monastischer und geistlicher Gemeinschaften des Mittelalters, 2 Bde., hrsg. von D. GEUENICH, O. G. OEXLE u. K. SCHMID (im Druck).

Eheauffassung

Vgl. auch [in 38] MIKAT, Ehe S. 809–833, [603] SCHIEFFER.

231. H. MEYER, Ehe und Eheauffassung der Germanen, in: Festschr. f. E. Heymann I, Weimar 1940, S. 1–51.
232. R. KÖSTLER, Raub-, Kauf- und Friedelehe bei den Germanen, in: ZRG germ. Abt. 63, 1943, S. 92–136.
233. P. MIKAT, Dotierte Ehe – rechte Ehe. Zur Entwicklung des Eheschließungsrechts in fränkischer Zeit (= Rhein.-westfäl. Akademie d. Wiss., Geisteswissenschaften-Vorträge G 227), Opladen 1978.
234. CHR. GELLINEK, Marriage by Consent in Literary Sources of Medieval Germany, in: Studia Gratiana XII, Bologna 1967, S. 556–579.
235. K. SCHMID, Heirat, Familienfolge, Geschlechterbewußtsein, in: Il matrimonio nella società altomedievale I (= Settimane 24), Spoleto 1977, S. 103–138; ND in: Ders., Gebetsgedenken [214] S. 388–423.
236. S. KONECNY, Die Frauen des karolingischen Königshauses. Die politische Bedeutung der Ehe und die Stellung der Frau in der fränkischen Herrscherfamilie vom 7. bis zum 10. Jahrhundert, Dissertationen der Univ. Wien 132, Wien 1976.

(4) Staat und Staatsführung

Staatsbegriff und Wesen des Staates

Vgl. auch [60] MITTEIS, [113] BRUNNER S. 120ff., [179] BRUNNER S. 616ff., [213] SCHLESINGER.

237. G. v. BELOW, Der deutsche Staat des Mittelalters, Leipzig 1914, 2. Aufl. München–Berlin 1923.
238. F. KEUTGEN, Der deutsche Staat des Mittelalters, Jena 1918.
239. A. WAAS, Vogtei und Bede in der deutschen Kaiserzeit, 2 Bde., Berlin 1919/23.
240. A. DOPSCH, Der deutsche Staat des Mittelalters, in: Das Mittelalter in Einzeldarstellungen, Bd. 3, Leipzig 1930; Wiederabdruck in: Ders., Beiträge zur Sozial- und Wirtschaftsgeschichte. Gesammelte Aufsätze, 2. Reihe, Wien 1938, S. 187–204.
241. O. BÖGL, Die Auffassung von Königtum und Staat im Zeitalter der sächsischen Könige und Kaiser, Erlangen 1932.
242. L. M. HARTMANN, Ein Kapitel vom spätantiken und frühmittelalterlichen Staate, Berlin–Stuttgart–Leipzig 1913.
243. TH. MAYER, Staatsauffassung in der Karolingerzeit, in: Das Königtum, hrsg. von TH. MAYER (= VuF 3), Lindau–Konstanz 1956, S. 169–183.
244. Herrschaft und Staat im Mittelalter, hrsg. von H. KÄMPF (= WdF 2), Darmstadt 1956. – Wichtige Aufsatzsammlung; darin bes.:
O. BRUNNER, Moderner Verfassungsbegriff und mittelalterliche Verfassungsgeschichte (S. 1–19); zuerst in: MIÖG Ergbd. 14, 1939, S. 513–528.
H. MITTEIS, Land und Herrschaft. Bemerkungen zu dem gleichnamigen Buche Otto Brunners (S. 20–65); zuerst in: HZ 163, 1941, S. 255–281 und 471–489.
W. SCHLESINGER, Herrschaft und Gefolgschaft in der germanisch-deutschen Verfassungsgeschichte (S. 135–190); zuerst in: HZ 176, 1953, S. 225–275.
TH. MAYER, Die Ausbildung der Grundlagen des modernen deutschen Staates im hohen Mittelalter (S. 284–331); zuerst in: HZ 159, 1939, S. 457–680.
G. TELLENBACH, Vom karolingischen Reichsadel zum deutschen Reichsfürstenstand (S. 191–242); zuerst in: Adel und Bauern im deutschen Staat des Mittelalters, hrsg. von TH. MAYER, Leipzig 1943, S. 22–73.
K. S. BADER, Volk, Stamm, Territorium (S. 243–283); aus Einzelbeiträgen zu HZ 176, 1953, S. 449–477, und BDLG 90, 1953, S. 109–131.
245. F. CROSARA, Res publica e res publicae. Cenni terminologici dall'età Romana all XI secolo, in: Atti del congresso internazionale di diritto Romano e di storia del diritto 4, 1953, S. 227–261.
246. H. BEUMANN, Zur Entwicklung transpersonaler Staatsvorstellungen, in: Das Königtum, hrsg. von TH. MAYER (= VuF 3), Lindau–Konstanz 1956, S. 185–224.
247. H. QUARITSCH, Staat und Souveränität, Bd. 1: Die Grundlagen, Frankfurt a. M. 1970.
248. H. K. SCHULZE, Mediävistik und Begriffsgeschichte, in: Festschr. f. H. Beumann, Sigmaringen 1977, S. 388–405.
249. P. KIRN, Die mittelalterliche Staatsverwaltung als geistesgeschichtliches Problem: in HVj 27, 1932, S. 523–548.

250. G. TELLENBACH, Die Unteilbarkeit des Reiches. Ein Beitrag zur Entstehungsgeschichte Deutschlands und Frankreichs, in: HZ 163, 1941, S. 20–42; ND in: Die Entstehung des Deutschen Reiches, hrsg. von H. KÄMPF (= WdF 1), Darmstadt 1956, S. 110–134.
251. E. HLAWITSCHKA, Zum Werden der Unteilbarkeit des mittelalterlichen Deutschen Reiches, Düsseldorf 1971; ohne Anm. auch in: Jahrbuch d. Universität Düsseldorf 1969/70, S. 43–55.
252. H. SPROEMBERG, Die Alleinherrschaft im mittelalterlichen Imperium, in: Ders., Mittelalter und demokratische Geschichtsschreibung, Berlin 1971, S. 45–66.
253. K. SCHMID, Das Problem der 'Unteilbarkeit des Reiches', in: Reich und Kirche vor dem Investiturstreit, hrsg. von K. SCHMID, Sigmaringen 1985, S. 1–16.

König – Gottesgnadentum – Königsheil

254. F. KERN, Gottesgnadentum und Widerstandsrecht im früheren Mittelalter. Zur Entwicklungsgeschichte der Monarchie, Leipzig 1914, 2.–7. von R. BUCHNER ergänzte Aufl. Darmstadt 1954–80.
255. H. KRAUSE, Consilio et iudicio. Bedeutungsbreite und Sinngehalt einer mittelalterlichen Formel, in: Speculum historiale, Festschr. f. Joh. Spörl, Freiburg i. Br.-München 1965, S. 416–438.
256. W. ULLMANN, Schranken der Königsgewalt im Mittelalter, in: HJb 91, 1971, S. 1–21.
257. H. H. ANTON, Fürstenspiegel und Herrscherethos in der Karolingerzeit, Bonn 1968.
258. H.-W. KLEWITZ, Germanisches Erbe im fränkischen und deutschen Königtum, in: WaG 7, 1941, S. 201–216; ND in: Ders., Ausgewählte Aufsätze zur Kirchen- und Geistesgeschichte des Mittelalters, Aalen 1971, S. 55–70.
259. H.-W. KLEWITZ, Namengebung und Sippenbewußtsein in den deutschen Königsfamilien des 10.–12. Jahrhunderts, in: AUF 18, 1944, S. 23–37; ND in: [wie 258] S. 89–103.
260. P. E. SCHRAMM, Der König von Frankreich. Das Wesen der Monarchie vom 9. bis zum 16. Jh., 2 Bde., Weimar 1939, 2. Aufl. Weimar u. Darmstadt 1960.
261. P. E. SCHRAMM, Geschichte des englischen Königtums im Lichte der Krönung, Weimar 1937; ND Weimar u. Darmstadt 1970.
262. H. KLEINSCHMIDT, Untersuchungen über das englische Königtum im 10. Jh., Göttingen–Frankfurt a. M.–Zürich 1979.
263. A. ANGENENDT, Rex et sacerdos. Zur Genese der Königssalbung, in: Tradition als historische Kraft, hrsg. von N. KAMP u. J. WOLLASCH, Berlin–New York 1982, S. 100–118.
264. H. BEUMANN, Die sakrale Legitimierung des Herrschers im Denken der ottonischen Zeit, in: ZRG germ. Abt. 66, 1948, S. 1–45; ND in: Königswahl [293] S. 148–198.
265. K. HAUCK, Geblütsheiligkeit, in: Liber floridus, Festschr. f. P. Lehmann, St. Ottilien 1950, S. 187–240.
266. H.-K. SCHULZE, Königsherrschaft und Königsmythos, in: Festschr. f. B. Schwineköper, Sigmaringen 1982, S. 177–186.
267. R. SCHÜTZEICHEL, Das Heil des Königs. Zur Interpretation volkssprachiger Dichtung der Karolingerzeit, in: Festschr. f. Hans Eggers, Tübingen 1972, S. 369–391.
268. E. H. KANTOROWICZ, The King's Two Bodies. A Study in Mediaeval Political Theology, Princeton N.J. 1957.

269. W. Baetke, Yngvi und die Ynglinger. Eine quellenkritische Untersuchung über das nordische 'Sakralkönigtum' (= Sb. d. Sächs. Ak. d. W. zu Leipzig, phil.-hist. Kl. 109, H. 3), Berlin 1964.
270. H. Wolfram, Methodische Fragen zur Kritik am 'sakralen' Königtum germanischer Stämme, in: Festschr. f. O. Höfler zum 65. Geburtstag, Wien 1968, S. 473–490.
271. L. Bornscheuer, Miseriae regum. Untersuchungen zum Krisen- und Todesgedanken in den herrschaftstheologischen Vorstellungen der ottonisch-salischen Zeit, Berlin 1968.
272. P. E. Schramm, Herrschaftszeichen und Staatssymbolik, 3 Bde. (= Schriften der MGH 13, 1–3), Stuttgart 1954–56.
273. P. E. Schramm, Die deutschen Kaiser und Könige in Bildern ihrer Zeit (751–1152), Leipzig 1928, 2. verb. Aufl. von Fl. Mütherich, München 1983.
274. P. E. Schramm – Fl. Mütherich, Denkmale der deutschen Könige und Kaiser, Bd. I: Von Karl d. Gr. bis Friedrich II., München 1962, 2. erg. Aufl. München 1981.

Reichsgut – Königsgastung – Reisekönigtum

275. A. Eggers, Die königliche Grundherrschaft im 10. und beginnenden 11. Jahrhundert, Weimar 1909.
276. W. Metz, Zur Erforschung des karolingischen Reichsgutes, Darmstadt 1971.
277. W. Metz, Das Servitium regis. Zur Erforschung der wirtschaftlichen Grundlagen des hochmittelalterlichen deutschen Königtums, Darmstadt 1978.
278. B. Heusinger, Servitium regis in der deutschen Kaiserzeit. Untersuchungen über die wirtschaftlichen Verhältnisse des deutschen Königtums 900–1250, in: AUF 8, 1923, S. 26–159; auch Sonderausgabe: Berlin–Leipzig 1922.
279. H. J. Rieckenberg, Königsstraße und Königsgut in liudolfingischer und frühsalischer Zeit (919–1056), in: AUF 17, 1941, S. 32–154; ND Darmstadt 1965.
280. C. Brühl, Fodrum, Gistum, Servitium regis. Studien zu den wirtschaftlichen Grundlagen des Königtums im Frankenreich und in den fränkischen Nachfolgestaaten Deutschland, Frankreich und Italien vom 6. bis zur Mitte des 14. Jahrhunderts, 2 Bde., Köln–Graz 1968.
281. H. C. Faussner, Die Verfügungsgewalt des deutschen Königs über weltliches Reichsgut im Hochmittelalter, in: DA 29, 1973, S. 345–449.
282. E. Müller-Mertens, Die Reichsstruktur im Spiegel der Herrschaftspraxis Ottos des Großen. Mit historiographischen Prolegomena zur Frage Feudalstaat auf deutschem Boden, seit wann deutscher Feudalstaat?, Berlin-Ost 1980.
283. H. Keller, Reichsstruktur und Herrschaftsauffassung in ottonisch-frühsalischer Zeit, in: FMSt 16, 1982, S. 74–128.
284. Th. Mayer, Das deutsche Königtum und sein Wirkungsbereich, in: Ders., Mittelalterliche Studien. Gesammelte Aufsätze, Lindau–Konstanz 1959, S. 28–44.
285. R. Schmidt, Königsumritt und Huldigung in ottonisch-salischer Zeit, hrsg. von Th. Mayer (= VuF 6), Konstanz–Stuttgart 1961, S. 97–233.
286. H. C. Peyer, Das Reisekönigtum des Mittelalters, in: VSWG 51, 1964, S. 1–21.
287. W. Berges, Das Reich ohne Hauptstadt, in: Das Hauptstadtproblem in der Geschichte, Festgabe f. F. Meinecke, Tübingen 1951, S. 1–29.
288. E. Ewig, Résidence et capitale pendent le haut Moyen Age, in: Revue historique 230, 1963, S. 25–72.

289. C. Brühl, Remarques sur les notions de 'Capitale' et de 'Résidence' pendent le haut Moyen Age, in: Journal des Savants 1967, S. 193–215.

Thronwechsel

290. J. Krüger, Grundsätze und Anschauungen bei den Erhebungen der deutschen Könige in der Zeit von 911–1056, Breslau 1911.
291. H. Mitteis, Die deutsche Königswahl und ihre Rechtsgrundlagen bis zur Goldenen Bulle, 2. Aufl. Brünn–München–Wien 1944; ND Darmstadt 1969.
292. Königswahl und Thronfolge in fränkisch-karolingischer Zeit, hrsg. von E. Hlawitschka (= WdF 247), Darmstadt 1975. – Aus diesem Sammelband bes.:
W. Sickel, Zum karolingischen Thronrecht (S. 59–105); zuerst in: Festschr. f. A. S. Schultze, Leipzig 1903, S. 97–138.
W. Sickel, Das Thronfolgerecht der unehelichen Karolinger (S. 106–143); zuerst in: ZRG germ. Abt. 24, 1903, S. 110–147.
J. Dhondt, Königswahl und Thronerbrecht zur Zeit der Karolinger und der ersten Kapetinger (S. 144–189); zuerst französisch in: Revue Belge de phil. et d'histoire 18, 1939, S. 913–953.
W. Schlesinger, Karlingische Königswahlen (S. 190–266); zuerst in: Zur Geschichte und Problematik der Demokratie, Festgabe f. H. Herzfeld, Berlin 1958, S. 207–264.
L. Boehm, Rechtsformen und Rechtstitel der burgundischen Königserhebungen im 9. Jahrhundert. Zur Krise der karolingischen Dynastie (S. 325–398); zuerst in: HJb 80, 1961, S. 1–57.
H. Keller, Zum Sturz Karls III. (S. 432–494); zuerst in: DA 22, 1966, S. 333 bis 384.
E. Hlawitschka, Die lotharische Blutslinie und der Sturz Karls III. (S. 495–547); zuerst in: [627] S. 26–64.
293. Königswahl und Thronfolge in ottonisch-frühdeutscher Zeit, hrsg. von E. Hlawitschka (= WdF 178), Darmstadt 1981. – Aus diesem Sammelband bes.:
M. Lintzel, Zur Designation und Wahl König Heinrichs I. (S. 46–70); zuerst in: DA 6, 1943, S. 379–400.
F. Rörig, Geblütsrecht und freie Wahl in ihrer Auswirkung auf die deutsche Geschichte (S. 71–147); zuerst als: Abh. d. Ak. d. W. zu Berlin, Jg. 1945/46, phil.-hist. Kl. 6, Berlin 1948, S. 1–51.
M. Lintzel, Zu den deutschen Königswahlen der Ottonenzeit (S. 199–215); zuerst in: ZRG germ. Abt. 66, 1948, S. 46–63.
H. Mitteis, Die Krise des deutschen Königswahlrechts (S. 216–302); zuerst als: Sb. d. Bayer. Ak. d. W., phil.-hist. Kl., Jg. 1950, H. 8, S. 1–92.
M. Lintzel, Miszellen zur Geschichte des 10. Jahrhunderts (S. 309–388); zuerst als: Berichte über die Verhandl. d. Sächs. Ak. d. W. zu Leipzig, phil.-hist. Kl. 100, H. 2, Berlin 1953, S. 1–116.
K. Schmid, Neue Quellen zum Verständnis des Adels im 10. Jahrhundert (S. 389–416), Teil-ND; zuerst in: ZGO 108, 1960, S. 185–202.
K. Schmid, Die Thronfolge Ottos des Großen (S. 417–508); zuerst in: ZRG germ. Abt. 81, 1964, S. 80–163.
H. Jakobs, Zum Thronfolgerecht der Ottonen (S. 509–528).

294. G. Tellenbach, Die geistigen und politischen Grundlagen der karolingischen Thronfolge. Zugleich eine Studie über kollektive Willensbildung und kollektives Handeln im 9. Jahrhundert, in: FMSt 13, 1979, S. 184–302.

295. K. Bund, Thronsturz und Herrscherabsetzung im Frühmittelalter, Bonn 1979.

296. W. Schlesinger, Die Anfänge der deutschen Königswahl, in: ZRG germ. Abt. 66, 1948, S. 381–440; ND in: Entstehung des DR [wie 622], S. 313–385.

297. W. Schlesinger, Erbfolge und Wahl bei der Königserhebung Heinrichs II. 1002, in: Festschr. f. H. Heimpel Bd. III, Göttingen 1972, S. 1–36.

298. R. Schneider, Die Königserhebung Heinrichs II. im Jahre 1002, in: DA 28, 1972, S. 74–104.

299. E. Hlawitschka, 'Merkst Du nicht, daß Dir das vierte Rad am Wagen fehlt?' Zur Thronkandidatur Ekkehards von Meißen (1002) nach Thietmar, Chronicon IV c. 52, in: Geschichtsschreibung und geistiges Leben im Mittelalter, Festschr. f. H. Löwe, Köln–Wien 1978, S. 281–311.

300. A. Graf Finckenstein, Beobachtungen zur Königswahl nach dem Tode Ottos III., in: DA 34, 1978, S. 512–520.

301. H. Keller, Schwäbische Herzöge als Thronbewerber: Hermann II. (1002), Rudolf von Rheinfelden (1077), Friedrich von Staufen (1125). Zur Entwicklung von Reichsidee und Fürstenverantwortung, Wahlverständnis und Wahlverfahren im 11. und 12. Jahrhundert, in: ZGO 131, 1983, S. 123–162.

302. E. Hlawitschka, Die Thronkandidaturen von 1002 und 1024. Gründeten sie im Verwandtenanspruch oder in Vorstellungen von freier Wahl?, in: Reich und Kirche vor dem Investiturstreit, hrsg. von K. Schmid, Sigmaringen 1985, S. 49–64.

303. E. Hlawitschka, Untersuchungen zu den Thronwechseln der 1. Hälfte des 11. Jahrhunderts und zur Adelsgeschichte Süddeutschlands (im Druck).

304. A. Nitschke, Die Einstimmigkeit der Wahlen im Reich Ottos des Großen, in: MIÖG 70, 1962, S. 29–59.

305. U. Reinhardt, Untersuchungen zur Stellung der Geistlichkeit bei den Königswahlen im Fränkischen und Deutschen Reich (751–1250), Marburg 1975.

306. G. Eiten, Das Unterkönigtum im Reiche der Merowinger und Karolinger, Heidelberg 1907.

307. F. Becker, Das Königtum der Thronfolger im Deutschen Reich des Mittelalters, Weimar 1913.

308. W. Giese, Zu den Designationen und Mitkönigserhebungen der deutschen Könige des Hochmittelalters (936–1237), in: ZRG germ. Abt. 92, 1975, S. 174–183.

308a. H. Hagn, Zur Thronfolgeproblematik illegitimer Merowinger, Karolinger und Ottonen, Diss. (masch.) München 1986.

Kaiserwürde

309. F. Kempf, Das mittelalterliche Kaisertum. Ein Deutungsversuch, in: Das Königtum. Seine geistigen und rechtlichen Grundlagen, hrsg. von Th. Mayer (= VuF 3), Lindau–Konstanz 1956, S. 225–242.

310. H. Löwe, Von den Grenzen des Kaisergedankens in der Karolingerzeit, in: DA 14, 1958, S. 345–374; ND in: Ders., Von Cassiodor zu Dante. Ausgewählte Aufsätze zur Geschichtsschreibung und politischen Ideenwelt des Mittelalters, Berlin–New York 1973, S. 206–230.

311. H. Löwe, Kaisertum und Abendland in ottonischer und frühsalischer Zeit, in: HZ 196, 1963, S. 529–562; ND in: [wie 310] S. 231–259.
312. H. Hirsch, Das Recht der Königserhebung durch Kaiser und Papst im hohen Mittelalter, in: Festschr. E. Heymann, Bd. I, Weimar 1940, S. 209–241; Sonderausgabe Darmstadt 1962.
313. E. Eichmann, Die Kaiserkrönung im Abendland. Ein Beitrag zur Geistesgeschichte des Mittelalters, 2 Bde., Würzburg 1942.
314. G. A. Bezzola, Das ottonische Kaisertum in der französischen Geschichtsschreibung des 10. und beginnenden 11. Jahrhunderts, Köln–Graz 1956.
315. A. Angenendt, Kaiserherrschaft und Königstaufe. Kaiser, Könige und Päpste als geistliche Patrone in der abendländischen Missionsgeschichte, Berlin–New York 1984.
316. M. Lintzel, Das abendländische Kaisertum im 9. und 10. Jahrhundert. Der römische und der fränkisch-deutsche Kaisergedanke von Karl d. Gr. bis auf Otto d. Gr., in: WaG 4, 1938, S. 423–447; ND in: Ders., Ausgewählte Schriften II, Berlin 1961, S. 122–141.
317. E. E. Stengel, Den Kaiser macht das Heer, in: Festschr. K. Zeumer, Weimar 1910, S. 247–310; umgearb. u. ergänzt in: Ders., Abhandlungen und Untersuchungen zur Geschichte des Kaisergedankens im Mittelalter, Köln–Graz 1965, S. 1–171.
318. E. E. Stengel, Kaisertitel und Suveränitätsidee, in: DA 3, 1939, S. 1–56.
319. E. E. Stengel, Die Entstehungszeit der Res gestae Saxonicae und der Kaisergedanke Widukinds von Corvey, in: Corona quernea, Festgabe K. Strecker, Leipzig 1941, S. 136–158.
320. W. Rüsen, Der Weltherrschaftsgedanke und das deutsche Kaisertum im Mittelalter, Diss. Halle 1913.
321. R. Schlierer, Weltherrschaftsgedanke und altdeutsches Kaisertum, Tübingen 1934; ND Darmstadt 1968.
322. R. Holtzmann, Der Weltherrschaftsgedanke des mittelalterlichen Kaisertums und die Souveränität der europäischen Staaten, in: HZ 159, 1938, S. 251–269; Sonderausgabe Tübingen 1953.
323. C. Erdmann, Das ottonische Reich als Imperium Romanum, in: DA 6, 1943, S. 412 bis 441.
324. C. Erdmann, Forschungen zur politischen Ideenwelt des Frühmittelalters, aus dem Nachlaß hrsg. von F. Baethgen, Berlin 1951.
325. R. Drögereit, Kaiseridee und Kaisertitel bei den Angelsachsen, in: ZRG germ. Abt. 69, 1952, S. 24–73.
326. E. E. Stengel, Imperator und Imperium bei den Angelsachsen, in: DA 16, 1960, S. 15–72.
327. K.-U. Jäschke, Königskanzlei und imperiales Königtum im 10. Jahrhundert, in: HJb 84, 1964, S. 288–333; ND in: [700] S. 137–196.
328. H. Keller, Das Kaisertum Ottos d. Gr. im Verständnis seiner Zeit, in: DA 20, 1964, S. 325–388; ND in: [700] S. 218–295.
329. H. Beumann, Der deutsche König als 'Romanorum rex', Sb. d. Wiss. Gesellschaft a. d. Joh. Wolfg. Goethe-Univ. Frankfurt a. M., Bd. XVIII, 2, Wiesbaden 1981.
330. W. Goez, Imperator advocatus Romanae ecclesiae, in: Aus Kirche und Reich, Festschr. f. F. Kempf, Sigmaringen 1983, S. 315–328.

331. W. OHNSORGE, Das Zweikaiserproblem im frühen Mittelalter. Die Bedeutung des byzantinischen Reiches für die Entwicklung der Staatsidee in Europa, Hildesheim 1947.
332. W. OHNSORGE, Das Mitkaisertum in der abendländischen Geschichte des frühen Mittelalters, in: ZRG germ. Abt. 67, 1950, S. 309–335.
333. W. OHNSORGE, Die Idee der Mitregentschaft bei den Sachsenherrschern, in: Mitteilungen des österr. Staatsarchivs 25, 1972 (= Festschrift L. Mikoletzky), S. 539–548; ND in: Ders., Ost-Rom und der Westen, Darmstadt 1983, S. 117–127.
334. W. OHNSORGE, Das abendländische Kaisertum, in: Reallexikon der Byzantinistik I, Amsterdam 1969, S. 126–169; ND in: Ost-Rom [333] S. 1–36.
335. W. OHNSORGE, Konstantinopel im politischen Denken der Ottonenzeit, in: Festschr. F. Dölger, Heidelberg 1966, S. 388–412; ND in: Ost-Rom [333] S. 91–116.

Adel – Begriff und Allgemeines

Vgl. die Artikel 'Adel' in [34] I S. 120–128 (WERNER), [36] I S. 58–77 (WENSKUS), [38] I S. 41–51 (SCHEYHING), dazu in: Theolog. Realenzyklopädie I, 1976, S. 437–446 (SCHWARZMAIER); außerdem [190] OTTO, [195] BOSL, [200] SCHULZE, [214] SCHMID, [244] TELLENBACH, [248] SCHULZE, [416] TELLENBACH.

336. W. SCHNEIDER, Wider die These von der 'Adelsherrschaft' (= Arbeiten zur Alemannischen Frühgeschichte, Heft IX), Tübingen 1980.
337. F. MAURER, Über Adel und edel in altdeutscher Dichtung, in: Adel und Kirche, Festschr. f. G. Tellenbach, Freiburg–Basel–Wien 1968, S. 1–5.
338. H. ZUTT, Adel und edel – Wort und Bedeutung bis ins 13. Jh., Diss. phil. Freiburg i. Br. 1956.
338a. H.-W. GOETZ, Nobilis. Der Adel im Selbstverständnis der Karolingerzeit, in: VSWG 70, 1983, S. 153–191.
339. K. BOSL, Leitbilder und Wertvorstellungen des Adels von der Merowingerzeit bis zur Höhe der feudalen Gesellschaft (= Sb. d. Bayer. Ak. d. W., phil.-hist. Kl. 1974, Heft 1), München 1974.
340. H. KALLFELZ, Das Standesethos des Adels im 10. und 11. Jahrhundert, Diss. phil. Würzburg 1961.
341. U. HOFFMANN, König, Adel und Reich im Urteil fränkischer und deutscher Historiker des 9.–11. Jahrhunderts, Diss. phil. Freiburg i. Br. 1968.
342. K. HAUCK, Haus- und sippengebundene Literatur mittelalterlicher Adelsgeschlechter, von Adelssatiren des 11. und 12. Jahrhunderts her erläutert, in: MIÖG 62, 1954, S. 121–145; ND in: Geschichtsdenken [wie 576] S. 165–199.
343. O. FRH. v. DUNGERN, Adelsherrschaft im Mittelalter, München 1927; ND Darmstadt 1967.
344. H. MITTEIS, Formen der Adelsherrschaft im Mittelalter, in: Festschr. F. Schulz, Weimar 1951, S. 226–258; ND in: Ders., Die Rechtsidee in der Geschichte. Gesammelte Abhandlungen und Vorträge, Weimar 1957, S. 636–668.
345. K. SCHMID, Über die Struktur des Adels im früheren Mittelalter, in: JbffL 19, 1959, S. 1–23, ND [wie 214] S. 245–267.
346. G. TELLENBACH, Zur Erforschung des mittelalterlichen Adels (9.–12. Jh.), in: XIIe

Congrès International des Sciences Historiques. Rapports – I: Grands Thèmes, Wien 1965, S. 318–337.

347. G. TELLENBACH, Rechtlicher Anspruch und soziale Geltung in der Geschichte des Adels im hohen Mittelalter, in: La storia del diritto nel quadro delle scienze storiche, Firenze 1966, S. 349–359.

348. W. STÖRMER, Früher Adel. Studien zur politischen Frühgeschichte im fränkisch-deutschen Reich vom 8.–11. Jahrhundert, 2 Bde., Stuttgart 1973.

349. K. LEYSER, The Germanic Aristocracy from the 9th to the early 12th Century, in: Past and Present 41, 1968, S. 25–53.

350. H.-M. MAURER, Die Entstehung der hochmittelalterlichen Adelsburg in Südwestdeutschland, in: ZGO 117, 1969, S. 295–332.

351. A. SCHULTE, Der Adel und die deutsche Kirche im Mittelalter. Studien zur Sozial-, Rechts- und Kirchengeschichte, 2. Aufl. Stuttgart 1922; ND Darmstadt 1958.

352. L. GENICOT, Les recherches relatives à la noblesse médiévale, in: Bulletin de l'Académie Royale de Belgique, classe de lettres, 5e série, Brüssel 1975, S. 45–68.

Adelsforschung zur Erhellung von Königsherrschaft und Reichsgeschichte

Vgl. auch [225, 228] ALTHOFF, [299] HLAWITSCHKA, [301] KELLER, [302, 303] HLAWITSCHKA, [341] HOFFMANN, [505] ZIELINSKI, [506] FINCKENSTEIN, [664] HLAWITSCHKA.

353. G. TELLENBACH, Zur Bedeutung der Personenforschung für die Erkenntnis des früheren Mittelalters, Freiburger Universitätsreden NF 25, Freiburg i. Br. 1957.

354. K. F. WERNER, Poblematik und erste Ergebnisse des Forschungsvorhabens PROL (Prosopographia Regnorum Orbis Latini), in: QFIAB 57, 1977, S. 69–87.

355. I. DIETRICH, Das Haus der Konradiner. Untersuchungen zur Verfassungsgeschichte der späten Karolingerzeit, phil. Diss. (masch.) Marburg 1952.

356. E. KIMPEN, Die Abstammung Konrads I. und Heinrichs I. von Karl d. Gr., in: HVj 29, 1935, S. 722–767.

357. E. KIMPEN, Zur Königsgenealogie der Karolinger- bis Stauferzeit, in: ZGO 103, 1955, S. 35–115.

358. E. KIMPEN, Zur Genealogie der bayrischen Herzöge von 908–1070, in: JbffL 13, 1953, S. 55–83.

359. O. FRH. v. DUNGERN, Thronfolgerecht und Blutsverwandtschaft der deutschen Kaiser seit Karl dem Großen, 2. Aufl. Papiermühle 1910; ND Darmstadt 1966.

360. E. HLAWITSCHKA, Die Vorfahren Karls d. Gr., in: Karl d. Gr., Bd. I, hrsg. von H. BEUMANN, Düsseldorf 1965, S. 51–82.

361. E. BRANDENBURG, Die Nachkommen Karls d. Gr., I.–XIV. Generation, Leipzig 1935.

362. K. F. WERNER, Die Nachkommen Karls d. Gr. bis um das Jahr 1000 (1.–8. Generation), in: Karl d. Gr. Bd. IV, hrsg. von W. BRAUNFELS u. P. E. SCHRAMM, Düsseldorf 1967, S. 403–482.

363. M. WENGER, Die 'consanguinei regum' der deutschen Kaiserzeit. Studien zu ihrer verfassungsmäßigen Bedeutung und ihrem Verwandtschaftsbewußtsein, phil. Diss. (masch.) Freiburg i. Br. 1944.

364. A. KRAH, Absetzungsverfahren als Spiegelbild von Königsmacht. Untersuchungen

zum Kräfteverhältnis zwischen Königtum und Adel im Karolingerreich und in seinen Nachfolgestaaten (im Druck).
365. G. THOMA, Namensänderungen in Herrscherfamilien des mittelalterlichen Europa, Kallmünz 1985.
366. G. ALTHOFF, Unerkannte Zeugnisse vom Totengedenken der Liudolfinger, in: DA 32, 1976, S. 370–404.
367. A. WOLF, Wer war Kuno 'von Öhningen'? – Überlegungen zum Herzogtum Konrads von Schwaben († 997) und zur Königswahl vom Jahre 1002, in: DA 36, 1980, S. 25–83.
368. E. HLAWITSCHKA, Wer waren Kuno und Richlind von Öhningen? Kritische Überlegungen zu einem neuen Identifizierungsvorschlag, in: ZGO 128, 1980, S. 1–49.
369. H. C. FAUSSNER, Kuno von Öhningen und seine Sippe in ottonisch-salischer Zeit, in: DA 37, 1981, S. 20–139.
370. H. C. FAUSSNER, Königliches Designationsrecht und herzogliches Geblütsrecht. Zum Königtum und Herzogtum in Baiern im Hochmittelalter (= Sb. d. Österr. Ak. d. W., phil.-hist. Kl., Bd. 429), Wien 1984.
371. E. HLAWITSCHKA, Königin Richeza von Polen – Enkelin Herzog Konrads von Schwaben, nicht Kaiser Ottos II.?, in: Institutionen, Kultur und Gesellschaft im Mittelalter, Festschr. f. J. Fleckenstein, Sigmaringen 1984, S. 221–244.
372. F. VOLLMER, Die Etichonen. Ein Beitrag zur Frage der Kontinuität früher Adelsfamilien, in: Studien und Vorarbeiten zur Geschichte des großfränkischen und frühdeutschen Adels, hrsg. von G. TELLENBACH, Freiburg i. Br. 1957, S. 137–184.
373. K. SCHMID, Königtum, Adel und Klöster zwischen Bodensee und Schwarzwald, in: Studien [wie 372] S. 225–334.
374. J. FLECKENSTEIN, Über die Herkunft der Welfen und ihre Anfänge in Süddeutschland, in: Studien [wie 372] S. 71–136.
375. K.-E. KLAAR, Die Herrschaft der Eppensteiner in Kärnten, Klagenfurt 1966.
376. H. SCHWARZMAIER, Königtum, Adel und Klöster im Gebiet zwischen oberer Iller und Lech, Augsburg 1961.
377. TH. ZOTZ, Der Breisgau und das alemannische Herzogtum. Zur Verfassungs- und Besitzgeschichte im 10. und beginnenden 11. Jh., Sigmaringen 1974.
378. M. BORGOLTE, Die Grafen Alemanniens in merowingischer und karolingischer Zeit. Eine Prosopographie, Sigmaringen 1986.
379. K. REINDEL, Die bayerischen Luitpoldinger 893–989, Sammlung und Erläuterung der Quellen, München 1953.
380. K. LECHNER, Die Babenberger. Markgrafen und Herzöge von Österreich 976–1246, Wien–Köln–Graz 1976.
381. S. KRÜGER, Studien zur Sächsischen Grafschaftsverfassung im 9. Jahrhundert, Göttingen 1950.
382. R. SCHÖLKOPF, Die Sächsischen Grafen (919–1024), Göttingen 1957.
383. R. BORK, Die Billunger, mit Beiträgen zur Geschichte des deutsch-wendischen Grenzraumes im 10. und 11. Jh., Phil. Diss. (masch.) Greifswald 1951.
384. H.-J. FREYTAG, Die Herrschaft der Billunger in Sachsen, Göttingen 1951.
385. R. HUCKE, Die Grafen von Stade 900–1144. Genealogie, politische Stellung, Comitat und Allodialbesitz der sächsischen Udonen, Stade 1956.
386. R. WENSKUS, Sächsischer Stammesadel und fränkischer Reichsadel (= Abh. d. Ak. d. W. in Göttingen, phil.-hist. Kl., II. Folge Nr. 93), Göttingen 1976.

387. H. BOLLNOW, Die Grafen von Werl. Genealogische Untersuchungen zur Geschichte des 10.–12. Jahrhunderts, Phil. Diss. Greifswald 1930.
388. P. LEIDINGER, Untersuchungen zur Geschichte der Grafen von Werl, Paderborn 1965.
389. E. KIMPEN, Ezzonen und Hezeliniden in der rheinischen Pfalzgrafschaft, in: MIÖG Ergbd. 12, 1933, S. 1–91.
390. U. LEWALD, Die Ezzonen. Das Schicksal eines rheinischen Fürstengeschlechts, in: Rhein. Vjbl. 43, 1979, S. 120–168.
391. H. RENN, Das erste Luxemburger Grafenhaus 963–1136, Bonn 1941.
392. E. HLAWITSCHKA, Die Anfänge des Hauses Habsburg-Lothringen. Genealogische Untersuchungen zur Geschichte Lothringens und des Reiches im 9., 10. u. 11. Jh., Saarbrücken 1969.
393. M. PARISSE, La noblesse lorraine XIe–XIIIe s., 2 Bde., These Nancy II, 1976.
394. M. PARISSE, Noblesse et chevalerie en Lorraine médiévale. Les familles nobles du XIe au XIIe siècle, Nancy 1982.
395. K. F. WERNER, Untersuchungen zur Frühzeit des französischen Fürstentums (9.–10. Jh.), in: WaG 18, 1958, S. 256–289; 19, 1959, S. 146–193; 20, 1960, S. 87–119.
396. M. BUR, La formation du comté de Champagne (v. 950–v. 1150), Nancy 1977.
397. E. HLAWITSCHKA, Franken, Alemannen, Bayern und Burgunder in Oberitalien (774 bis 962). Zum Verständnis der fränkischen Königsherrschaft in Italien, Freiburg i. Br. 1960.
398. H. KELLER, Zur Struktur der Königsherrschaft im karolingischen und nachkarolingischen Italien. Der 'consiliarius regis' in den italienischen Königsdiplomen des 9. u. 10. Jh., in: QFIAB 47, 1967, S. 123–223.
399. R. PAULER, Das Regnum Italiae in ottonischer Zeit, Tübingen 1982.
400. I ceti dirigenti in Toscana nell'età precomunale, ed. Comitato di studi sulla storia dei ceti dirigenti in Toscana. Atti del 1° Convegno, Pisa 1981.
401. E. HLAWITSCHKA, Die Widonen im Dukat von Spoleto, in: QFIAB 63, 1983, S. 20 bis 92.
402. E. HLAWITSCHKA, Waren die Kaiser Wido und Lambert Nachkommen Karls d. Gr.?, in: QFIAB 49, 1969, S. 366–386.
403. W. GRONEUER, Die weltlichen Gewalten in Reichsitalien unter Konrad II. und Heinrich III. (1024–1056), Phil. Diss. (masch.) FU Berlin 1964.

(5) Staatsverwaltung / Innere Struktur der Reiche

Vgl. auch Artikel 'Graf/Grafschaft', 'Herzog/Herzogtum' in [38]; dazu [60] MITTEIS, [165] HOLTZMANN, [244] SCHLESINGER und BADER, [283] KELLER, [336] SCHNEIDER, [381] KRÜGER, [382] SCHÖLKOPF, [397] HLAWITSCHKA, [622] KLEBEL.

404. G. WAGNER, Die Verwaltungsgliederung im karolingischen Reich, Göttingen 1963.
405. H. K. SCHULZE, Die Grafschaftsverfassung der Karolingerzeit in den Gebieten östlich des Rheins, Berlin 1973.
406. U. NONN, Pagus und Comitatus in Niederlothringen. Untersuchungen zur politischen Raumgliederung im früheren Mittelalter, Bonn 1983.

407. M. BORGOLTE, Geschichte der Grafschaften Alemanniens in fränkischer Zeit, Sigmaringen 1984.

407a. H. K. SCHULZE, Grundprobleme der Grafschaftsverfassung. Kritische Bemerkungen zu einer Neuerscheinung, in: Zs. f. Württemberg. Landesgesch. 44, 1985, S. 265–282.

408. J. FR. LEMARIGNIER, La dislocation du 'pagus' et le problème des 'consuetudines' (X^{e}–XIe s.), in: Mélanges d'histoire du moyen âge dédiés à la memoire de L. Halphen, Paris 1951, S. 401–410.

409. M. SCHAAB, Die Zent in Franken von der Karolingerzeit bis ins 19. Jh. Kontinuität und Wandel einer aus dem Frühmittelalter stammenden Organisationsform, in: Histoire comparée [wie 428], S. 345–362.

410. R. KLOSS, Das Grafschaftsgerüst des deutschen Reiches im Zeitalter der Herrscher aus sächsischem Hause, Diss. phil. Breslau 1939.

411. E. ROSENSTOCK, Königshaus und Stämme in Deutschland zwischen 911 und 1250, Leipzig 1914; ND Aalen 1966.

412. G. LÄWEN, Stammesherzog und Stammesherzogtum. Beiträge zur Frage ihrer rechtlichen Bedeutung im 10.–12. Jahrhundert, Berlin 1935.

413. A. WAAS, Herrschaft und Staat im deutschen Frühmittelalter, Berlin 1938.

414. E. ROSENSTOCK-HUESSY, Herzogsgewalt und Friedensschutz. Deutsche Provinzialversammlungen des 9.–12. Jh., Breslau 1910; ND Aalen 1969.

415. E. KLEBEL, Vom Herzogtum zum Territorium, in: Aus Verfassungs- und Landesgeschichte I, Festschr. f. Th. Mayer, Lindau–Konstanz 1954, S. 205–222.

416. G. TELLENBACH, Königtum und Stämme in der Werdezeit des Deutschen Reiches, Weimar 1939.

417. W. SCHLESINGER, Die Entstehung der Landesherrschaft. Untersuchungen vorwiegend nach mitteldeutschen Quellen, Dresden 1941; ND Darmstadt 1964.

418. K. G. HUGELMANN, Stämme, Nation und Nationalstaat im deutschen Mittelalter, (Stuttgart) 1955.

419. K. BRUNNER, Der fränkische Fürstentitel im 9. und 10. Jahrhundert, in: Intitulatio II, hrsg. von H. WOLFRAM (= MIÖG Ergbd. 24), 1973, S. 179–340.

420. H. STINGL, Die Entstehung der deutschen Stammesherzogtümer, Aalen 1974.

421. H.-W. GOETZ, 'Dux' und 'Ducatus'. Begriffs- und verfassungsgeschichtliche Untersuchungen zur Entstehung des sogenannten 'jüngeren' Stammesherzogtums an der Wende vom 9. zum 10. Jahrhundert, Bochum 1977.

422. J. DHONDT, Études sur la naissance des principautés territoriales en France, IXe–Xe siècles, Brügge 1948.

423. K. F. WERNER, Königtum und Fürstentum im französischen 12. Jahrhundert, in: Probleme des 12. Jahrhunderts, hrsg. von TH. MAYER (= VuF 12), Konstanz–Stuttgart 1968, S. 177–225.

424. W. KIENAST, Der Herzogstitel in Frankreich und Deutschland (9.–12. Jahrhundert). Mit Listen der ältesten deutschen Herzogsurkunden, München–Wien 1968.

425. W. KIENAST, Studien über die französischen Volksstämme des Frühmittelalters, Stuttgart 1968.

426. F. L. GANSHOF, Stämme als 'Träger des Reiches'? Zu W. Kienasts 'Studien über die französischen Volksstämme des Frühmittelalters', in: ZRG germ. Abt. 89, 1972, S. 147–160.

427. K. F. WERNER, La genèse des duchés en France et en Allemagne, in Nascita dell'Eu-

ropa ed Europa carolingia: un equazione da verificare (= Settimane 27), Spoleto 1981, S. 175–223.

428. K. F. Werner, Missus, Marchio, Comes, in : Beihefte der Francia 9: Histoire comparée de l'administration, IVe–XVIIIe siècles, Zürich–München 1980, S. 191–239.
429. Th. Mayer, Das schwäbische Herzogtum und der Hohentwiel, in: Ders., Mittelalterliche Studien, Lindau–Konstanz 1959, S. 325–349.
430. H. Maurer, Der Herzog von Schwaben, Grundlagen, Wirkungen und Wesen seiner Herrschaft in ottonischer, salischer und staufischer Zeit, Sigmaringen 1978.
431. H. Maurer, Confinium Alamannorum. Über Wesen und Bedeutung hochmittelalterlicher 'Stammesgrenzen', in: Historische Forschungen für W. Schlesinger, hrsg. von H. Beumann, Köln–Wien 1974, S. 150–161.
432. E. E. Stengel, Der Stamm der Hessen und das 'Herzogtum' Franken, in: Festschr. E. Heymann I, Weimar 1940, S. 129–174; ND in: Ders., Abhandlungen und Untersuchungen zur hessischen Geschichte, Marburg 1960, S. 355–403.
433. G. Zimmermann, Vergebliche Ansätze zu einem Stammes- und Territorialherzogtum in Franken, in: JbffL 23, 1963, S. 379–408.
434. K. Bosl, Das bayerische Stammesherzogtum, in: ZBLG 25, 1962, S. 275–282; ND in: Ders. (Hrsg.), Zur Geschichte der Bayern (= WdF 60), Darmstadt 1965, S. 1–11.
435. K. Bosl, Das 'jüngere' bayerische Stammesherzogtum der Luitpoldinger, in: ZBLG 18, 1955, S. 144–172; ND in: Ders., Zur Gesch. [wie 434] S. 329–363.
436. K. Reindel, Die staatliche Entwicklung Bayerns vom Ende der Agilolfingerzeit bis zur Mitte des 10. Jahrhunderts, in: ZBLG 25, 1962, S. 665–678.
437. E. Hochenbichler, Die Besetzung der Herzogtümer Bayern, Kärnten und Schwaben in ottonischer und salischer Zeit, Diss. masch. Wien 1965.
438. H. Werle, Titelherzogtum und Herzogsherrschaft, in: ZRG germ. Abt. 73, 1956, S. 225–299.

(6) Wehrwesen

439. E. v. Frauenholz, Das Heerwesen der germanischen Frühzeit, des Frankenreiches und des ritterlichen Zeitalters, München 1935.
440. H. Conrad, Geschichte der deutschen Wehrverfassung I: Von der germanischen Zeit bis zum Ausgang des Mittelalters, München 1939.
441. H. Delbrück, Geschichte der Kriegskunst im Rahmen der politischen Geschichte, Bd. III: Mittelalter, 2. Aufl. Berlin 1923; ND 1964.
442. H. Sproemberg, Die feudale Kriegskunst, in: Ders., Beiträge zur belgisch-niederländischen Geschichte, Berlin 1959, S. 30–55, bes. S. 47ff.
443. F. L. Ganshof, L'armée sous les Carolingiens, in: Ordinamenti militari in occidente nell'alto medioevo I (= Settimane 15), Spoleto 1968, S. 109–130.
444. J. Fleckenstein, Adel und Kriegertum und ihre Wandlung im Karolingerreich, in: Nascita dell'Europa ed Europa carolingia: un equazione da verificare I (= Settimane 27), Spoleto 1981, S. 67–100.
445. K. F. Werner, Heeresorganisation und Kriegsführung im deutschen Königreich des 10. und 11. Jahrhunderts, in: Ordinamenti [wie 443] II, S. 791–856.
446. F. Prinz, Klerus und Krieg im früheren Mittelalter. Untersuchungen zur Rolle der Kirche beim Aufbau der Königsherrschaft, Stuttgart 1971.

447. L. AUER, Der Kriegsdienst des Klerus unter den sächsischen Kaisern, I: Der Kreis der Teilnehmer, in: MIÖG 79, 1971, S. 316–407; II: Verfassungsgeschichtliche Probleme, in: MIÖG 80, 1972, S. 48–70.

448. H. KRETSCHMANN, Die stammesmäßige Zusammensetzung der deutschen Streitkräfte in den Kämpfen mit den östlichen Nachbarn unter den Karolingern, Ottonen und Saliern. Ein Beitrag zur Frage des Verhältnisses zwischen Reichs- und Ostpolitik, (Diss. Königsberg) Berlin 1940.

449. K. SCHÜNEMANN, Deutsche Kriegführung im Osten während des Mittelalters, in: DA 2, 1938, S. 54–84.

450. F. LOT, L'art militaire et les armées au moyen âge en Europe et dans le Proche-Orient, 2 Bde., Paris 1946.

c) Kirche, Kultur und Geisteswelt vom 9. zum 11. Jahrhundert

(1) Kirchliche Grundstrukturen und kirchliches Leben

Vgl. auch [12, 14/VII] ZIMMERMANN, [in 45] KEMPF, [69] HAUCK, [70] HALLER, [71] SEPPELT, [72] ULLMANN, [73] SCHIMMELPFENNIG, [74] PLÖCHL, [75] FEINE.

Schwache Autorität Roms

451. H. FICHTENAU, Vom Ansehen des Papsttums im 10. Jahrhundert, in: Aus Kirche und Reich, Festschr. f. F. Kempf, Sigmaringen 1983, S. 117–124.

452. G. TELLENBACH, Zur Geschichte der Päpste im 10. und früheren 11. Jahrhundert, in: Institutionen, Kultur und Gesellschaft im Mittelalter, Festschr. f. J. Fleckenstein, Sigmaringen 1984, S. 165–177.

453. F. KEMPF, Primatiale und episkopal-synodale Struktur der Kirche vor der gregorianischen Reform, in: Archivum Historiae Pontificiae 16, 1978, S. 27–66.

454. H. M. KLINKENBERG, Der römische Primat im 10. Jahrhundert, in: ZRG kan. Abt. 41, 1955, S. 1–57.

455. H. ZIMMERMANN, Das Papsttum im Mittelalter, Stuttgart 1981.

456. H. ZIMMERMANN, Papstabsetzungen des Mittelalters, Graz–Wien–Köln 1968 (Teildrucke vorher in: MIÖG 68, 1960, S. 209–225; 69, 1961, S. 1–84 und 241–291; 70, 1962, S. 60–110).

457. H. ZIMMERMANN, Das dunkle Jahrhundert. Ein historisches Porträt. Graz–Wien–Köln 1971.

458. J. HALLER, Nikolaus I. und Pseudoisidor, Stuttgart 1936.

459. J. FRIED, Laienadel und Papst in der Frühzeit der französischen und deutschen Geschichte, in: Nationes 1: Aspekte der Nationenbildung im Mittelalter, hrsg. von H. BEUMANN u. W. SCHRÖDER, Sigmaringen 1978, S. 367–406.

460. E. PERELS, Papst Nikolaus I. und Anastasius Bibliothecarius, Berlin 1920.

461. H. GROTZ, Erbe wider Willen. Hadrian II. (867–872) und seine Zeit, Wien–Köln–Graz 1970.

462. H. ZIMMERMANN, Parteiungen und Papstwahlen in Rom zur Zeit Ottos d. Gr., in: Römische Historische Mitteilungen 8/9, 1964/66, S. 29–88; ND in: Ders., Otto d. Gr. [wie 700] S. 325–414.

463. T. E. MOEHS, Gregorius V (996–999). A biographical study, Stuttgart 1972.

464. K.-J. Herrmann, Das Tuskulanerpapsttum 1012–1046, Stuttgart 1973.
465. F. Gregorovius, Geschichte der Stadt Rom im Mittelalter, in 3 Bänden hrsg. von W. Kampf, Bd. 1 und 2, Tübingen und Darmstadt 1953–54; ergänzter ND 1978.
466. W. Kölmel, Rom und der Kirchenstaat im 10. und 11. Jahrhundert bis in die Anfänge der Reform, Berlin 1935.
467. G. Buzzi, Ricerche per la storia di Ravenna e di Roma dall' 850 al 1118, in: Archivio della R. Società Romana di storia patria 38, 1915, S. 107–207.

Episkopalistische Grundprägung – Landeskirchentum

468. E. Lesne, La hiérarchie épiscopale. Provinces, métropolitains, primats en Gaule et Germanie depuis la réforme de saint Boniface jusqu'à la mort d'Hincmar, 742–882, Lille–Paris 1905.
469. H. Fuhrmann, Einfluß und Verbreitung der pseudoisidorischen Fälschungen von ihrem Auftauchen bis in die neuere Zeit, 3 Bde., Stuttgart 1972–74.
470. H. Fuhrmann, Studien zur Geschichte mittelalterlicher Patriarchate, in: ZRG kan. Abt. 39, 1953, S. 112–176; 40, 1954, S. 1–84; 41, 1955, S. 95–183.
471. H. Schrörs, Hinkmar, Erzbischof von Reims. Sein Leben und seine Schriften, Freiburg i. Br. 1884.
472. J. Devisse, Hincmar, archevêque de Reims 845–882, 3 Bde., Genève 1975/76.
473. K. Kennedy, The Permanence of an Idea: Three Ninth Century Frankish Ecclesiastics and the Authority of the Roman See, in: Aus Kirche und Reich, Festschr. f. F. Kempf, Sigmaringen 1983, S. 105–116.
474. H. Barion, Das fränkisch-deutsche Synodalrecht des Frühmittelalters, Köln 1931.
475. R. Schieffer, Die Entstehung von Domkapiteln in Deutschland, Bonn 1976.
476. J. Siegwart, Die Chorherren- und Chorfrauengemeinschaften in der deutschsprachigen Schweiz vom 6. Jahrhundert bis 1160. Mit einem Überblick über die deutsche Kanonikerreform des 10. und 11. Jahrhunderts, Freiburg (Schweiz) 1962.
477. La vita comune del clero nei secoli XI e XII. Atti della Settimana di studio: Mendola settembre 1959 1–2 (= Publicazioni dell'Università cattolica del S. Cuore, Ser. III, scienze storiche 2–3), Milano 1962.
478. Ch. Deraine, Chanoines, in: DHGE 12, Paris 1953, S. 353–405.
479. G. May, Die Organisation der Erzdiözese Mainz unter Erzbischof Willigis, in: Willigis und sein Dom, Festschr. zur Jahrtausendfeier des Mainzer Domes 975–1975, hrsg. von A. Ph. Brück, Mainz 1975, S. 31–92.
480. E. Boshof, Untersuchungen zur Kirchenvogtei in Lothringen im 10. und 11. Jahrhundert, in: ZRG kan. Abt. 66, 1979, S. 55–119.
481. Heidenmission und Kreuzzugsgedanke in der deutschen Ostpolitik des Mittelalters, hrsg. von H. Beumann (= WdF 7), Darmstadt 1963. – Darin bes.:
   H. Hirsch, Der mittelalterliche Kaisergedanke in den liturgischen Gebeten (S. 22–46); zuerst in: MIÖG 44, 1930, S. 1–20.
   C. Erdmann, Der Heidenkrieg in der Liturgie und die Kaiserkrönung Ottos I. (S. 47–64); zuerst in: MIÖG 46, 1932, S. 129–142.
   M. Bünding-Naujoks, Das Imperium Christianum und die deutschen Ostkriege vom 10.–12. Jh. (S. 65–120); zuerst Berlin 1940.
   H.-D. Kahl, Compellere intrare (S. 177–274); zuerst in Zs f. Ostforschung 4, 1955, S. 161–193 u. S. 360–401).

482. Atlas zur Kirchengeschichte, hrg. von H. JEDIN u. a., bearb. von J. MARTIN, Freiburg i. Br. 1970.

Eigenkirchenwesen

Vgl. auch [74] PLÖCHL, [75] FEINE, [180, 181] STENGEL.

483. U. STUTZ, Die Eigenkirche als Element des mittelalterlich-germanischen Kirchenrechts, Berlin 1894; Sonderausgabe Darmstadt 1955.
484. U. STUTZ, Geschichte des kirchlichen Benefizialwesens von seinen Anfängen bis auf die Zeit Alexanders III., Berlin 1895, 2. Aufl. ergänzt von H. E. FEINE, Aalen 1961.
485. H. E. FEINE, Ursprung, Wesen und Bedeutung des Eigenkirchentums, in: MIÖG 58, 1950, S. 195–208.
486. TH. GRAFF, Kaiserurkunde und Eigenkirchenrecht. Ein Beitrag zur Rechtsstellung der geistlichen Eigenklöster vornehmlich nach den Diplomen der Ottonen und Salier, in: MIÖG 78, 1970, S. 63–72.
487. W. HARTMANN, Der rechtliche Zustand der Kirchen auf dem Lande: Die Eigenkirche in der fränkischen Gesetzgebung des 7. bis 9. Jahrhunderts, in: Cristianizzazione ed organizzazione ecclesiastica delle campagne nell'alto medioevo: espansione e resistenze (= Settimane 28), Spoleto 1982, S. 397–444.

Reale Kirchenhoheit des Königs – 'Reichskirchensystem'

Vgl. auch [in 39] SCHIEFFER, [in 40] FLECKENSTEIN, [in 45] KEMPF, [54] FLECKENSTEIN, [446] PRINZ, [447] AUER.

488. J. SEMMLER, Traditio und Königsschutz, in: ZRG kan. Abt. 45, 1959, S. 1–33.
489. E. SCHRADER, Bemerkungen zum Spolien- und Regalienrecht der deutschen Könige im Mittelalter, in: ZRG germ. Abt. 84, 1967, S. 128–171.
490. J. FLECKENSTEIN, Zum Begriff der ottonisch-salischen Reichskirche, in: Geschichte, Wirtschaft, Gesellschaft, Festschr. f. Cl. Bauer, Berlin 1974, S. 61–72.
491. J. FICKER, Über das Eigenthum des Reiches am Reichskirchengute, Wien 1872; ND Darmstadt 1967.
492. H.-P. WEHLT, Reichsabtei und König, dargestellt am Beispiel der Abtei Lorsch mit Ausblicken auf Hersfeld, Stablo und Fulda, Göttingen 1970.
493. J. FLECKENSTEIN, Rex canonicus. Über Entstehung und Bedeutung des mittelalterlichen Königskanonikats, in: Festschr. P. E. Schramm I, Wiesbaden 1964, S. 57–71.
494. M. GROTEN, Von der Gebetsverbrüderung zum Königskanonikat. Zu Vorgeschichte und Entwicklung der Königskanonikate an den Dom- und Stiftskirchen des deutschen Reiches, in: HJb 103, 1983, S. 1–34.
495. P. SCHMID, Der Begriff der kanonischen Wahl in den Anfängen des Investiturstreits, Stuttgart 1926.
496. G. WEISE, Königtum und Bischofswahl im fränkischen und deutschen Reich vor dem Investiturstreit, Berlin 1912.
497. E. LAEHNS, Die Bischofswahlen in Deutschland von 936–1056, Diss. Greifswald 1909.

498. L. SANTIFALLER, Zur Geschichte des ottonisch-salischen Reichskirchensystems (= Österr. Ak. d. W., phil.-hist. Kl., Sb., Bd. 229, 1), 2. Aufl. Wien 1964.
499. J. FLECKENSTEIN, Die Hofkapelle der deutschen Könige, Bd. I: Grundlegung. Die karolingische Hofkapelle, Bd. II: Die Hofkapelle im Rahmen der ottonisch-salischen Reichskirche, Stuttgart 1959/66.
500. H. HOFFMANN, Politik und Kultur im ottonischen Reichskirchensystem. Zur Interpretation der Vita Brunonis des Ruotger, in: Rhein. Vjbl. 22, 1957, S. 31 bis 55.
501. O. KÖHLER, Die Ottonische Reichskirche. Ein Forschungsbericht, in: Adel und Kirche, Festschr. f. G. Tellenbach, Freiburg–Basel–Wien 1968, S. 141–204.
502. T. REUTER, The 'Imperial Church System' of the Ottonian and Salian Rulers: a Reconsideration, in: Journal of Ecclesiastical History 33, 1982, S. 347–374.
503. J. FLECKENSTEIN, Problematik und Gestalt der ottonisch-salischen Reichskirche, in: Reich und Kirche vor dem Investiturstreit, hrsg. von K. SCHMID, Sigmaringen 1985, S. 83–98.
504. G. SCHWARTZ, Die Besetzung der Bistümer Reichsitaliens unter den Sächsischen und Salischen Kaisern, mit den Listen der Bischöfe 951–1122, Berlin–Leipzig 1913.
505. H. ZIELINSKI, Der Reichsepiskopat in spätottonischer und salischer Zeit (1002–1125), Teil I, Wiesbaden 1984.
506. A. GRAF FINCKENSTEIN, Der Reichsepiskopat in seiner Bedeutung für die Konsolidierung des mittelalterlichen deutschen Reiches im Zeitalter der Ottonen und frühen Salier, Habil. masch. Düsseldorf 1982.

(2) Mönchtum und Klosterreformbewegung

Allgemeines

Vgl. auch [in 39] SCHIEFFER, [in 45] KEMPF, [69] HAUCK.

507. J. WOLLASCH, Mönchtum des Mittelalters zwischen Kirche und Welt, München 1973.
508. Il monachesimo nell'alto medioevo e la formazione della civiltà occidentale (= Settimane 4), Spoleto 1957.
509. PH. SCHMITZ, Histoire de l'ordre de Saint Benoît, 6 Bde., 2. Aufl. Maredsous 1948/49.
510. J. WOLLASCH, Neue Methoden der Erforschung des Mönchtums im Mittelalter, in: HZ 225, 1977, S. 529–571.
511. G. TELLENBACH, Il monachesimo riformato ed i laici nei secoli XI e XII, in: Miscellanea del Centro di Studi Medioevali V, I laici nella 'Societas Christiana dei secoli XI e XII', Milano 1968, S. 118–142; deutsch: Das Reformmönchtum und die Laien im 11. und 12. Jahrhundert, in: Cluny [524] S. 371–400.
512. E. WERNER, Die gesellschaftlichen Grundlagen der Klosterreform im 11. Jahrhundert, Berlin (Ost) 1953.
513. K. HALLINGER, Neue Fragen der reformgeschichtlichen Forschung, in: AmrhKG 9, 1957, S. 9–32.
514. J. F. LEMARIGNIER, Structures monastiques et structures politiques dans la France de

la fin du Xe et des débuts du XIe siècle, in: Il Monachesimo [wie 508] S. 357–400 und 522–546.

515. J. WOLLASCH, Der Einfluß des Mönchtums auf Reich und Kirche vor dem Investiturstreit, in: Reich und Kirche vor dem Investiturstreit, hrsg. von K. SCHMID, Sigmaringen 1985, S. 35–48.

516. F. J. FELTEN, Äbte und Laienäbte im Frankenreich. Studie zum Verhältnis von Staat und Kirche im früheren Mittelalter, Stuttgart 1980.

517. F. FELTEN, Laienäbte in der Karolingerzeit. Ein Beitrag zum Problem der Adelsherrschaft über die Kirche, in: Mönchtum, Episkopat und Adel zur Gründungszeit des Klosters Reichenau, hrsg. vom Konstanzer Arbeitskreis für mittelalterl. Gesch. (= VuF 20), Sigmaringen 1974, S. 397–431.

518. K. VOIGT, Die karolingische Klosterpolitik und der Niedergang des westfränkischen Königtums. Laienäbte und Klosterinhaber, Stuttgart 1917; ND Aalen 1965.

519. H. HOFFMANN, Gottesfriede und Treuga Dei, Stuttgart 1964.

520. W. SZAIVERT, Die Entstehung und Entwicklung der Klosterexemtion bis zum Ausgang des 11. Jahrhunderts, in: MIÖG 59, 1951, S. 265–298.

Cluny und Klosterreform im Westen

521. E. SACKUR, Die Cluniacenser in ihrer kirchlichen und allgemeingeschichtlichen Wirksamkeit bis zur Mitte des 11. Jahrhunderts, 2 Bde., Halle 1892/94.

522. G. DE VALOUS, Le monachisme clunisien, Archives de la France monastique 39/40, Ligugé–Paris 1935; ND Paris 1970.

523. G. DE VALOUS, Cluny, in: DHGE 13, Paris 1956, S. 35–174.

524. Cluny. Beiträge zur Gestalt und Wirkung der cluniazensischen Reform, hrsg. von H. RICHTER (= WdF 241), Darmstadt 1975. – Aufsatzsammlung mit umfassender Bibliographie; daraus bes.:

K. HALLINGER, Zur geistigen Welt der Anfänge Clunys (S. 91–124); zuerst in: DA 10, 1954, S. 417–445.

J. LECLERCQ, Zur Geschichte des Lebens in Cluny (S. 254–318); zuerst franz. in: RHE 57, 1962, S. 385–408 und 783–812.

C. VIOLANTE, Das cluniazensische Mönchtum in der politischen und kirchlichen Welt des 10. und 11. Jh. (S. 141–225); zuerst ital. in: Convegni del Centro di studi sulla spiritualità medievale II (Spiritualità cluniacense), Todi 1960, S. 155–242.

L. M. SMITH, Cluny und Gregor VII. (S. 22–42); zuerst engl. in: English Historical Review 26, 1911, S. 20–33.

G. TELLENBACH, Zum Wesen der Cluniacenser (S. 125–140); zuerst in: Saeculum 9, 1958, S. 370–378.

TH. SCHIEFFER, Cluny und der Investiturstreit (S. 226–253); zuerst franz. in: Revue Historique 225, 1961, S. 47–72.

H. HOFFMANN, Von Cluny zum Investiturstreit (S. 319–370); zuerst in: AKuG 45, 1963, S. 165–203.

525. A. BRACKMANN, Die politische Wirkung der kluniazensischen Bewegung, in: HZ 139, 1929, S. 34–47; auch in: Ders., Gesammelte Aufsätze, Weimar 1941, S. 290–302; ND in: Ders., Zur politischen Bedeutung der kluniazensischen Bewegung, Darmstadt 1955, S. 7–27.

526. A. BRACKMANN, Die Ursachen der geistigen und politischen Wandlung Europas im

11. und 12. Jahrhundert, in: HZ 149, 1934, S. 229–239; auch [wie 525] S. 356–366 bzw. S. 29–46.

527. G. Tellenbach, Libertas. Kirche und Weltordnung im Zeitalter des Investiturstreites, Stuttgart 1936.

528. G. Ladner, Theologie und Politik vor dem Investiturstreit. Abendmahlstreit, Kirchenreform, Cluni und Heinrich III., Baden–Brünn–Leipzig–Prag 1936; ND Darmstadt 1968.

529. A. Fliche, La réforme grégorienne I: La formation des idées grégoriennes, Louvain–Paris 1924.

530. G. Schreiber, Cluny und die Eigenkirche, in: AUF 17, 1942, S. 359–418; ND in: Ders., Gemeinschaften des Mittelalters, Münster 1948, S. 81–138.

531. J. F. Lemarignier, L'exemption monastique et les origines de la réforme grégorienne, in: A Cluny. Congrès scientifique en l'honneur des saints abbés Odon et Odilon, Dijon 1950, S. 288–340.

532. J. Leclercq, Cluny, fut-il ennemi de la culture?, in: Revue Mabillon 47, 1957, S. 172–182.

533. H.-E. Mager, Studien über das Verhältnis der Cluniacenser zum Eigenkirchenwesen, in: Neue Forschungen über Cluny und die Cluniacenser, hrsg. von G. Tellenbach, Freiburg i. Br. 1959.

534. J. Fechter, Cluny, Adel und Volk. Studien über das Verhältnis des Klosters zu den Ständen (910–1156), Diss. Tübingen 1966.

535. H. E. J. Cowdrey, The Cluniacs and the Gregorian Reform, Oxford 1970.

536. H. Jakobs, Die Cluniazenser und das Papsttum im 10. und 11. Jahrhundert. Bemerkungen zum Cluny-Bild eines neuen Buches, in: Francia 2 (1974), 1975, S. 643–663.

537. G. Tellenbach, 'Gregorianische Reform'. Kritische Besinnungen, in: Reich und Kirche [wie 515], S. 99–113.

538. H. H. Kaminsky, Zur Gründung von Fruttuaria durch den Abt Wilhelm von Dijon, in: ZKG 77, 1966, S. 238–267.

539. G. Picasso, Fruttuaria, in: DHGE 19, 1979, S. 246–251.

540. J. Wollasch, Zur frühesten Schicht des cluniacensischen Totengedächtnisses, in: Geschichtsschreibung und geistiges Leben im Mittelalter, Festschr. f. H. Löwe, Köln–Wien 1978, S. 247–280.

541. N. Bulst, Untersuchungen zu den Kirchenreformen Wilhelms von Dijon (962 bis 1031), Bonn 1973.

542. P. Cousin, Abbon de Fleury-sur-Loire. Un savant, un pasteur, un martyr à la fin du Xe siècle, Paris 1953.

Klosterreform im Reichsgebiet

543. Gérard de Brogne et son œuvre réformatrice. Études publiées a l'occasion du Millénaire de sa mort (959–1959) (= Revue Bénédictine 70), Maredsous 1960.

544. K. Hallinger, Gorze-Kluny. Studien zu den monastischen Lebensformen und Gegensätzen im Hochmittelalter, 2 Bde., Rom 1950/51; ND Graz 1971.

545. Th. Schieffer, Cluniazensische oder gorzische Reformbewegung?, in: AmrhKG 4, 1952, S. 24–44; ND in: Cluny [524] S. 60–90.

546. H. Büttner, Verfassungsgeschichte und lothringische Klosterreform, in: Aus Mittelalter und Neuzeit, Festschr. G. Kallen, Bonn 1957, S. 17–27.

547. E. Hlawitschka, Herzog Giselbert von Lothringen und das Kloster Remiremont, in: ZGO 108, 1960, S. 422–465.
548. E. Wisplinghoff, Die lothringische Klosterreform in der Erzdiözese Trier, in: Landeskundliche Vierteljahrsblätter 10, 1964, S. 145–159; auch separat Trier 1964.
549. E. Wisplinghoff, Untersuchungen zur frühen Geschichte der Abtei S. Maximin bei Trier von den Anfängen bis etwa 1150, Mainz 1970.
550. K. Hallinger, Zur Rechtsgeschichte der Abtei Gorze bei Metz (vor 750–1572), in: ZKG 83, 1972, S. 325–350.
551. J. Leclercq, Jean de Gorze et la vie religieuse au Xe siècle, in: Saint Chrodegang. Communications présentées au colloque tenu à Metz à l'occasion du XIIe centenaire de sa mort, Metz 1967, S. 133–152.
552. H. Stehkämper, Brun von Sachsen, Erzbischof von Köln (953–963), und das Mönchtum, in: Die Reichsabtei Lorsch. Festschr. zum Gedenken an ihre Stiftung 764, hrsg. von F. Knöpp, Bd. 1, Darmstadt 1973, S. 301–316.
553. E. Tomek, Studien zur Reform der deutschen Klöster im 11. Jahrhundert, 1. Teil: Die Frühreform, Wien 1910.
554. H. Glaesener, Saint Poppon, abbé de Stavelot-Malmédy, in: Revue Bénédictine 60, 1950, S. 163–179.
555. H. Dauphin, Le bienheureux Richard, abbé de Saint Vanne de Verdun, † 1046, Louvain-Paris 1946.

Klosterreformen in Italien

556. W. Goez, Reformpapsttum und Adel in der Toscana, in: Investiturstreit und Reichsverfassung, hrsg. von J. Fleckenstein (= VuF 17), Sigmaringen 1973, S. 205 bis 239.
557. W. Kurze, Adel und Klöster im frühmittelalterlichen Tuszien, in: QFIAB 52, 1972, S. 90–115.
558. W. Kurze, Campus Malduli. Die Frühgeschichte Camaldolis, in: QFIAB 44, 1964, S. 1–34.
559. W. Franke, Romuald von Camaldoli und seine Reformtätigkeit zur Zeit Ottos III., Berlin 1913.
560. G. Tabacco, Romualdo di Ravenna e gli inizi dell'eremitismo camaldolese, in: L'eremitismo in Occidente nei secoli XI e XII (= Atti della seconda settimana internazionale di studio, Mendola 1962), Milano 1965, S. 73–121.
561. S. Boesch-Gajano, Storia e traduzione vallombrosane, in: Bullettino dell'Istituto storico italiano per il medio evo e archivio Muratoriano 76, 1964, S. 99–215.
562. B. Quilici, Giovanni Gualberto e la sua riforma monastica, Florenz 1943.

(3) Von der spätkarolingischen Kultur und Geisteswelt zur ottonischen Bildungserneuerung

Vgl. auch [24] Wattenbach-Levison, [25] Wattenbach-Holtzmann, [27] Stammler-Langosch, [28] Manitius, [in 39] Schieffer S. 622–632 und 1034–1067, [78 und 90] Grundmann, [91a] Sonntag, [257] Anton, [273, 274] Schramm-Mütherich, [314] Bezzola, [469] Fuhrmann, [471] Schrörs, [472] Devisse, [774] Lindgren.

563. M. SEIDLMAYER, Weltbild und Kultur Deutschlands im Mittelalter (= Teil 6 von [41]).
564. E. R. CURTIUS, Europäische Literatur und lateinisches Mittelalter, Bern 1948; 6. Aufl. Bern–München 1967.
565. F. BRUNHÖLZL, Geschichte der lateinischen Literatur des Mittelalters I: Von Cassiodor bis zum Ausklang der karolingischen Erneuerung, München 1975.
566. K. LANGOSCH, Profile des lateinischen Mittelalters, Darmstadt 1965.
567. P. RICHÉ, Les écoles et l'enseignement dans l'Occident chrétien de la fin du Ve siècle au milieu du XIe siècle, Paris 1979.
568. W. EDELSTEIN, Eruditio und Sapientia. Weltbild und Erziehung in der Karolingerzeit, Freiburg i. Br. 1965.
569. L. BOEHM, Das mittelalterliche Erziehungs- und Bildungswesen, in: Propyläen-Geschichte der Literatur, Bd. 2, Berlin 1982, S. 143–181.
570. J. KOCH (Hrsg.), Artes liberales. Von der antiken Bildung zur Wissenschaft des Mittelalters, Leiden–Köln 1959.
571. K. VIELHABER, Gottschalk der Sachse, Bonn 1956.
572. R. KOTTJE – H. ZIMMERMANN (Hrsg.), Hrabanus Maurus, Lehrer, Abt und Bischof (= Ak. d. Wiss. u. d. Lit. Mainz, Abh. d. geistes- u. sozialwiss. Kl., Einzelveröffentl. 4), Wiesbaden 1982.
573. J.-P. BOUHOT, Ratramne de Corbie. Histoire littéraire et controverses doctrinales, Paris 1976.
574. H. GRUNDMANN, Geschichtsschreibung im Mittelalter. Gattungen, Epochen, Eigenart, Göttingen 1965.
575. H. LÖWE, Geschichtsschreibung der ausgehenden Karolingerzeit, in: DA 23, 1967, S. 1–30; ND in: Ders., Von Cassiodor [wie 310] S. 180–205.
576. H. LÖWE, Regino von Prüm und das historische Weltbild der Karolingerzeit, in: Rhein. Vjbl. 17, 1952, S. 151–179; ND in: Ders., Von Cassiodor [wie 310] S. 149–179; auch in: Geschichtsdenken und Geschichtsbild im Mittelalter, hrsg. von W. LAMMERS (= WdF 21), Darmstadt 1961, S. 91–134.
577. E. HLAWITSCHKA, Regino von Prüm (gest. 915), in: Rheinische Lebensbilder 6, Köln–Bonn 1975, S. 7–27.
578. J. FLECKENSTEIN, Königshof und Bischofsschule unter Otto d. Gr., in: AKuG 38, 1956, S. 38–62.
579. H. BEUMANN, Widukind von Korvei. Untersuchungen zur Geschichtsschreibung und Ideengeschichte des 10. Jahrhunderts, Weimar 1950.
580. H. BEUMANN, Historiographische Konzeption und politische Ziele Widukinds von Corvey, in: La storiografia altomedievale (= Settimane 17), Spoleto 1970, S. 857–894.
581. W. OHNSORGE, Widukinds Stellung zum Kaisertum, in: Ders., Abendland und Byzanz, Gesammelte Aufsätze, Darmstadt 1979, S. 255–260.
582. M. LINTZEL, Studien über Liudprand von Cremona, Berlin 1933; ND in: Ders., Ausgewählte Schriften II, Berlin 1961, S. 351–398.
583. K. HAUCK, Erzbischof Adalbert von Magdeburg als Geschichtsschreiber, in: Festschr. f. W. Schlesinger, Bd. 2, hrsg. von H. BEUMANN, Köln-Wien 1974, S. 276 bis 353.
584. H. LIPPELT, Thietmar von Merseburg, Köln–Wien 1973.
585. R. BUCHNER, Die frühsalische Geschichtsschreibung in Deutschland, in: La storiografia 2 [wie 580] S. 895–948.

586. R.-H. Bautier, L'historiographie en France aux Xe et XIe siècles (France du Nord et de l'Est), in: La storiografia [wie 580] S. 793–850.
587. P. C. Jacobsen, Flodoard von Reims, sein Leben und seine Dichtung De triumphis Christi, Leiden–Köln 1978.
588. O. Köhler, Das Bild des geistlichen Fürsten in den Viten des 10., 11. und 12. Jahrhunderts, Diss. Freiburg i. Br. 1935.
589. W. Giese, Zur Bautätigkeit von Bischöfen und Äbten des 10.–12. Jh., in: DA 38, 1982, S. 388–438.
590. W. v. den Steinen, Bernward von Hildesheim über sich selbst, in: DA 12, 1956, S. 331–362.
591. F. J. Tschan, Saint Bernward of Hildesheim (= Publications in Medieval Studies, The University of Notre Dame, Indiana), 3 Bde., Notre Dame 1942/51/52.
592. Propyläen-Kunstgeschichte Bd. 5: Das Mittelalter I, hrsg. von H. Fillitz, Berlin 1969.
593. H. Jantzen, Ottonische Kunst, München 1947.

d) Das Geschehen im staatlich-politischen Bereich

(1) Die Zeit der späten Karolinger

Vgl. auch [in 39] Schieffer, [in 40] Löwe, [in 41] Steinbach, [70] Haller, [260] Schramm, [292] Boehm, Keller u. a., [294] Tellenbach, [397 und 401] Hlawitschka, [416] Tellenbach, [458] Haller, [459] Fried.

594. E. Dümmler, Geschichte des Ostfränkischen Reiches, 3 Bde., 2. Aufl. Leipzig 1887/88; ND Darmstadt 1960.
595. E. Mühlbacher, Deutsche Geschichte unter den Karolingern, Stuttgart 1896; ND (mit Nachwort und Schrifttumsverzeichnis von H. Steinacker) Darmstadt 1980.
596. Der Vertrag von Verdun (843). Neun Aufsätze zur Begründung der europäischen Völker- und Staatenwelt, hrsg. von Th. Mayer, Leipzig 1943; darin bes.:
   Th. Mayer, Der Vertrag von Verdun (S. 5–30).
   H. Zatschek, Ludwig der Deutsche (S. 31–65).
   H. Mitteis, Der Vertrag von Verdun im Rahmen der karolingischen Verfassungspolitik (S. 66–100).
   G. Baesecke, Das Nationalbewußtsein der Deutschen des Karolingerreiches nach den zeitgenössischen Benennungen ihrer Sprache (S. 116–136).
   H. Dörries, Die geistigen Voraussetzungen und Folgen der karolingischen Reichsteilung 843 (S. 150–180).
   F. Dölger, Europas Gestaltung im Spiegel der fränkisch-byzantinischen Auseinandersetzungen des 9. Jahrhunderts (S. 203–273.).
597. P. Classen, Die Verträge von Verdun und von Coulaines 843 als politische Grundlagen des westfränkischen Reiches, in: HZ 196, 1963, S. 1–35.
598. U. Penndorf, Das Problem der 'Reichseinheitsidee' nach der Teilung von Verdun (843), München 1974.

599. R. Schneider, Brüdergemeine und Schwurfreundschaft. Der Auflösungsprozeß des Karlingerreiches im Spiegel der caritas-Terminologie in den Verträgen der karlingischen Teilkönige des 9. Jahrhunderts, Lübeck–Hamburg 1964.
600. J. Calmette, La diplomatie Carolingienne du traité de Verdun à la mort de Charles le Chauve, Paris 1901.
601. F. Lot – L. Halphen, Le règne de Charles le Chauve I, Paris 1909.
602. R. Parisot, Le royaume de Lorraine sous les Carolingiens (843–923), Paris 1899.
603. Th. Schieffer, Eheschließung und Ehescheidung im Hause der karolingischen Kaiser und Könige, in: Theologisch-praktische Quartalschrift 116 (1968) S. 37–43.
604. W. Schlesinger, Zur Erhebung Karls des Kahlen zum König von Lothringen 869 in Metz, in: Landschaft und Geschichte, Festschr. f. Franz Petri, Bonn 1970, S. 454 bis 475.
605. J. Fried, Boso von Vienne oder Ludwig der Stammler? Der Kaiserkandidat Johanns VIII., in: DA 32, 1976, S. 193–208.
606. Th. Schieffer, Zum 1100. Todestag König Ludwigs des Deutschen, in: Geschichtsblätter für den Kreis Bergstraße 9, 1976, S. 9–27.
607. J. Fried, König Ludwig der Jüngere in seiner Zeit, in: Geschichtsblätter [wie 606] 16, 1983, S. 5–26.
608. A. d'Haenens, Les invasions normandes dans l'Empire franc au IXe siècle, in: I normanni e la loro espansione in Europa nell'alto medioevo (= Settimane 16), Spoleto 1969, S. 233–298.
609. H. Zettel, Das Bild der Normannen und der Normanneneinfälle in westfränkischen, ostfränkischen und angelsächsischen Quellen des 8. bis 11. Jahrhunderts, München 1977.
610. W. Vogel, Die Normannen und das fränkische Reich bis zur Gründung der Normandie (799–911), Heidelberg 1906.
611. M. Mitterauer, Karolingische Markgrafen im Südosten. Fränkische Reichsaristokratie und bayerischer Stammesadel im österreichischen Raum, Wien 1963.
612. K. Bosl, Das Großmährische Reich in der politischen Welt des 9. Jahrhunderts (= Sb. d. Bayer. Ak. d. W., phil.-hist. Kl., Jg. 1966, H. 7), München 1966.
613. Sz. de Vajay, Der Eintritt des ungarischen Stämmebundes in die europäische Geschichte (862–933), Mainz 1968.
614. M. Lugge, 'Gallia' und 'Francia' im Mittelalter, Bonn 1960.
615. E. Ewig, Beobachtungen zur politisch-geographischen Terminologie des fränkischen Großreichs und der Teilreiche des 9. Jahrhunderts, in: Spiegel der Geschichte. Festgabe f. M. Braubach, Münster 1964, S. 99–140.
616. W. Schlesinger, Die Auflösung des Karlsreiches, in: Karl d. Gr., Lebenswerk und Nachleben I, hrsg. von H. Beumann, Düsseldorf 1965, S. 792–857.
617. G. Tellenbach, Die Entstehung des Deutschen Reiches, München 1940, 3. Aufl. 1947.
618. H. Zatschek, Wie das erste Reich der Deutschen entstand, Prag 1940.
619. H. Eichler, Die Gründung des Ersten Reiches. Ein Beitrag zur Verfassungsgeschichte des 9. und 10. Jahrhunderts, Berlin 1942.
620. M. Lintzel, Die Anfänge des Deutschen Reiches. Über den Vertrag von Verdun und die Erhebung Arnulfs von Kärnten, München–Berlin 1942.
621. W. Schlesinger, Die Grundlegung der deutschen Einheit im frühen Mittelalter, in:

Die deutsche Einheit als Problem der europäischen Geschichte (= Beiheft zu GWU), Stuttgart 1960, S. 5–45; ND in: Ders., Beiträge [wie 213] S. 245–285.

622. Die Entstehung des Deutschen Reiches. Deutschland um 900, Ausgewählte Aufsätze, hrsg. von H. Kämpf (= WdF 1), Darmstadt 1956; darin bes.:

E. Klebel, Herzogtümer und Marken bis 900 (S. 42–93); zuerst in: DA 2, 1938, S. 1–53.

W. Schlesinger, Kaiser Arnulf und die Entstehung des deutschen Staates und Volkes (S. 94–109); zuerst in: HZ 163, 1941, S. 457–470.

G. Tellenbach, Die Unteilbarkeit des Reiches. Ein Beitrag zur Entstehungsgeschichte Deutschlands und Frankreichs (S. 110–134); zuerst in: HZ 163, 1941, S. 20–42.

G. Tellenbach, Zur Geschichte Kaiser Arnulfs (S. 135–152); zuerst in: HZ 165, 1942, S. 229–245.

M. Lintzel, Zur Stellung der ostfränkischen Aristokratie beim Sturz Karls III. und der Entstehung der Stammesherzogtümer (S. 153–170); zuerst in: HZ 166, 1942, S. 457–472.

G. Tellenbach, Wann ist das Deutsche Reich entstanden? (S. 171–212); zuerst in: DA 6, 1943, S. 1–41.

K. Reindel, Herzog Arnulf und das Regnum Bavariae (S. 213–288); zuerst in: ZBLG 17, 1954, S. 187–252.

M. Hellmann, Die Synode von Hohenaltheim (916). Bemerkungen über das Verhältnis von Königtum und Kirche im ostfränkischen Reich zu Beginn des 10. Jahrhunderts (S. 289–312); zuerst in: HJb 73, 1953, S. 127–143.

W. Schlesinger, Die Anfänge der deutschen Königswahl (S. 313–385); zuerst in: ZRG germ. Abt. 66, 1948, S. 381–440.

623. M. Borgolte, Karl III. und Neudingen. Zum Problem der Nachfolgeregelung Ludwigs d. D., in: ZGO 125, 1977, S. 21–55.

624. E. Hlawitschka, Adoptionen im mittelalterlichen Königshaus, in: Beiträge zur Wirtschafts- und Sozialgeschichte des Mittelalters, Festschr. f. H. Helbig, Köln–Wien 1976, S. 1–32.

625. E. Hlawitschka, Nachfolgeprojekte aus der Spätzeit Kaiser Karls III., in: DA 34, 1978, S. 19–50.

626. E. Ewig, Kaiser Lothars Urenkel, Ludwig von Vienne, der präsumtive Nachfolger Kaiser Karls III., in: Das erste Jahrtausend, Textband I, hrsg. von V. Elbern, Düsseldorf 1962, S. 336–343; ND in: Ders., Spätantikes und Fränkisches Gallien I, München 1976, S. 578–585.

627. E. Hlawitschka, Lotharingien und das Reich an der Schwelle der deutschen Geschichte, Stuttgart 1968.

628. H. Schwarzmaier, Neudingen und das Ende Kaiser Karls III., in: Forschungen und Berichte der Archäologie des Mittelalters in Baden-Württemberg 6, Stuttgart 1979, S. 39–46.

629. W. Eggert, Das ostfränkisch-deutsche Reich in der Auffassung seiner Zeitgenossen, Berlin (Ost) 1973.

630. H.-J. Bartmuss, Die Geburt des ersten deutschen Staates, Berlin (Ost) 1966.

631. H. Sproemberg, Die Anfänge eines 'Deutschen Staates' im Mittelalter, in: Ders., Mittelalter und demokratische Geschichtsschreibung, Berlin 1971, S. 3–26.

632. C. Brühl, Die Anfänge der deutschen Geschichte (= Sb. d. Wiss. Ges. a. d. J. W. Goethe-Univ. Frankfurt Bd. 10, Nr. 5), Wiesbaden 1972.
633. L. Weisgerber, Deutsch als Volksname. Ursprung und Bedeutung (Aufsatzsammlung), Darmstadt 1953.
634. W. Hessler, Die Anfänge des deutschen Nationalgefühls in der ostfränkischen Geschichtsschreibung des 9. Jahrhunderts, Berlin 1943.
635. H. Eggers (Hrsg.), Der Volksname Deutsch (= WdF 156), Darmstadt 1970.
636. K. H. Rexroth, Volkssprache und werdendes Volksbewußtsein im ostfränkischen Reich, in: Nationes I [wie 459], Sigmaringen 1978, S. 275–315.
636a. D. Geuenich, Die volkssprachliche Überlieferung der Karolingerzeit aus der Sicht des Historikers, in: DA 39, 1983, S. 104–130.
637. F. Vigener, Bezeichnungen für Volk und Land der Deutschen vom 10. bis zum 13. Jh., Heidelberg 1901; ND Darmstadt 1976.
638. I. Strasser, diutisk–deutsch. Neue Überlegungen zur Entstehung der Sprachbezeichnung, Sb. d. Österr. Ak. d. W., phil.-hist. Kl., Bd. 444, Wien 1984.
639. K. F. Werner, Gauzlin von Saint-Denis und die westfränkische Reichsteilung von Amiens (März 880). Ein Beitrag zur Vorgeschichte von Odos Königtum, in: DA 35, 1979, S. 395–462.
640. K. F. Werner, Westfranken-Frankreich unter den Spätkarolingern und frühen Kapetingern (888–1060), in: [39] S. 731–783.
641. R. Poupardin, Le royaume de Provence sous les Carolingiens (855–933?), Paris 1901.
642. R. Poupardin, Le royaume de Bourgogne (888–1038), Paris 1907.
643. É. Favre, Eudes, comte de Paris et roi de France (882–898), Paris 1893.
644. G. Schneider, Erzbischof Fulco von Reims (883–900) und das Frankenreich, München 1973.
645. A. Eckel, Charles le Simple, Paris 1899.
646. M. Chaume, Les origines du Duché de Bourgogne I, Dijon 1925.
647. P. Hirsch, Die Erhebung Berengars I. von Friaul zum König in Italien, Diss. Straßburg 1910.
648. G. Fasoli, I re d'Italia (888–962), Firenze 1949.

(2) Die Zeit Ludwigs des Kindes und Konrads I.

Vgl. auch [in 39] Schieffer und Werner, [in 40] Löwe und Fleckenstein, [in 41] Jordan, [177] Mitteis, [251] Hlawitschka, [253] Schmid, [355] Dietrich, [377] Zotz, [381] Krüger, [412] Läwen, [416] Tellenbach, [420] Stingl, [421] Goetz, [422] Dhondt, [427, 428] Werner, [429] Mayer, [430] Maurer, [432] Stengel, [433] Zimmermann, [434, 435] Bosl, [436] Reindel, [457] Zimmermann, [594] Dümmler Bd. 3, [613] Vajay, [617] Tellenbach, [620] Bartmuss, [622] Kämpf, [627] Hlawitschka, [629] Eggert, [663] Giese.

649. Th. Schieffer, Die rheinischen Lande an der Schwelle der deutschen Geschichte, in: Histor. Forschungen u. Probleme, Festschr. f. P. Rassow, Wiesbaden 1961, S. 1–15.
650. Th. Schieffer, Die lothringische Kanzlei um 900, in: DA 14, 1958, S. 16–148.

651. H. Beumann, Die Einheit des ostfränkischen Reiches und der Kaisergedanke bei der Königserhebung Ludwigs des Kindes, in: AfD 23, 1977, S. 142–163.
652. F. Stein, Geschichte des Königs Konrad I. von Franken und seines Hauses, Nördlingen 1872.
653. H. Büttner – I. Dietrich, Weserland und Hessen im Kräftespiel der karolingischen und frühen ottonischen Politik, in: Westfalen 30, 1952, S. 133–149.
654. I. Dietrich, Die Konradiner im fränkisch-sächsischen Grenzraum von Thüringen und Hessen, in: Hessisches Jahrbuch für Landesgeschichte 3, 1953, S. 57–95.
655. J. Schur, Königtum und Kirche im ostfränkischen Reich vom Tode Ludwigs d. D. bis Konrad I., Paderborn 1931.
656. H.-W. Goetz, Der letzte 'Karolinger'? Die Regierung Konrads I. im Spiegel seiner Urkunden, in: AfD 26, 1980, S. 56–125.
657. F. Geldner, Neue Beiträge zur Geschichte der 'alten Babenberger', Bamberg 1971.
658. H. Fuhrmann, Die pseudoisidorischen Fälschungen und die Synode von Hohenaltheim (916), in: ZBLG 20, 1957, S. 136–151.
659. H. Berner (Hrsg.), Bodman, Dorf, Kaiserpfalz, Adel, Bd. I, Sigmaringen 1977 (mit wichtigen Aufsätzen von A. Borst, H. G. Walther, H. Maurer).
660. H. Beumann, Die Bedeutung des Kaisertums für die Entstehung der deutschen Nation im Spiegel der Bezeichnungen von Reich und Herrscher, in: Nationes I [wie 459], Sigmaringen 1978, S. 317–365.
661. H. Beumann, Unitas ecclesiae – unitas imperii – unitas regni. Von der imperialen Reichseinheitsidee zur Einheit der regna, in: Nascita dell'Europa ed Europa Carolingia: un'equazione da verificare (= Settimane 27), Spoleto 1981, S. 531–582.

(3) Die Ottonen von Heinrich I. bis Heinrich II.

Vgl. auch [in 39] Reindel und Werner, [in 40] Fleckenstein, [in 41] Jordan, [225, 228] Althoff, [264] Beumann, [283] Keller, [292] Dhondt, [293] Lintzel, Rörig, Mitteis, Schmid, [296 und 297] Schlesinger, [305] Reinhardt, [366] Althoff, [377] Zotz, [379] Reindel, [380] Lechner, [381] Krüger, [382] Schölkopf, [411] Rosenstock, [412] Läwen, [420] Stingl, [421] Goetz, [422] Dhondt, [430] Maurer, [434 und 435] Bosl, [436] Reindel, [498] Santifaller, [499] Fleckenstein, [547] Hlawitschka, [622] Reindel.

662. R. Holtzmann, Geschichte der sächsischen Kaiserzeit (900–1024), München 1941, 4. Aufl. 1961.
663. W. Giese, Der Stamm der Sachsen und das Reich in ottonischer und salischer Zeit, Wiesbaden 1979.
664. E. Hlawitschka, Zur Herkunft der Liudolfinger und zu einigen Corveyer Geschichtsquellen, in: Rhein. Vjbl. 38, 1974, S. 92–165.
665. H. Thomas, Regnum Teutonicorum = diutiskono richi?, in: Rhein. Vjbl. 40, 1976, S. 19–45.
666. E. Müller-Mertens, Regnum Teutonicum. Aufkommen und Verbreitung der deutschen Reichs- und Königsauffassung im früheren Mittelalter, Berlin (Ost) 1970.
667. H. Beumann, Regnum Teutonicum und rex Teutonicorum in ottonischer und sali-

scher Zeit. Bemerkungen zu einem Buch von E. Müller-Mertens, in: AKuG 55, 1973, S. 215–223.

668. W. Eggert, 919 – Geburts- oder Krisenjahr des mittelalterlichen deutschen Reiches?, in: Zs. f. Geschichtswissenschaft 17, 1970, S. 46–65.

669. W. Schlesinger, Die Königserhebung Heinrichs I. zu Fritzlar im Jahre 919, in: Fritzlar im Mittelalter, hrsg. vom Magistrat der Stadt Fritzlar, Fritzlar 1974, S. 121–143.

670. W. Schlesinger, Die Königserhebung Heinrichs I., der Beginn der deutschen Geschichte und die deutsche Geschichtswissenschaft, in: HZ 221, 1975, S. 529–552.

671. C. Erdmann, Der ungesalbte König, in: DA 2, 1938, S. 311–340.

672. M. Lintzel, Heinrich I. und die fränkische Königssalbung, in: Ders., Ausgewählte Schriften Bd. II, Berlin 1961, S. 583–612.

673. G. Wolf, Das sogenannte 'Gegenkönigtum' Arnulfs von Bayern 919, in: MIÖG 91, 1983, S. 375–400.

674. H. Keller, Grundlagen ottonischer Königsherrschaft, in: Reich und Kirche [wie 302] S. 17–34.

675. G. Waitz, Jahrbücher des Deutschen Reiches unter König Heinrich I., 3. Aufl. Leipzig 1885; 4. erg. Aufl. Darmstadt 1963.

676. K. Leyser, Henry I and the beginnings of the Saxon empire, in: The English Historical Review 83, 1968, S. 1–32.

677. H. Heimpel, Bemerkungen zur Geschichte König Heinrichs I. (= Berichte über die Verhandlungen d. Sächs. Ak. d. W., phil.-hist. Kl. 88, Heft 4, 1936), Leipzig 1937, S. 1–45; ND in: Königswahl [293] S. 1–45.

678. H. Heimpel, König Heinrich der Erste, in: Ders., Deutsches Mittelalter, Leipzig 1941, S. 33–52.

679. P. E. Hübinger, Heinrich I. und der deutsche Westen, in: Annalen des Histor. Vereins f. d. Niederrhein 131, 1937, S. 1–23.

680. J. Ehlers, Die Anfänge der französischen Geschichte, in: HZ 240, 1985, S. 1–44.

681. B. Schneidmüller, Französisches Sonderbewußtsein in der politisch-geographischen Terminologie des 10. Jh., in: Beiträge zur Bildung der französischen Nation im Früh- und Hochmittelalter, hrsg. von H. Beumann (= Nationes 4), Sigmaringen 1983, S. 49–91.

682. Ph. Lauer, Robert Ier et Raoul de Bourgogne, rois de France, Paris 1910.

683. H. Büttner, Heinrichs I. Südwest- und Westpolitik, Konstanz–Stuttgart 1964.

684. M. Lintzel, Heinrich I. und das Herzogtum Schwaben, in: HVj 24, 1927, S. 1–17; ND in: Ders., Ausgewählte Schriften 2, Berlin 1961, S. 73–84.

685. M. Lintzel, Zur Erwerbung der Hl. Lanze durch Heinrich I., in: HZ 171, 1951, S. 303–310; ND [wie 684] S. 85–91.

686. A. Brackmann, Die politische Bedeutung der Mauritius-Verehrung im frühen Mittelalter, in: Sb. der Preuß. Ak. d. W., phil.-hist. Kl., XXX, Berlin 1937, S. 279–305; ND in: Ders., Gesammelte Aufsätze, 2. Aufl. Darmstadt 1967, S. 211–241.

687. A. Brackmann, Zur Geschichte der heiligen Lanze Heinrichs I., in: DA 6, 1943, S. 401–411.

688. H.-W. Klewitz, Die heilige Lanze Heinrichs I., in: DA 6, 1943, S. 42–58.

689. W. Holtzmann, König Heinrich I. und die Hl. Lanze, Bonn 1947.

690. H. E. Mayer, Ein Rundschreiben Rudolfs II. von Burgund aus dem Jahre 932, in: DA 17, 1961, S. 507–517.

691. H. E. MAYER, Die Alpen und das Königreich Burgund, in: Die Alpen in der europäischen Geschichte des Mittelalters, hrsg. vom Konstanzer Arbeitskreis für mittelalterl. Gesch., gel. von Th. Mayer (= VuF 10), Konstanz–Stuttgart 1965, S. 57–76.

692. E. HLAWITSCHKA, Die verwandtschaftlichen Verbindungen zwischen dem hochburgundischen und dem niederburgundischen Königshaus. Zugleich ein Beitrag zur Geschichte Burgunds in der 1. Hälfte des 10. Jh., in: Grundwissenschaften und Geschichte, Festschr. f. Peter Acht, Kallmünz 1976, S. 28–57.

693. E. HLAWITSCHKA, Die Königsherrschaft der burgundischen Rudolfinger, in: HJb 100, 1980, S. 444–456.

694. R. LÜTTICH, Die Ungarnzüge in Europa im 10. Jh., Berlin 1910.

695. C. ERDMANN, Die Burgenordnung Heinrichs I., in: DA 6, 1943, S. 59–101.

696. H. BÜTTNER, Zur Burgenbauordnung Heinrichs I., in: BDLG 92, 1956, S. 1–17.

697. G. BAAKEN, Königtum, Burgen und Königsfreie (= VuF 6), Konstanz–Stuttgart 1961.

698. K.-U. JÄSCHKE, Burgenbau und Landesverteidigung um 900. Überlegungen zu Beispielen aus Deutschland, Frankreich und England (= VuF Sonderband 16), Sigmaringen 1975.

698a. G. ALTHOFF – H. KELLER, Heinrich I. und Otto der Große. Neubeginn und karolingisches Erbe (= Persönlichkeit und Geschichte, Bd. 122/123), Göttingen–Zürich 1985.

699. R. KÖPKE – E. DÜMMLER, Kaiser Otto der Große (= Jahrbücher d. Dt. Gesch.), Leipzig 1876; ND Darmstadt 1962.

700. Otto der Große, hrsg. von H. ZIMMERMANN (= WdF 450), Darmstadt 1976; darin bes. neben JÄSCHKE [327], KELLER [328], ZIMMERMANN [462] und einer ausführlichen Bibliographie:

H. HOFFMANN, Zur Geschichte Ottos des Großen (S. 9–45); zuerst in: DA 28, 1972, S. 42–73, (zu SCHMID in [293]).

H. NAUMANN, Rätsel des letzten Aufstandes gegen Otto I. (S. 70–136); zuerst in: AKuG 46, 1964, S. 133–184.

H. GRUNDMANN, Betrachtungen zur Kaiserkrönung Ottos I. (S. 200–217); zuerst: Bayer. Ak. d. W., phil.-hist. Kl., Sb., Jg. 1962, Heft 2, S. 3–19.

W. ULLMANN, Die Entstehung des Ottonianum (S. 296–324); zuerst englisch in: Cambridge Historical Journal 11, 1953, S. 114–128.

L. SANTIFALLER, Otto I., das Imperium und Europa (S. 415–429); zuerst in: MIÖG Ergbd. 20, 1962/63, S. 19–30.

701. J. FLECKENSTEIN, Otto der Große in seinem Jahrhundert, in: FMSt 9, 1975, S. 253 bis 267.

702. K. HAUCK, Die Ottonen und Aachen, 876–936, in: Karl d. Gr. Bd. 4: Das Nachleben, hrsg. von W. BRAUNFELS und P. E. SCHRAMM, Düsseldorf 1967, S. 39–53.

703. H. ZIELINSKI, Zur Aachener Königserhebung von 936, in: DA 27, 1971, S. 210–220.

704. W. EGGERT – B. PÄTZOLD, Wir-Gefühl und Regnum Saxonum bei frühmittelalterlichen Geschichtsschreibern, Wien–Köln–Graz 1984.

705. W. GLOCKER, Die Familie Ottos des Großen und ihre Bedeutung in der Politik, Magisterarbeit (masch.), München 1981.

706. F. M. FISCHER, Politiker um Otto den Großen, Berlin 1938.

707. H. LUDAT, Böhmen und die Anfänge Ottos I., in: Politik, Gesellschaft, Geschichtsschreibung, Gießener Festgabe f. František Graus, Köln–Wien 1982, S. 131–164.

708. K. J. LEYSER, Rule and Conflict in an Early Medieval Society, Ottonian Saxony, London 1979; deutsch: Herrschaft und Konflikt, König und Adel im ottonischen Sachsen, Göttingen 1984.

708a. F. R. ERKENS, Fürstliche Opposition in otttonisch-salischer Zeit. Überlegungen zum Problem der Krise des frühmittelalterlichen deutschen Reiches, in: AKuG 64, 1982, S. 307–370.

709. K. LEYSER, Die Ottonen und Wessex, in: FMSt 17, 1983, S. 73–97.

710. H. KELLER, Kloster Einsiedeln im ottonischen Schwaben, Freiburg i. Br. 1964.

711. H. SPROEMBERG, Die lothringische Politik Ottos d. Gr., in: Rhein. Vjbl. 11, 1941, S. 1–101; ND in: Ders., Beiträge zur belgisch-niederländischen Geschichte, Berlin 1959, S. 111–223 (mit wichtigem Nachwort).

712. H. BEUMANN, Die Bedeutung Lotharingiens für die ottonische Missionspolitik im Osten, in: Rhein. Vjbl. 33, 1969, S. 14–46; ND in: Ders., Wissenschaft vom Mittelalter, Köln–Wien 1972, S. 377–410.

713. H. BEUMANN, Laurentius und Mauritius. Zu den missionspolitischen Folgen des Ungarnsieges Ottos d. Gr., in: Festschr. f. W. Schlesinger Bd. 2, Köln–Wien 1974, S. 238–275.

714. H. F. SCHMID, Otto I. und der Osten, in: MIÖG Ergbd. 20, 1962/63, S. 70–106.

715. D. CLAUDE, Geschichte des Erzbistums Magdeburg bis in das 12. Jahrhundert, Teil 1, Köln–Wien 1972.

716. O. ENGELS, Die Gründung der Kirchenprovinz Magdeburg und die Ravennater 'Synode' von 968, in: Annuarium Historiae Conciliorum 7, 1975, S. 136–158.

717. Das Kaisertum Ottos des Großen. Zwei Vorträge von H. BEUMANN und H. BÜTTNER, hrsg. vom Konstanzer Arbeitskreis f. mittelalterl. Gesch., Konstanz 1963. – Beumanns Beitrag auch HZ 195, 1962, S 529–573.

718. E. E. STENGEL, Die Entwicklung des Kaiserprivilegs für die Römische Kirche 817 bis 962. Ein Beitrag zur ältesten Geschichte des Kirchenstaates, in: HZ 134, 1926, S. 216–241; ND in: Ders., Abhandlungen und Untersuchungen zur mittelalterlichen Geschichte, Köln–Graz 1960, S. 218–248.

719. H. ZIMMERMANN, Ottonische Studien 1: Frankreich und Reims in der Politik der Ottonenzeit; 2: Das Privilegium Ottonianum von 962 und seine Problemgeschichte, in: MIÖG Ergbd. 20, 1962/63, S. 122–146 und S. 147–190.

720. A. M. DRABEK, Die Verträge der fränkischen und deutschen Herrscher mit dem Papsttum von 774 bis 1020. Wien–Köln–Graz 1976.

721. P. E. SCHRAMM, Die Kaiser aus dem Sächsischen Hause im Lichte der Staatssymbolik, in: MIÖG Ergbd. 20, 1962/63 S. 31–52; ND in: Ders., Kaiser [wie 63] Bd. III, S. 153–199.

722. H. BEUMANN, Das imperiale Königtum im 10. Jahrhundert, in: WaG 10, 1950, S. 117 bis 130; ND in: Ders., Wissenschaft vom Mittelalter, Köln–Wien 1972, S. 241 bis 254.

Zum Kaisertum und dessen Erneuerung durch Otto I. vgl. auch die oben unter den Nrn. [309–335, 580–582] angegebene Literatur.

723. Universalstaat oder Nationalstaat. Die Streitschriften von H. v. SYBEL und J. FICKER zur deutschen Kaiserpolitik des Mittelalters, hrsg. von FR. SCHNEIDER, Innsbruck 1941.

724. G. v. Below, Die italienische Kaiserpolitik des deutschen Mittelalters, München 1927.
725. F. Kern, Der deutsche Staat und die Politik des Römerzuges, in: Aus Politik und Geschichte, Gedächtnisschrift für G. v. Below, Berlin 1928, S. 32–74.
726. A. Brackmann, Der Streit um die deutsche Kaiserpolitik des Mittelalters, in: Velhagen und Klasings Monatshefte, Juni 1929, Nr. 5, S. 443–449; ND in: Ders., Gesammelte Aufsätze, 2. Aufl. Darmstadt 1967, S. 25–38.
727. M. Lintzel, Die Kaiserpolitik Ottos des Großen, München–Berlin 1943, ND in: Ders., Ausgewählte Schriften II, Berlin 1961, S. 142–219.
728. Fr. Schneider, Die neueren Anschauungen der deutschen Historiker über die deutsche Kaiserpolitik des Mittelalters und die mit ihr verbundene Ostpolitik, 6. Aufl. Weimar 1943 (nur als Materialsammlung empfehlbar).
729. F. Rörig, Die Kaiserpolitik Ottos d. Gr., in: Festschr. E. E. Stengel, Köln 1952, S. 203–222.
730. W. Smidt, Deutsches Königtum und deutscher Staat des Hochmittelalters während und unter dem Einfluß der italienischen Heerfahrten. Ein 200jähriger Gelehrtenstreit im Lichte der historischen Methode, Wiesbaden 1964.
731. F. Duprè-Theseider, Otto I. und Italien, in: MIÖG Ergbd. 20, 1962, S. 53 bis 69.
732. G. Graf, Die weltlichen Widerstände in Reichsitalien gegen die Herrschaft der Ottonen und der ersten beiden Salier (951–1056), Erlangen 1936.
733. M. Uhlirz, Die italienische Kirchenpolitik der Ottonen, in: MIÖG 48, 1934, S. 201–321.
734. V. Fumagalli, Il potere civile dei vescovi italiani al tempo di Ottone I, in: I poteri temporali dei vescovi in Italia e Germania nel Medioevo, ed. C. G. Mor e H. Schmidinger, Bologna 1979, S. 77–86.
735. R. Pauler, Das Regnum Italiae in ottonischer Zeit. Markgrafen, Grafen und Bischöfe als politische Kräfte, Tübingen 1982.
736. R. Parisot, Les origines de la Haute-Lorraine et sa première maison ducale (959 à 1033), Paris 1909.
737. Ph. Lauer, Le règne de Louis IV d'Outre-Mer, Paris 1900.
738. F. Lot, Les derniers Carolingiens, Paris 1891.
739. B. Schneidmüller, Karolingische Tradition und frühes französisches Königtum. Untersuchungen zur Herrschaftslegitimation der westfränkisch-französischen Monarchie im 10. Jh., Wiesbaden 1979.
740. K. Uhlirz, Jahrbücher des Deutschen Reiches unter Otto II. und Otto III., Bd. 1: Otto II. 973–983, Berlin 1902; ND Berlin 1967.
741. B. Askani, Das Bild Kaiser Ottos II. Die Beurteilung des Kaisers in der Geschichtsschreibung vom 10. Jh. bis zur Gegenwart, Heidelberg 1963.
742. M. Hellmann, Die Ostpolitik Kaiser Ottos II., in: Syntagma Friburgense, Histor. Studien H. Aubin dargebracht, Lindau–Konstanz 1956, S. 49–67.
743. M. Uhlirz, Zu dem Mitkaisertum der Ottonen: Theophanu coimperatrix, in: Byzantinische Zeitschrift 50, 1957, S. 383–389.
744. F. Lemarignier, Le gouvernement royal aux premiers temps capétiens (987–1108), Paris 1965.
745. Ch. Pfister, Études sur le règne de Robert le Pieux (996–1031), Paris 1885.

746. M. Uhlirz, Jahrbücher des Deutschen Reiches unter Otto II. und Otto III., Bd. 2: Otto III., 983–1002, Berlin 1954.
747. P. E. Schramm, Kaiser, Rom und Renovatio. Studien zur Geschichte des römischen Erneuerungsgedankens vom Ende des karolingischen Reiches bis zum Investiturstreit, Bd. 1: Studien, Bd. 2: Exkurse und Texte, Leipzig–Berlin 1929; ND von Bd. 1 Darmstadt 1957.
748. A. Brackmann, Der 'Römische Erneuerungsgedanke' und seine Bedeutung für die Reichspolitik der deutschen Kaiserzeit, in: Sb. d. Preuß. Ak. d. W., phil.-hist. Kl. 17, 1932, S. 346–374; ND in: Ders., Gesammelte Aufsätze, Weimar 1941, 2., erg. Aufl. Darmstadt 1967, S. 108–139.
749. H. Beumann, Kaiser Otto III., in: Das Evangeliar Ottos III., Begleitband der Faksimileausgabe, hrsg. von F. Dressler, Fl. Mütherich, H. Beumann, Frankfurt a. M. 1978, S. 135–153.
750. M. Uhlirz, Das Werden des Gedankens der 'Renovatio Imperii Romanorum' bei Otto III., in: I problemi comuni dell'Europa post-carolingia (= Settimane 2), Spoleto 1955, S. 201–219.
751. E.-R. Labande, Mirabilia mundi. Essai sur la personnalité d'Otton III., in: Cahiers de civilisation médiévale 6, 1963, S. 297–313, 455–476.
752. C. Brühl, Die Kaiserpfalz bei St. Peter und die Pfalz Ottos III. auf dem Palatin, in: QFIAB 34, 1954, S. 1–30.
753. A. Brackmann, Die Anfänge des polnischen Staates, in: Sb. d. Preuß. Ak. d. W., phil.-hist. Kl. 1934, Nr. 29, S. 984–1015; ND [wie 686] S. 154–187.
754. A. Brackmann, Kaiser Otto III. und die staatliche Umgestaltung Polens und Ungarns, in: Abh. d. Preuß. Ak.d.W., phil.-hist.Kl. 1939, Nr. 1, S. 1–27; ND [wie 686] S. 242–258.
755. H. Appelt, Die angebliche Verleihung der Patriciuswürde an Boleslaw Chrobry, in: Geschichtliche Landeskunde und Universalgeschichte, Festgabe f. H. Aubin, (Hamburg) 1951, S. 65–81.
756. M. Hellmann, Die politisch-kirchliche Grundlegung der Osthälfte Europas, in: [39] S. 857–938.
757. H. Hoffmann, Böhmen und das deutsche Reich im hohen Mittelalter, in: JbGMOD 18, 1969, S. 1–62.
758. H. Beumann – W. Schlesinger, Urkundenstudien zur deutschen Ostpolitik unter Otto III., in: AfD 1, 1955, S. 132–256.
759. H. Ludat, Reichspolitik und Piastenstaat um die Jahrtausendwende, in: Saeculum 14, 1963, S. 325–339.
760. H. Ludat, An Elbe und Oder um das Jahr 1000. Skizzen zur Politik des Ottonenreiches und der slavischen Mächte in Mitteleuropa, Köln–Wien 1971.
761. Ch. Warnke, Ursachen und Voraussetzungen der Schenkung Polens an den heiligen Petrus, in: Europa Slavica – Europa Orientalis, Festschr. f. H. Ludat z. 70. Geburtstag, Berlin 1980, S. 127–177.
762. W. H. Fritze, Beobachtungen zu Entstehung und Wesen des Liutizenbundes, in: JbGMOD 7, 1958, S. 1–38.
763. W. Brüske, Untersuchungen zur Geschichte des Liutizenbundes. Deutsch-wendische Beziehungen des 10.–12. Jh., Münster–Köln 1955.
764. M. Uhlirz, Die älteste Lebensbeschreibung des heiligen Adalbert, Göttingen 1957.

765. R. Wenskus, Studien zur historisch-politischen Gedankenwelt Bruns von Querfurt, Münster–Köln 1956.
766. B. Hóman, König Stephan I., der Heilige. Die Gründung des ungarischen Staates, Breslau 1941.
767. Th. v. Bogyay, Stephanus rex. Versuch einer Biographie, Wien 1976.
768. G. Györffy, Zu den Anfängen der ungarischen Kirchenorganisation auf Grund neuer quellenkritischer Ergebnisse, in: Archivum Historiae Pontificiae 7, 1969, S. 79–113.
769. W. Heinemeyer, Erzbischof Willigis von Mainz, in: BDLG 112, 1976, S. 41–57.
770. H. Büttner, Erzbischof Willigis von Mainz, Jahresbericht der Görresgesellschaft 1967, Köln 1968, S. 1–11; ND in: Ders., Zur frühmittelalterlichen Reichsgeschichte an Rhein, Main und Neckar, hrsg. von A. Gerlich, Darmstadt 1975, S. 301–313.
771. Willigis und sein Dom, hrsg. von A. Ph. Brück, Festschr. zur Jahrtausendfeier des Mainzer Domes 975–1975, Mainz 1975.
772. H. Bloch, Beiträge zur Geschichte des Bischofs Leo von Vercelli und seiner Zeit, in: NA 22, 1897, S. 11–136.
773. H. Müller, Heribert, Kanzler Ottos III. und Erzbischof von Köln, Köln 1977.
774. U. Lindgren, Gerbert von Aurillac und das Quadrivium. Untersuchungen zur Bildung im Zeitalter der Ottonen, Wiesbaden 1976.
774a. F. Eichengrün, Gerbert (Silvester II.) als Persönlichkeit, Berlin 1928; ND Hildesheim 1972.
775. E. Boshof, Ottonen- und frühe Salierzeit (919–1056), in: Rheinische Geschichte, hrsg. von F. Petri und G. Droege, Bd. I,3, Düsseldorf 1983, S. 1–119.
776. S. Hirsch, Jahrbücher des Deutschen Reiches unter Heinrich II., 3 Bde., vollendet von H. Pabst und H. Bresslau, Berlin–Leipzig 1862–1875.
777. H. L. Mikoletzky, Kaiser Heinrich II. und die Kirche, Wien 1946.
778. R. Klauser, Der Heinrichs- und Kunigundenkult im mittelalterlichen Bistum Bamberg, Bamberg 1957.

Zum Regierungsbeginn Heinrichs II. vgl. auch [285] Schmidt, [297] Schlesinger, [298] Schneider, [299] Hlawitschka, [300] Finckenstein, [301] Keller, [302 und 303] Hlawitschka.

779. W. Schlesinger, Die sogenannte Nachwahl Heinrichs II. in Merseburg, in: Geschichte in der Gesellschaft, Festschr. f. K. Bosl, Stuttgart 1974, S. 350–369.
780. H. Hoffmann, Die Anfänge der Normannen in Süditalien, in: QFIAB 49, 1969, S. 95–144.
781. O. Vehse, Die Normannen im Mittelmeer I, in: WaG 5, 1939, S. 25–58.
782. Th. Schieffer, Heinrich II. und Konrad II. Die Umprägung des Geschichtsbildes durch die Kirchenreform des 11. Jh., in: DA 8, 1951, S. 384–437; ND mit Nachwort: Darmstadt 1969.

Zur Ostpolitik Heinrichs II. vgl. auch [448] Kretschmann, [449] Schünemann, [481] Bünding-Naujoks, [759 und 760] Ludat; zur Italienpolitik vgl. [732] Graf, [735] Pauler, [772] Bloch; zur Burgundpolitik vgl. [693] Hlawitschka, [790] Kahl.

(4) Die Anfänge der Salierzeit

Vgl. auch [in 39] Reindel, [in 40] Bulst-Thiele, [in 41] Jordan, [in 64] Schieffer.

783. H. Bresslau, Jahrbücher des Deutschen Reiches unter Konrad II., 2 Bde., Leipzig 1879–84; ND Berlin 1967.

784. K. Hampe, Deutsche Kaisergeschichte in der Zeit der Salier und Staufer, 12. Aufl. bearb. von F. Baethgen, Heidelberg 1968; ND Darmstadt 1981.

785. M. Lintzel, Zur Wahl Konrads II., in: Festschr. f. E. E. Stengel, Münster–Köln 1952, S. 289–300; ND in: Ders., Ausgewählte Schriften II, Berlin 1961, S. 421 bis 430.

786. H. Beumann, Zur Entwicklung transpersonaler Staatsvorstellungen, in: Das Königtum, hrsg. von Th. Mayer (=VuF 3), Sigmaringen 1956, S. 185–224.

787. H. J. Vogt, Konrad II. im Vergleich zu Heinrich II. und Heinrich III., Diss. Frankfurt a. M. 1957.

788. K. J. Benz, Kaiser Konrad II. und die Kirche, in: ZKG 88, 1977, S. 190–217.

789. E. Hlawitschka, Zur Bleitafelinschrift aus dem Grab der Kaiserin Gisela, in: HJb 97/98, 1978, S. 439–445.

790. H.-D. Kahl, Die Angliederung Burgunds an das mittelalterliche Imperium, in: Der Schatzfund von Corcelles-près-Payerne (= Schweizerische Numismatische Rundschau 48), Bern 1969, S. 13–105.

791. I. Heidrich, Die Absetzung Herzog Adalberos von Kärnten durch Kaiser Konrad II. 1035, in: HJb 91, 1971, S. 70–94.

792. G. Dilcher, Die Entstehung der lombardischen Stadtkommune, Aalen 1967.

793. H. Keller, Die soziale und politische Verfassung Mailands in den Anfängen des kommunalen Lebens, in: HZ 211, 1970, S. 34–64.

794. H. Keller, Die Entstehung der italienischen Stadtkommune als Problem der Sozialgeschichte, in: FMSt 10, 1976, S. 169–211.

795. H. Keller, Adelsherrschaft und städtische Gesellschaft in Oberitalien (9.–12. Jh.), Tübingen 1979.

796. C. Violante, La società milanese nell'età precomunale, Bari 1953, 2 Aufl. 1974.

797. E. Steindorff, Jahrbücher des Deutschen Reiches unter Heinrich III., 2 Bde., Leipzig 1874–81; ND Darmstadt 1963.

798. P. G. Schmidt, Heinrich III. – Das Bild des Herrschers in der Literatur seiner Zeit, in: DA 39, 1983, S. 582–590.

799. Th. Schieffer, Kaiser Heinrich III., 1017–1056, in: Die großen Deutschen I, hrsg. von H. Heimpel, Th. Heuss, B. Reifenberg, Berlin 1956, S. 52–69.

800. J. Spörl, Pie rex caesarque future! Beiträge zum hochmittelalterlichen Kaisergedanken, in: Unterscheidung und Bewahrung, Festschr. f. H. Kunisch, Berlin 1961, S. 331–353.

801. K. Schnith, Recht und Friede. Zum Königsgedanken im Umkreis Heinrichs III., in: Hjb 81, 1962, S. 22–57.

802. P. F. Kehr, Vier Kapitel aus der Geschichte Kaiser Heinrichs III., (= Abh. d. Preuß. Ak.d.W., Jg. 1930, phil.-hist. Kl. Nr. 3), Berlin 1931; ND als Anhang in: E. Steindorff, Jahrbücher [797], Bd. 2, 2. Aufl. Darmstadt 1963, S. 555–615.

803. K. Bosl, Die Reichsministerialität der Salier und Staufer, 2 Bde., Stuttgart 1950/51.

804. H. KELLER, Militia. Vasallität und frühes Rittertum im Spiegel oberitalienischer Miles-Belege des 10. und 11. Jh., in: QFIAB 62, 1982, S. 59–118.

805. O. ENGELS, Vorstufen der Staatwerdung im Hochmittelalter. Zum Kontext der Gottesfriedensbewegung, in: HJb 97/98, 1978, S. 71–86.

806. E. BOSHOF, Lothringen, Frankreich und das Reich in der Regierungszeit Heinrichs III., in: Rhein. Vjbl. 42, 1978, S. 63–127.

807. E. BOSHOF, Das Reich in der Krise. Überlegungen zum Regierungsausgang Heinrichs III., in: HZ 228, 1979, S. 265–287.

808. H. THOMAS, Zur Kritik an der Ehe Heinrichs III. mit Agnes von Poitou, in: Festschr. f. H. Beumann, Sigmaringen 1977, S. 224–235.

809. H. MEIER-WELCKER, Die Simonie im frühen Mittelalter, in: ZKG 64, 1952/53, S. 61–93.

810. K. SCHMID, Heinrich III. und Gregor VI. im Gebetsgedächtnis von Piacenza des Jahres 1046, in: Verbum et Signum Bd. 2, hrsg. von H. FROMM, W. HARMS, U. RUBERG, München 1975, S. 79–97.

811. H. H. ANTON, Bonifaz von Canossa, Markgraf von Tuszien, und die Italienpolitik der frühen Salier, in: HZ 214, 1972, S. 529–556.

812. F.-J. SCHMALE, Die 'Absetzung' Gregors VI. in Sutri und die synodale Tradition, in: Annuarium Historiae Conciliorum 11, 1979, S. 55–103.

ANHANG

STAMMTAFEL 1
Übersicht zur Genealogie der wichtigsten Spätkarolinger

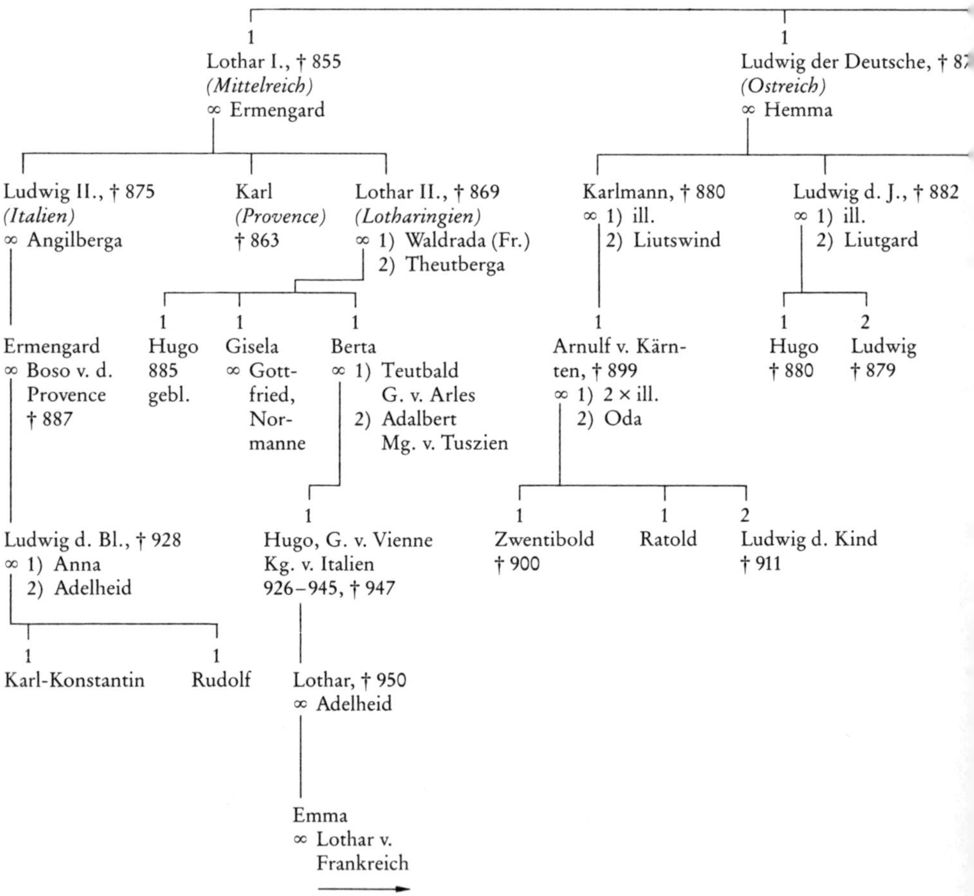

Karl der Große, † 814
∞ Hildegard

Ludwig der Fromme, † 840
∞ 1) Ermengard, † 818
2) Judith, † 843

1
Pippin I., † 838
(———— *Westreich* ————)
∞ Hringard

2
Karl der Kahle, † 877
∞ Ermentrud

2
Gisela
∞ Eberhard
von Friaul

Karl III., † 888
∞ 1) Richardis
2) ill.

2
Bernhard

Pippin II.
v. Aquitanien
† n. 864

Ludwig d. St., † 879
∞ 1) Ansgard
2) Adelheid

Berengar, † 924
(Italien)
∞ 1) Bertilla
2) Anna

1
Ludwig
† 882

1
Karlmann
† 884

2
Karl d. Einf.
† 929
∞ Edgiva

1
Gisela
∞ Adalbert
v. Ivrea

Ludwig IV.
d'Outremer
† 954
∞ Gerberga

Berengar II.
† 966

Mathilde, † 991
∞ Konrad v.
Burgund

Lothar, † 986
∞ Emma

Karl v. Nieder-
lotharingien
† n. 991

Rudolf III.
v. Burgund
† 1032

Berta
∞ Odo I.
v. Blois

Gerberga
∞ Hermann II.
v. Schwaben

Ludwig V.
† 987

Otto v. Nieder-
lotharingien
† 1012

Odo II. v. Blois
u. Champagne
† 1037

Gisela
∞ Konrad II.

STAMMTAFEL 2
Übersicht zur Genealogie der wichtigsten Ottonen
und der wichtigsten frühen Salier

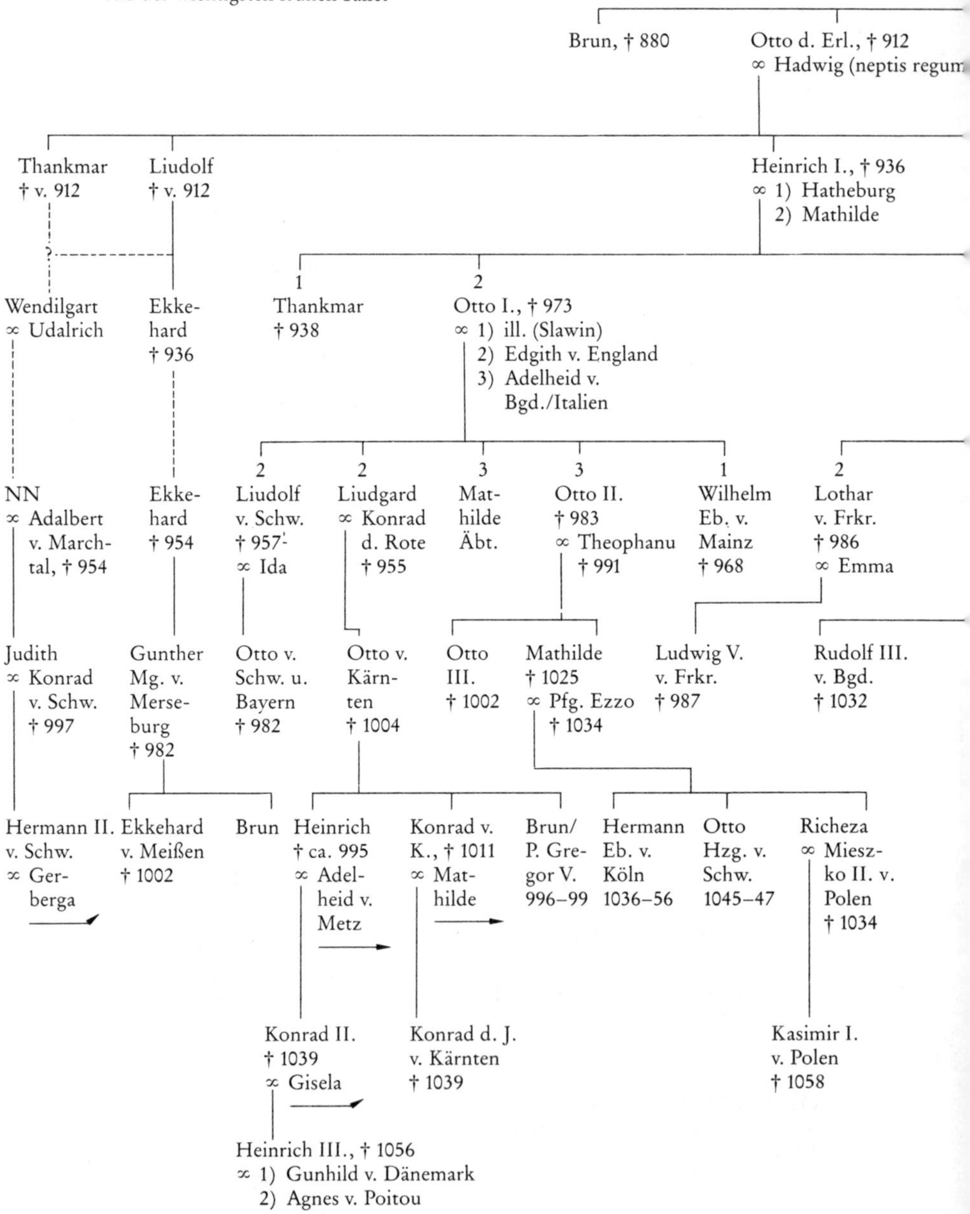

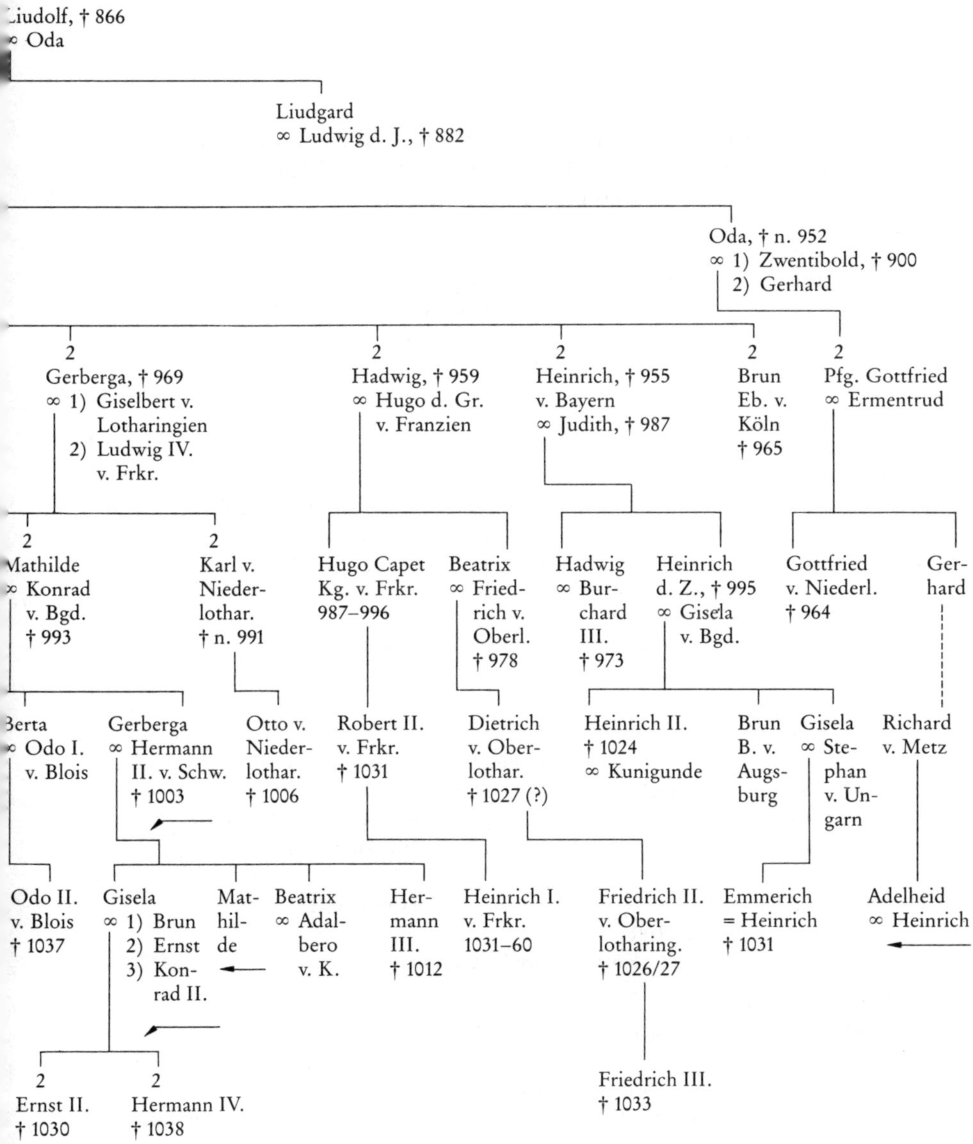
Liudolf, † 866
∞ Oda
Liudgard
∞ Ludwig d. J., † 882
Oda, † n. 952
∞ 1) Zwentibold, † 900
2) Gerhard
2
Gerberga, † 969
∞ 1) Giselbert v. Lotharingien
2) Ludwig IV. v. Frkr.
2
Hadwig, † 959
∞ Hugo d. Gr. v. Franzien
2
Heinrich, † 955
v. Bayern
∞ Judith, † 987
2
Brun
Eb. v. Köln
† 965
2
Pfg. Gottfried
∞ Ermentrud
2
Mathilde
∞ Konrad v. Bgd.
† 993
2
Karl v. Niederlothar.
† n. 991
Hugo Capet
Kg. v. Frkr.
987–996
Beatrix
∞ Friedrich v. Oberl.
† 978
Hadwig
∞ Burchard III.
† 973
Heinrich
d. Z., † 995
∞ Gisela v. Bgd.
Gottfried
v. Niederl.
† 964
Gerhard
Berta
∞ Odo I. v. Blois
Gerberga
∞ Hermann II. v. Schw.
† 1003
Otto v. Niederlothar.
† 1006
Robert II.
v. Frkr.
† 1031
Dietrich
v. Oberlothar.
† 1027 (?)
Heinrich II.
† 1024
∞ Kunigunde
Brun
B. v. Augsburg
Gisela
∞ Stephan v. Ungarn
Richard
v. Metz
Odo II.
v. Blois
† 1037
Gisela
∞ 1) Brun
2) Ernst
3) Konrad II.
Mathilde
Beatrix
∞ Adalbero v. K.
Hermann III.
† 1012
Heinrich I.
v. Frkr.
1031–60
Friedrich II.
v. Oberlotharing.
† 1026/27
Emmerich
= Heinrich
† 1031
Adelheid
∞ Heinrich
2
Ernst II.
† 1030
2
Hermann IV.
† 1038
Friedrich III.
† 1033

DIE HERZÖGE DER OTTONISCH-FRÜHSALISCHEN ZEIT UND IHRE VERWANDTSCHAFTLICHEN VERBINDUNGEN MIT DEM KÖNIGSHAUS

a) Franken

919–939	Eberhard	– Bruder Kg. Konrads I. (Anerkennung der faktischen Herzogsstellung vom König offenbar umgangen) [420: H. Stingl S. 194ff.]

danach bleibt Franken als Kronland ohne eigenen Herzog

b) Sachsen

		– in königlicher Hand der Ottonen bei langsamem Heranwachsen der Billungischen Position zur Herzogswürde
(936– 973)	Hermann I.	– Billunger
973–1011	Bernhard I.	– Sohn des Amtsvorgängers
1011–1059	Bernhard II.	– Sohn des Amtsvorgängers

c) Lotharingien

928– 939	Giselbert	– durch Heirat mit Gerberga Schwiegersohn Heinrichs I. bzw. Schwager Ottos I.
940– 941	Heinrich	– Bruder Ottos d. Gr.
941– 944	Otto	– war 923 ein früher politischer Anhänger Heinrichs I.; [391: H. Renn, Luxemburger S. 25f.]
944– 953	Konrad d. Rote	– Schwiegersohn Ottos d. Gr.
953– 958(65)	Brun v. Köln	– Bruder Ottos d. Gr.

– Oberlotharingien

958– 978	Friedrich I.	– Gemahl der Beatrix, einer Nichte Ottos d. Gr. (durch Ottos Schwester Hadwig)
978–1027(?)	Dietrich I.	– Sohn des Amtsvorgängers
(1019–1026/27)	Friedrich II.	– Sohn Dietrichs I., Mitherzog, † vor dem Vater
1027(?)–1033	Friedrich III.	– Sohn Friedrichs II.
1033–1044	Gozelo I.	– Urenkel Odas, einer Schwester Kg. Heinrichs I., und Sohn Gottfrieds d. Gef. v. Verdun [vgl. 391: Renn, Luxemburger]
1044–1047	Gottfried d. Bärtige	– Sohn des Amtsvorgängers

– Niederlothringien

(958)–964	Gottfried I.	– Enkel Odas, einer Schwester Kg. Heinrichs I. [392: E. HLAWITSCHKA, Habsburg-Lothringen]
977– 991	Karl	– Sohn Gerbergas, einer Schwester Ottos I., und Kg. Ludwigs IV. v. Frkr.
991–1006	Otto	– Sohn des Amtsvorgängers
1012–1023	Gottfried II.	– Urenkel Odas, einer Schwester Kg. Heinrichs I.; Bruder Gozelos I. v. Oberlotharingien
1023–1044	Gozelo I.	– s. o. bei Oberlotharingien
1044–1046	Gozelo II.	– Sohn des Amtsvorgängers

d) Schwaben

917– 926	Burkhard II.	– Hunfridinger
926– 949	Hermann I.	– Konradiner, verheiratet mit Witwe d. Amtsvorgängers
950– 953	Liudolf	– Sohn Ottos d. Gr., verh. mit Tochter des Amtsvorgängers
954– 973	Burkhard III.	– Sohn Burchards II., verh. mit Nichte Ottos d. Gr. (Hadwig, T. Heinrichs v. Bayern)
973– 982	Otto	– Sohn Liudolfs, Vetter Ottos II.
983– 997	Konrad	– Konradiner, verh. mit einer Enkelin Wendilgarts, die eine Nichte Heinrichs I. bzw. Cousine Ottos d. Gr. war [302 u. 303: HLAWITSCHKA]
997–1003	Hermann II.	– Sohn des Amtsvorgängers
1003–1012	Hermann III.	– Sohn des Amtsvorgängers
1012–1015	Ernst I.	– Babenberger, verh. mit Schwester des Amtsvorgängers
1015–1030	Ernst II.	– Sohn des Amtsvorgängers; auch Stiefsohn Kg. Konrads II.
1030–1038	Hermann IV.	– Bruder des Amtsvorgängers; Stiefsohn Kg. Konrads II.
1038–1045	Heinrich	– Salier (= künftiger Kg./Ks. Heinrich III.), Stiefbruder des Amtsvorgängers
1045–1047	Otto II.	– Ezzone; Enkel Ks. Ottos II.

e) Bayern

907– 937	Arnulf d. B.	– Liutpoldinger
937– 938	Eberhard	– Sohn des Amtsvorgängers
938– 947	Berthold	– Bruder Arnulfs d. B.; geplante Verheiratung mit Ottos I. Schwester Gerberga gescheitert; s. S. 117
947– 955	Heinrich I.	– Bruder Ottos d. Gr.
955– 976	Heinrich II. d. Zänker	– Sohn des Amtsvorgängers, Neffe Ottos I. und Vetter Ottos II.
976– 982	Otto	– Sohn Liudolfs, Vetter Ottos II. (s. o. Schwaben)
983– 985	Heinrich III.	– Sohn Bertholds (s. oben)

985– 995	Heinrich II. d. Zänker	– s. oben
995–1002	Heinrich IV.	– Sohn des Amtsvorgängers (= künftiger Kg. Heinrich II.)
1004–1009 1017–1026	Heinrich V.	– Bruder der Gemahlin Ks. Heinrichs II.; Luxemburger
1026–1042	Heinrich VI.	– Salier (= künftiger Ks. Heinrich III.)
1042–1047	Heinrich VII.	– Neffe des vorletzten Amtsvorgängers Heinrich V.

f) Kärnten

976– 978	Heinrich I.	– Liutpoldinger (= Hzg. Heinrich III. v. Bayern)
978–(985)	Otto	– Salier, Sohn Hzg. Konrads d. Roten v. Lotharingien u. Enkel Ottos I.
(985)–989	Heinrich I.	– s. o.
989–995	Heinrich II. d. Zänker	– Liudolfinger; vgl. bei Heinrich II. (d. Zänker) v. Bayern
995–1004	Otto	– s. o. (wie schon bis 985)
1004–1011	Konrad I.	– Sohn des Amtsvorgängers
1012–1035	Adalbero	– Eppensteiner
1036–1039	Konrad II.	– Sohn des vorletzten Amtsvorgängers; Salier
1039–1047	Heinrich, Kg.	– direkte Königsverwaltung

AUTORENREGISTER

PERSONEN-, ORTS- UND SACHREGISTER

Aufgenommen wurden alle Personennamen und Ortsnamen (ausgenommen Rom, wenn es synonym für Papsttum steht). Sehr häufig wiederkehrende Reichs- oder Landschaftsbezeichnungen – wie Großfränkisches Reich, Ostfrankenreich/Deutschland, Westfrankenreich/Frankreich, Italien, Lotharingien, Aquitanien, Burgund, Provence, Franken, Sachsen, Bayern, Alemannien etc. – und Begriffe – wie Königtum, Adel, Staat, Papsttum, Kirche, Bischöfe, Lehnswesen, Städte usw. – sind unberücksichtigt geblieben oder nur in ihren zentralen Belegstellen verzeichnet worden.

Abkürzungen:

A.	= Abt	Hzg.	= Herzog
B.	= Bischof	Kg.	= König
Br.	= Bruder	Kl.	= Kloster
Eb.	= Erzbischof	Ks.	= Kaiser
Gem.	= Gemahl/Gemahlin	Mgf.	= Markgraf
Gf.	= Graf	S.	= Sohn
Gschr.	= Geschichtsschreiber	T.	= Tochter